존 파이퍼 목사의 '로마서 강해'는 위대한 본문이 훌륭한 해석자를 만나서 나온 작품이다. 로마서 강해는 영국의 탁월한 강해설교자, 고(故) 마틴 로이드 존스 목사의 강해서 이후로 좀 더 현대적이고 실제적인 설교자를 오랫동안 기다려 왔는데 마침내 좋은 해석자를 만났다. 존 파이퍼 목사는 신학자 출신의 목회자로 벧엘신학교에서 6년간 가르치다가 설교자로 부르심을 받았다. 그는 로마서의 위대함에 사로잡혀 있었고 그 중에서도 로마서 8장에 붙들려 18년 목회 사역을 감당할 수 있었다고 고백한다. 존 파이퍼의 '로마서 강해'가 마틴 로이드 존스의 '로마서 강해' 이상으로 한국 교회 강단에 큰 영향을 미칠 것으로 기대한다.

김서택 대구동부교회 담임목사

로마서는 성경의 모든 책들 중 가장 방대한 교리적 진술을 담고 있다. 존 파이퍼 목사의 로마서 강해는 교리적 가르침을 세밀하게 소개함과 동시에 그 진리가 주는 뜨거움을 생생하게 전달한다. 이는 불붙는 논리로 설교를 전했던 마틴 로이드 존스를 연상시킨다. 바른 진리는 열정을 발산시키게 하며, 열정은 바른 진리로부터 시작될 수 있다. 저자는 이것을 '구원의 틀'과 '현실을 바라보는 시각'으로 표현한다. 본서의 독자들은 견고한 구원의 진리를 만나게 될 것이며, 구원의 진리에 따라 살도록 도전받게 될 것이다. 이어 출간하게 될 로마서 강해집이 진리의 기반이 약한 한국 교회에 건강한 기초를 놓게 될 것을 기대한다.

송태근 삼일교회 담임목사

로마서에는 하나님과 세상과 우리 인간에 관한 진리와 복음의 중심이 고스란히 녹아 있다. 특별히 16년 간 베들렘헴교회 강단에서 전해진 복음주의 설교자 존 파이퍼 목사의 로마서 강해가 책으로 정리되어 출간되니 무척이나 반갑다. 존 파이퍼 목사의 로마서 강해가 전하는 복음의 메시지는 신학을 전공한 학도들뿐 아니라 평신도들도 쉽고 명쾌하게 이해할 수 있다. 이 책을 통해 모든 성도들이 복음을 깨닫고 그 복음을 살며 열방 가운데 복음을 전하는 그리스도인으로 날마다 자라가길 기도한다.

이찬수 분당우리교회 담임목사

좋은 강해를 읽는 것은 언제나 감동이다. 이 책은 그런 보기 드문 역작 중의 하나다. 최근 우리에게 큰 유익을 끼치는 외국 작가로 우리는 팀 켈러와 존 파이퍼를 주목한다. 두 분은 모두 목회자요 강해 설교가다. 두 분 다 견고한 신학적 기반에서 설교하는 분들이다. 한 분은 장로교 목회자고, 또 한 분은 침례교 목회자다. 존 파이퍼는 그의 목회의 절정에서 이 로마서를 강해한다고 고백한다. 그는 존 스토트의 로마서 강해에서 영감을 얻었다고 말한다. 그는 이 책에서 그의 회심과 목회의 모든 것을 내놓고 있다. 그래서 어쩌면 존 파이퍼 신학의 절정이라고 할 만한 작품이다. 존 스토트나 마틴 로이드 존스의 로마서와는 또 다른 감동이 있다. 바로 우리 시대의 치유와 해답이라고 할 만한 현장을 느끼게 된다. 나는 이 책에서 한국 교회를 살리는 희망을 느끼며 읽었다. 그래서 이 책을 이 시대의 한국 강단의 동역자들에게 강추하는 바다. 오랫동안 이 책은 설교자의 필수 도서목록으로 남을 가치가 있다. 다른 불필요한 책들 대신에 이 책으로 자리를 대신하기 바란다. 그 대신 우리의 강단은 새로운 부요를 경험하게 될 것이다.

이동원 지구촌교회 원로목사

존 파이퍼 목사는 목회자와 저술가로서 그 영성과 지성이 검증된 주님의 사역자다. 로마서는 초대 교회 때부터 성도들의 신앙의 기초를 견고하게 세우는 영적 자양분을 공급하는 보고로 쓰임 받아왔다. 이제 한국 교회 성도들은 예배당 안에서의 영성이라는 편협성을 과감하게 극복해야 할 시대적 소명을 안고 있다. 일상의 예배자로 한걸음 더 개혁적인 발걸음을 내딛기 위해 말씀에 대한 불같은 확신과 진리에 대한 각성 및 생활의 변화가 그 열매로 나타나야 한다. 목회와 말씀의 균형 감각이 탁월한 저자를 통하여 펼쳐지는 로마서의 파노라마가 한국의 목회자들과 성도들의 가슴에 안겨질 때 하나님의 역사하심이 힘 있게 일어날 줄 믿는다. 저자가 금세기 지구촌 그리스도인들을 향한 하나님의 은혜로운 선물인 것처럼 '로마서 강해' 역시 한국 교회를 향한 주님의 마음이 담긴 선물임을 믿어 의심치 않는다.

오정호 새로남교회 담임목사, 제자훈련목회자협의회(CAL-NET) 대표이 책을 추천하는 나의 마음은 참 행복하고 기쁘다. 저자가 존 파이퍼이기 때문이고, 그가 다루는 주제가 복음이며, 복음이 무엇보다 잘 드러난 로마서이기 때문이다. 로마서는 복음을 가장 잘 담고 있을 뿐 아니라 동시에 성화라는 주제도 칭의와의 관계 안에서 균형 있게 잘 다뤄주는 책이어서 조국 교회에 시의적절한 필요를 가진다. 오늘 조국 교회는 성도들의 삶과 실천 문제와 관련해 깊은 고통을 느끼고 있다. 성도들의 삶을 가능하게 만드는 복음의 진리에 대한 바른 지식의 부재와 그로 인한 성화와 삶에 대한 혼동이 이 모든 문제들의 근원이라고 본다. 죄 많은 세상에 우리의 몸을 입고 오신 예수님의 삶과 죽으심과 부활이 우리의 칭의의 유일한 근거이며 성화의 능력이다. 사람들로 하나님의 진노를 벗어나 은혜에 이르게 하고, 죄의 권세에서 벗어나 거룩과 사랑의 삶으로 들어가게 하는 것이 복음의 능력이다. 이 귀한 책이 그런 복음의 능력을 새롭게 함으로 조국 교회에 많은 유익을 널리 끼칠 것이라 여겨 기쁘게 추천한다. **화종부** 남서울교회 담임목사

멋진 음악은 늘 새로이 연주되고 새로이 음미된다. 연주자가 달라지고, 듣는 내 삶의 자리도 달라지기에, 익숙한 아름다움이라도 언제나 그 맛이 새롭다. 로마서라는 멋진 음악 역시 오랜 세 월 숱한 설교자들을 만나며 깊고 진한 감동을 선사해 왔다. 오늘날 우리는 존 파이퍼라는 또 한 사람의 능숙한 연주자를 알고 있다. 로마서 연구로 박사학위를 받은 성경학자로서의 기량과 가슴 따스하고 열정적인 목회자로서의 정감을 함께 갖춘 그는 로마서를 연주할 최적의 연주자 중 하나다. 그의 설교를 읽으며 독자들은 복음의 의미에 대한 상세한 해설뿐 아니라 그 복음이 내 삶과 어우러지는 방식에 대해서도 많은 생각을 하게 될 것이다. 특히 복음의 탈을 쓴 욕망의 외침에 지치고 혼란스런 영혼들에게 값진 깨우침과 격려의 통로가 되리라 확신한다.

권연경 숭실대학교 기독교학과 교수

존 파이퍼 목사의 '로마서 강해'는 그의 신학적 통찰과 목회적 경건성이 잘 조화를 이루고 있으며, 복음의 진수를 배우고자 사모하는 이들에게 설득력 있는 문장으로 다가가는 잘 구성된 이야기다. 로마서는 복음의 비밀을 가장 분명하게 드러내는 성경 중의 성경으로, 최신 유행이나 문화적 흐름에 쉽게 반응하기 쉬운 가벼운 신앙과 신학을 경계하고 기독교 신앙과 신학을 바르게 안내하는 지침서라 할 수 있다. 더불어 이 책은 저자의 신학적 깊이와 목양적 소양이 함께 묻어나는 결과물로 복음의 영광과 복음의 기쁨을 잘 드러내고 있다. 저자는 자신의 회심과 부르심과 신학형성에 이르기까지 로마서에 빚지고 있음을 고백하고 있다. 로마서를 공부하는 이들에게 으뜸 길잡이가 될 책으로 기쁘게 추천한다. **김성희** 기독대학인회(ESF) 대표

복음주의적 성경해석으로 이름난 존 파이퍼 목사의 로마서 강해집은 오늘날 행위심판과 행위구원을 강조하는 한국 교회의 도덕주의자들과 윤리주의자들을 향해 울리는 경고와 깨우침의 종소리다. 그는 왜 인간이 자신의 내재적 능력과 자원으로 스스로를 구원할 수 없는지, 왜 인간은 하나님의 은혜로만 구원받을 수밖에 없는지 설득력 있게 설명한다. 그리고 그의 설명은 복잡한 추론이 아니라, 성경 본문이 말하는 바를 직설적으로 지적하는 것이어서 더욱 간명하다. 이 책은 평신도, 신학생, 목회자들에게 두루 도움을 줄 수 있다. 그의 로마서 강해집의 출간을 환영하며 구원에 관해 잘못된 설명을 하고 있는 사람들이 다시 복음으로 돌아오게 되길 기대한다.

김철홍 장로회신학대학교 신약학 교수

존 파이퍼의 로마서 설교는 어느 페이지를 읽어도 그냥 지나칠 수 있는 내용이 없다. 그의 강점은 로마서를 조금씩 잘라 설교하면서 본문을 철저하게 분석하고 있는 것에서부터 시작된다. 본문을 치밀하게 분석하는 것은 이미 하나님의 뜻을 제대로 이해할 확실한 토대를 마련했다는 사실을 의미한다. 그런데 존 파이퍼의 더욱 놀라운 모습은 로마서 전체를 통찰할 뿐 아니라 바울 서신 전부를 섭렵하면서 본문 해석을 종합한다는 것이다. 그래서 존 파이퍼의 로마서 설교를 읽다보면 사도 바울의 영혼에 흐르고 있던 생각의 주류가 무엇인지 깨닫게 된다. 하지만 그의 로마서 설교는 여기서 그 놀라움을 멈추지 않는다. 그는 본문으로부터 우리의 현실을 직시하게 만들면서 때로는 우리의 오류를 맹렬하게 공격하고 때로는 우리의 믿음을 열렬하게 위로한다. 그 결과로 우리는 자신에 대한 명료한 일깨움을 얻는다. 이것이 존 파이퍼의 로마서 강해다.

조병수 합동신학대학원대학교 총장

존 파이퍼 목사는 학식과 영성 그리고 복음에 대한 열정을 겸비한 분이다. 전 세계 많은 그리스도인들로부터 인정과 존경을 받는 훌륭한 목회자요 저술가이기도 하다. 존 파이퍼 목사가 학술적 전문성과 목회 현장 체험을 토대로 집필한 바울 복음의 정수인 로마서 강해가 한국어로 출간되는 것을 매우 기쁘게 생각한다. 본문 해석에 충실하고 적절한 적용이 담긴 풍성한 강해설교를 원하는 목회자들에게 매우 유용한 책이다. 또한 바울의 복음과 로마서를 좀 더 깊이 이해하고 학습하려는 사람들에게도 적극 추천한다.

최흥식 횃불트리니티신학대학원대학교 신약학 부교수

ROMANS 4

John Piper

로마서 강해 4

(롬 8:1-39)

로마서 강해 4
복음과 하나님의 사랑

초판 1쇄 발행 | 2015년 3월 15일
초판 3쇄 발행 | 2024년 2월 25일

지은이 | 존 파이퍼
옮긴이 | 이선숙
펴낸이 | 신은철
펴낸곳 | 좋은씨앗
출판등록 | 제4-385호(1999. 12. 21)
주소 서울시 서초구 바우뫼로 156, MJ 빌딩 402호
전화 2057-3041 팩스 2057-3042
페이스북 facebook/goodseedbook
이메일 good-seed21@hanmail.net

ISBN 978-89-5874-239-5 04230
ISBN 978-89-5874-219-7(세트)

로마서 강해 4

복음과 하나님의 사랑

존 파이퍼 지음 | 이선숙 옮김

좋은씨앗

| 차례 |

1장

그리스도 예수 안에는 정죄함이 없다(1부)

로마서 8:1

그러므로 이제 그리스도 예수 안에 있는 자에게는 결코 정죄함이 없나니. _롬 8:1

믿음을 기반으로 세워진 사회 조직에 관한 모든 논의 속에서 오늘날 직면하는 가장 큰 위험은 그리스도인들이 자신의 믿음에 대해서도 세상의 방식으로 생각하기 시작할 것이라는 점입니다. 저는 이런 식으로 생각하지 않으려고 제 마음속으로 20년 넘게 부단히 싸워 왔습니다. 그 유혹은 실로 거대하고, 교회 안과 밖에서 동시에 오기 때문입니다.

세상은 기독교와 다른 종교들을 평가할 때 그것이 주는 사회적·심리적·물리적인 유익에 기반을 두고 그 유용성을 가늠합니다. 다른 말로 하면, 세상은 '옳으냐 그르냐'가 아니라 '유용하냐 해가 되느냐'의 범주로 기독교를 평가한다는 말입니다. 세상은 기독교를 신의 '계시'로 생각하지 않고 인간의 '의견'으로 생각합니다. 우리가 아니라 하나님께서 우리의 가장 절실한 필요를 드러내시며, 그런 다음 예수 그리스도 안에서 그 치료책을 분명히 제시하신다는 것을 세상은 믿지 않습니다. 세상은 우리 스스로가 우리의 가장 절실한 필요를 안다고 믿고 있으며, 그 필요들을 채워 주는 종교가 바람직하다고 생각합니다.

그리스도인마저 이런 식으로 생각하기 시작했다면 너무나 위험하고 치명적인 상황입니다. 어떤 기자는 한 목회자에게 던지는 질문을 통해, 기독교를 설명하는 범주를 자신이 즉각 결정합니다. 가령 이런 식의 질문들로 말입니다. "주택 가격을 낮추기 위해 뭘 하고 있습니까? 사람들이 직장을 얻는 일과 관련해 어떻게 도움을 주고 있습니까? 의료 보험 제도를 개선하기 위해 어떤 전략을 갖고 있나요?"

물론 다 중요한 질문들입니다. 하지만 세속적인 생각을 가진 사람들이 우리가 하고 싶은 말을 마음대로 정하고, 또한 기독교를 설명하는 범주를 규정하게 내버려 둔다면, 예수 그리스도의 교회와 예수 그리스도의 복음은 참되고 꼭 필요한, 하나님으로부터 나온 권위 있는 계시가 아니라 그저 인간의 쓸모 있는 행동일 뿐이라는 잘못된 개념을 확산시키게 될 것입니다.

제가 이런 식으로 서두를 시작한 이유는, 잠시 후면 오늘 본문 말씀으로 돌아가 진리가 우리 삶에 미치는 달콤하고 고귀하며 실질적인 몇 가지 효력(effects)에 대해 살펴볼 것이기 때문입니다. 하지만 저는 우리가 처음부터 이 점을 인지하고 넘어갔으면 합니다. 세상이 으레 그러하듯, 우리의 절실한 필요를 스스로가 잘 알고 있고 하나님은 그 필요들을 유용하게 채워 주는 분 정도로 여기며 그것을 생각의 출발점으로 삼는다면, 우리는 기독교가 무엇인지 알지 못하리라는 것 말입니다.

기독교의 핵심

기독교의 핵심은, 하나님은 이 세상에서 가장 고귀한 분이고, 우리는 그 하나님을 가장 고귀한 분으로 높이지 않았으며, 따라서 우리는 유죄이고 그분의 전능한 진노 아래 있으며, 오직 그분만이 그 진노로부터 우리를 구하실 수 있다는 것입니다. 이를 위해 하나님은 자기 아들 예수 그리스도의 죽음과 부활을 통해 그리스도 안에 있는 모두를 구하셨다는 것입니다.

이것을 잘 알면서도, 이런 메시지는 쏙 빼고 주택 문제, 직장, 건강 문제, 금주, 가족생활 같은 것만 앞세운다면 우리는 그리스도인이 아니며 심지어 아주 못된 사람일 뿐입니다. 전기의자에 앉은 사람의 머리를 곱게 빗겨 주면서도 그 사람의 진정한 자유를 외면하는 행동을 하는 것이기 때문입니다.

로마서 1장부터 7장에서는 이 모든 내용을 말하고 있습니다. 지난번에 이 내용을 요약해 드렸습니다. 거룩하신 하나님, 죄악된 인간, 다가올 진노, 완전한 구원자, 십자가에 못 박히고 다시 살아나신 예수 그리스도, 믿음으로 받는 칭의, 믿음으로 얻는 성화에 대해 말씀드렸습니다.

그리고 이제 바울은 로마서 8장 1절에서 위대한 결론을 내리며 기독교의 메시지를 요약합니다. "그러므로[지금까지 살펴본 모든 것을 놓고 볼 때] 이제 그리스도 예수 안에 있는 자에게는 결코 정죄함이 없나니." 이것이 기독교의 핵심입니다. 이것이 하나님이 세상에 주시는 가장 중심되고 근간이 되는 메시지입니다. 이것이 우리가 선포하는 내용입니다. 이것이 우리가 변론하는 내용입니다. 이것이 우리가 생명을 걸고 세상과 이웃에 전하려는 내용입니다. 예수 그리스도 안에 있는 자에게는 결코 정죄함이 없습니다!

1절 말씀을 두 부분으로 나누어 살펴보겠습니다. 1) 선물은 무엇이고, 2) 누가 그 선물을 받습니까? 선물은 바로 "정죄함이 없다"는 것이고, "그리스도 예수 안에 있는 자"가 그 선물을 누립니다.

선물은 무엇인가? "이제 정죄함이 없나니"

"이제"라는 말에는 두 가지 다른 함의가 있습니다. 하나는, 마침내 모든 것이 제자리를 찾았고 모든 것이 완성되어 드디어 '이제' 약속했던 것을 받을 수 있다는 의미입니다.

할아버지가 손녀에게 소포를 보내면서 "생일 때까지 열지 마라"고 말했습니다. 어린 손녀는 매일 이렇게 묻습니다. "지금은요? 이제 열어도 되나요?" "아니, 지금은 안 된다. 생일날에 열어 보렴." 그러다가 생일날이 되어 손녀는 말합니다. "마침내, 이제 때가 왔어요!"(Finally, now!) "이제"라는 말은 이처럼 뭔가를 간절히 기다린 후에 하는 말입니다.

또한, "이제"라는 말에는 온다고 생각하기 '전에' 나에게 온 "이제"라는 뜻도 포함되어 있습니다. 앞에서 말한 할아버지가 이번에는 아들에게 편지와 함께 5,000달러 수표를 '미리' 보내면서 "아들아, 너도 알다시피 언젠가는 네가 내 재산을 물려받게 될 것이다. '이제' 너에게 돈이 절실히 필요하다는 것을 내가 알기에 이 돈을 미리 보낸다"고 말한다고 합시다. 여기 나온 '이제'는 "마침내 이제"(finally now)가 아니라 "이미 이제"(already now)입니다.

"이제"가 갖는 이 두 가지 의미가 로마서 8장 1절에 모두 담겨 있습니다. "이제 정죄함이 없나니." "마침내 이제"도 되고 "이미 이제"의 뜻도 됩니다. 로마서 8장에서 이 두 가지를 모두 볼 수 있습니다.

3절을 보십시오. "율법이 육신으로 말미암아 연약하여 할 수 없는 그것을 하나님은 하시나니 곧 죄로 말미암아 자기 아들을 죄 있는 육신의 모양으로 보내어 육신에 '죄를 정하사'(condemned)."

따라서 여기서는 "마침내 이제"입니다! 오랜 세월 율법은 명령하고, 죄를 범한 사람들을 정죄했으며, 언젠가 올 의와 희생을 가리켜 왔지만(롬 3:21), 죄인들에게서 정죄함을 벗겨 줄 수는 없었습니다. 죄인들이 "정죄함이 없다!"는 선포를 경험할 수 있는 때, 즉 불경건한 자들이 믿음으로 의롭다 함을 얻을 수 있는 때가 와야 했다면, 하나님은 율법을 주시는 것 외에 다른 일을 하셔야 합니다. 그리고 그분이 하신 다른 일은 바로, 자신의 아들을 우리의 대표이자 대속물로서 인간의 모습으로 보내시고, 아들이 고통받던 그 십자가 위에서 그에게 죄를 정하신 것입니다!

누구의 죄입니까? 예수님은 죄가 없으셨습니다(3절에 "죄 있는 육신의 모양"이라고 한 점을 참고하십시오). 그분의 죄가 아닙니다. 우리 죄입니다. 이것이 복음입니다. 이것이 기독교입니다. 우리 모두는 우리가 지은 죄 때문에 하나님의 정죄 아래 있었습니다. 하지만 로마서

5장 6절이 말하듯이 "우리가 아직 연약할 때에 기약대로 그리스도께서 경건하지 않은 자를 위하여 죽으셨"습니다. 이 말이 무슨 뜻입니까? 경건하지 않은 자를 위해 죽었다는 것은 무슨 의미입니까? 로마서 8장 3절에서 이제 그 의미를 보게 됩니다. 바로 우리가 받아야 할 정죄를 하나님이 자신의 아들에게 쏟아부으셨다는 뜻입니다. 하나님은 육신에(그리스도의 육신에!) 죄를(내 죄를!) 정하셨습니다. 이것을 믿으십니까?

그러므로! 마침내! 이제! 정죄함이 없습니다. 이제! 하나님의 진노를 해결하기 위해 행해져야 했던 모든 일이 다 완료되었습니다. 이제, 마침내, 정죄함이 없습니다.

하지만 또 다른 의미의 "이제"는 어떻습니까? 앞에서 살펴본 "이미 이제!"라는 의미 말입니다. 로마서 8장 33-34절 말씀을 보십시오. 바울은 미래를 바라봅니다. 마지막 심판이 오고 있는 중이라는 사실을 생각합니다. 그리고 그때까지 많은 날이 지나갈 것이고, 우리의 대적 마귀는 우리를 속이고 우리 눈을 가리고 우리를 고소하면서 죄책감으로 우리를 삼키려 애쓸 것입니다. 그래서 바울은 "이미 이제!" 정죄함이 없다고 쓴 것입니다. "누가 능히 하나님께서 택하신 자들을 고발하리요 의롭다 하신 이는 하나님이시니 누가 '정죄하리요'(condemned) 죽으실 뿐 아니라 다시 살아나신 이는 그리스도 예수시니 그는 하나님 우편에 계신 자요 우리를 위하여 간구하시는 자시니라."

따라서 여기서 뒤를 돌아보면 그리스도께서 죽으시고 우리의 정죄가 되셨음을 상기할 수 있고, 앞을 내다보면 아직 심판이 오고 있어서 때로는 그 심판을 생각하며 떨리기도 하지만 그럼에도 불구하고 이미 지금 정죄함이 없다는 사실을 떠올릴 수 있습니다. 이 유산이 어느 정도일지 알기 위해 마지막 상속 때까지 기다릴 필요는 없습니다. "누가 능히 하나님께서 택하신 자들을 고발하리요?" 마지막 날, 우리의 모든 인생이 (로마서 7장까지 말한 결함들과 함께) 자기 앞에 펼쳐질 때, 오직 이 말씀만이 우리의 소망이 될 것입니다. "의롭다 하신 이는 하나님이시니 … 죽으실 뿐 아니라 다시 살아나신 이는 그리스도 예수시니 … 우리를 위하여 간구하시는 자시니라."

마지막 심판에 대한 판결은 주전 33년에 이미 내려졌습니다. 무죄! 정죄함이 없습니다. '이미 이제' 그러합니다. 이것이 기독교의 핵심입니다. 이것이 하나님의 선물입니다.

누가 그 선물을 누리는가? "그리스도 예수 안에 있는 자"

오늘은 이 부분에 대해 조금만 다루고 다음 두 주에 걸쳐 자세히 다루겠습니다. 오늘은 두 가지만 간단히 살펴보겠습니다.

첫째, 모든 사람이 "내 인생에 이제 정죄는 없다"고 말할 수 있는 것은 아닙니다. 오직 "그리스도 예수 안에 있는" 자만 해당합니다. 그분 안에 있는 사람도 있고, 그렇지 않은 사람도 있습니다. 바울의 모든 글에는 이것이 전제로 깔려 있습니다. "그리스도 안에" 있는 사람이 있고 "밖에" 있는 사람이 있습니다. 바울은 보편구원론자가 아닙니다. 바울은 로마서 9장 3절에서 "저주를 받아 그리스도에게서 끊어진" 자들이 있음을 슬퍼하며 솔직히 말합니다. "그리스도 안에서"(ἐν Χριστῷ)라는 귀중한 구절의 반대말은 "그리스도에게서 끊어진"(ἀπὸ τοῦ Χριστοῦ)이라는 끔찍한 구절입니다. 지금 여러분은 어디에 속하십니까? 그리스도 안에 있습니까? 아니면 그리스도에게서 끊어졌습니까?

둘째, 오직 그리스도 안에 있을 때에라야 그리스도가 받은 정죄가 우리의 것이 됩니다. 지금 그리고 마지막 심판 때에 "예수님이 나를 위해 정죄 당하셨으므로 나에게는 정죄함이 없다"고 말할 수 있으려면, 우리는 반드시 "예수님 안에" 있어야 합니다. 우리가 그분 안에 있으면, 그분에게 일어났던 일이 우리에게도 일어난 일이 됩니다. 하지만 "그분에게서 끊어져 있으면" 그분에게 일어났던 일이 우리에게 일어났다고 말할 근거가 없습니다.

만일 누군가 "아, 그렇지만 그분은 온 세상을 위해 죽으셨잖아요. 그분은 세상 죄를 지고 가는 하나님의 어린양입니다"라고 말할 수도 있습니다. 네, 맞습니다. 그리고 그 말은 예수님 안에는 무한한 공간이 있다는 뜻입니다. 그리스도는 작은 호텔이 아닙니다. 모든 사람이 들어갈 수 있는 거처를 갖고 계십니다. 그리고 모든 사람이 이런 초대를 받았습니다. "수고하고 무거운 짐 진 자들아 다 내게로 오라. … 목마른 자도 올 것이요 또 원하는 자는 값없이 생명수를 받으라. … 내게 오는 자는 내가 결코 내쫓지 아니하리라"(마 11:28; 계 22:17; 요 6:37).

하지만 그리스도께 가지 않으면 어떻게 됩니까? 이 말을 믿지 않으면 어떻게 됩니까? 거저 주시는 선물을 받지 않으면 어떻게 됩니까? 예수님은 요한복음 3장 36절에서 이렇게 말씀하십니다. "아들을 믿는 자에게는 영생이 있고 아들에게 순종하지 아니하는 자는 영생을 보지 못하고 도리어 하나님의 진노가 그 위에 머물러 있느니라." 하나님의 진노, 하나님의 정죄는 그리스도 안에서만 사라집니다. 그리스도 밖에서는 그런 일이 일어나지 않습니다.

여러분은 어디 계십니까? 그리스도 안입니까? 아니면 그리스도 밖입니까? 정죄에서 자유하십니까? 아니면 정죄 아래에 있습니까? 정죄 아래 있을 필요가 없습니다. 그리스도 안에 충분한 자리가 있습니다. 그리스도 안에는 언제나 빈자리가 있습니다. 그리고 모든 죄인에게 예수님은 말씀하십니다. "오라! 나를 믿으라! 들어와라! 내가 이미 너의 정죄를 대신 받았으므로 너의 생명이 되고, 의가 되고, 죄 사함이 될 것이다."

"정죄함이 없다"는 것을 알면 현재가 어떻게 달라집니까? "지금 제가 실제로 당면한 문제에는 아무 도움이 안 됩니다"라고 말하는 분도 있을지 모르지만, 저는 이렇게 답하겠습니다. "비록 그럴지라도, 이 진리는 우리가 받을지 모를 어떤 다른 도움보다 만 배는 더 귀합니다. 왜냐하면 영원은 너무나 길고 여기서의 삶은 너무나 짧기 때문입니다." 여기서는 기껏해야 85년 고생하는 것이지만 완전한 만족을 주시는 하나님과 함께 8천 5백만 년을 정죄함 없이 산다면 그리 손해 보는 교환은 아닐 것입니다.

"그리스도 안에" 있는 것에 대해 아직 할 말이 많지만, 앞에서 말씀드린 대로 이쯤에서 마치고, 오늘 본문의 진리가 우리 삶에 실질적으로 미치는 몇 가지 중대한 결과들을 살펴보겠습니다. 모든 사람이 이 유익들을 깊이 생각하고 간절히 구하기 바라는 마음으로 말씀드립니다. 이 유익들은 믿는 사람들, 지금 그리스도 예수 안에 있는 분들을 위한 것입니다. 그리고 아직 그리스도 안에 있지 못한 분들도 그리스도께로 나아오고 싶은 마음이 들기를 바라는 마음으로 말씀드립니다.

육체적 고통 중에도 정죄함은 없다

육체적으로 병이 들어 고통은 지속되고, 나아지기는커녕 점점 심해지는 것 같고, 심지어 죽어야 이 고통이 끝날 것처럼 보일 때, 고소하는 자들(우리 자신의 생각, 사탄, 욥의 친구들)은 와서 이렇게 말합니다. "그건 벌이야. 너는 지금 하나님의 정죄 아래 있는 거야. 그래서 그렇게 많이 고통스러운 거야." 당신은 이 공격을 어떻게 이겨 내시겠습니까?

로마서 8장 1절을 가지고 이렇게 답하십시오. "아니, 나는 정죄 아래 있지 않아. 그리스도 예수 안에 있는 자에게는 결코 정죄함이 없거든. 그리고 그리스도가 나의 의이시고 나의 용서가 되신다는 걸 믿어. 내 죄는 가려졌어. 난 정죄를 받지 않을 거야. 난 이미 죽음에서 생명으로 옮겨졌다고(요 5:24). 사탄아 물러가라. 주님, 당신의 능력으로 이 고통이 떠나가게 하소서."

결혼 생활의 어려움 속에서도 정죄함은 없다

결혼 생활이 실망스럽거나, 뭔가 크게 잘못된 것을 느낀다고 해봅시다. 악을 악으로 갚거나 정죄하는 쪽으로 가는 대신, 배우자를 용서하고, 계속 사랑하며, 설득하고자 애쓰고 소망을 갖기 위해 필요한 도덕적 힘을 어디서 얻겠습니까?

로마서 8장 1절이 답입니다. 비록 죄인일지라도 그리스도 예수 안에 있으면 하나님이 정죄하지 않으시고 장래에는 영원한 기쁨을 누리게 될 것을 반복적으로 떠올릴 수 있습니다. 자비와 소망이 가득 들어 있는 그 저수지에서, 배우자를 용서할 수 있는 자비를 한 바가지 끌어올릴 수 있을 것입니다.

부모로서 실패했을지라도 정죄함은 없다

자녀가 마음을 아프게 할 때 어떻게 해야 합니까? 다 내 잘못이라고 생각할 만한 충분한 이유들도 물론 있을 것입니다. 하지만 그렇더라도 우리는 그 문제를 해결할 수 없습니다. 앞으로도 계속 그럴 겁니다. 오직 하나님만이 해결하실 수 있습니다. 실패했는데 어떻게 부모 노릇을 계속 하겠습니까? 어떻게 계속 사랑할 수 있겠습니까?

이에 대해서도 로마서 8장 1절이 답입니다. 결국 우리가 그 문제를 해결할 필요가 없습니다. 하나님과 동행하는 일은 우리의 잘잘못을 정확히 따져 가리는 데에 달려 있지 않습니다. 우리가 하나님 앞에서 사랑받고 용서받은 자녀로서 살아갈 수 있는 것은 그리스도 예수 안에 있는 자에게는 결코 정죄함이 없기 때문입니다. 이 자유를 가질 때, 부모로서 실패한 것에 대해서도 자유롭게 받아들이게 될 것이고 자녀들 앞에서 자신을 낮추게 될 것입니다. 그러면 하나님이 회복시키실 것입니다.

얼마든지 더 많은 예를 들 수 있습니다. 사역에 있어서도 정죄함은 없습니다. 동료 집단으로부터 받는 압력에서도 정죄함은 없습니다. 성적인 유혹을 받더라도 정죄함은 없습니다. 교만을 품었더라도 정죄함은 없습니다. 인종주의에 빠졌더라도 정죄함은 없습니다. 인종 차별과 인종에 대한 편견은 단지 우리가 이 진리를 얼마나 모르고 있는지를 보여 줄 뿐입니다! 이 외에도 얼마든지 많습니다. 또한 이 영광스러운 진리가 우리에게 전하는 실질적인 의미들은 끝이 없습니다.

그렇다면 여러분은 어디에 있습니까? 세상 가치관에 물들어 하나님의 진노를 피해야 할 필요성도 못 느끼고 있습니까? 종교는 그저 유용하면 된다고 생각합니까? 가장 중요한 질문을 드리자면, 믿음으로 그리스도 안에 있습니까, 아니면 그리스도 밖에 있습니까? 밖에 머물지 마십시오. 그리스도 안에는 언제나 빈자리가 있습니다. 오십시오.

2장

그리스도 예수 안에는 정죄함이 없다(2부)

로마서 8:1-4

그러므로 이제 그리스도 예수 안에 있는 자에게는 결코 정죄함이 없나니 이는 그리스도 예수 안에 있는 생명의 성령의 법이 죄와 사망의 법에서 너를 해방하였음이라. 율법이 육신으로 말미암아 연약하여 할 수 없는 그것을 하나님은 하시나니 곧 죄로 말미암아 자기 아들을 죄 있는 육신의 모양으로 보내어 육신에 죄를 정하사 육신을 따르지 않고 그 영을 따라 행하는 우리에게 율법의 요구가 이루어지게 하려 하심이니라. _롬 8:1-4

로마서 8장 1절에 담긴 중요성을 생각하면 할수록, 2절로 넘어가기 전에 다시 한 번 이 구절을 다룰 수밖에 없습니다. 로마서 8장 1절은 로마서 1장부터 7장까지 다뤘던 내용에 대한 위대한 결론입니다. "그러므로 이제 그리스도 예수 안에 있는 자에게는 결코 정죄함이 없나니."

이전 설교에서 "결코 정죄함이 없나니"라는 구절을 다루면서 "이제"(now)라는 단어의 의미를 강조했습니다. "그러므로 이제 정죄함이 없나니." 이 '이제'라는 단어에는 두 가지 의미가 함축되어 있다고 말씀드렸습니다. "마침내 이제"와 "이미 이제"입니다.

"마침내 이제"는 3절에서 보입니다. "율법이 육신으로 말미암아 연약하여 할 수 없는 그것을 하나님은 하시나니 곧 죄로 말미암아 자기 아들을 죄 있는 육신의 모양으로 보내어 육신에 죄를 정하사(condemned)." 수세기에 걸쳐 율법은 생명을 약속했지만, 우리가 율법을 지킬 수 없었기 때문에 도리어 우리 모두에게 죽음을 가져왔습니다(롬 7:10).

그러나 마침내 이제, 갈라디아서 3장 13절 말씀처럼 "그리스도께서 우리를 위하여 저주를 받은 바 되사 율법의 저주에서 우리를 속량하셨"습니다. 다른 말로 하면, 중재자이고 하나님의 어린양이며 대속물이자 구원자이신 하나님의 아들이 마침내 세상에 오셔서 우리 죄를 지고 우리 대신 정죄를 받으셨습니다. 이것은 율법과 율법이 규정한 모든 양과 염소와 황소와 씻는 것으로는 할 수 없었던 일입니다. 따라서 "마침내 이제" 위대한 구원자이시며 정죄를 담당하신 이 예수 그리스도 안에 있는 사람들에게는 정죄함이 없습니다.

"이미 이제"는 33-34절 말씀에서 볼 수 있습니다. "누가 능히 하나님께서 택하신 자들을 고발하리요 의롭다 하신 이는 하나님이시니 누가 정죄하리요(condemns) 죽으실 뿐 아니라 다시 살아나신 이는 그리스도 예수시니 그는 하나님 우편에 계신 자요 우리를 위하여 간구하시는 자시니라." 여기서 전능하신 하나님의 법정에서 이루어질 마지막 심판이 다가오고 있음을 봅니다. 그리고 이 구절의 요지는 하나님이 택하신 자들을 정죄할 수 있는 사람은 한 명도 없다는 것입니다. "누가 능히 하나님께서 택하신 자들을 고발하리요 … 누가 정죄하리요?"

천국이나 지옥에 있는 어떤 검사도 우리를 기소하지 않을 것입니다. 왜 그렇습니까? 그리스도께서 우리 대신 죽으셨고 하나님은 그것을 근거로 우리를 의롭다 하셨기 때문입니다. 의롭다 함을 얻었다는 것은 "우리를 옳다고 선포하셨다"는 의미입니다. 따라서 "이미 이제" 그리스도 안에 있는 우리는 마지막 판결을 받았습니다. 정죄받지 않고 의롭다 함을 얻은 것입니다. 하나님 앞에서 의롭다 선포되었습니다. 마지막 판결은 주전 33년에 내려졌습니다. "이미 이제" 그리스도 예수 안에 있는 사람들에게는 정죄함이 없습니다.

우리는 "정죄함이 없다"는 이 놀라운 구절이 타락하고 고통받는 시대를 살아가는 우리에게 주는 의미에 대해서는 아직 깊이 생각하지 못했습니다. 그래서 저는 오늘 잠시나마 그 의미를 생각해 보려 합니다.

"그러므로 이제 그리스도 예수 안에 있는 자에게는 결코 정죄함이 없나니." 바울은 이 로마서 8장 1절에서 뭐라고 말하고 있습니까?

하나님의 전능한 자비와 지지가 우리 편이 되다

바울이 여기서 말하는 바는, 우리 죄에 대한 하나님의 정죄하는 진노와 절대적인 반대가 전능한 자비와 지지로 대체되었다는 것입니다. 다른 말로 하면, 우리가 그리스도 예수 안에 있을 때 우리를 향한 하나님의 모든 행동은 전능한 자비이자 절대적인 지지와 같다는 것입니다. 이 둘은 서로 뒤섞이지 않습니다. 어떤 날은 진노하시다가(안 좋은 날들이겠지요), 또 어떤 날은 사랑하시는(좋은 날이고요) 그런 것이 아닙니다. 결코 그렇지 않습니다. 또한 그런 식으로 생각해서도 안 됩니다.

물론 우리 인생이 그렇게 보일 수는 있습니다. 하지만 그렇기 때문에 더더욱 그분의 말씀 속에 드러난 하나님의 진리를 정확하게 알아야 합니다. 이 세상의 즐거움과 고통은 대부분 겉으로 보이는 모습과 다릅니다. 그 일들이 실제로 어떤 것인지, 정말로 무슨 일이 일어나고 있는지 알기 위해서는 하나님의 말씀이라는 렌즈를 통해 보아야 합니다.

그래서 다시 한 번 말씀드립니다. 사도 바울을 통해 "그러므로 이제 그리스도 예수 안에 있는 자에게는 결코 정죄함이 없나니"(롬 8:1)라고 말씀하실 때 우리 죄로 인한 하나님의 모든 진노와 절대적인 반대가 전능한 자비와 절대적인 지지로 완전히 대체되었다는 사실을 우리가 깨닫기 원하십니다. 그리스도 예수 안에서 하나님은 언제나 우리 편입니다. 언제나 말입니다! 이것이 바울이 로마서 8장에서 말하려는 내용입니다. 바울은 31절에서 이렇게 말합니다. "그런즉 이 일에 대하여 우리가 무슨 말 하리요 만일 하나님이 우리를 위하시면 누가 우리를 대적하리요!" 그리스도 예수 안에서 "정죄함이 없다"는 의미는 하나님이 늘 절대적으로 우리 편을 드시지 우리를 반대하지 않으신다는 것입니다. 언제나 말입니다! 이것이 사도 바울이 말하려는 요점입니다.

이 진리는 정말 놀랍습니다. 우리가 실제로 아침부터 저녁까지 영혼 깊은 곳에서부터 이 진리를 믿을 수 있다면, 즉 하나님은 우리 편이시며 우리를 반대하지 않으신다는 것과 하나님은 전능하신 자비와 절대적인 지지로 우리가 깨어 있든 잠을 자든 밤낮으로 우리를 위해 일하신다는 것을 믿는다면, 아! 우리 삶이 얼마나 달라지겠습니까! 얼마나 자유로워질까요! 얼마나 기쁘겠습니까! 얼마나 평화롭겠습니까! 어떤 위험도 무릅쓸 수 있고 또한 담대할 수 있지 않겠습니까? 전혀 두려움이 없을 것입니다! 사랑과 섬김과 자비로 자신을 희생하는 삶을 살 수 있을 것입니다! 또 얼마나 오래 참겠습니까! 얼마나 평온하겠습니까!

하나님이 우리 편이심을 믿는 데 따르는 장애물과 해결책

하지만 이 말은 너무 좋아서 피부에 와닿지가 않을 정도입니다. 죄와 질병으로 가득한 이 타락한 세상에는 어울리지 않는 말 같습니다. 이 진리를 믿기가 힘듭니다. 그래서 저는 이 진리를 믿지 못하게 만드는 두 가지 장애물을 다루면서 어떻게 이를 극복할 수 있을지 살펴보도록 하겠습니다.

첫 번째 장애물은, 우리 안에 남아 있는 죄와 그에 따른 죄책감입니다. 그리고 두 번째 장애물은, 우리에게 남아 있는 질병의 경험과 그에 따른 의심 또는 두려움의 감정입니다. 죄와 죄책이 한쪽 끝에 있고, 질병과 두려움이 다른 쪽 끝에 있습니다. 정죄함이 없다면, 하나님이 우리를 대적하지 않으시고 오직 전능한 자비와 절대적인 지지로 늘 우리를 위하신다면, 나에게 여전히 남아 있는 죄와 질병은 어떻게 생각해야 합니까?

1. 죄와 죄책: 배짱 있는 죄책을 갖고 싸우라

먼저 죄와 죄책을 해결하는 데 도움이 되는 말씀을 알려 드리겠습니다. 미가서 7장 5절부터 10절을 찾아보겠습니다. 찾으시는 동안 이 말씀을 북한의 상황과 연관 지어 보겠습니다.

저는 이번 주에 미시시피 잭슨에서 한국인 한 명을 만났는데 북한 선교를 위해 힘쓰는 사람이었습니다. 북한에서 진짜 기독교는 철저히 금지되어 있습니다. 저는 그 사람에게 북한의 실상이 어떤지 물었습니다. 그 사람은 공식적으로 등록된 몇 안 되는 교회들은 기독교의 모습만 흉내 내고 있다고 말했습니다. 하지만 실제로는 약 8만 명의 그리스도인이 지하교회에 있다고 합니다. 그의 말에 따르면, 최근 북한의 공산 정권은 이 지하교회를 불법으로 규정하고 사람들에게 가족이라 해도 고발하라고 명령했다고 전합니다. 실제로 자녀들이 부모를 고발해 죽음으로 내몬 경우도 있다고 했습니다.

예수님께서 이런 일이 일어날 거라고 말씀하신 것을 기억하실 것입니다. "형제가 형제를, 아버지가 자식을 죽는 데에 내주며 자식들이 부모를 대적하여 죽게 하리라"(막 13:12). 이 말씀은 미가서 7장 6절에 나오는 것으로, 구약에서는 은혜와 "정죄함이 없다"는 메시지를 전하는 아주 놀라운 말씀으로 이어집니다.

여기서 미가서 7장 5-9절의 말씀을 보겠습니다.

> 너희는 이웃을 믿지 말며 친구를 의지하지 말며 네 품에 누운 여인에게라도 네 입의 문을 지킬지어다. 아들이 아버지를 멸시하며 딸이 어머니를 대적하며 며느리가 시어머니를 대적하리니 사람의 원수가 곧 자기의

> 집안사람이리로다. 오직 나는 여호와를 우러러보며 나를 구원하시는 하나님을 바라보나니 나의 하나님이 나에게 귀를 기울이시리로다. 나의 대적이여 나로 말미암아 기뻐하지 말지어다. 나는 엎드러질지라도 일어날 것이요 어두운 데에 앉을지라도 여호와께서 나의 빛이 되실 것임이로다. 내가 여호와께 범죄하였으니 그의 진노를 당하려니와 마침내 주께서 나를 위하여 논쟁하시고 심판하시며 주께서 나를 인도하사 광명에 이르게 하시리니 내가 그의 공의를 보리로다.

제가 1988년 7월에 이 본문으로 설교를 했는데, 제목을 "엎드러질지라도 일어날 것이요"라고 달았습니다. 그리고 이 설교에서 사람들에게 "배짱 있는 죄책"(gutsy guilt)을 가지라고 요청했습니다. 그리고 오늘도 이 요청을 반복하려고 합니다.

사실 8-9절에는 내용이 잘 이어지지 않는 부분이 있습니다. 이 말씀은 "정죄함이 없을 때" 우리가 행할 일을 말하는 것인데, 그러면서도 우리는 죄를 범했다고 말합니다. 우리는 이 부분에 대해 어떻게 생각하고 행동해야 합니까?

> 나의 대적이여 나로 말미암아 기뻐하지 말지어다. 나는 엎드러질지라도 일어날 것이요[따라서 일시적인 '넘어짐'이 있다는 말입니다] 어두운 데에 앉을지라도[즉 암울하고 죄책감을 느끼는 시기가 있다는 말입니다] 여호와께서 나의 빛이 되실 것임이로다[즉 주님이 그에게 화가 나셨지만 그럼에도 불구하고 주님은 그의 빛이라는 말입니다]. 내가 여호와께 범죄하였으니[즉 실제로 죄가 있다는 말입니다] 그의 진노를 당하려니와[즉 주님이

기뻐하지 않으시고 그에게 화가 나셨지만, 이것은 정죄하는 심판관의 분노가 아니라 훈육하여 빛을 주려는 아버지의 분노입니다. 아버지는 아이를 회초리로 때린 후 얼마간 방에 들어가 있게 하지만 소망의 불은 끄지 않습니다] 마침내 주께서 나를 위하여 논쟁하시고 심판하시며[즉 이 분노는 그를 해치는 분노가 아니라 그를 '위한' 분노입니다. 하나님은 그를 의롭다 하시고 정죄하지 않으실 것입니다!] 주께서 나를 인도하사 광명에 이르게 하시리니 내가 그의 공의를 보리로다.

즉 이 말씀은, 우리를 향한 생각이 온통 전능한 자비와 절대적인 사랑뿐인 아버지께 죄를 지었을 때 어떻게 생각하고 행동해야 할지를 보여 줍니다. 그분은 우리를 늘 다정하게만 대하지 않으실 것입니다. 하지만 늘 사랑하실 것입니다. 그리고 늘 우리 편이지 우리를 적대하지 않으실 것입니다.

그래서 우리는 죄를 심각하게 받아들입니다. 그 죄들을 미워합니다. 그 죄들은 그리스도 안에 있는 우리 모습과 모순되는 것이고, 우리 아버지의 사랑에도 모순됩니다. 우리는 죄를 고백합니다(요일 1:9). 우리가 온전히 용서받고 확실히 의롭다 함을 얻는 십자가를 바라봅니다. 아버지의 질책과 훈육을 달게 받고 한동안 어둠 속에 거할 수도 있습니다.

하지만 우리 대적이 기뻐하며, 슬픈 밤을 보내고 있는 우리를 향해 "봐라, 하나님은 너를 싫어하셔. 그분은 진노하셨어. 너는 죄를 지었고 이제 그분의 정죄 아래 있게 된 거야"라고 말한다면, 로마서 8장 1절 말씀의 권위를 힘입어 또 예수 그리스도의 죽음과 의를 기반으로 미가서 7장 말씀으로 이렇게 대답할 것입니다. "나의 대적이여 나로 말미암아 기뻐하지 말지어다. 나는 엎드러질지라도 일어날 것이요 어두운 데에 앉을지라도 여호와께서 나의 빛이 되실 것임이로다. 내가 여호와께 범죄하였으니 그의 진노를 당하려니와 마침내 주께서 나를 위하여 논쟁하시고 심판하시며 주께서 나를 인도하사 광명에 이르게 하시리니 내가 그의 공의를 보리로다."

제가 "배짱 있는 죄책"이라는 말로 나타내고자 한 의미가 바로 이것입니다. 그리스도인으로 살아가면서 계속 실패를 경험하는 우리가 이 길 외에 인내할 수 있는 다른 방법이 있는지 모르겠습니다. 그리스도를 위해 결혼 생활을 유지하는 데 "배짱 있는 죄책" 외에 다른 길이 있는지는 잘 모르겠습니다. 자녀를 기르고, 순결을 유지하고, 소망을 잃지 않고 사역에서 많은 열매를 맺기 위해 이 "배짱 있는 죄책" 외에 다른 방법은 모르겠습니다. 나는 엎드러질지라도 일어날 것입니다. … 나는 범죄했을지라도, 내가 대적하여 죄를 범했던 바로 그분이 나를 위하여 논쟁하시고 심판하실 것입니다. 나를 대적하지 않으시고 나를 '위하실' 것입니다! 성도 여러분, 이 복음을 사랑하십시오. 이 복음을 사랑하시고 이 복음을 삶으로 살아내십시오!

2. 질병과 두려움: 구원하는 심판일 수 있다

질병과 두려움은 어떻습니까? "정죄함이 없다"는 진리가 죄와 죄책감을 이겨 내는 방법이었다면, 질병과 두려움은 어떻게 이겨 낼 수 있을까요? 저와 함께 고린도전서 11장 28-32절을 읽겠습니다. 이 말씀은 성만찬을 가볍게 생각하지 말고, 먹고 마실 때 자신이 그리스도를 믿고 있는지 점검하는 계기로 삼으라고 바울이 경고한 내용입니다.

> 사람이 자기를 살피고 그 후에야 이 떡을 먹고 이 잔을 마실지니 주의 몸을 분별하지 못하고 먹고 마시는 자는 자기의 죄를 먹고 마시는 것이니라. 그러므로 너희 중에 약한 자와 병든 자가 많고 잠자는 자도 적지 아니하니 우리가 우리를 살폈으면 판단을 받지 아니하려니와 우리가 판단을 받는 것(judged)은 주께 징계를 받는 것이니 이는 우리로 세상과 함께 정죄함을 받지 않게 하려 하심이라.

마지막 32절 말씀을 자세히 살펴보겠습니다. 우리가 판단을 받을 때(약하다거나 병에 걸렸다거나 또는 사망 판정까지도) 우리는 하나님께 징계를 받는 것이며 이로써 "세상과 함께 정죄함을 받지" 않을 것이라고 바울은 말합니다.

먼저 제가 전하려는 의도가 아닌 것부터 명확히 말씀드리겠습니다. 우리가 아프거나 죽는 것이, '언제나' 우리가 저지른 어떤 특정한 죄(주의 만찬을 함부로 남용한 죄 같은) 때문이라고 말씀드리는 것이 아닙니다. 그럴 가능성도 있지만 여기에 아주 놀라운 소식이 하나 더 있습니다. 만일 그렇더라도, 즉 우리가 저지른 죄 때문에 병에 걸리거나 죽는다 해도 하나님이 내린 이 '심판'(판단, judgement)은 사랑의 심판이라는 것입니다. 이것은 아버지의 사랑으로 내린 심판입니다. 실제로 우리를 구원하는 소중한 심판입니다.

32절 말씀에서 이에 대해 명확히 볼 수 있습니다. "우리가 판단을 받는 것은 주께 징계를 받는 것이니 이는 우리로 세상과 함께 정죄함을 받지 않게 하려 하심이라." 이 부분을 놓치지 마십시오. 우리의 연약함과 질병과 죽음 속에서 하나님이 계획하신 것은 "정죄함을 받지 않게 하려" 하심입니다. 비록 우리에게 닥친 질병이 하나님이 아버지로서 화가 나신 것이고, 아버지로서 훈육하시는 증거라 할지라도, 그리스도 예수 안에 있는 자에게는 "정죄함이 없습니다."

여기서 '배짱 있는 죄책'이 또 한 번 필요합니다. 우리는 병원 침대에 누워 이렇게 의심할지 모릅니다. "하나님이 나를 버리셨나? 하나님이 나의 대적이 되셨나?" 욥이 질병 속에서 외쳤던 말이 바로 그것이었습니다. "주께서 어찌하여 얼굴을 가리시고 나를 주의 원수로 여기시나이까?"(욥 13:24) 하지만 이에 대한 욥의 생각은 틀렸습니다(약 5:11). 하나님은 그의 대적이 아니셨습니다. 그리고 그분은 우리의 대적도 되지 않으실 것입니다. 비록 우리에게 연약함과 질병과 죽음을 주실 수는 있지만, 대적이 되지는 않으실 것입니다.

겉보기와 다른 것들

우리는 이 사실을 알아야 합니다. 겉으로 보이는 것이 전부가 아닙니다. 죄를 짓고 그것에 대해 죄책감을 느끼고 하나님의 진노를 일시적으로 받을 때 실제로 어떤 일이 일어나는지 알기 위해서는 하나님의 말씀이 필요합니다. 병에 걸리고 죽음의 문턱에 있을 때 실제로 무슨 일이 일어나고 있는지 알아야 합니다.

우리가 아는 것은 이것입니다. "그러므로 이제 그리스도 예수 안에 있는 자에게는 결코 정죄함이 없나니." 넘어져도 다시 일어날 것입니다. 우리에게 잠시 화가 나셨더라도 하나님 아버지는 전능한 자비와 절대적인 지지로 우리를 사랑하시며 결국은 우리를 빛 가운데로 이끄실 것입니다. 우리가 아파서 죽어가고 있고, 비록 그것이 하나님의 징계임을 안다 해도, 그것은 우리를 세상과 함께 정죄를 받지 않게 하시려는 하나님의 사랑의 행위입니다. 하나님은 전능하고 죽음을 이기신 사랑으로 우리를 사랑하시기 때문입니다. 그리스도 예수 안에 있는 자에게는 정죄함이 없습니다. 이 진리를 믿으십시오. 그리스도를 우리의 보물로 받아들이고 그분 안에서 사십시오. 이 진리와 우리의 구원자께 영광을 돌리십시오! 이 자유를 삶으로 누리십시오!

3장

그리스도 예수 안에 있는 생명의 성령의 법으로 해방되다

로마서 8:1-4

그러므로 이제 그리스도 예수 안에 있는 자에게는 결코 정죄함이 없나니 이는 그리스도 예수 안에 있는 생명의 성령의 법이 죄와 사망의 법에서 너를 해방하였음이라. 율법이 육신으로 말미암아 연약하여 할 수 없는 그것을 하나님은 하시나니 곧 죄로 말미암아 자기 아들을 죄 있는 육신의 모양으로 보내어 육신에 죄를 정하사 육신을 따르지 않고 그 영을 따라 행하는 우리에게 율법의 요구가 이루어지게 하려 하심이니라. _롬 8:1-4

우리가 이길 수 있는 죄는 오직 용서받은 죄뿐이라고 지난 몇 년 동안 여러 번에 걸쳐 설명한 바 있습니다. 오늘 아침에는 이것을 조금 더 조심스럽게 말씀드리겠습니다. 우리가 일상에서 극복할 수 있고 의로 대체할 수 있는 유일한 죄는, 그리스도로 인해 이미 용서받은 죄뿐입니다.

제가 조심스럽게 이 말씀을 드리는 이유는, 그리스도와 전혀 상관없이 일상에서 나쁜 습관들을 이길 수 있는 인간적인 방법들도 있음을 알기 때문입니다. 하지만 그리스도로부터 오는 용서함 없이 삶에서 이런 변화가 일어날 때, 그 결과는 하나님의 의가 아니라 자기 의가 됩니다. 그것은 하나님이 보시기에 의가 아닙니다. 그래서 다시 한 번 조심스럽게 말씀드립니다. "우리가 일상에서 극복할 수 있고 의로 대체할 수 있는 유일한 죄는, 그리스도로 인해 이미 용서받은 죄뿐입니다."

칭의가 선행되어야 성화가 가능하다

이 말의 요지는 이렇습니다. 그리스도를 믿는 믿음으로 먼저 죄를 용서받은 후에야 삶에서 죄와 싸우는 일에 힘을 얻을 수 있습니다. 이것을 달리 표현하면, 우리가 그리스도 안에서 용서받고 의로워졌다고 하나님이 먼저 선포하셔야, 우리는 그 사랑을 실천하고 희생하고 그리스도를 높이는 사람들로 변화될 수 있습니다. 하나님의 선포가 인간의 변화(transformation)에 앞서야 합니다. 또는 다른 식으로 말하자면, 칭의가 선행되어야 성화가 이루어집니다. 하나님과 바른 관계를 회복하는 것이 하나님을 위해 옳은 일을 하는 것보다 앞서야 합니다.

사소한 일에 너무 신경 쓴다고 느끼는 분들도 있을 것입니다. "전 그런 생각을 하면서 살지는 않습니다. 그러니 그런 건 제게 실제로 별 도움이 안 됩니다. 평소에 그런 식으로 생각하거나 행동하지 않으니까요. 그건 단지 신학일 뿐이지요. 제게는 일상을 사는 데 그런 복잡한 신학이 필요하지 않습니다"라고 할지도 모르겠습니다. 아마 많은 사람들이 그런 식으로 생각할 것입니다. 하지만 이렇게도 한 번 생각해 보십시오.

우리가 살인죄로 사형에 처해질 재판을 받고 있다고 해봅시다. 생사의 갈림길에 서 있습니다. 유죄판결을 받으면 죽게 될 것이고, 무죄판결을 받으면 자유를 얻고 살 수 있습니다. 그리고 판사가 우리에게 이렇게 말한다고 가정해 보십시오. "이 사건을 두 가지 방식으로 다룰 수 있소. 지금 당장 당신에게 확실하고 취소 불가능한 무죄판결을 내려 석방할 수 있소. 그러면 당신은 나가서 자유롭게 즐기며 사랑을 베푸는 삶을 살면서, 당신이 실제로 법을 어기고 범죄를 즐기는 그런 범법자가 아니라는 것을(예전에는 그랬더라도) 보여 줄 수 있을 거요. 아니면 재판을 연기하고 판결을 수년간 미루는 방식도 있소. 당신에게 경찰관을 24시간 붙여서 가석방한 다음, 당신이 철저히 변화되었다는 사실을 법정에 증명하도록 요구하겠소. 그런 다음 추후 재판을 다시 열어 당신의 행동이 만족스러웠는지 아닌지를 판정한 다음 그에 따라 판결을 내릴까 합니다."

지금도 이 두 가지 선택의 차이가 하찮은 것에 신경 쓰는 것처럼 들립니까? 첫 번째 선택을 한다면, 우리는 정죄로부터 자유로워지고 기쁘게 삶을 살아가며 재판관의 지혜와 자비를 드러내게 될 것입니다. 두 번째 선택을 한다면, 우리는 평소에도 늘 재판을 생각하며 살아야 하고, 그렇게 해서 장차 받을 판결은 자신의 평소 행동이 재판정의 기대에 부응했는지의 여부에 따라 달라질 것입니다.

형제자매 여러분, 이것은 사소한 일에 매달리는 것이 아닙니다. 그리고 이 차이를 아는 것은(그것을 신학이라 부르든, 또는 호박이라 부르든,

아니면 성경의 진리라고 부르든) 우리 인생에 있어 너무나 중요합니다.

하나님과 그분이 우리를 위해 행하신 일과 우리에게 주신 약속들을 생각하며 살고 있지 않다면, 이제는 변해야 합니다. 로마서는 직관을 중요하게 생각하는 사람들도 받아들일 수 있도록 기록된 서신입니다. 그리스도의 영광을 위해 우리는 로마서의 의미를 잘 알아야 하고 매일의 삶에 적용할 수 있어야 합니다.

따라서 오늘 본문에서 문제가 되는 것은 이것입니다. 로마서 8장 1절과 2절이 어떻게 연결되어 있는지를 보겠습니다. 8장 1절에는 칭의에 관한 매우 중요한 진술이 나옵니다. "그러므로 이제 그리스도 예수 안에 있는 자에게는 결코 정죄함이 없나니." 우리가 그리스도를 믿는 믿음으로(by faith in him, 또는 그리스도 안에 있는 믿음으로) 그분과 연합될 때, 그렇게 그리스도인의 삶을 시작하는 바로 그 순간부터 우리의 정죄는 과거의 것이 됩니다. 판결이 내려집니다. "무죄!" 그리스도로 인해 의롭다 선포됩니다. 모든 죄가 용서받습니다. 모든 죄책이 제거됩니다. 모든 형벌을 면하게 됩니다. 그리스도 덕분입니다. 이것이 1절이 말하는 내용입니다.

하지만 2절은 다릅니다. 2절에는 칭의가 보이지 않고 성화가 보입니다. 1절이 정죄함이 없다는 '선포'를 다룬다면, 2절은 실제적인 '변화' (transformation)가 어떻게 일어나는지를 다룹니다. "이는 그리스도 예수 안에 있는 생명의 성령의 법이 죄와 사망의 법에서 너를 해방하였음이라." 1절과의 연관성을 살펴보기 전에, 2절에서 세 가지를 먼저 보도록 하겠습니다.

죄와 사망의 법: 죄로 이끄는 원리이자 힘

먼저, "죄와 사망의 법"은 무엇을 말하는 것입니까? "이는 그리스도 예수 안에 있는 생명의 성령의 법이 죄와 사망의 법에서 너를 해방하였음이라." 이와 비슷한 구절인 7장 22-23절에서 그 답을 알 수 있습니다. "내 속사람으로는 하나님의 법을 즐거워하되 내 지체 속에서 한 다른 법이 내 마음의 법과 싸워 내 지체 속에 있는 '죄의 법'으로 나를 사로잡는 것을 보는도다." 여기 23절에서 "죄의 법"이라는 구절이 나옵니다. 로마서 8장 2절에 나오는 "죄와 사망의 법"과 같은 것이라고 생각합니다. 죄에 '사망'이 더해진 이유는, 우리가 "죄의 법"에 대항해 무기를 갖추고 믿음과 성령의 능력을 힘입어 맞서 싸우지 않으면 죽음으로 이어지기 때문입니다.

그렇다면 "죄의 법"은 무엇입니까? 23절은 "내 지체 속에 있는" 것이라고 말합니다. 다른 말로 하면, 내 몸에서 활동하며 나 자신과 싸우게 만들고 나를 악으로 이끄는 힘, 충동 또는 원리입니다. 바울이 7장 17절과 20절에서 "내 속에 거하는 죄"라고 부른 것과 실제로는 같은 말입니다.

생명의 성령의 법: 생명으로 이끄는 원리이자 힘

두 번째로, 이 죄의 힘, 충동 또는 원리("죄와 사망의 법")에 대한 승리는 오직 "그리스도 예수 안에 있는 생명의 성령의 법"에 의해서만 가능합니다. "이는 그리스도 예수 안에 있는 생명의 성령의 법이 죄와 사망의 법에서 너를 해방하였음이라." 우리가 삶에서 죄를 이길 수 있는 것은 (아무 도움을 받지 않고) 홀로 열심히 애썼기 때문이 아닙니다. 우리 안에 하나님의 영이 계셔서 우리를 위해 일하시기 때문입니다(롬 6:14, 17, 18, 22절과 비교).

따라서 이 구절("생명의 성령의 법")에서 '법'이라는 말은 "죄와 사망의 법"이라는 구절에 나오는 '법'과 같은 의미를 갖습니다. '법'은 힘, 원리, 충동 또는 권위를 의미합니다. 죄는 힘과 권위를 가지고 특정한 방식으로 일하여 죽음으로 이끌어 가는데, 그것을 "죄와 사망의 법"이라고 부릅니다. 그리고 하나님의 영도 힘과 권위를 가지고 특정한 방식으로 일하여 생명으로 이끌어 가는데, 그것을 "생명의 성령의 법"이라고 부릅니다.

"그리스도 안에" 있으면 "생명의 성령"이 일하신다

세 번째로, 우리 안에 이 성령이 일하시는 것은 우리가 "그리스도 안에" 있기 때문입니다. 다른 말로 하면, '모든' 그리스도인 안에는 생명의 성령이 일하십니다. "이는 '그리스도 예수 안에 있는' 생명의 성령의 법이 죄와 사망의 법에서 너를 해방하였음이라."

"그리스도 안에" 있으면 우리 안에도 생명의 성령이 일하십니다. 그리고 모든 그리스도인은 "그리스도 예수 안에" 있습니다. 그리스도인은 하나님이 예수 안에 있는 우리를 위해 행하시는 모든 일 안에서 믿음으로 그리스도와 연합됩니다. 이것이 바로 그리스도인이 된다는 의미입니다.

로마서 8장 9절에서 이 점이 강조되어 있습니다. "만일 너희 속에 하나님의 영이 거하시면 너희가 육신에 있지 아니하고 영에 있나니 누구든지 그리스도의 영이 없으면 그리스도의 사람이 아니라." 그리스도의 영이 없는 사람은 그리스도의 사람이 아닙니다. 우리 안에서 그리스도의 영이 역사하지 않으시면 우리는 그리스도인이 아닙니다.

그리스도와 연합되면 죄를 용서받고 죄를 이길 힘이 생긴다

1절과 2절에는 "그리스도 안에" 있다는 표현이 함께 나옵니다. 1절, "그러므로 이제 '그리스도 예수 안에 있는' 자에게는 결코 정죄함이 없나니." 2절, "이는 '그리스도 예수 안에 있는' 생명의 성령의 법이 죄와 사망의 법에서 너를 해방하였음이라." 우리는 이에 대해 두 가지를 말할 수 있습니다.

첫째, 믿음으로 그리스도와 연합하면 그분의 용서와 의가 우리의 것이 되어 정죄를 받지 않게 된다는 의미입니다. 둘째, 믿음으로 그리스도와 연합하면 죄를 이기는 그분의 힘과 권세가 우리의 것이 되어 죄와 사망의 법을 이길 수 있게 된다는 의미입니다. 그러므로 우리는 그리스도 안에서 죄를 용서받을 뿐만 아니라 죄를 이길 힘까지 얻습니다.

이제 설교를 시작할 때 드렸던 중요한 질문, 즉 '칭의와 성화가 서로 어떻게 연결되는가'에 대한 문제로 되돌아가겠습니다. 처음에 저는 이렇게 말씀드렸습니다. "삶에서 우리가 이길 수 있는 유일한 죄는 이미 용서받은 죄뿐입니다." 조금 전 우리가 살펴보았던 내용도 죄를 이길 힘(power)과 죄를 용서하는 사면(pardon)이 "그리스도 예수 안에" 있다는 것이었습니다. 두 가지 모두 그리스도 예수 안에서 거저 주어집니다. 모든 그리스도인은 믿음을 통해 이 둘을 다 갖게 됩니다.

반드시 사면이 앞서야 한다

그리고 제가 지금 주장하고 싶은 것은 여기에는 꼭 필요한 순서가 있다는 것입니다. 반드시 '사면'이 '힘'보다 먼저 와야 합니다. 반드시 칭의가 성화보다 앞서야 합니다. 특정한 죄들을 이기려고 한다면, 먼저 그 죄들이 용서받았음을 즐겁게 확신할 수 있어야 합니다. "정죄함이 없다"는 확신이 반드시 선행되어야만 변화를 위한 처절한 싸움에서 힘을 얻을 수 있습니다.

구원은 안락의자에 앉아서 쉽게 받는 것이 아니라 '처절한 싸움'을 거칩니다. 왜냐하면 13절에서도 "너희가 육신대로 살면 반드시 죽을 것이로되 영으로써 '몸의 행실을 죽이면' 살리니"라고 말하고 있기 때문입니다. "생명의 성령의 법"은 이미 용서받은 죄들에 대해 싸움을 계속하게 하고 그 죄들을 죽일 수 있도록 도와줍니다.

제가 왜 이 순서(칭의[사면]가 먼저이고 성화[힘]가 나중이라는)를 이렇게까지 확신하는지에 대해 살펴보겠습니다. 그리고 우리 인생에서 이것이 왜 그렇게 중요한지에 대해서도 설명하겠습니다.

정죄함이 없다고 말하는 로마서 8장 1절과 성령의 해방하시는 능력에 대해 말하는 8장 2절의 연결점에 주목해 보십시오. 두 구절은 "이는 ~하였음이라"(영어로 'for'나 'because')는 형태로 연결되어 있습니다. "그러므로 이제 그리스도 예수 안에 있는 자에게는 결코 정죄함이 없나니 '이는'(because) 그리스도 예수 안에 있는 생명의 성령의 법이 죄와 사망의 법에서 너를 해방'하였음이라'(has set you free)."

"이는 ~하였음이라"는 말은 두 가지 의미로 해석이 가능합니다. 죄로부터 실제적으로 성화되고 해방되는 것이 칭의를 받는 '근거'가

된다는 뜻일 수 있습니다. 따라서 나는 의롭다 여겨지기 위해 '먼저' 성령의 힘으로 죄를 이겨야 합니다. 하지만 이것은 제가 주장하려는 내용과 반대입니다. 또 다른 의미로는, 죄로부터 실질적으로 성화되고 해방되는 것은 내가 칭의를 받은 '증거'가 된다는 뜻일 수 있습니다. 이에 따르면 나는 먼저 칭의를 받고(용서를 받고) 그다음에 실제 삶에서 그것을 실행함으로 증거를 제시합니다.

"이는 ~하였음이라"(because)는 말은 두 경우 모두에서 사용됩니다. 우리는 이렇게 말합니다. "배에서 꼬르륵거리는 소리가 나는 걸 보니(because) 정말 배고픈가 봐." 또 이렇게도 말합니다. "아침을 안 먹었기 때문에(because) 정말 배고파." 배에서 꼬르륵거리는 것은 배가 고프다는 증거이지 배가 고픈 원인이나 근거가 아닙니다. 하지만 아침을 먹지 않은 것은 배가 고픈 근거이자 원인입니다. "because"라는 말은 이처럼 두 가지 의미로 다 사용됩니다. 그리고 성경에서도 마찬가지입니다.

그렇다면 로마서 8장 2절에서는 둘 중 어떤 경우에 해당될까요? 성령이 나의 죄를 이기는 것이 내가 정죄를 받지 않기 위해 우선되는 원인이고 근거일까요? 아니면 내가 이미 정죄로부터 자유로워졌기에 그 증거로 성령께서 그렇게 하실까요?

저는 2절에 나오는 "이는 ~하였음이라"가 '근거'나 '원인'이 아니라 '증거'를 의미한다고 주장합니다. 칭의(1절)는 변화(2절)를 위한 기초이며 그 반대는 성립되지 않습니다. 제가 이렇게 생각하는 이유를 오늘 본문과 로마서 7장을 보면서 말씀드리겠습니다. 이곳 외에도 성경의 많은 구절들이 이것에 대해 말합니다.

영어 성경에는 3절이 "for"라는 전치사로 시작되는데(한글 성경에는 번역이 생략되어 있음—옮긴이), 이 단어에 주목해 봅시다. 3절이 우리에게 말하는 바는, 하나님이 자기 아들을 인간의 모습으로 보내셨으므로, 우리를 정죄하는 대신 그 아들의 죽음으로 우리 죄를 정죄하실 수 있었다는 내용입니다. 3절 마지막 부분입니다. "육신에 죄를 정하사." 다른 말로 하면, 우리가 정죄에서 벗어날 수 있는 것은 하나님이 십자가 위에서 우리를 위해 행하신 일이 근거가 되고, 그 일은 2절의 내용이 가능해진 기반이기도 합니다.

이런 논리입니다. "그리스도 예수 안에 있는 생명의 성령의 법이 죄와 사망의 법에서 너를 해방하였는데, '그 이유는'(because) 하나님이 그 아들의 죽음에 죄를 정하셨기 때문이다." 즉 우리가 정죄에서 벗어나는 것은, 우리가 성령으로 인해 죄를 이긴(2절) '결과'로 주어지는 것이 아니라 우리가 성령으로 인해 죄를 이기는 '기반'이 된다는 말입니다. 그러므로 정죄함이 없는 것이 먼저이고, 그다음에 해방과 변화가 뒤따릅니다. 그 반대가 아닙니다. 이 말은 2절(우리가 죄에서 해방된 것)이 1절에 나오는 정죄함 없이 의롭다 여겨진 우리 상태에 대한 근거나 원인이 아니라, 그 증거라는 의미입니다. 이것이 첫 번째 이유입니다.

두 번째 이유는 로마서 7장 4절과 6절에 나옵니다. 시간을 절약하기 위해 6절만 보겠습니다. 여기서도 우리가 율법의 정죄라는 저주에서 자유하게 된 것이 먼저이고, 그것을 근거로 우리는 하나님을 섬기면서 날마다 실제로 변화되어 간다는 사실을 볼 수 있습니다. 6절입니다. "이제는 우리가 얽매였던 것에 대하여 죽었으므로 율법에서 벗어났으니[우리가 율법 —모세의 율법, 7장 1-5절 비교— 아래서 가질 수 밖에 없었던 죄책과 저주와 정죄함이 결정적으로 제거되었다는 말입니다. 하지만 우리가 그것으로부터 풀려난 것은 그리스도께서 우리 대신 죽으셨고 우리를 위해 저주가 되셨기 때문입니다. 갈 3:13 참고] 이러므로 우리가 영의 새로운 것으로 섬길 것이요 율법 조문의 묵은 것으로 아니할지니라."

이것은 로마서 8장 2절이 말하는 내용과 정확히 일치합니다. 성령께서 이제 우리가 새롭고 자유롭게 그리고 즐겁게 하나님을 섬길 수 있게 해주십니다. 그리고 이것은 율법의 저주에서 풀려난 '결과'입니다(7장 6절 중간에 "이러므로"라는 말에 주목하십시오. "율법에서 벗어났으니 '이러므로' 우리가 영의 새로운 것으로 섬길 것이요").

그러므로 제 결론은, 로마서 8장 1절에 나오는 정죄함에서 자유롭게 되는 것이 로마서 8장 2절에 나오는 성령에 의해 해방되는 것의 기반이자 원인이 된다는 것입니다. 그리고 바울은 우리 삶에서 성령의 해방시키는 이 역사야말로 우리가 정말로 정죄함이 없다는 '증거'라고 말합니다. "그리스도 예수 안에 있는 자에게는 이제 정죄함이 없습니다. '왜냐하면'[보십시오!] 성령께서 그들 안에서 역사하며 그들에게 죄를 이기는 승리를 주시기 때문입니다!"

이것이 만드는 차이

형제자매 여러분, 그리고 아직 믿음을 소유하지 못한 분들께도 다시 말씀드리지만 이것은 사소한 일에 시간을 낭비하는 것이 아닙니다.

- 두려움에 가득 차서 의로워지려고 싸우느냐 아니면 이미 의로워졌기

때문에 확신을 가지고 싸우느냐의 차이입니다.

- 우리가 하늘의 법정에서 받게 될 재판이 이미 끝났고 무죄라는 번복 불가능한 판결이 이미 내려졌느냐 아니면 아직 재판이 남아 있고 우리의 행동에 따라 판결이 달라질 수 있느냐의 차이입니다.
- 확신이 주는 자유와 두려움이 주는 얽매임의 차이입니다.
- 그리스도께서 우리의 의가 되셨을 뿐 아니라 우리 안에서 의를 행하시는 분으로서 갑절의 영광을 받으시느냐 아니면 그저 우리가 의로워지도록 도우시는 분으로서 영광을 받으시느냐의 차이입니다.

성도 여러분! 이것이 사소한 일이 아님을 깨닫고 느낄 수 있도록 기도하십시오. 이것은 복음을 확정하고, 자유를 보존하고, 양심을 깨끗하게 하고, 그리스도를 높이는 진리입니다. 사탄은 우리가 이 진리를 알거나 누리지 못하게 하려고 무던히 애쓰고 있습니다. 그러니 사탄과 사탄의 모든 계략을 거부하십시오. 그리고 이 진정한 자유를 굳게 붙드십시오. 그리고 희생자(victim)가 아닌 승리자(victor)의 모습으로 죄와 맞서 싸우십시오.

4장

율법이 할 수 없는 것을 하나님이 하셨다(1부)

로마서 8:1-4

그러므로 이제 그리스도 예수 안에 있는 자에게는 결코 정죄함이 없나니 이는 그리스도 예수 안에 있는 생명의 성령의 법이 죄와 사망의 법에서 너를 해방하였음이라. 율법이 육신으로 말미암아 연약하여 할 수 없는 그것을 하나님은 하시나니 곧 죄로 말미암아 자기 아들을 죄 있는 육신의 모양으로 보내어 육신에 죄를 정하사 육신을 따르지 않고 그 영을 따라 행하는 우리에게 율법의 요구가 이루어지게 하려 하심이니라. _롬 8:1-4

1절은 그리스도 예수 안에는 정죄함이 없다고 선포합니다. 우리가 그리스도 예수 안에 있다면 하나님은 우리 죄로 인해 우리를 정죄하지 않으십니다. 예수님은 하나님의 거룩하고 공의로운 분노라는 태풍에서 안전한 곳입니다. 2절은 그리스도 예수 안에 죄의 힘으로부터의 자유가 있다고 선포합니다. 아직 완전하고 최종적인 자유는 아니지만, 결정적이고 번복이 불가능한 자유입니다. 즉, 승전 나팔 소리가 울렸고, 적의 통치권이 무너지기 시작했으며, 적의 결정적인 패배는 확실해졌습니다.

1절이 말하는 현실을 칭의라고 부르고, 2절이 말하는 현실을 성화라고 부릅니다. 그리고 2절의 자유는 1절의 무죄 선언에 대한 (원인이 아닌) 증거가 됩니다. 우리 삶이 변했기 때문에 의롭다 함을 받은 것이 아니라, 의롭다 함을 받았기 때문에 우리 삶이 변합니다. 이것이 지난주에 살펴본 내용입니다.

이제 3절을 보겠습니다. "율법이 육신으로 말미암아 연약하여 할 수 없는 그것을 하나님은 하시나니 곧 죄로 말미암아 자기 아들을 죄 있는 육신의 모양으로 보내어 육신에 죄를 정하사." 이 안에는 네 가지 진술이 들어 있습니다. 1) 하나님께서 육신에 죄를 정하셨다. 2) 죄로 말미암아 자기 아들을 죄 있는 육신의 모양으로 보내는 방법으로써 그렇게 하셨다. 3) 율법은 그것을 할 수 없었다. 4) 율법이 그것을 할 수 없었던 이유는 바로 육신 때문이었다.

"하나님은 … 육신에 죄를 정하사"

이 진술들에서 몇 가지 놀라운 점들을 끄집어 내보겠습니다. 먼저, "하나님이 육신에 죄를 정하셨다"는 것입니다. 이 말이 의미하는 세 가지 놀라운 사실에 주목해 보십시오.

1. 죄는 단순히 비난받는 정도가 아니라 정죄를 받았다

먼저, 죄는 이미 정죄를 받았습니다. 이것이 무슨 의미입니까? 부시 대통령이 세계무역센터를 공격한 테러리스트들을 "비난했다"(condemned)고 말할 때와 같은 의미로, 죄가 비판을 받았고 비난을 받았다는 그런 의미가 아닙니다. 이것은 율법이 할 수 있고 잘 하는 일이기 때문에, 그런 의미가 아니라는 것을 우리는 압니다. 율법은 죄를 비난하고 책망했습니다. 예를 들어 율법은 이렇게 말합니다. "탐내지 말라"(출 20:17). 그리고 율법은 율법을 어긴 사람들에게 벌을 선언합니다(신 28:15). 따라서 율법은 이런 의미에서 분명히 죄를 "정죄했습니다."

하지만 로마서 8장 3절은 "'율법이' 육신으로 말미암아 연약하여 '할 수 없는 그것을' 하나님은 하시나니"라고 말합니다. 따라서 하나님은 죄를 단순히 비판하고 비난하신 것이 아니라 그 이상을 하셨다는 말입니다.

그렇다면 바울이 "하나님이 육신에 죄를 정하셨다"고 말한 것은 무슨 의미일까요? 이것은 예수님의 육신 안에서, 즉 십자가에서 고통당하시고 육신이 죽으신 사건 속에서 하나님은 그리스도 안에 있는 모든 사람의 죄에 대해 마지막 정죄 판결을 내리셨다는 의미입니다. 다른 말로, "하나님이 죄를 정하셨다"는 것은 하나님이 죄가 유죄임을 아시고 아들의 죽음 안에서 죄가 마지막으로 고통의 형벌을 받아야 한다고 선언하셨다는 말입니다.

이것이 "하나님이 죄를 정하셨다"는 말이 나타내는 첫 번째 놀라운 사실입니다. 그리스도의 죽음 안에서 죄는 단순히 비난받는 정도가 아니라 정죄를 받았습니다. 즉 온전하고 공정한 판결과 형벌을 받았다는 말입니다. 그리스도 예수 안에 있는 모두를 위해서 말입니다.

2. '우리'의 죄가 그리스도의 죽음과 고통 안에서 정죄를 받았다. 왜냐하면 그분은 정죄받을 만한 죄가 없으셨기 때문이다

이 진술에서 발견할 수 있는 두 번째로 놀라운 점은, 예수 그리스도 안에는 정죄할 죄가 없었다는 사실입니다. 바울은 여기서는 이에 대해 간접적으로 말하지만 다른 곳에서는 직접적으로 말합니다. 여기서는 "죄로 말미암아 자기 아들을 죄 있는 육신의 모양으로 보내어 육신에 죄를 정하사"라고 말합니다. "모양으로"라는 말에 주목하십시오. 예수님은 죄가 없으셨기 때문에 "죄 있는 육신의 모양"이라고 말한 것입니다. 예수님은 죄가 없으셨습니다. 그분의 육체는 인간이었고 죄 있는 육신의 모양이었습니다. 하지만 죄는 없었습니다.

그렇다면 하나님은 어떻게 그분의 육신에 죄를 정할 수 있었습니까? 그분의 육신에는 정죄할 만한 것이 없었습니다. 이에 대한 정확한 대답이 고린도후서 5장 21절에 나옵니다. "하나님이 죄를 알지도 못하신 이를 우리를 대신하여 죄로 삼으신 것은 우리로 하여금 그 안에서 하나님의 의가 되게 하려 하심이라." 바로 이것입니다. 바울은 "그분은 죄를 알지 못하셨다"고 분명히 말합니다. 예수님은 한 번도 죄를 짓지 않으셨습니다. 지금까지 살아온 모든 사람 중에서 유일하게 죽지 않아도 되는 분이셨습니다. 지금까지 살아온 사람들 중에서 유일하게 고통을 받지 않아도 되는 분이셨습니다. 하지만 그분은 죽으셨고 고통받으셨습니다.

따라서 이런 질문이 생깁니다. "예수님의 육신이 찢기고 죽임 당할 때 누구의 죄가 정죄를 받은 것입니까?" 하나님은 완전히 무죄이신 자신의 아들의 육신 안에 죄를 정하셨습니다. 누구의 죄입니까?

답은 분명히 나와 있습니다. 로마서 4장 25절입니다. "예수는 '우리가' 범죄한 것 때문에 내줌이 되고." 고린도전서 15장 3절입니다. "내가 받은 것을 먼저 너희에게 전하였노니 이는 성경대로 그리스도께서 '우리' 죄를 위하여 죽으시고." 갈라디아서 1장 4절입니다. "그리스도께서 … '우리' 죄를 대속하기 위하여 자기 몸을 주셨으니." 베드로전서 2장 24절입니다. "친히 나무에 달려 그 몸으로 '우리' 죄를 담당하셨으니." 베드로전서 3장 18절입니다. "그리스도께서도 단번에 죄를 위하여 죽으사 의인으로서 '불의한 자'를 대신하셨으니." 이사야 53장 5-6절입니다. "그가 찔림은 '우리의' 허물 때문이요 그가 상함은 '우리의' 죄악 때문이라 그가 징계를 받으므로 '우리는' 평화를 누리고 그가 채찍에 맞으므로 '우리는' 나음을 받았도다. 우리는 다 양 같아서 그릇 행하여 각기 제 길로 갔거늘 여호와께서는 우리 모두의 죄악을 그에게 담당시키셨도다."

그분의 죄가 아닌 '우리' 죄가 그리스도의 고통과 죽음 안에서 정죄를 받았습니다. 예수님은 죄가 없으셨습니다. 이 말은 실제로 무엇을 뜻합니까? 바울이 즐겨 사용하던 표현으로 대답해 보겠습니다. 로마서 8장 33-34절입니다. "누가 능히 하나님께서 택하신 자들을 고발하리요 의롭다 하신 이는 하나님이시니 누가 정죄하리요 죽으실 뿐 아니라 다시 살아나신 이는 그리스도 예수시니." 이 본문에서 "누가 능히 하나님께서 택하신 자들을 고발하리요?"라는 질문에 대한 답은 "아무도 없다"입니다. 하늘이나 지옥이나 땅 위나 어디에도 없습니다. 왜 그렇습니까? "그리스도 예수가 죽으셨기 때문입니다."

그리고 이제 우리는 예수 그리스도의 죽음이 왜 나의 모든 정죄를 없애는지 압니다. 왜냐하면 그분이 죽으셨을 때, 하나님께서는 믿음으로 그리스도 안에 있는(in Christ by faith) 모든 자, 즉 하나님이 택하신 자들을 위해 죄를 정하셨고 형벌을 선고하셨고 완전히 온전하게 그리고 최종적으로 형을 집행하셨기 때문입니다. 그러므로 그리스도가 죽으셨을 때 정죄받고 형벌을 선고받고 완전히 온전하게 그리고 최종적으로 형이 집행된 것은 바로 나의 죄였습니다. 그리고 나의 죄가 그곳에서 최종적으로 온전하게 형벌을 받았다면, 나는 다시 그것에 대해 형벌을 받지 않을 것입니다.

이것 외에 우리의 양심을 깨끗하게 할 수 있는 다른 세정제는 우주 전체에서 찾을 수 없습니다. 이 방패 외에는 하나님의 불타는 진노의 불꽃으로부터 우리를 보호할 다른 방패가 없습니다. 마지막 천국 법정에 섰을 때 "그리스도께서 내 죄를 위해 죽으셨습니다"라는 주장보다 더 효력이 있는 주장은 없습니다. 그리스도께서 내 정죄를 대신 받으셨습니다. 나에게 부어질 예정이었고 응당 부어졌어야 할 하나님의 모든 진노를 그리스도께서 대신 삼키셨습니다.

내게 다른 주장이 필요 없네
내게 다른 호소가 필요 없네
예수님이 죽으셨고
나를 위해 죽으셨으니
그것으로 족하네.

"하나님이 육신에 죄를 정하셨다"는 말에 담긴 두 번째 놀라운 점이 바로 이것입니다. 첫 번째는 죄가 예수님 안에서 이미 정죄받고 판결받고 형이 집행되었다는 것입니다. 두 번째는 예수님에게는 정죄할 죄가 없으셨다는 것입니다. 형벌을 받은 것은 우리 죄였습니다. "하나님이 죄를 알지도 못하신 이를 우리를 대신하여 죄로 삼으[셨습니다]."

3. '하나님'이 육신에 죄를 정하셨다

이 진술에서 세 번째로 발견되는 놀라운 점은, 바로 하나님이 그렇게 하셨다는 사실입니다. "'하나님'이 육신에 죄를 정하사." 여기서 우리와 깊이 관련되는 부분은 다음의 두 가지입니다.

(1) 하나님의 사랑이 우리를 하나님의 진노에서 건지셨다

먼저 예수 그리스도가 하나님과 인간을 서로 화해시키려고 둘 사이에 중재자로 선 것이 아님을 알아야 합니다. 하나님은 죄인들에게 화가 나셨고 죄인들은 하나님께 적대적인 상황에서, 예수님이 죄인들을 사랑해 그들을 하나님의 진노로부터 구하려고 화난 아버지와 범죄한 인간 사이에 중재자로 선 것이 아닙니다. 이것은 기독교의 가르침이 아닙니다. 이것은 사실과 다릅니다.

본문 말씀은 이 일을 '하나님'이 하셨다고 말합니다(그리고 성경 전체가 이 관점 위에 서 있습니다). "죄로 말미암아 자기 아들을 죄 있는 육신의 모양으로 보내어 [하나님이!] 육신에 죄를 정하사." 예수님이 하나님과 인간 사이에 자신을 내세운 것이 아닙니다. '하나님'께서 예수님을 하나님과 인간 사이에 세우셨습니다(롬 3:25). '하나님'께서 자기 아들을 보내셨습니다. '하나님'께서 영원하고 피조물이 아닌 하나님의 아들에게 "죄 있는 육신의 모양"을 입게 하셨습니다. '하나님'께서 우리 죄에 대한 정죄와 형벌로써 아들에게 진노를 쏟으셨습니다. 예수님이 하나님으로부터 우리를 구하시려고 나선 것이 아닙니다. 하나님께서 예수님을 '보내' 우리를 하나님 자신으로부터 구하게 하셨습니다. 하나님께서 친히 하나님의 진노에서 우리를 구하셨습니다.

십자가를 묵상할 때마다 하나님의 진노에서 우리를 구하려고 오신 예수님의 사랑을 묵상하는 데서 그치면 안 됩니다. 하나님의 진노에서 우리를 구하시려는 하나님의 사랑을 묵상하십시오. 예수님을 안다면 아버지를 알 것입니다. 예수님의 마음은 아버지의 마음입니다. 예수님은 아버지와 똑같이 죄를 미워하십니다. 그리고 아버지는 예수님과 똑같이 죄인을 사랑하십니다.

예수님은 요한복음 14장 7-9절에서 말씀하십니다. "너희가 나를 알았더라면 내 아버지도 알았으리로다. 이제부터는 너희가 그를 알았고 또 보았느니라. 빌립이 이르되 주여 아버지를 우리에게 보여 주옵소서. 그리하면 족하겠나이다. 예수께서 이르시되 빌립아 내가 이렇게 오래 너희와 함께 있으되 네가 나를 알지 못하느냐? 나를 본 자는 아버지를 보았거늘 어찌하여 아버지를 보이라 하느냐?"

따라서 이 점을 분명히 알아야 합니다. 하나님의 아들 예수님이 하신 일은 아버지 하나님이 하신 일입니다. 하나님의 아들 예수님을 안다면, 아버지 하나님을 아는 것입니다. 하나님의 아들 예수님을 사랑한다면, 하나님을 사랑하는 것입니다.

하나님께서 그 일을 하셨습니다. 하나님께서 육신에 죄를 정하셨습니다. 이 사실을 바르게 알 때 우리는 하나님과 예수님을 따로 떼어서 생각하지 않게 됩니다. 아버지와 아들은 그 마음과 생각이 같고 다만 우리를 죄에서 구원하는 일에서 역할이 다를 뿐임을 알게 됩니다.

(2) 그리스도 안에 있는 하나님의 영광의 복음이 갖는 배타성

하나님이 그 아들의 육신에 죄를 정하셨다는 이 사실은 기독교의 복음이 이슬람이나 유대교, 힌두교나 불교 같은 다른 종교들과 전혀 다르다는 점에서 우리와 깊은 연관성을 갖습니다. 긴장된 세계 정국을 자극하려는 것이 아닙니다. 요지는, 그리스도의 영광의 복음(고후 4:4)을 보존하자는 것입니다. 즉 포용주의(inclusivism)로 우르르 몰려가는 세상 문화 속에서 하나님의 아들이시고 하나님과 인간 사이에서 유일하게 죄를 담당하신 중재자 그리스도의 복음을 지키자는 것입니다.

여기서 말씀드린 포용주의란 모든 종교가 다 하나님께로 이르는 길이라는 가르침을 말합니다. 오늘날에는 "예수님이 곧 길이요 진리요 생명이니 그로 말미암지 않고는 아버지께로 올 자가 없다"(요 14:6)는 복음의 배타성을 말하는 데 일종의 두려움을 갖고 있는 것 같습니다. 하지만 바울은 로마서 8장 3절에서 정확히 이것에 대해 말합니다. 하나님(오직 한 분이신 온 우주의 창조주)께서 자신의 아들(미리 계셨고 신성을 가진 영원한 아들)을 인간의 육신으로 보내 그에게 죄를 정하사 하나님의 진노를 감당하게 하셨습니다. 하나님은 바로 이런 분이십니다. "하나님은 그런 일을 하지 않으셨다"고 말하는 사람이 있다면, 그가 섬기는 하나님은 성경의 하나님이 아닙니다.

참되고 유일한 하나님은 누구십니까? 그분은 예수 그리스도의 아버지이신 하나님으로서, 예수 그리스도는 "하나님의 본체이시며 … 하나님과 동등"(빌 2:6)하시고, 죄 있는 육신의 모양으로 종의 형체를 입어 그 안에서 신성의 모든 충만이 육체로 거하신(골 2:6) 분입니다. 참되고 유일한 하나님은 이 신적인 아들(divine Person)을 세상에 보내셨고 그의 육신에 죄를 정하셨습니다(판결을 내리고 형벌을 받게 했으며, 실제로 형을 집행했습니다). 여러분과 저의 죄였습니다. 그리고 믿음으로 말미암아 그리스도 예수 안에 있는 모든 사람의 죄였습니다.

이것이 우리가 세상에(그리고 모든 종교에) 전하는 복음입니다. 한 분 하나님이 계십니다. 피조물이 아니시고 영원하시며 하나님의 신적인 아들 우리 주 예수 그리스도의 아버지이신 하나님입니다. 하나님은 죄로 말미암아 이 아들을 죄 있는 육신의 모습으로 보내 죄인들을 위해 죽게 하셨습니다. 그래서 믿는 사람은 모두 하나님의 영광을 위해 하나님의 진노로부터 구원받게 하셨습니다. 그러므로 우리가 무슬림들을 위해 할 수 있는 최고의 사랑의 행위는 평화적으로, 겸손하게, 희생을 감수하며 그들에게 예수 그리스도의 복음을 전하는 것입니다. 이 복음이 없으면 아무도 구원받지 못합니다.

이런 식으로 사람들을 사랑하기 위해서는 로마서 8장 3절을 세계 역사에서 일어난 가장 귀중한 사건으로 볼 수 있어야 합니다. 하나님께서 그 일을 하셨습니다. 하나님께서 그 아들의 육신에 죄를 정하셨습니다. 이것 없이는 양심을 깨끗하게 할 수 없습니다. 이것 없이는 하나님의 진노를 막을 길이 없습니다. 마지막 심판 때에 이 외에 효력 있는 다른 주장은 없습니다.

이 진리를 믿으십시오. 이 진리에 의지하십시오. 이 진리를 살아가십시오. 이 진리를 찬양하십시오.

나의 믿음은 쉴 곳을 찾았네
어떤 방편이나 신조가 아닌
영원히 살아계신 그분을 나는 믿네
나를 위한 주님의 십자가 상처가 나를 변호하네.

다른 주장은 필요 없네
다른 호소는 필요 없네
예수님이 죽으셨고
그 죽음이 나를 위한 것이었으므로 충분하네.

예수님이 구원하시니 내겐 충분하네
이것으로 나의 두려움과 의심은 사라지네
아, 범죄한 내 영혼이 그분께로 나아가네
그분은 절대 나를 내치지 않으시리.

내 마음은 그 말씀을 의지하네
하나님의 기록된 말씀
내 주님의 이름으로 받는 구원

그분의 피로 이뤄 낸 구원을 의지하네.

나의 위대하신 의사께서 아픈 자들을 치료하시네

잃어버린 자들을 구원하러 오시었네

그분의 귀한 피를 나를 위해 흘리셨네

그분의 생명을 나를 위해 주셨네.

5장

율법이 할 수 없는 것을 하나님이 하셨다(2부)

로마서 8:1-4

그러므로 이제 그리스도 예수 안에 있는 자에게는 결코 정죄함이 없나니 이는 그리스도 예수 안에 있는 생명의 성령의 법이 죄와 사망의 법에서 너를 해방하였음이라. 율법이 육신으로 말미암아 연약하여 할 수 없는 그것을 하나님은 하시나니 곧 죄로 말미암아 자기 아들을 죄 있는 육신의 모양으로 보내어 육신에 죄를 정하사 육신을 따르지 않고 그 영을 따라 행하는 우리에게 율법의 요구가 이루어지게 하려 하심이니라. _롬 8:1-4

지난 장에 이어 3절 말씀부터 다시 살펴보겠습니다. "율법이 육신으로 말미암아 연약하여 할 수 없는 그것을 하나님은 하시나니 곧 죄로 말미암아 자기 아들을 죄 있는 육신의 모양으로 보내어 육신에 죄를 정하사." 그리고 이 안에는 네 가지 진술이 있다고 말씀드렸습니다.

1. 하나님이 육신(the flesh)에 죄를 정하셨다.

2. 죄로 말미암아 자기 아들을 죄 있는 육신의 모양으로 보내는 방법으로 그렇게 하셨다.
3. 율법은 이것을 할 수 없었다.
4. 율법이 이것을 할 수 없었던 이유는 우리 육신 때문이다.

지난 장에서는 첫 번째와 두 번째 진술을 집중적으로 살펴보았습니다. 오늘은 세 번째와 네 번째 진술에 집중하겠습니다. '율법이 할 수 없었던 것은 무엇인가?', '율법은 왜 그것을 할 수 없었나?' 오늘 저는 이 두 질문에 답을 해보고자 합니다.

이것을 한 편의 설교 전체에서 다룰 만큼 중요하다고 생각하는 이유가 있습니다. 율법이 할 수 없었던 두 가지는 우리가 영생을 가지려면 꼭 경험해야 했던 것들이고, 율법은 그것들을 과거에도 할 수 없었고 현재에도 할 수 없음에도 불구하고 사람들은 아직도 율법이 그것을 해주기를 바라고 있기 때문입니다. 다른 말로 하면, 율법이 우리에게 해줄 수 없는 것이 무언인지를 아는 것은 너무나 중요합니다. 오직 예수 그리스도로부터 얻을 수 있는 도움을 율법에게 얻겠다고 가지 않으려면 이것을 꼭 알아야 합니다.

율법은 우리를 의롭다 하거나 성화시킬 수 없다

그렇다면 먼저, 율법이 할 수 없었던 것은 무엇입니까? 로마서 8장 1절부터 4절에서 이에 대한 답이 두 번 나옵니다. 1-2절에서 한 번 나오고, 3-4절에서 또 한 번 나옵니다. 1절은 "그러므로 이제 그리스도 예수 안에 있는 자에게는 결코 정죄함이 없나니"라고 말합니다. 이것은 우리가 '칭의'라고 부르는 것으로써, 우리가 그리스도 예수 안에 있으면, 즉 예수님을 믿는 믿음으로 그분과 연합되어 있으면 죄로 인해 하나님께 받아야 할 정죄가 사라지는 것입니다. 하나님은 우리에게 무죄를 선언하십니다. 우리를 의롭다고 여기십니다. 우리를 옳다고 하십니다. 하나님은 우리를 더 이상 유죄이고 정죄를 받아야 하는 대상으로 보지 않으시고, 예수님이 우리를 위해 행하신 일 덕분에 의롭고 용서받은 존재로 보십니다.

그런 다음 2절은 "이는 그리스도 예수 안에 있는 생명의 성령의 법이 죄와 사망의 법에서 너를 해방하였음이라"고 말합니다. 이것은 우리가 '성화'라고 부르는 것입니다. 그리스도 안에 있는 자들을 의롭다고 인정하신 후, 하나님의 영이 우리 삶에 부어지고 우리를 죄와 사망의 지배로부터 해방시키기 시작합니다. 이 말은 그리스도인들이 칭의를 통해 의롭다 "여겨질" 뿐 아니라, 하나님의 영에 의해 실제로 점점 더 의롭고 사랑 많고 거룩한 사람들로 변해 간다는 의미입니다. 이것은 우리가 그리스도를 믿었고 그분과 연합되어 그분 안에서 의롭게 되었다는 구체적인 증거입니다.

이 두 가지가 율법이 할 수 없었던 일입니다. 율법은 우리를 의롭게 할 수 없었고, 또한 우리를 성화시킬 수 없었습니다. 율법은 이 두 가지에 대해 철저히 무능했습니다. 이에 대한 첫 번째 표시가 3절에 나오는 "for"(이제~ 하였음이라)라는 말입니다.

이 말은 이렇게 해석할 수 있습니다. "칭의는 '그리스도 안에' 있고(1절) 성화도 '그리스도 안에'(2절) 있다. '왜냐하면'(for) 율법은 그것들을 할 수 없었고 오직 그리스도가 할 수 있었기 때문이다. 그래서 하나님은 그 아들을 죄 있는 육신의 모양으로 보내셨다." 이것이 1-2절 말씀을 가지고 이 질문에 대해 첫 번째로 답한 것입니다. 칭의와 성화는 예수 그리스도와 연합함으로("그리스도 안에") 우리에게 왔는데, 왜냐하면 율법은 그것들을 할 수 없었기 때문입니다.

이제 같은 대답이 3-4절에도 나옵니다. 3절은 육신에 죄를 정하는 것을 율법이 할 수 없었다고 말합니다. 즉 율법은 죄를 처리할 수 없었고, 그 형벌을 자기가 감수할 수 없었고, 우리의 정죄를 없애지 못했습니다. 그래서 하나님이 예수 그리스도를 세상에 보내 우리를 위해 죽게 하는 방법으로 이 일을 하셨습니다. "율법이 육신으로 말미암아 연약하여 할 수 없는 그것을 하나님은 하시나니 곧 죄로 말미암아 자기 아들을 죄 있는 육신의 모양으로 보내어 육신에 죄를 정하사."

따라서 여기서도 1절과 같은 결론을 얻습니다. 즉, 하나님이 우리 죄에 대한 정죄를 자신의 아들에게 집행하셨기 때문에 이제는 정죄함이 없습니다. 이것이 우리가 받은 칭의의 기반입니다. 이것은 율법이 할 수 없었던 일입니다. 율법은 우리 죄에 대한 정죄를 없애지 못했습니다. 율법은 죄를 밝혀내서 지적하고 잔소리를 늘어놓을 수는 있었습니다. 하지만 우리가 받을 형벌을 없애지는 못했습니다. 오직 하나님이 예수님의 죽음을 통해 그것을 하셨습니다. 따라서 칭의는 율법이 할 수 없었던 것임을 다시 확인하게 됩니다.

이제 2절과 마찬가지로 4절에서는, 이 칭의가 성화로 이어지는데, 성화 또한 율법이 할 수 없었던 것이라고 말합니다. 율법은 우리를 의롭게 할 수 없었기 때문입니다. 4절이 "이것은"(so that, 이렇게 하신 것은)으로 시작되는 점에 주목하십시오(한글 성경에는 생략되어 있음—편집주). 즉 4절과 같은 상황에 이르게 하기 위해 하나님은 3절에서와 같이 육신에 죄를 정하셨다는 것입니다. "육신을 따르지 않고 그 영을 따라 행하는 우리에게 율법의 요구가 이루어지게 하려[고]" 하나님은 예수님으로 하여금 우리의 정죄를 당하게 하셨고, 그렇게 해서 우리가 칭의받을 근거를 마련하셨습니다. 영을 따라 행하는 것은 우리가 말하는 성화를 의미합니다. 따라서 여기서 다시 확인하게 되는 것은, 1-2절과 마찬가지로, 성화는 칭의의 결과 또는 효과라는 것입니다. 그리고 이 말은 칭의와 성화 모두 율법이 할 수 없었던 것이라는 의미입니다.

3-4절을 다음과 같이 풀어서 말하면 이것을 더욱 쉽게 알 수 있습니다. "율법이 할 수 없었던 것을 하나님이 하셨는데, 말하자면, 다음의 두 가지입니다. 하나님은 자신의 아들을 우리를 위해 죽도록 보내셔서 죄를 정죄하셨고, 칭의를 위한 이 '기반' 덕분에 하나님은 우리에게 성령을 주셔서 율법의 핵심을 성취하실 수 있었습니다."

이것은 율법이 할 수 없었던 것입니다. 율법은 우리를 의롭게 하고 성화시키는 일을 할 수 없었습니다. 율법은 우리 정죄를 없애지도 못했고 우리를 변화시킬 수도 없었습니다. 이 두 가지는 우리가 마지막 날 구원을 받고 영생을 누리기 위해 반드시 필요한 일이었는데도 말입니다.

우리가 육신이었기 때문에 율법은 우리를 의롭게 할 수 없었다

따라서 우리는 이제 이렇게 질문해야 합니다. "율법은 왜 이 두 가지를 할 수 없었을까요?" 율법의 이 약점을 명확히 알아야 칭의와 성화를 얻기 위해 율법에 의지하려 드는 치명적인 실수를 피할 수 있습니다. 그리고 하나님과 화목을 이루고, 그로 인해 변화되어 가려면 무엇에 주목해야 할지를 알게 될 것입니다.

이것은 우리 모두에게 너무나 중요한 일입니다. 침례교도들이 구원에 대해 어떻게 생각하는지, 또 어떻게 하나님과 화목하고 영생을 얻는지 궁금해서 오늘 여기 오신 분들도 계실 것입니다. 우리 침례교도들도 성경을 믿는 그리스도인들이 수세기 동안 믿어 왔던 것과 동일한 방식으로 생각합니다. 우리가 믿는 기독교는 역사 속의 기독교이지 단지 침례교만의 기독교가 아닙니다. 모세가 이스라엘 백성에게 준 십계명과 여러 다른 규칙들을 의미하는 율법은 우리를 하나님과 화목하게 해줄 수 없고 우리가 소망하는 대로 의롭고 사랑이 많은 사람으로 변하게 할 수도 없습니다.

왜 그렇습니까? 3절은 이렇게 대답합니다. "율법이 '육신으로 말미암아 연약하여' 할 수 없는 그것을 하나님은 하시나니." 율법의 문제는 율법의 계명이 악한 것이 아니라(롬 7:12) 우리가 악하다는(롬 7:14) 것입니다. 바울이 사용하는 '육신'이라는 말은 그저 인간 육체를 의미하지 않습니다. 이것은 우리의 죄악 된 본성을 의미합니다(이에 대해서는 육신의 생각과 영의 생각을 대조하는 구절들을 다루면서 더 자세히 설명하겠습니다). 육신이란 하나님이 없고, 그분의 은혜롭고 성령을 통한 구원의 역사가 없는 인간의 상태이자 그런 인생을 의미합니다. 이것이 바로 율법이 우리에게 왔을 때 율법이 직면한 현실이었습니다.

따라서 율법의 약점은 무엇입니까? 원래부터 율법은 우리처럼 타락하고, 정죄받고, 거역하고, 이기적인 사람들을 구원하려는 의도로 만들어지지 않았다는 것입니다.

이것을 칭의와 연관 지어 한 번 생각해 보십시오. 우리가 칭의를 받아야 하는 이유는, 타락하여 하나님의 정죄 아래 있기 때문입니다. 로마서 5장 18절 말씀을 기억하십시오. "한 범죄로 많은 사람이 정죄에 [이르렀다]." 육신은 인간의 본성을 지닌 우리 자신을 말하고, 그러한 우리는 정죄 아래 있습니다. 그 정죄를 어떻게 해결할 수 있습니까? 우리가 큰 죄를 지어 하나님으로부터 사형선고를 받았다면, 무엇이 우리를 구할 수 있을까요?

먼저 우리를 구할 수 없는 것부터 말씀드리겠습니다. 우리의 문제가 죄책이고 정죄일진대, 계명이 우리를 구할 수는 없습니다. 계명이 올 때 무슨 일이 일어납니까? 바울은 로마서 7장 9절에서 이렇게 말합니다. "계명이 이르매 죄는 살아나고 나는 죽었도다." 계명은 구원을 가져오지 않고 진노를 가져옵니다. 또한 로마서 4장 15절은 "율법은 진노를 이루게 한다"고 말합니다. 죄를 짓고 법적인 정죄 아래 있는 사람은 계명으로 구원받지 못합니다. 무죄 선언을 받아야 구원받습니다. 판사가 사면하고 용서해야 합니다. 믿음으로 얻는 칭의가 필요하지 율법의 행위가 필요하지 않습니다.

이런 이유로 바울은 로마서 1장부터 3장까지 인간에 대해 길게 고발하면서 다음과 같은 결론을 내린 것입니다. "율법의 행위로 그의 앞에 의롭다 하심을 얻을 육체가 없나니 율법으로는 죄를 깨달음이니라"(롬 3:20).

그래서 율법은, 우리가 죄책과 정죄로부터 벗어나기 위해 반드시 필요했던 일들을 하지 못했습니다. 즉 우리로 의롭다 함을 얻게 할 수 없었습니다. 율법은 우리를 하나님과 화목하게 할 수 없었습니다. 율법은 우리의 죄책을 없애지 못했습니다. 율법은 우리의 정죄를 처리할 수 없었습니다. 율법이 한 일은 우리에게 죄책을 보여 주는 것이었고(롬 3:20; 7:7), 육신의 범죄를 더하게 하여(5:20; 7:5) 더욱 죄책감을 느끼게 만드는 것이었습니다. "계명으로 말미암아 죄로 심히 죄되게 하려 함이라"(롬 7:13).

율법을 지키는 것이 아니라 예수님을 믿어라

따라서 오늘 이 시간, 하나님과 바른 관계를 맺고 싶다면, 율법을 바라보지 마십시오. 무죄를 선고받고 의롭다 여겨지기 원한다면, 율법을 지키는 일에 의존하지 마십시오. 아무리 율법을 지켜도 유죄판결을 무죄판결로 바꾸지는 못합니다. 우리 머리 위에 떨어진 그 판결을 바꿀 수 있는 단 한 가지는, 우리 대신 죽으신 하나님의 완전한 아들을 믿는 것입니다. 오직 그분으로 인해, 하나님은 우리가 그분을 믿을 때 의롭다 여겨 주십니다. 로마서 3장 28절은 이렇게 전합니다. "사람이 의롭다 하심을 얻는 것은 율법의 행위에 있지 않고 믿음으로 되는 줄 우리가 인정하노라." 율법을 지키는 것이 아니라 예수님을 믿어야 합니다.

율법은 우리가 육신 가운데 있기 때문에, 즉 타락하고 정죄를 받았기 때문에 어떻게 해도 우리를 의롭게 할 수가 없었습니다. 그리고 율법의 계명들은 죄책과 정죄를 없앨 수 없습니다. 오직 그리스도만 그렇게 하실 수 있습니다.

율법은 왜 우리를 성화시키지 못하는가?

이제 성화를 살펴보겠습니다. 율법은 왜 우리를 성화시킬 수 없습니까? 율법은 왜 우리를 거룩하고 의롭고 사랑이 많은 사람으로 만들지 못합니까? 이에 대해서도 할 말이 많기 때문에 설교 말미에 잠깐 다루는 것으로는 진리에 큰 손상을 입히는 격이 될 것입니다. 그래서 오늘은 다음 주에 다룰 내용만 잠깐 언급하고 넘어가겠습니다(다음 주에 이 질문을 다루면서 4절부터 8절 말씀을 살펴보겠습니다).

오늘날 가장 쟁점이 되는 문제는, 두려움과 분노가 삶의 저변에 가득한 이 불안한 세상에서 어떻게 그리스도인들이 사랑과 의를 실천하며 살 수 있는가입니다. 요즘은 생화학무기와 폭탄 테러에 대한 두려움이 있고, 늘 당연시해 온 우리의 생명을 유지하는 하부 구조들이 무너질 수 있다는 두려움도 있습니다. 그리고 누군가에게 분노하고 있는데, 그 대상에 대해서도 잘 알지 못합니다.

우리는 악을 악으로 갚지 않고 자신을 저주하는 사람을 축복하고 박해하는 사람을 위해 기도하며(롬 12:17; 마 5:44), 확신을 가지고 두려움 없이 용감하게 인내하며 친절하고 공정하게 사랑을 실천하며 희생하고 살아갈 힘이 있습니까? 어디서 그런 힘을 얻을 수 있겠습니까? 율법을 바라보겠습니까?

그렇게 해도 소용없습니다. 그리스도를 바라보십시오. 우리를 위해 죽으셨고 다시 살아나셨으며 늘 함께하시겠다 약속하시고 삶과 죽음에서 우리의 모든 갈망을 만족시켜 주시는, 사랑 많고 살아계시며 전능하신 우리 주님 말입니다. 그분을 바라보십시오. 율법은 우리를 만족시키지 못하지만 그리스도는 그리 하실 수 있습니다. 하나님이 허락하시면 다음 장에서 이에 대해 살펴보겠습니다.

성도 여러분, 하나님과 화목을 이루고 싶다면 율법이 아닌 그리스도를 바라보십시오. 그리고 한 주 동안 사랑을 실천하고 의롭게 살기 위해 도움이 필요하다면, 율법이 아니라 그리스도를 바라보십시오.

6장

죄와 사망의 법에서 해방시키는 생명의 성령의 법

로마서 8:1-2

그러므로 이제 그리스도 예수 안에 있는 자에게는 결코 정죄함이 없나니 이는 그리스도 예수 안에 있는 생명의 성령의 법이 죄와 사망의 법에서 너를 해방하였음이라. _롬 8:1-2

정죄함이 없다

율법이 왜 우리를 성화시킬 수 없는지 자세히 다루기 전에, 로마서 8장 1-2절에서 다뤄야 할 중요한 사항을 하나 더 살펴보겠습니다.

칭의는 인간의 행위가 아닌 하나님의 행위입니다. 죄인에게 무죄를 선포하고, 지옥에 가야 마땅할 우리에게 하나님의 자녀가 누리는 모든 혜택을 주신 것은 바로 신적인 결정입니다. 우리 밖에서 일어난 거래, 말하자면, 우리 대신 예수 그리스도가 죽으신 일을 기반으로 이루어진 일입니다.

이렇듯 칭의는 우리 행위가 아니고 하나님이 하신 일이며 그 근거도 우리 밖에 있는 것이지만, 그럼에도 불구하고, 우리가 이 모든 일에서 혜택을 누리려면 '우리' 삶에서 뭔가 일어나야 합니다. 모든 죄인이 칭의를 받지는 않습니다. 그리스도의 죽음이 모든 사람에게서 하나님의 진노를 없애지는 않습니다. 하나님이 우리 밖에서 행하신 일의 혜택을 누리려면, 그분이 성령으로 우리 안에서 행하시는 일을 지금 경험해야 합니다. 그 일은 무엇이고 그것이 칭의의 선물과 어떤 연관이 있을까요? 이것이 오늘 설교의 주제입니다.

로마서 8장 1절입니다. "그러므로 이제 그리스도 예수 안에 있는 자에게는 결코 정죄함이 없나니." 정죄함이 없습니다! 제가 지금 우리에게 삶을 가장 긴장되게 만들고 스트레스와 걱정과 실망을 안겨주는 일들(살고 싶지 않게 만드는 일들, 삶을 참 재미없게 만드는 일들)을 말해 보라고 한다면 무슨 말을 할지 궁금합니다. 하지만 이 한 가지는 분명합니다. 만일 그 목록에, 하나님 앞에서 지속적으로 반복해서 느끼는 죄책감과 하나님이 기뻐하지 않으신다는 두려움이 더해진다면 삶은 정말 견디기 힘들 거라는 점입니다. 죄책은 절망감으로 우리를 마비시키고 심지어는 자살 충동까지 불러일으킵니다.

그것이 사실이라면, "정죄함이 없다!"는 말이야말로 세상에서 가장 아름다운 말이라고 감히 말씀드릴 수 있습니다. 그 절벽에서 이제 내려오십시오. 정죄함이 없습니다! 절망의 침대에서 벌떡 일어나십시오. 정죄함이 없습니다! 깨끗한 가을 공기를 한껏 들이켜고 두려움을 바람에 날려 버리십시오. 정죄함이 없습니다!

아, 우리 교회와 제 자신과 가족에게 이 말을 얼마나 더 많이 해주고 싶은지요!

그리스도 예수 안에 있는 자

하지만 이런 복된 소식은 "그리스도 예수 안에 있는 자"만 들을 수 있습니다. "그러므로 이제 '그리스도 예수 안에 있는 자'에게는 결코 정죄함이 없나니." 그들이 누구입니까? 9절과 10절은 "그리스도 예수 안에" 있다는 의미를 묻는 질문에 답하기 시작합니다. 9-10절을 읽으면서 "영", "하나님의 영", "그리스도의 영", "그리스도"라는 단어에 집중해 보십시오. 서로 바꿔 쓸 수 있는 말들입니다. "만일 너희 속에 '하나님의 영'이 거하시면 너희가 육신에 있지 아니하고 '영'에 있나니 누구든지 '그리스도의 영'이 없으면 그리스도의 사람이 아니라. 또 '그리스도'께서 너희 안에 계시면 몸은 죄로 말미암아 죽은 것이나 영은 의로 말미암아 살아 있는 것이니라."

여기서 하나님의 영과 그리스도의 영이 하나라는 점이 분명히 드러납니다. 두 영이 아니라 한 영으로서, 아버지와 아들의 영입니다. 그러므로 우리 안에 성령이 계시면, 우리 안에 아버지와 아들이 영으로서 함께 계신다고 말할 수 있습니다. 하지만 로마서 8장 1절은, 10절이 그 안에 그리스도를 모신 사람들("그리스도께서 너희 안에 계시면")을 말한 것과는 달리, "그리스도 안에" 있는 사람들을 언급합니다.

1절에서는 그리스도가 우리를 감싸고 있습니다. 10절에서는 우리가 그리스도를 감싸고 있습니다. 하지만 9절 말씀은 우리와 그리스도의 관계를 표현하는 이 두 가지 방식이 실제로 차이가 없음을 설명합니다. 9절은 말합니다. "너희 '속'에 하나님의 영이 '거하시면' 너희가 '영'에 있나니." 그리스도의 영이 정말로 우리 안에 거한다면, 우리는 그리스도 안에 있는 것입니다.

그러므로 로마서 8장 1절에서 정죄함이 없다고 말하는 사람들에 대해 제일 먼저 말할 수 있는 것은, 그들은 그 안에 그리스도의 영이 실제로 거하는 사람들이라는 점입니다. "그리스도 예수 안에" 있다는 것은 그분과 밀접한 관계를 맺게 되어 그분이 획득한 무죄 선고가 이제 우리 것이 된다는 말입니다. 따라서 그 안에 그리스도의 영이 거하는 사람들만이 정죄로부터 자유롭게 됩니다. "그러므로 이제 그리스도 예수 안에 있는 자에게는 결코 정죄함이 없나니." 즉, 그리스도가 성령으로써 그 안에 살아 계신 사람들에게는 정죄함이 없습니다.

1절에 대한 이런 이해는 13-14절에서 더욱 명확해집니다. 13절은 말합니다. "너희가 육신대로 살면 반드시 죽을 것이로되 영으로써 몸의 행실을 죽이면 살리니." 여기서 말하는 살고 죽는 것은 영원한 생명과 영원한 죽음을 의미합니다. 영원한 죽음은 정죄와 같고, 영원한 생명은 "정죄함이 없다"는 의미와 통합니다. 그러므로 13절은, 하나님으로부터 "정죄함이 없다"를 경험하기 위해서는 성령께서 우리 삶에서 우리 죄악 된 습성들을 이기도록 역사하셔야 한다는 것을 가르쳐 줍니다. 이로써 1절이 말하는 바는 그리스도가 성령으로써 그 안에 거하는 사람들에게는 "정죄함이 없다"는 의미임을 확증합니다.

14절은 이러한 이해를 뒷받침합니다. "무릇 하나님의 영으로 인도함을 받는 사람은 곧 하나님의 아들이라." 9절은 말합니다. "누구든지 그리스도의 영이 없으면 그리스도의 사람이 아니라." 즉 14절은 9절의 말씀을 긍정적으로 바꾸어 표현한 것입니다.

하나님의 가족으로, 즉 아들로 입양되는 것은 죽음에서 생명으로 옮겨지는 것이고, 정죄에서 "정죄함이 없다"로 옮겨지는 것입니다. 하지만 우리가 입양되고 하나님의 소유물로 인증되는 것은, 15절 말씀처럼 하나님이 우리에게 양자의 영을 주셔서 우리가 "아빠 아버지"라고 부르게 되는 방법을 통해서입니다. 그러므로 9, 10, 13, 14절 말씀으로 볼 때 분명한 것은, "정죄함이 없다"는 말을 들을 수 있는 사람은 하나님의 영이 그 안에 거하는 사람 또는 더 구체적으로는 영으로써 죄악 된 습성을 죽이고 성령으로 이끌림을 받는 사람입니다(8:13-14을 근거로). 우리가 마지막 정죄를 피할 수 있는가는 우리 삶에 죄를 죽이는 영이 있는가에 좌우됩니다.

영으로써 죄와 죽음의 법을 벗어나다

이제 2절 말씀에 담긴 가치 있는 메시지를 들을 준비가 되었고, 1절과 어떻게 논리적으로 연결되어 있는지 이해할 준비를 마쳤습니다. 바울은 1절에 이어 "for"(이는 ~하였음이라)라는 단어로 2절을 시작합니다. 그리스도 예수 안에 있는 자들이 어떻게 "정죄함이 없다"를 경험을 할 수 있는지에 답하고 있습니다. 바울은 "그리스도 예수 안에 있는 생명의 성령의 법이 죄와 사망의 법에서 너를 해방하였[기 때문이다]"라고 대답합니다. 생명을 주는 영의 해방시키는 법이 죽음을 가져오는 죄의 속박시키는 법에서 우리를 자유하게 했습니다.

2절에 나오는 법이라는 용어는 어떤 성문법을 가리키는 말이 아니라 주로 권위나 힘을 가리킵니다. 성령의 법은 바로 성령의 권위(권세)이자 힘입니다. 따라서 죄의 법도 죄의 권위(권세)와 힘을 말합니다. 로마서 7장 21-25절로 돌아가 보면 바울이 언급한 '법'의 의미를 더 분명히 볼 수 있습니다. "그러므로 내가 한 법을 깨달았노니 곧 선을 행하기 원하는 나에게 악이 함께 있는 것이로다. 내 속사람으로는 하나님의 법을 즐거워하되 내 지체 속에서 한 다른 법이 내 마음의 법과 싸워 내 지체 속에 있는 '죄의 법'으로 나를 사로잡는 것을 보는도다."

여기서 "죄의 법"은 어떤 성문법이라기보다는 죄가 바울의 몸 안에서 갖는 힘이자 권세임을 볼 수 있습니다. 바울은 자신 안에 남아 있는 죄악 된 습성들을 대항해 거룩한 싸움을 계속하고 있습니다. "오호라 나는 곤고한 사람이로다. 이 사망의 몸에서 누가 나를 건져내랴. 우리 주 예수 그리스도로 말미암아 하나님께 감사하리로다. 그런즉 내 자신이 마음으로는 하나님의 법을 육신으로는 '죄의 법'을 섬기노라."

그러므로 8장 2절에 나오는 "죄와 사망의 법"은 하나님이 통치하시지 않고 육신이 우세한 삶에서 다스리는 죄의 힘이자 권세입니다. 육신은 하나님께 의지하는 것을 거부하고 자신의 방법을 따르고 싶어 하는 옛 본성입니다. 그리고 13절은 "너희가 육신대로 살면 반드시 죽을 것이다"라고 말합니다. 이런 이유로 "죄의 법"은 2절에서 "죄와 사망의 법"이라고 불립니다. 육신이 삶을 지배하는 사람은 죄의 법에 의해 통치를 받고 죽게 될 것입니다. 죄와 사망의 법에 의해 다스림을 받으며 옛 본성대로 살아가는 사람은 정죄를 받을 것입니다.

하지만 우리는 그렇게 살 필요가 없습니다. 2절 말씀처럼, 그리스도 예수 안에 있는 생명의 성령의 법이 죄의 사망의 법에서 우리를 자유롭게 하기 때문입니다. 하나님은 전능하시고 그분의 영은 힘과 권위의 영이시며, 마음을 변화시키고 새롭게 하는 영이시며, 심령을 성결하게 하는 영이자, 몸의 악한 행실을 죽이는 영이시며, 우리를 죄와 사망의 법에서 자유하게 하는 영이십니다. 우리 삶에 이러한 성령의 자유하게 하는 역사가 없다면 우리는 정죄를 받게 될 것입니다.

로마서 6장 20-22절도 이와 똑같은 말씀을 하고 있습니다. "너희가 죄의 종이 되었을 때에는 의에 대하여 자유로웠느니라. 너희가 그 때에 무슨 열매를 얻었느냐. 이제는 너희가 그 일을 부끄러워하나니 이는 그 마지막이 사망임이라[죄와 사망의 법에 얽매여 있던 우리의 예전 모습을 설명한 것입니다]. 그러나 이제는 너희가 죄로부터 해방되고[로마서 8장 2절과 같은 내용입니다. 따라서 여기서 우리는 자유하게 하는 생명의 성령의 법을 소유하게 됩니다] 하나님께 종이 되어['성령에 이끌리는 것'을 다르게 표현한 것입니다] 거룩함에 이르는 열매를 맺었으니 그 마지막은 영생이라[이 말을 풀어서 표현하면, '죄와 사망의 법에서 풀려나 생명의 성령의 법의 통치를 받게 되었으니 그 마지막은 정죄함이 없다'라고 할 수 있습니다]."

로마서 8장 1-2절의 논리와 6장 22절의 논리가 똑같습니다. 영생을 얻고, 스스로에게 "정죄함이 없다"고 말할 수 있는 사람은, 죄가 아니라 하나님의 영을 주인으로 모신 사람입니다. "무릇 하나님의 영으로 인도함을 받는 사람은 곧 하나님의 아들이라." 이들이 바로 정죄함이 사라진 사람들입니다.

의롭게 하고 성화시키는 믿음

여기서 잠깐 멈추고, 우리가 지금 성경이 말씀하는 바를 옳게 이해하고 있는지를 확실히 하고 넘어가겠습니다. 이것은 말로 끝나는 것이 아니라 우리의 삶이 걸려 있기 때문입니다. 우리가 받는 칭의가 성화 '덕분'이라고 생각하는 분들이 정말 있습니다. 우리가 하나님 앞에서 무죄 선고를 받느냐 아니냐는 생명의 성령의 법이 우리를 죄와 사망의 법에서 해방시켰느냐 아니냐에 달려 있다고 생각하는 분들이 정말 있습니다. 하지만 칭의와 무죄 선고는 어떻게 가능합니까? 로마서 5장 1절은 이렇게 전합니다. "우리가 믿음으로 의롭다 하심을 받았으니." 무죄 선언은 이미 내려졌고 믿음이 있는 사람들에게 주어진 것입니다. 그런데 어떻게 과거에 내려진 무죄 선언이 현재의 성화 과정에 달렸다고(의존한다고) 말할 수 있겠습니까? 그리고 칭의를 경험하려면 믿음도 있어야 하고 성령에 의해 죄의 권세에서 해방되는 것도 필요하다고 과연 말할 수 있을까요?

이런 질문들에 대한 답은 성경에서 다음의 두 가지를 살펴보면 얻을 수 있다고 생각합니다.

첫째, 칭의가 약속된 믿음은 그리스도의 주 되심을 인정하고 그분을 구원자로 받아들이는 단 한 번의 결정을 의미하지 않습니다. 우리가 의롭다 함을 얻게 하는 믿음은 또한 지속적으로 믿음의 삶을 살게 합니다. 로마서 4장과 야고보서 2장을 주의 깊게 읽어 보면, 아브라함이 하나님의 약속을 믿었고 그것이 그에게 의로 여겨졌다는 것을 보게 됩니다. 아브라함은 믿음으로 의롭다 여겨졌습니다. 하지만 이때 우리가 주목해야 할 점은, 로마서 4장과 야고보서 2장에 나오는 이러한 믿음에 대한 묘사는 아브라함이 창세기 12장에서 갈대아 우르를 떠나 가나안으로 하나님을 따라갔던 그 처음 행동뿐 아니라, 하나님이 나중에 15장에서 그가 아들을 낳게 될 것이라고 하신 약속을 믿었던 것과 창세기 22장에서 아브라함이 아들 이삭을 바치려 했던 그 믿음도 포함된다는 것을 알아야 합니다.

다른 말로 하면, 바울과 야고보는 아브라함이 의롭다 함을 얻게 한 믿음을 말하면서 그가 한 첫 번째 믿음의 행동뿐 아니라 그 후 지속적으로 살아온 믿음의 삶 전체를 생각했다는 말입니다. 그러므로 바울은 골로새서 1장 21-23절에서 이렇게 말합니다. "전에 악한 행실로 멀리 떠나 마음으로 원수가 되었던 너희를 이제는 그의 육체의 죽음으로 말미암아 화목하게 하사 너희를 거룩하고 흠 없고 책망할 것이 없는 자로 그 앞에 세우고자 하셨으니 '만일 너희가 믿음에 거하고'(if indeed you remain in faith) 터 위에 굳게 서서 너희 들은 바 복음의 소망에서 흔들리지 아니하면 그리하리라. 이 복음은 천하 만민에게 전파된 바요 나 바울은 이 복음의 일꾼이 되었노라."

또 고린도전서 15장 1-2절에서는 이렇게 말합니다. "형제들아 내가 너희에게 전한 복음을 너희에게 알게 하노니 이는 너희가 받은 것이요 또 그 가운데 선 것이라 '너희가 만일 내가 전한 그 말을 굳게 지키고'(if you hold it fast) 헛되이 믿지 아니하였으면 그로 말미암아 구원을 받으리라."

우리는 처음 복음을 받은 일뿐 아니라 지속적으로 믿음의 삶을 살았던 것으로 의롭다 여겨집니다. 이것이 성경에서 첫 번째로 확인할 수 있는 바입니다.

둘째, 한 사람의 삶 속에 성령이 들어오시고, 그 성령의 역사로 죄와 사망의 법에서 자유롭게 될 때는 언제나 진정한 믿음이 수반됩니다. 말하자면, 진정한 믿음이 아니고서는 이런 일이 일어날 수 없습니다. 이에 대해서는 갈라디아서 3장 2-5절 말씀에 나와 있습니다. 바울은 몇 가지 질문을 하면서 명확한 답을 기대합니다. "내가 너희에게서 다만 이것을 알려 하노니 너희가 성령을 받은 것이 율법의 행위로냐 혹은 듣고 믿음으로냐. 너희가 이같이 어리석으냐 성령으로 시작하였다가 이제는 육체로 마치겠느냐. 너희가 이같이 많은 괴로움을 헛되이 받았느냐 과연 헛되냐. 너희에게 성령을 주시고 너희 가운데서 능력을 행하시는 이의 일이 율법의 행위에서냐 혹은 듣고 믿음에서냐."

우리가 성령을 받은 것은 믿음으로 말미암고 성령이 우리 안에서 역사하시는 것도 믿음으로 말미암습니다. 매일의 삶에서 복음의 약속을 확신하며 살아가는 사람은 그 안에서 생명의 성령의 법이 역사하여 그를 죄와 사망의 법에서 자유하게 만듭니다. 믿음으로 살고 성령의 능력으로 사는 것은 보는 각도가 다를 뿐 같은 것입니다.

바울은 로마서 8장 14절에서 이렇게 말합니다. "무릇 하나님의 영으로 인도함을 받는 사람은 곧 하나님의 아들이라." 또한 사도 요한은 요한복음 1장 12절에서 이렇게 말합니다. "영접하는 자 곧 그 이름을 믿는 자들에게는 하나님의 자녀가 되는 권세를 주셨으니." 하나님의 자녀가 되려면 그리스도를 믿어야 합니다. 하나님의 자녀가 되려면 성령의 이끌림을 받아야 합니다. 그리고 이 둘은 다른 조건을 말하는 것이 아니라 같은 의미입니다. 왜냐하면 하나님이 우리에게 성령을 주시는 것은 믿음을 통해서이고, 또한 하나님이 우리 가운데 기적을 베푸시는 것도 믿음의 삶을 통해서이기 때문입니다. 이것이 성경에서 발견할 수 있는 두 번째 사실입니다.

이제 성경에서 얻은 이 두 가지 통찰을 가지고, 앞에서 제시한 문제를 해결할 수 있으리라 생각합니다. 로마서 5장 1절은 우리가 믿음으로 의로워진다고 말하고, 로마서 8장 1-2절은 그리스도 예수 안에 있는 자에게는 결코 정죄함이 없나니 이는(for) 그리스도 예수 안에 있는 생명의 성령의 법이 우리를 죄와 사망의 법에서 해방시켰음이라고 말합니다. 정죄에서 벗어나는 것은 우리를 죄에서 해방시키는 성령의 역사에 달려 있습니다. 이 두 가지 진리는 조금 전 우리가 살펴본 두 가지 관찰에 의해 하나의 일관성 있고 강력한 진리로 합쳐집니다.

먼저, 의롭게 하는 믿음은 한 번의 결정이 아니라 지속적으로 하나님의 약속을 붙드는 것입니다. 그리고 두 번째, 하나님이 우리에게 성령을 주시는 것은 이 믿음을 통해서이고 이 믿음을 통해 성령은 우리를 죄와 사망의 법에서 자유하게 합니다. 따라서 이 둘은 칭의를 위한 두 가지 조건이 아니라 단 하나의 조건이라 볼 수 있습니다.

부디 말씀의 의미를 정확히 이해하길 바랍니다. 어느 한쪽으로든 오해하지 않았으면 합니다. 두 가지가 같은 것일 리가 없다고 말하는 분들이 한 사람도 없었으면 합니다. 칭의를 위해 우리가 해야 할 일은 그리스도를 구세주로 믿는 것입니다. 성령의 능력으로 죄를 이겨야만 하는 것이 아닙니다. 그렇게 오해할 때 믿음은 왜곡되고 값싼 것이 되고 맙니다. 마지막 심판 날, 예수님으로부터 "행악하는 자들아, 나를 떠나라. 나는 너희를 도무지 알지 못한다"는 말을 듣게 될지도 모릅니다.

이와 똑같은 잘못이 또 하나 있습니다. 어떤 분은, "또 다른 율법주의로 짐 지우는 건 아닌가요? 이러저러한 조항으로 뭔가를 해라, 하지 마라 요구하는 건 참을 수가 없어요. 그런 식으로 그리스도인으로 사는 건 불가능해요"라고 말할지 모릅니다.

잠시 생각해 보십시오. 여러분은 자신의 삶을 조금도 변화시키지 못하는 그런 그리스도를 믿고 싶지는 않을 겁니다. 종교적인 말만 상투적으로 할 뿐 세상과 똑같이 생각하고 느끼고 행동하는 사람들만 만들어 내는 그런 예수님을 누가 원하겠습니까? 우리는 자신이 완벽하지 않고 여전히 죄를 짓는다는 사실을 압니다. 그래서 성령께서 우리 삶을 더욱 완전하게 다스리시길 원합니다. 하지만 우리는 실망합니다. 성도 여러분, 사탄이 그런 실망을 이용해 우리를 이기지 못하게 하십시오.

하나님은 우리에게 스스로 칭의를 얻어 내라고 요구하지 않으시고 그분의 약속 안에서 편히 쉬라고 말하십니다. 율법의 행위로 성령을 받았습니까, 아니면 믿음으로 들어서 받았습니까? 성령으로 시작했던 것을 이제 육신으로 끝내려 합니까? 이것을 기억하십시오. 그리스도 예수 안에 있는 생명의 성령의 법이 우리를 죄와 사망의 법에서 해방시키는 것은 율법의 행위가 아닌 믿음을 통해서입니다. 매일 하나님의 약속을 믿는 믿음을 통해서입니다.

7장

오순절 이전에 신자들은 어떻게 성령을 경험했는가

로마서 8:1-8

그러므로 이제 그리스도 예수 안에 있는 자에게는 결코 정죄함이 없나니 이는 그리스도 예수 안에 있는 생명의 성령의 법이 죄와 사망의 법에서 너를 해방하였음이라. 율법이 육신으로 말미암아 연약하여 할 수 없는 그것을 하나님은 하시나니 곧 죄로 말미암아 자기 아들을 죄 있는 육신의 모양으로 보내어 육신에 죄를 정하사 육신을 따르지 않고 그 영을 따라 행하는 우리에게 율법의 요구가 이루어지게 하려 하심이니라. 육신을 따르는 자는 육신의 일을, 영을 따르는 자는 영의 일을 생각하나니 육신의 생각은 사망이요 영의 생각은 생명과 평안이니라. 육신의 생각은 하나님과 원수가 되나니 이는 하나님의 법에 굴복하지 아니할 뿐 아니라 할 수도 없음이라. 육신에 있는 자들은 하나님을 기쁘시게 할 수 없느니라. _롬 8:1-8

역사가와 설교자의 차이는, 역사가는 "그랬나요?"(Was it so?)라고 묻고 설교자는 "그래서요?"(So what?)라고 묻는 것입니다. 신학교에서 구약의 지혜문학에 대한 수업을 들었는데 주로 히브리 시 문학의 병행법과 결정론, 구속사에 대해 다루었습니다. 그러면 저는 대개 수업이 끝날 즈음에 손을 들고 이렇게 질문하곤 했습니다. "그래서요?" 저는 한 번도 지식만을 위한 지식 또는 예술 자체만을 위한 예술을 추구해 본 적이 없습니다. 제게는 그런 개념들이 완전히 무신론적으로 들릴 뿐입니다. 우리가 그리스도인으로서 공부하고 예술을 하는 유일한 이유는 분명히 하나님을 위해서입니다. "무엇을 하든지 다 하나님의 영광을 위하여 하라"(고전 10:31).

지식만을 위한 지식 또는 예술 그 자체만을 위한 예술은 매우 냉정하고 무정한 문구라고 생각하지 않을 수 없습니다. 그리스도인에게 있어 모든 공부와 모든 창조적인 일은 사랑이라는 관점에서 스스로를 입증해야 합니다. "모든 것을 '덕'을 세우기 위하여 하라"(고전 14:26). "너희 모든 일을 사랑으로 행하라"(고전 16:14). 사람들을 사랑 안에서 하나님께로 이끌지 않는 배움과 수고는 그리스도의 영이 내 안에서 역사하신 일이 아닙니다.

오순절 성령 강림

따라서 제 자신에게 "오순절 이전에는 신자들이 어떻게 성령을 체험했는가?"라는 질문을 해볼 때, 5분도 채 되지 않아 "그래서?"라고 되묻게 됩니다. 그 문제가 왜 그리 중요합니까? 그에 대한 답을 안다고 해서 오늘 우리 삶이 달라집니까?

저는 그렇다고 생각합니다. 그렇게 생각하지 않았다면 이런 질문을 하지도 않았겠지요. 오늘은 구약 성도들이 성령을 경험한 10가지 방식을 보여 드리려고 합니다. 하지만 먼저 왜 이 문제가 우리와 관련이 있다고 생각하는지부터 말씀드리겠습니다.

오순절은 유월절이 지난 후 50일이 되는 날에 유대인들이 지키는 절기입니다. 예수님은 유월절 기간에 십자가에 못 박히셨습니다. 그로부터 7주 후인 오순절 날, 부활하신 주 예수님은 요한복음 15장 26절에서 하신 약속(성령을 보내시겠다는 약속)을 성취하셨습니다. 세례 요한은 약속하기를, 자신의 뒤에 오시는 이가 "성령과 불로 너희에게 세례를 베푸실 것"(눅 3:16)이라고 했습니다. 그래서 오순절 아침 9시, 제자들이 기도하고 있을 때, "홀연히 하늘로부터 급하고 강한 바람 같은 소리가 있어 … 마치 불의 혀처럼 갈라지는 것들이 그들에게 보여 각 사람 위에 하나씩 임하여 있더니 그들이 다 성령의 충만함을 받고 성령이 말하게 하심을 따라 다른 언어들로 말하기를 시작"했습니다(행 2:2-4). 그런 다음 베드로는 설교를 하며 이렇게 말했습니다. "이는 곧 선지자 요엘을 통하여 말씀하신 것이니 일렀으되 하나님이 말씀하시기를 말세에 내가 내 영을 모든 육체에 부어 주리니 너희의 자녀들은 예언할 것이요 너희의 젊은이들은 환상을 보고 너희의 늙은이들은 꿈을 꾸리라"(행 2:16-17).

다른 말로 하면, 바울은 우리가 말세에 들어섰다고 말한 것입니다. 즉 메시아가 오셨고, 십자가에서 구원을 성취하셨으며, 부활하여 하나님 오른편으로 올라가셨습니다. 지금은 그분이 영광 중에 다시 오시기 전, 막간의 시간입니다. 이 말세는 남자와 여자, 늙은이와 젊은이, 종과 자유인, 가까이 있는 이와 멀리 있는 모든 이에게 성령이 비할 데 없이 부어지는 것이 특징입니다. 그리고 이 기간에 하나님의 백성은 성령으로 거듭나야 하고 성령으로 세례를 받아야 하고 성령의 능력을 힘입어 "그리스도 영광의 복음의 빛"을 증거해야 합니다. 우리는 성령의 마지막 때를 살고 있습니다. 우리는 이사야(사 44:3)와 에스겔(겔 11:19; 36:26; 39:29), 그리고 요엘(욜 2:28)이 예언했고 보기를 고대했던 그 시간을 살고 있습니다. 이제 구속사에는, 예수님이 다시 오셔서 하나님나라를 이루시기 전에 반드시 일어나야 할 더 이상의 결정적인 전환점은 없습니다. 이때가 마지막 전환점입니다. 이때가 오순절이고, 성령충만을 받을 때이고, 세계 선교가 이루어질 때입니다.

아스완 하이 댐이 완공되던 날

오순절 전과 후의 성령 체험에 대해 설명하기 위해 한 가지 비유를 들겠습니다. 나일 강에 있는 아스완 하이(Aswan High) 댐 같은 거대한 수력발전용 댐을 건설 중이라고 해봅시다. 이 댐은 높이가 114미터이고, 가로 길이는 3,352미터에 달합니다. 이집트의 나세르 대통령은 1953년에 댐 건설 계획을 발표했습니다. 댐은 1970년에 완공되었고 1971년에 거대한 준공식을 시작으로, 100억 킬로와트의 에너지를 생산하는 12개의 터빈이 가동되어 이집트 모든 도시에 충분한 전기를 공급했습니다.

댐이 만들어지는 그 긴 기간 동안 나일 강은 완전히 차단되지 않았습니다. 유수지를 채우고는 있었지만, 강의 일부는 흘러가게 했습니다. 강 하류에 사는 사람들은 그 물에 의존했습니다. 그들은 그 물로 마시고 씻고, 곡식을 기르고, 풍차도 돌렸습니다. 달빛을 받으며 그 위를 항해하기도 했고 그에 대해 노래를 짓기도 했습니다. 나일 강은 그들의 삶이었습니다. 하지만 터빈을 통해 저수조의 물이 쏟아지던 그 날에는, 나일 강의 힘이 강 하류에 살던 소수의 시민들을 넘어 훨씬 더 많은 사람에게 퍼져 나갔고 그들이 꿈도 꾸지 못하던 일들을 가능하게 해주었습니다.

오순절은 아스완 하이 댐의 준공식과 같습니다. 오순절 전에도 하나님의 영이라는 강물은 이스라엘 백성들을 복되게 했고 그들의 생명과도 같았습니다. 하지만 오순절 이후, 성령의 힘은 온 세상을 비추도록 퍼져 나갔습니다. 그러면서도 오순절 이전에 누리던 유익 중에 어느 것 하나 사라지지 않았습니다. 거기에 100억 킬로와트의 에너지가 더해져 교회는 그리스도의 영광스런 복음의 빛을 모든 방언과 민족과 나라들을 향해 비출 수 있게 되었습니다.

구약 성도들의 경험이 왜 오늘날 우리에게 그렇게 귀중한지에 대한 저의 답변이 여기 있습니다. 댐이 준공되기 전에도 구약의 성도들이 성령의 능력과 특권을 누렸다면, 100억 킬로와트의 에너지가 방출되는 댐이 준공된 지금 우리는 이런 것들과 그 이외 많은 것들을 얼마나 더 누려야 하겠습니까? 오순절에 시작된 마지막 때를 살고 있는 우리의 특권에 눈을 뜨기 위해 구약의 영적 경험들을 찾아보는 것이 필요합니다. 하지만 오늘날의 교회는 깊은 잠을 자고 있어서 성령께서 우리에게 주신 몫을 사용하는 데 있어서 구약 성도들보다도 더 뒤쳐져 있습니다.

구약 성도들이 성령을 경험한 10가지 방식

여기 구약 성도들이 성령을 경험한 10가지 방식이 있는데, 오순절의 약속이 성취된 이 "마지막 때"에는 교회가 모두 누릴 수 있는 것들입니다.

1. 생명의 창조자요 유지자로서의 성령

먼저, 그리고 가장 기본적으로, 구약의 신자들은 하나님의 영을 자신들의 생명을 창조하고 유지하는 존재로 인식했습니다. 욥기 33장 4절에서 엘리후는 모든 신실한 유대인들을 대변해서 이렇게 말합니다. "하나님의 영이 나를 지으셨고 전능자의 기운이 나를 살리시느니라." 시편 104편은 모든 살아 있는 것들의 경이로움과 다양성을 찬양하면서 이렇게 말합니다. "주께서 그들의 호흡을 거두신즉 그들은 죽어 먼지로 돌아가나이다. 주의 영을 보내어 그들을 창조하사 지면을 새롭게 하시나이다"(29-30절).

우리도 이러한 구약의 성도들과 같은 세계관을 가져야 합니다. 즉, 어머니의 태에서 인간으로 지음받은 것은 하나님의 영의 주권적인 창조 행위였고, 지금도 매순간 숨을 쉬고 몸에서 일어나는 모든 화학 작용이 매순간 유지되는 것 역시 성령의 역사라는 것을 믿기 바랍니다. 그러나 우리가 살아가는 이 세상은 그런 식으로 사물을 보지 않습니다. 그리고 대체로 세상의 기계론적 사물관에 젖어 있습니다. 그렇습니다. 세상은 기계론적 진화론과 자연 선택설을 믿습니다. 하지만 그리스도인은 하나님의 영이 행하시는 창조적이고 창의적인 역사를 바라보아야 합니다. 그리고 숨 쉬는 모든 순간마다 우리가 살아 있고 움직이고 하나님의 영 안에 있음으로 인해 감사의 기도를 드려야 합니다.

2. 성령으로 거듭남과 성령의 내주하심

둘째로, 구약의 신자들은 성령으로 거듭남과 성령의 내주하심을 경험했습니다. 성령으로 거듭나야 한다는 예수님의 말씀을 듣고 니고데모가 당황하자, 예수님은 이렇게 말씀하십니다. "너는 이스라엘의 선생으로서 이러한 것들을 알지 못하느냐?"(요 3:10) 다른 말로 하면, "나는 지금 새로운 것을 가르치거나 요구하는 것이 아니다"라고 말씀하신 것입니다. 구원받은 이스라엘 사람이라면 누구나 하나님의 영으로 다시 태어나야 했습니다. 그렇지 않으면 그들이 어떻게 하나님을 향한 타고난 적대감을 극복할 수 있었을까요? 어떻게 하나님의 율법에 순종해서 하나님을 기쁘시게 할 수 있었을까요? 아벨, 노아, 아브라함, 모세, 라합, 룻, 드보라, 다윗같이 많은 사람들처럼 말입니다.

바울은 로마서 8장 7-9절에서 이렇게 말합니다. "육신의 생각은 하나님과 원수가 되나니 이는 하나님의 법에 굴복하지 아니할 뿐 아니라 할 수도 없음이라. 육신에 있는 자들은 하나님을 기쁘시게 할 수 없느니라. 만일 너희 속에 하나님의 영이 거하시면 너희가 육신에 있지 아니하고 영에 있나니 누구든지 그리스도의 영이 없으면 그리스도의 사람이 아니라."

두 그룹의 사람이 있습니다. 육신에 속한(육신에서 태어난) 사람과 영에 속한(영으로 다시 태어난) 사람입니다. 육신에 속한 사람에게는 하나님의 영이 없고, 그래서 하나님의 율법에 순종할 수도 하나님을 기쁘시게 할 수도 없습니다. 영에 속한 사람은 성령이 그 안에 내주하는 사람이어서 성령의 도우심으로 율법의 요구를 이룰 수 있습니다.

이 말은, 하나님을 믿고 믿음으로 순종하여 하나님의 길을 따랐던 모든 구약의 신자들은 성령으로 다시 태어났고 성령이 그 안에 내주하는 사람들이라는 의미입니다. 예를 들어, 민수기 14장 24절은 갈렙에 대해 이렇게 말합니다. "내 종 갈렙은 그 마음이 그들과 달라서 나를 온전히 따랐은즉 그가 갔던 땅으로 내가 그를 인도하여 들이리니." 그리고 민수기 27장 18절은 이렇게 말합니다. "여호와께서 모세에게 이르시되 눈의 아들 여호수아는 그 안에 영이 머무는 자니 너는 데려다가 그에게 안수하고." 구약의 신자들도 우리와 똑같은 방식으로 구원을 받았습니다. 즉 그들도 성령으로 거듭났고, 하나님의 약속을 믿었으며, 믿음으로 순종하여 하나님의 계명을 따랐습니다.

3. 성령의 지속적인 임재

세 번째, 구약의 신자들은 하나님의 영의 지속적인 임재를 누렸습니다. 시편 139편 7절은 말합니다. "내가 주의 영을 떠나 어디로 가며 주의 앞에서 어디로 피하리이까. 내가 하늘에 올라갈지라도 거기 계시며 스올에 내 자리를 펼지라도 거기 계시니이다. 내가 새벽 날개를 치며 바다 끝에 가서 거주할지라도 거기서도 주의 손이 나를 인도하시며 주의 오른손이 나를 붙드시리이다." 구약의 신자들은 그들이 가는 곳마다 하나님의 영의 임재를 누렸습니다. 이 사실은 제게 많은 힘이 됩니다. 제가 느끼기에 안전하지 않은 곳에 가라는 부름을 받을 때, 제 안에 계신 성령께서 제게 필요한 말씀을 주실 것이고, 성령께서 그곳에 미리 가셔서 길을 예비하고 제가 그곳에 갔을 때 저를 붙들어 주실 것을 믿을 수 있습니다.

4. 상담가이자 스승으로서의 성령

네 번째, 구약의 신자들은 하나님의 영을 상담가요 스승으로 경험했습니다. 느헤미야 9장에서 에스라는 하나님이 과거에 이스라엘에 베푸신 모든 은혜에 감사하며 20절에서 이렇게 말합니다. "주의 선한 영을 주사 그들을 가르치시며 주의 만나가 그들의 입에서 끊어지지 않게 하시고."

아마도 성령께서 두 가지 의미에서 그들을 가르치셨을 것입니다. 선지자들이 백성에게 하나님의 말씀을 전한 것은 하나님의 영을 통해서였고(느 9:30), 백성이 그 말씀을 이해하고 삶에 적용할 수 있었던 것도 성령에 의해서였습니다. 오늘날 성령은 여전히 하나님의 말씀으로 우리를 가르치십니다. 따라서 우리는 하나님의 깨닫게 하시는 영을 부어 주시길 간절히 기도해야 합니다. 그래서 성경 말씀이 실제로 우리를 위해 살아 역사하고 나의 개인적인 경험이 되도록 해야 합니다.

5. 손재주와 예술적 능력이라는 은사

다섯 번째, 구약의 성도들은 하나님을 섬기는 데 있어서 손재주와 예술적 능력이 성령의 은사라고 믿었습니다. 하나님은 당신의 성막을 설계나 계획만 하신 것이 아니라 기술자들이 그 일을 할 수 있는 능력도 주셨습니다.

출애굽기 31장 1-5절은 이렇게 전합니다. "여호와께서 모세에게 말씀하여 이르시되 내가 유다 지파 훌의 손자요 우리의 아들인 브살렐을 지명하여 부르고 하나님의 영을 그에게 충만하게 하여 지혜와 총명과 지식과 여러 가지 재주로 정교한 일을 연구하여 금과 은과 놋으로 만들게 하며 보석을 깎아 물리며 여러 가지 기술로 나무를 새겨 만들게 하리라."

모든 손재주와 예술적 능력은 우리가 숨을 쉬는 것과 마찬가지로 하나님의 선물입니다. 하지만 출애굽기 31장 1-5절은 하나님께서 특별히 브살렐을 지명하여 부르셔서 하나님의 영을 그에게 충만하게 하셨다고 말합니다. 그리고 과거나 지금이나 예술가, 음악가, 기술자들의 작품성을 향상시키기 위해 성령의 특별한 만지심이나 채우심이 있다고 생각합니다. 그것은 단순한 기술일 수도 있고, 하나님을 높이고 믿음을 세우는 사역에 강력한 능력을 부여하는 것일 수도 있습니다.

6. 악을 거부하고 의를 선포할 힘

여섯 번째, 구약의 신자들은 성령의 채우심을 경험함으로써 담대하게 악을 거부하고 의를 선포할 수 있었습니다. 미가 3장 8절은 이렇게 전합니다. "오직 나는 여호와의 영으로 말미암아 능력과 정의와 용기로 충만해져서 야곱의 허물과 이스라엘의 죄를 그들에게 보이리라." 생명을 걸고 하나님의 진리를 위해 일어나고 죄를 거부하는 것은 인간의 능력에 달려 있지 않습니다. 성령께서 그런 용기를 주십니다. 누가복음 1장 15절은 세례 요한이 모태로부터 성령의 충만함을 받았고, 그래서 율법에 어긋난 헤롯의 결혼을 비난하다가 머리가 잘려 죽게 되었다고 말합니다.

더 이상 눈감을 수 없는 우리 사회의 악을 거부하고 폭로할 성령 충만한 사람들이 오늘날 우리에게도 확실히 필요합니다. 이 사회에 만연한 악에는 이런 것들이 있습니다. 여성의 몸을 상품화하여 광고에서 인격을 폄하하고, 원하는 대로 낙태를 하여 비양심적으로 인간의 생명을 파괴하며, 자국의 이익을 위해 다른 나라를 불안정하게 만드는 책략을 쓰고, 나라 전체가 총체적인 과소비에 빠져 있고, 하나님이 싫어하시는 이혼을 거리낌 없이 하고, 가정을 파괴하고 몸을 망가뜨리는 술과 담배를 수백만 달러를 들여 판촉하는 그런 일들입니다. 사람들이 성령충만하게 되면 이러한 악을 눈감아 주지 않습니다.

7. 두려움을 이기는 승리

일곱 번째, 구약의 신자들은 성령의 임재로 두려움을 이기는 승리를 경험했습니다. 바벨론 포로 이후 하나님은 사람들에게 성전을 재건하도록 격려하시며 이렇게 말씀하셨습니다. "일할지어다. 내가 너희와 함께 하노라. … 나의 영이 계속하여 너희 가운데에 머물러 있나니 너희는 두려워하지 말지어다"(학 2:4-5).

한 번 생각해 보십시오! 바벨론 포로라는 하나님의 심판에서 이제 막 돌아온 유대인들이 그들과 함께할 하나님의 영을 의지하며 용기를 낼 수 있었다면, 예수님의 죽음과 부활을 통해 하나님의 사랑과 능력을 넘치도록 확신하게 된 우리는 얼마나 더 두려움이 없어야 하겠습니까! 구약의 성도들도 모든 위협과 장애를 이기고 승리하는 것은 하나님께 속한 것임을 알았고, 지금 우리 그리스도인들도 그것을 압니다. 스가랴 4장 6절은 이렇게 말합니다. "이는 힘으로 되지 아니하며 능력으로 되지 아니하고 오직 나의 영으로 되느니라."

8. 하나님의 백성을 돕기 위한 비범한 능력

여덟 번째, 몇몇 구약의 신자들은 성령에 의해 하나님의 백성들을 돕기 위한 비범한 능력을 갖고 있었습니다. 예를 들어, 삼손에 대해서는 이렇게 기록합니다. "여호와의 영이 삼손에게 강하게 임하니 그가 손에 아무것도 없이 그 사자를 염소 새끼를 찢는 것 같이 찢었으나"(삿 14:6). 또 이런 기록도 있습니다. "여호와의 영이 삼손에게 갑자기 임하시매 그의 팔 위의 밧줄이 불탄 삼과 같이 그의 결박되었던 손에서 떨어진지라"(15:14).

흔히 있는 성령의 역사는 아니지만 예전에도 실제로 있었고 현재도 있는 일입니다. 예나 지금이나 특별히 필요한 상황에서 성령께서는 평범한 사람들이 일상의 능력을 훨씬 넘어서는 능력을 발휘해 사람들을 구하게 하십니다. 예를 들어 차에 깔린 남편을 구하려고 차를 들어 올린다든가 또는 강간범의 손아귀에서 벗어나기도 합니다.

9. 꿈에 나타난 하나님의 계시를 해석하는 능력

아홉 번째, 성령께서는 몇몇 구약의 신자들이 꿈에 나타난 하나님의 계시를 해석할 수 있게 해주셨습니다. 요셉이 다가올 기근에 대한 바로의 꿈을 해석하자, 바로는 이렇게 말합니다. "이와 같이 하나님의 영에 감동된 사람을 우리가 어찌 찾을 수 있으리요?" 오순절 날

베드로는 이 마지막 때에는 "너희의 젊은이들은 환상을 보고 너희의 늙은이들은 꿈을 꾸리라"(행 2:17)고 말했습니다. 이 마지막 날들이 성령을 통해 꿈과 환상을 보는 날들이라면, 우리 가운데 꿈을 해석하는 능력을 가진 요셉이 다시 일어나 많은 주장들 가운데 참과 거짓을 구별해 주길 간절히 기도해야 할 것입니다.

10. 예언의 은사

마지막으로, 성령께서는 몇몇 구약의 신자들에게 예언의 은사를 주셨습니다. 예를 들어, 모세가 성막에 70인의 장로들을 모았을 때, 민수기 11장 25절은 이렇게 전합니다. "여호와께서 구름 가운데 강림하사 모세에게 말씀하시고 그에게 임한 영을 칠십 장로에게도 임하게 하시니 영이 임하신 때에 그들이 예언을 하다가 다시는 하지 아니하였더라." 분명한 것은, 하나님께서 이 70인의 장로들에게 예언의 능력을 잠시 맛보게 하셨다는 것입니다. 이 일은 미래에 올 더 큰 무언가를 가리키고 있는 것 같습니다.

그리고 모세는 이렇게 말합니다. "여호와께서 그의 영을 그의 모든 백성에게 주사 다 선지자가 되게 하시기를 원하노라"(29절). 이 일은 다시 한 번 오순절에 시작된 마지막 날들을 가리키고 있습니다. 베드로는 말합니다. "하나님이 말씀하시기를 말세에 내가 내 영을 모든 육체에 부어 주리니 너희의 자녀들은 예언할 것이요."

예언의 은사란 무엇입니까? 오늘날 교회에서 예언의 은사가 드러나는 곳은 어디입니까? 또는 드러나고 있긴 합니까? 이 질문에 대한 부분적인 답은 고린도전서 12-14장에 나오는 영적 은사들에 대한 가르침에서 찾을 수 있습니다. 이에 대해서는 저녁 성경공부 시간에 곧 배우게 될 것입니다.

오늘 아침은 아스완 하이 댐 이야기로 잠깐 돌아갔다가 말씀을 마치려고 합니다. 댐이 완공되기 전에도, 그러니까 오순절에 해당하는 유수지에서 공식적으로 물이 댐을 통해 흐르기 전에도, 강 하류에 살던 사람들에 해당하는 구약 성도들은 하나님의 성령이라는 그 강에서 엄청난 유익을 누렸습니다. 우리는 그들이 누렸던 유익들을 읽고 우리 자신에게 이렇게 물을 수 있어야 합니다. "유수지의 물이 졸졸 흐르는 것에 지나지 않았던 정도의 상황에서도 그들이 하나님의 성령을 그렇게 많이 누렸다면, 오순절이라는 수십 개의 터빈을 갖춘 댐이 공식적으로 돌아가기 시작한 지금 우리는 그보다 훨씬 더 많은 것을 누려야 하지 않겠는가?"

8장

인간의 영혼 안에 있는 하나님의 생명

로마서 8:1-7

그러므로 이제 그리스도 예수 안에 있는 자에게는 결코 정죄함이 없나니 이는 그리스도 예수 안에 있는 생명의 성령의 법이 죄와 사망의 법에서 너를 해방하였음이라. 율법이 육신으로 말미암아 연약하여 할 수 없는 그것을 하나님은 하시나니 곧 죄로 말미암아 자기 아들을 죄 있는 육신의 모양으로 보내어 육신에 죄를 정하사 육신을 따르지 않고 그 영을 따라 행하는 우리에게 율법의 요구가 이루어지게 하려 하심이니라. 육신을 따르는 자는 육신의 일을, 영을 따르는 자는 영의 일을 생각하나니 육신의 생각은 사망이요 영의 생각은 생명과 평안이니라. 육신의 생각은 하나님과 원수가 되나니 이는 하나님의 법에 굴복하지 아니할 뿐 아니라 할 수도 없음이라. _롬 8:1-7

헨리 스쿠걸이 말하는 참 종교

헨리 스쿠걸의 책 『인간의 영혼 안에 있는 하나님의 생명』(*The Life of God in the Soul of Man*)의 핵심 요지를 말씀드리면서 설교를 시작하겠습니다. 이 책은 17세기에 처음 출간된 것으로 그 당시 언어로 쓰였다가 나중에 현대어로 개정되어 나왔습니다. 이 책에서 그가 말하는 핵심은, 참 종교란 외적인 고려 사항들에 의해 제약을 받는 생각이나 행동의 단순한 체계가 아니라 본질적으로 신적 생명(divine life)이라는 내적이고 자유롭고 자발적인(self-moving) 원리라는 것입니다. 진짜 종교는 인간의 영혼 안에서 약동하게 하고 동기를 부여하는 하나님의 생명입니다. "단순히 위협해서 조종하거나 약속으로 유혹하거나 율법으로 얽어매는 것이 아닙니다."

도움이 되지만 오해의 소지가 있는 비교

이러한 내용을 이 시대의 언어로 표현한다면 어떻게 할 수 있을까요? 저는 이렇게 말하겠습니다. "그리스도인이 되는 것은 공화당원이 민주당원이 되는(또는 민주당원이 공화당원이 되는) 것보다는 애벌레가 나비가 되는 것과 더 비슷합니다."

도움이 되는 부분

이 비유는 아주 놀랍고도 일부분 타당하지만 심각하게 오해를 불러일으킬 만한 소지도 있습니다. 놀랍고도 사실적인 부분은, 그리스도인이 되는 것은 정원에서 날아다니는 나비가 되는 것이고 비그리스도인으로 남는 것은 고치 속에 계속 머무는 것과 같다는 대목입니다.

하나님이 나비에게 "날아라!"고 명령하실 때, 나비는 어떤 부담감이나 두려움도 죄책감도 느끼지 않습니다. 나비는 본래 자신이 살아가도록 만들어진 대로 날기만 하면 됩니다. 나비는 날면서 날갯짓을 할 때마다 하나님의 은혜를 찬양합니다. 나비는 고치 속에서 애벌레로 있을 때는 가지지 못했던 새로운 본성을(날 수 있는 존재로서의) 갖게 됩니다. 이것이 스쿠걸이 말하는 영혼 안에 있는 진짜 종교의 '핵심 원리'입니다.

그러나 하나님이 고치 속에 있는 애벌레에게 "날아라!"고 명령하면, 애벌레는 날지 않습니다. 대신 애벌레는 다음의 세 가지 중 하나로 반응할 수 있습니다. 좌절감에 축 쳐져서 이렇게 말합니다. "난 날 수가 없어. 나한텐 소망이 없어." 아니면 가짜로 나는 척하면서 이렇게 말합니다. "난 지금 날고 있어! 봐, 땅이 저 밑에 있잖아." 아니면 성 어거스틴이 했던 것처럼 이렇게 울부짖을 수 있습니다. "당신이 하실 일을 명령하시고, 당신이 명령하신 것을 허락하소서. 오, 하나님! 저를 나비로 만들어 주소서!"

이 비유의 놀랍고도 사실적인 부분을 평가한다면, 이 비유가 새로운 탄생의 필요성과 기적에 대해 말하고 있다는 점입니다. 그리스도인이 되는 것은 영혼 안에 새로운 생명의 원리를 갖게 되는 것으로, 하나님의 명령들이 불쾌하게 들리지 않고 아름다운 봄날의 손짓이자 꽃이 만발한 정원에서 흘러나오는 향기처럼 느껴집니다. 하나님의 은혜로 우리는 나비로 변화되었습니다. 하나님의 생명이 우리 영혼으로 들어왔고, 이제는 구세주를 위해 날아오르는 것이 우리의 본성입니다.

오해의 소지가 있는 부분

하지만 애벌레가 나비가 되는 것과 공화당원이 민주당원이 되는 것은 다르다는 식의 비교는 아주 심각한 오해의 소지도 담고 있습니다. 소속 정당을 바꾸기 위해 공부하고 깊이 생각하고 선택하는 일은 고치가 나비가 되는 일과는 아무 상관없다는 인상을 줍니다. 하지만 그것은 큰 오해입니다.

비그리스도인이라는 애벌레 상태에서 그리스도인이라는 나비로 영적 탈바꿈을 하는 기적은, 고치 안에서 의식이 없는 상태에서 화학적 변화 과정을 통해 그냥 일어나는 일이 아닙니다. 오히려 의식적으로 진리를 깊이 숙고함으로 가능합니다. 영적인 비행을 하는 데 있어서 애벌레와 같은 능력밖에 없는 사람들이, 성경 곳곳에서는 대단한 존재로 언급됩니다. 하나님의 사자들은 그들에게 와서 높이 날아오르도록 설득도 하고 증거도 제시하고 간청도 하고 권고도 하고 명령도 하고 주의도 주고 약속도 하고 이유를 설명하기도 하고 논리적으로 설명도 하고 독려도 합니다.

왜 그러합니까? 나비들이 날아다니는 그 정원의 아름다움과 향기는 바로 하나님의 영광스러운 완전하심(the glorious perfections)을 반영하기 때문입니다. 그리고 비그리스도인 애벌레가 그리스도인 나비로 바뀐 것이 바로 완전한 하나님의 정원이 갖는 아름다움 덕분이라고 할 때 하나님의 완전하심은 가장 영광을 받으십니다.

그렇다면 이러한 하나님의 완전함들은 어떻게 알려지고 사랑받게 됩니까? 이에 대한 답은, 하나님의 완전함은 인간의 이성으로 알 수 있고 인간의 의지로써 사랑을 받는다는 것입니다. 바로 그렇기 때문에 하나님이 영광을 받으시려면, 비그리스도인의 이성과 의지에 하나님의 정원이 선사하는 강력한 진리와 아름다움을 설명함으로써 모든 변형(모든 회심)이 이루어져야 하는 것입니다.

비교의 요약

따라서 한편, 그리스도인이 된다는 것은 민주당원이 공화당원이 되는 것보다는 애벌레가 나비가 되는 것과 더 비슷하다고 말하는 것이 맞고 또 훌륭한 비유입니다. 왜냐하면 회심은 영적 비행이라는 새로운 능력을 가진 새로운 본성을 갖는 것이기 때문입니다.

하지만 또 한편으로, 이 두 비교를 너무 깊게 따지고 들어간다면 오해의 소지가 있습니다. 왜냐하면 사실 그리스도인의 회심은 나비가 되는 것보다는 정당을 바꾸는 것과 더 비슷하기 때문입니다. 믿지 않는 사람이 이성적으로 진리를 따져 보고 의지적으로 받아들일 수 있어야 하기 때문입니다.

어떻게 영혼 안에 새 생명이 들어오는가

그렇다면 그리스도인이라는 새로운 나비의 생명은 어떻게 생겨납니까? 헨리 스쿠걸은 인간 영혼 안에 있는 새로운 신적 생명의 근간은 믿음이라고 말합니다. 그리고 현대 기독교에 익숙한 개념과는 완전히 다르게, 매우 아름답고 심오하게 믿음을 규정합니다. 스쿠걸은 믿음은 "영적인 것들에 대한 감정적 확신"이라고 말합니다. 믿음은 단순히 감정이 아닙니다. 그리고 믿음은 단순히 확신도 아닙니다. 믿음은 "감정적 확신"입니다. 그리고 신적인 것들에 대한 이 새로운 감정적 확신이야말로 인간의 영혼 안에 있는 하나님의 신적 생명에 닿아 있는 뿌리입니다.

그리고 그 믿음의 뿌리는 어떻게 영혼 안에 심겨지게 됩니까? 성경은 "믿음은 들음에서 나며 들음은 그리스도의 말씀으로 말미암았느니라"(롬 10:17)고 말합니다. 신적인 것들에 대한 "감정적 확신"은 그러한 신적인 것들이 갖는 진리와 아름다움이 하나님의 말씀 안에서 인간 지성에 드러나게 되었을 때 생깁니다.

그리고 이것이 바로 오늘 아침 남은 시간에 제가 하고 싶은 일입니다. 저는 로마서 8장에 나오는 하나님의 말씀을 통해, 우리의 영혼 안에 하나님의 생명을 갖게 될 때 나타나는 세 가지 효과 또는 결과를 이성에 호소해 드러내 보이고 싶습니다. 제가 기도하는 것은 우리의 지성에 이러한 진리가 자연스럽게 믿어지고, 그 진리의 아름다움이 우리의 의지를 사로잡아 이 위대한 영적 실재들에 대한 "감정적 확신"을 누리기를, 그래서 우리가 영원히 그 감정을 즐길 수 있게 되는 것입니다.

영혼 안에 하나님의 생명이 있을 때 생기는 세 가지 효과

로마서 8장 9절에서 바울은 그리스도인을 이렇게 정의합니다. "만일 너희 속에 하나님의 영이 거하시면 너희가 육신에 있지 아니하고 영에 있나니." 그리스도인들은 그 안에 하나님의 영이 거하는 사람들입니다. 이것이 바로 스쿠걸이 인간의 영혼 안에 하나님의 생명이 있다고 말한 의미입니다. 하나님은 영의 내주하심으로 인간의 영혼 안에 거하십니다. 우리 영혼에 하나님의 생명이 거하신다는 이 놀라운 현실이 가져오는 세 가지 효과를 함께 보겠습니다.

1. 새로운 관계

인간 영혼에 있는 하나님의 생명은 하나님과 그분의 아들과 새로운 관계를 맺게 해줍니다.

9절 끝부분에서 바울은 이렇게 말합니다. "누구든지 그리스도의 영이 없으면 그리스도의 사람이 아니라." 이것을 다른 말로 하면, 우리가 성령을 소유하게 되면 성령께서 근본적으로 우리를 그리스도에게 속하게 한다는 것입니다. 우리는 이제 우리 소유가 아닙니다. 값 주고 사온 존재들입니다. 그리고 하나님과 그리스도의 영(이 둘은 하나입니다)은 이 새로운 관계를 영원히 봉인하셨습니다. 우리 안에 하나님의 영과 생명이 내주하시기 때문에 지금 우리는 그리스도의 것입니다.

하나님의 생명이 내주하게 되면 우리는 성자 하나님만이 아니라 성부 하나님과도 새로운 관계를 맺습니다. 15절과 16절입니다. "너희는 다시 무서워하는 종의 영을 받지 아니하고 양자의 영을 받았으므로 우리가 아빠 아버지라고 부르짖느니라. 성령이 친히 우리의 영과 더불어 우리가 하나님의 자녀인 것을 증언하시나니."

하나님의 영은 양자의 영입니다. 다른 식으로 말하자면, 인간 영혼 안에 있는 하나님의 생명은 아버지와 자녀 사이에 살아 있는 연합을 만들어 냅니다. 아버지의 본성이 자녀에게 전가되고 주인과 종이던 옛 관계가 완전히 변합니다. 새롭고, 자유롭고, 힘이 넘치는 충동이 이제 우리 삶을 주관합니다. 무서워하는 종이 아닌 기뻐하는 아들로 살게 됩니다.

2. 새로운 리더십

영혼 안에 하나님의 생명이 있게 되면 생기는 두 번째 효과는 새로운 리더십입니다. 14절입니다. "무릇 하나님의 영으로 인도함을 받는 사람은 곧 하나님의 아들이라."

하나님의 영이 인간 영혼에 들어오면, 하나님이 새로운 인도자가 되십니다. 하지만 하나님은 종의 주인처럼 강압적인 외적 속박으로 리더십을 행사하지 않습니다. 헨리 스쿠걸이 말했듯, 생명이라는 새로운 내적 원리로서의 리더십입니다. 성령은 하나님에게 속한 것들을 사랑하기 때문에 신적인 사랑과 거룩한 것들을 우리에게 나누어 줌으로써 우리를 이끄십니다. 그래서 우리 안에 하나님의 성품을 갖게 되어 하나님의 계명도 짐이 되지 않습니다.

성령은 일종의 천국을 향한 귀소본능을 심어서 우리를 이끄십니다. 다른 비유를 들자면, 성령의 리더십은 너무나 강력하지만 우리의 반응은 자유롭기 때문에 바울은 갈라디아서 5장 22절에서 그것을 행위가 아니라 열매(성령의 열매)라고 부를 정도입니다. 성령은 나무를 좋게 만들어서 의의 열매를 맺게 합니다.

3. 새로운 자유

우리 영혼 안에 하나님의 생명이 거할 때 일어나는 세 번째 효과는 새로운 자유입니다. 2절입니다. "그리스도 예수 안에 있는 생명의 성령의 법이 죄와 사망의 법에서 너를 해방하였음이라."

그리스도인들은 법이 없는 사람들이 아닙니다. 그리스도 예수 안에 법이 있습니다. 하지만 이 법은 돌에 새겨진 단순한 성문법과는 아주 다릅니다. 이 법은 마음에 새겨집니다. 이 법은 그저 죄를 짓지 말라고 말하지 않습니다. 이 법은 그 고유의 능력으로 우리를 죄의 속박에서 벗어나게 합니다. 그렇기 때문에 우리를 죄의 형벌인 죽음에서 자유하게 합니다. 2절에서는 이 법이 "생명의 성령의 법"이라고 불리는데, 그 이유는 하나님의 영이 친히 우리 마음에 하나님의 뜻을 기록하여 4절 말씀처럼 "그 영을 따라 행하는 우리에게 율법의 요구가 이루어지게" 하시기 때문입니다.

따라서 인간 영혼에 있는 하나님의 생명은 우리가 잘못된 길을 갈 때 우리 발을 밟는 방법이 아니라 우리 마음에 자신을 있는 그대로 새겨 넣어서 우리가 스스로 그것을 원하도록 만드는 방법으로 우리를 죄에서 자유하게 합니다. 세상에서 가장 큰 자유는, 금지할 법이 없는(갈 5:23) 것들을 하고 싶어 하는 사람이 되는 것입니다.

하나님은 정신분열증 환자인가

하지만 여기서 바울은 하나님 안에 있는 정신분열증처럼 보이는 문제와 직면해야 합니다. 한편으로, 바울은 이 책에서 우리 모두 죄를 지었고 하나님의 영광에 이르지 못했다는 것(3:23)과 죄의 삯은 사망이라는 것(6:23), 그리고 하나님의 거룩한 진노가 모든 경건하지 못한 자들에게 나타난다는 것(1:18)을 분명히 가르쳤습니다.

그런데 여기 로마서 8장 2절에서는, 공정하고 거룩하신 온 땅의 재판관이신 하나님께서 죄인들이 벌을 받지 않고 죄의 세력과 사형 선고에서 벗어나도록 그분의 성령을 보내십니다. 그러니 하나님이 어떻게 정신분열증이 아닐 수 있습니까? 하나님은 죄를 미워하시고 죄인들에게 진노를 쏟으시는 분이십니까, 아니면 성령을 보내 정죄받은 죄인들을 죄의 속박과 죽음의 저주에서 풀어 주는 분이십니까?

바울이 보는 해결책

3절이 바울이 보는 해결책입니다. "율법이 육신으로 말미암아 연약하여 할 수 없는 그것을 하나님은 하시나니 곧 죄로 말미암아 자기 아들을 죄 있는 육신의 모양으로 보내어 육신에 죄를 정하사."

성령을 보내 죄인들을 죄의 세력과 사형선고로부터 벗어나게 하려고 하나님이 성령과 계약을 맺기 전에, 하나님은 먼저 아들과 계약을 맺으셨습니다. 즉, 아들이 가서 정죄를 받는다는 계약입니다.

따라서 하나님의 영이 하나님의 백성들을 죄의 지배와 사형선고에서 자유하게 하려고 가신 것은, 하나님이 죄를 더 이상 미워하지 않게 되셨기 때문이거나 더 이상 공정한 재판관이 아니시기 때문이 아닙니다. 무한한 증오로 죄를 미워하시는 온 세상의 공의롭고 두려우신 재판관은 너무나 사랑이 많은 분이어서 그 아들을 우리 자리에 놓으셨고 우리에게는 영원한 무죄선고를 보증해 주셨습니다.

삼위일체 안에 있는 완벽한 조화와 통합

따라서 삼위일체 하나님 안에는 분열증적인 증상이 조금도 없습니다. 하나님의 영광을 찬양하기 위해 사람들을 구원하고자 하는 모략에 있어서 삼위일체 하나님은 완전히 하나이십니다.

1. 성부 하나님은 그 풍성한 사랑으로 죄악 된 백성의 구원을 계획하십니다.

2. 하나님은 자신의 아들이 사람들 대신 십자가 위에서 하나님의 거룩한 진노 아래 서도록 아들과 언약을 체결하십니다.

3. 그리고 하나님은 성령을 돌아보며, 이런 의미로 말씀하십니다.

"우리가 서로 엇갈리는 일을 하고 있다고 두려워하지 말라. 내 아들의 죽음으로 내 백성의 모든 죄를 사했고 그들의 죄책을 없애 주었다. 그리고 이제 너에게 내 마음과 뜻을 모두 위임한다. 그러니 이 위대한 구속을 사람들의 마음에 깨닫게 해서(적용시켜서) 그들의 영혼을 얽어 맨 쇠사슬을 끊어 버려라."

마지막 호소

아, 우리를 구원하시는 일에 삼위일체 하나님께서 얼마나 서로 긴밀하게 협력하셨는지 깨닫고 감사하고 찬양할 수 있었으면 좋겠습니다. 아버지께서는 구원을 계획하셨고, 아들은 구원을 이뤄 내셨고, 이제 성령(우리 영혼 안에 있는 하나님의 생명)께서 그것을 우리 삶에 적용시켜 죄의 쇠사슬에서 우리를 자유하게 하십니다. 구원받은 사람의 영혼에는 이제 죄가 끼어들 자리가 없습니다!

그분을 거부하지 마십시오! 그분의 불꽃을 꺼트리지 말고 그분의 마음을 슬프게 만들지 마십시오! 그분이 우리를 위해 하신 일은 매우 영광스럽고 무척 고귀합니다. 우리가 그분을 거부할 때 성령이 슬퍼하십니다. 왜 그렇습니까? 성령께서는 하나님의 아들을 사랑하시기 때문입니다. 우리가 삶에서 성령의 역사를 거부할 때마다 우리는 그리스도의 보혈을 무시하는 것이 됩니다. 그리스도는 우리가 성령의 은사를 받게 하려고 보혈을 흘리셨기 때문입니다.

성령께서 주시는 새로운 관계, 즉 하나님을 아버지로 만나는 관계를 무시하면, 또한 성령으로 인해 경험하는 새로운 리더십을 거부하고, 죄의 사슬을 움켜잡으면서 그분의 구원을 거부한다면, 우리는 그리스도의 보혈을 값싼 것으로 취급하는 것이 됩니다. 왜냐하면 그리스도가 보혈을 흘린 목적은 우리 영혼 안에 하나님의 영(하나님의 생명)의 임재와 능력과 죄 씻음을 확실히 하기 위해서였기 때문입니다.

오늘 우리의 삶에서 지금도 계속되고 있는 하나님의 영의 역사에 순종하십시오! 오늘 하나님의 아들이 이미 끝내신 그 일을 신뢰하십시오! 그리고 이 모든 것을 계획하신 하나님의 사랑과 그분의 은혜의 영광을 찬양하십시오.

9장

율법이 할 수 없었던 것을 성령은 어떻게 하시는가

로마서 8:3-9

율법이 육신으로 말미암아 연약하여 할 수 없는 그것을 하나님은 하시나니 곧 죄로 말미암아 자기 아들을 죄 있는 육신의 모양으로 보내어 육신에 죄를 정하사 육신을 따르지 않고 그 영을 따라 행하는 우리에게 율법의 요구가 이루어지게 하려 하심이니라. 육신을 따르는 자는 육신의 일을, 영을 따르는 자는 영의 일을 생각하나니 육신의 생각은 사망이요 영의 생각은 생명과 평안이니라. 육신의 생각은 하나님과 원수가 되나니 이는 하나님의 법에 굴복하지 아니할 뿐 아니라 할 수도 없음이라. 육신에 있는 자들은 하나님을 기쁘시게 할 수 없느니라. 만일 너희 속에 하나님의 영이 거하시면 너희가 육신에 있지 아니하고 영에 있나니 누구든지 그리스도의 영이 없으면 그리스도의 사람이 아니라. _롬 8:3-9

몇 주 전에 저는 '율법은 의롭게 할 수도 없고 성화시킬 수도 없다'는 결론을 내리며 말씀을 맺었습니다. 다른 말로 하면, 우리가 받은 정죄를 없애기 위해 율법에게 가봤자 소용이 없고, 하나님을 대적하고 하나님을 제외한 다른 것들을 사랑하는 우리의 죄악 된 습성을 없애려고 율법에게 의존해 봐야 소용없다는 말이었습니다.

우리 모두에게는 두 가지 뿌리 깊은 문제가 있습니다. 우리가 겪는 경제 문제나 관계 문제, 건강 문제보다 훨씬 심각한 문제입니다. 우리는 하나님 앞에서 죄를 범했기에 정죄를 받아 마땅하다는 것과, 우리는 하나님을 대적하면서 하나님보다 그분이 만드신 피조물을 더 사랑한다는 사실입니다. 그리고 연이어 제가 로마서 8장 3-4절에 의거해서 말씀드린 요지는 이 문제들은 하나님의 율법, 즉 시내 산에서 받은 십계명으로는 해결될 수 없다는 것이었습니다.

하지만 이 문제들은 반드시 해결되어야 합니다. 그렇지 않으면 우리는 멸망하고 맙니다. 첫 번째 문제를 해결하기 위해 하나님은 우리를 율법에서 그리스도에게로 돌아서게 하십니다. 3절입니다. "율법이 육신으로 말미암아 연약하여 할 수 없는 그것을 하나님은 하시나니 곧 죄로 말미암아 자기 아들을 죄 있는 육신의 모양으로 보내어 육신에 죄를 정하사." 하나님은 우리 대신 그리스도를 정죄하는 방법으로 우리가 받은 정죄를 없애 주셨습니다. 이제 문제는 우리의 두 번째 문제, 즉 하나님을 대적하고 하나님보다 하나님이 만드신 피조물에 더 집착하는 문제를 해결하기 위해 하나님이 무엇을 하셨는가입니다.

하나님은 칭의를 위해 우리를 율법에서 떼어 놓으셨다가 성화를 위해 다시 율법에게 보내셨을까요? 하나님을 대적하고 하나님보다 피조물을 더 원하는 우리의 죄악 된 습성을 이기기 원한다면, 율법을 우리 삶의 가장 첫째 되고, 중요하고, 결정적인 중심으로 삼아야 합니까? 원수를 사랑하고, 악을 악으로 갚지 않고, 오래 참고 온유하며, 의를 위하여 담대하고 용감하며, 복음을 위하여 즐거이 고난을 참고, 모든 사람의 기쁨을 위해 모든 것 안에서 하나님의 탁월하심을 구하는 열정을 퍼뜨리기 원한다면, 우리는 어디서 도움을 구해야 합니까? 오직 믿음으로 의롭다 여김을 받은 후, 우리는 어떻게 거룩해지고 사랑이 많아지며 그리스도를 닮아 갑니까?

이를 위해 우리는 무엇을 합니까? 어디로 갑니까? 우리가 집중하고 열정을 쏟고 있는 것은 무엇입니까? 거룩함과 사랑과 그리스도의 형상을 닮기 위해 어떻게 분투합니까? 반드시 싸워야 합니다. 거룩함을 구하지 않으면 멸망합니다(히 12:14). 우리는 어떻게 싸웁니까? 율법이 사랑의 삶을 여는 열쇠입니까?

율법은 사랑의 삶을 여는 열쇠가 아니다

바울은 율법은 그 열쇠가 아니라고 말합니다. 율법은 우리에게 필요한 일을 해줄 수 없습니다. 왜 할 수 없는지 적어도 세 가지 이유가 있습니다.

1. 율법은 우리가 받은 정죄를 없앨 수 없다

이에 대해서는 지금까지 충분히 언급했기에 빨리 넘어가겠습니다. 변화의 위대한 토대는 정죄를 없애는 것입니다. 하지만 율법은 그 일을 할 수 없습니다. 그러므로 율법은 우리에게 변화를 위한 토대를 제공하지 못합니다. 예수님의 형상으로 변화되기 원한다면, 우리는 먼저 유죄판결이 번복되게 해야 합니다. 하지만 율법은 이 일을 할 수 없고 오직 하나님만이 그리스도로 인해 그렇게 하실 수 있습니다. 그리고 우리는 오직 믿음으로 그것을 받습니다.

2. 율법은 육신을 정복할 수 없다

율법이 우리를 성화시키거나 변화시킬 수 없는 두 번째 이유가 있습니다. 율법이 육신을 정복할 수 없기 때문입니다. 즉, 율법은 우리의 깊은 본성을 바꿀 수 없다는 말입니다. 타락했으며 하나님을 대적하는 그 본성 말입니다. 율법은, 하나님을 사랑하지 않으려 하고 하나님보다 하나님의 선물을 더 귀하게 여기는(롬 1:23) 우리의 죄악된 본성을 없애지 못합니다. 이와는 반대로, 바울은 율법이 우리 죄를 더하게 하고 우리의 반란을 부채질한다고 가르칩니다.

바울이 이렇게 말한 곳을 몇 군데 살펴보면서, 우리 내면에 있는 뿌리 깊은 반역의 본성(바울이 이것을 로마서 8장 3절에서 "육신"이라고 불렀습니다. "율법이 육신으로 말미암아 연약하여 할 수 없는 그것을.")에도 불구하고 율법이 성공할 수 있으리라 생각하는 오류로부터 자신을 보호할 수 있었으면 합니다.

율법은 죄를 더하게 하려고 왔다

로마서 5장 19-21절 말씀을 보겠습니다. 바울은 아담과 그리스도에 대한 비교를 마치며 이렇게 말합니다. "한 사람[아담]이 순종하지 아니함으로 많은 사람이 죄인 된 것 같이 한 사람[그리스도]이 순종하심으로 많은 사람이 의인이 되리라." 여기서 이런 질문이 제기됩니다. "의가 우리 자신의 순종이 아닌 그리스도의 순종을 통해 우리에게 온다면, 그렇다면 율법은 왜 주어진 것일까요? 율법은 의를 제공하기 위해 주어진 것 아닙니까?" 이에 대해 바울은 20절에서 대답합니다. "율법이 들어온 것은 범죄를 더하게 하려 함이라."

다른 말로 하면, 율법은 우리가 받은 정죄나 우리가 저지른 반역을 해결하는 치료책이 아니라는 말입니다. 사실, 율법은 우리 내면에 있는 반역적인 본성을 더욱 뻔뻔스럽고 눈에 잘 띄게 만들어 줍니다. 로마서 7장 5절에서 이 점을 확인할 수 있습니다. "우리가 육신에 있을 때에는 '율법으로 말미암는' 죄의 정욕이 우리 지체 중에 역사하여 우리로 사망을 위하여 열매를 맺게 하였더니." 다른 말로 하면, 율법은 육신을 정복하지 않고 오히려 육신을 부추깁니다. 율법은 죄악된 우리의 열정에게 놀아나고 그 열정들을 부추깁니다. 로마서 7장 8절도 같은 말을 합니다. "그러나 죄가 '기회를 타서 계명으로 말미암아' 내 속에서 온갖 탐심을 이루었나니." 율법은 육신을 정복하지 못하고, 오히려 육신에게 또 다른 본거지를 제공합니다. 육신의 반역적인 본성을 드러낼 또 다른 장소를 마련하는 것입니다.

그래서 바울은 로마서 7장 13절에서 이렇게 질문합니다. "그런즉 선한 것이 내게 사망이 되었느냐?" 그리고 이렇게 대답합니다. "그럴 수 없느니라. 오직 죄가 죄로 드러나기 위하여 '선한 그것[율법]으로 말미암아' 나를 죽게 만들었으니 이는 '계명으로 말미암아' 죄로 심히 죄 되게 하려 함이라." 따라서 율법의 기능은 범죄 안에서 죄를 더욱 드러내는 것이고, 육신을 부추겨 죄를 더욱 뻔뻔스럽고 만연하게 만드는 것이며, 선한 것을 이용해 추한 일을 함으로써 죄의 사악함을 더욱 명백히 드러내는 것입니다.

갈라디아서 3장에서도 이를 확인할 수 있습니다. 바울은 여기서 아브라함에게 약속된 생명의 유업을 믿음으로 받는다고 생각하는 것과 율법으로 그 생명을 받을 수 있다고 생각하는 것이 어떻게 다른지 비교합니다. 18절에서 바울은 이렇게 말합니다. "만일 그 유업이 율법에서 난 것이면 약속에서 난 것이 아니리라. 그러나 하나님이 약속으로 말미암아 아브라함에게 주신 것이라." 19절에서 계속해서 말합니다. "그런즉 율법은 무엇이냐 '범법하므로' 더하여진 것이라. 천사들을 통하여 한 중보자의 손으로 베푸신 것인데 약속하신 자손이 오시기까지 있을 것이라."

범죄를 더함으로 더 많은 은혜와 영광이 드러난다

따라서 우리가 궁금한 것은 이것입니다. 왜 그렇게 하셨을까요? 왜 하나님은 구속 역사를 이런 식으로 계획하셨을까요? 하나님은 왜 죄를 더하게 하려고 율법을 주셨을까요? 로마서 5장 20절로 돌아가 보십시오. 20절은 이렇게 시작합니다. "율법이 들어온 것은 범죄를 더하게 하려 함이라." 그런 다음, 바울은 하나님의 진짜 목적을 드러내기 위해 즉시 이렇게 덧붙입니다. "그러나 죄가 더한 곳에 은혜가 더욱 넘쳤나니." 하나님은 율법을 끌어들여 죄를 더하게 하시는 것으로 끝내지 않으셨습니다. 이는 더 많은 은혜를 보여 주시기 위함이었습니다.

그리고 궁극적인 목적은 21절에 나옵니다. "이는 죄가 사망 안에서 왕노릇한 것 같이 은혜도 또한 의로 말미암아 왕노릇하여 우리 주 예수 그리스도로 말미암아 영생에 이르게 하려 함이라." 궁극적인 목적은 세상에서 의가 승리한 것에 대해(칭의와 성화) 예수 그리스도가 영광을 받으시는 것을 확실히 하려는 것입니다.

이제 율법이 왜 우리를 성화시킬 수 없는지 마지막 이유로 이어집니다. 하지만 그 이유를 살펴보기 전에, 율법은 하나님을 귀히 여기지 않으려는 우리의 죄악 된 본성을 치료할 수 없는데, 그 이유는 율법은 오히려 그 본성을 자극하기 때문이라는 사실을 한 번 더 확실히 하고 넘어가겠습니다.

하나님으로부터 독립해 자기가 통제하고 자신을 높이려는 우리의 죄악 된 본성은 율법을 새로운 반란의 현장으로 손쉽게 만들어 버립니다. 율법은 육신에게 사로잡혀 죄의 노예가 됩니다. 하나님을 반역하고 다른 것을 사랑하여 하나님께 냉담한 우리의 죄성을 고치기 위해 율법에게 의지한다면, 아무 소용이 없습니다. 오히려 악화되기만 할 것입니다.

3. 율법은 아들에게 칭의와 성화를 위한 영광을 줄 수 없었다

율법이 우리를 성화시킬 수 없는 마지막 이유는 로마서 5장 마지막 말씀에서 보았습니다. 하나님의 목적은, 우리가 해방되고 변화되는 모든 공로와 영광을 우리 자신이나 율법이 아닌 예수 그리스도에게 돌리는 방법으로 우리를 성화시키는 것입니다. 그러므로 하나님은 변화를 위해 율법에 의지하지 말라고 요구하십니다. 사랑과 거룩함과 그리스도를 닮기 위해 율법에 의지하지 말고, 역사 속에서 우리를 '위해' 일하셨고 현재 성령으로 우리 '안에서' 일하시는 살아계신 그리스도를 의지하라고 요청하십니다.

율법은 죄의 즐거움과 하나님의 아들 중에서 하나님의 아들을 더 영광스럽고 더 가치 있으며 더 호감이 가는 분으로 높일 수가 없습니다. 오직 그리스도께서 친히 모든 경쟁하는 것들을 제치고 우리의 사랑을 얻어 내실 때에만 하나님이 본래 그리스도에게 주시고자 했던 영광을 갖게 되실 것입니다. 비록 우리가 율법을 의지해 어느 정도는 율법을 지키는 사람으로 성공한다 해도(다소의 사울을 포함한 바리새인들이 그렇게 했습니다) 그리스도는 그것을 통해 어떠한 영광도 받지 않으실 것입니다. 하지만 구속 계획에서 하나님의 온전한 목적은 아들이 우리의 칭의뿐 아니라 우리의 성화를 통해서도 영광을 얻으시는 것입니다. 그리고 이것은 율법이 할 수 없는 일입니다.

성화로 가는 열쇠: 성령을 따라 행하기

그렇다면 성화(거룩함, 사랑, 그리스도를 닮는 것)를 이루는 열쇠는 무엇일까요? 4절 말씀은 그 열쇠가 성령을 따라 행하는 것이라고 말합니다. "육신에 죄를 정하사 육신을 따르지 않고 그 영을 따라 행하는 우리에게 율법의 요구가 이루어지게 하려 하심이니라." 여기서 "율법의 요구를 이루는 것"이란 그리스도가 영광을 받으시는 사랑의 삶을 산다는 의미임을 나중에 다룰 기회가 있을 것입니다(로마서 13장 8절과 갈라디아서 5장 14절을 다루면서 이것을 설명하겠습니다). 하지만 지금은 하나님이 정하신 방법에만 초점을 맞춰 보겠습니다. 즉 영을 따라 행하는 방법에 관해서입니다.

누구의 영입니까? 로마서 8장 9-10절은 이렇게 말합니다. "만일 너희 속에 '하나님의 영'이 거하시면 너희가 육신에 있지 아니하고 영에 있나니 누구든지 '그리스도의 영'이 없으면 그리스도의 사람이 아니라. 또 '그리스도께서 너희 안에 계시면' 몸은 죄로 말미암아 죽은 것이나 영은 의로 말미암아 살아 있는 것이니라." 이 구절에서 "하나님의 영", "그리스도의 영", "그리스도"는 불가분의 관계로 보이며, 믿는 자의 삶 속에 역사하면서 삶을 변화시키는 하나님의 임재를 표현하는 여러 방식이므로 서로 바꿔 써도 무방합니다.

여기서 제가 말씀드리려는 요지는 이것입니다. "우리가 율법의 요구를 이루고 사랑을 실천하는 것은 율법을 의지함으로 되는 것이 아니라 살아계신 그리스도를 의지함으로 되는 것입니다." 성화의 능력은 율법이 아니라 내주하시는 그리스도의 영입니다. 그리고 우리는 율법을 의지해서가 아니라 십자가에 못 박히시고 부활하셔서 다스리시고 내주하시는 그리스도의 영광을 믿고 바라보는 것을 통해서 이 힘을 사용할 수 있습니다. 모든 것 위에 뛰어나신 그리스도가 열쇠입니다. 그리스도가 성화시키는 힘입니다. 그리고 율법이나 우리가 아닌, 이 방법이야말로 그분을 영화롭게 하는, 거룩해지는 방법입니다.

이를 확증해 주는 사실들을 몇 가지 더 살펴보겠습니다. 유사 구절이라 할 수 있는 로마서 7장 4-6절은 로마서 8장 4-9절과 동일한 것들을 보여 줍니다. "그러므로 내 형제들아 너희도 그리스도의 몸으로 말미암아 율법에 대하여 죽임을 당하였으니 이는 다른 이 곧 죽은 자 가운데서 살아나신 이에게 가서 우리가 하나님을 위하여 열매를 맺게 하려 함이라." 이 말씀은 율법을 바라보는 것이 하나님을 위한 열매를 맺는 가장 첫째 되고 주요하고 결정적인 방법이 아니라는 점을 분명히 보여 줍니다.

하나님을 위한 열매를 맺기 원한다면, 율법에 대해 죽어야 합니다. 사랑의 삶을 살기 원한다면 율법에 대해 죽어야 합니다. 율법의 요구를 이루기 원한다면 율법에 대해 죽어야 합니다. 이런 이유 때문에, 반역하는 본성을 이기고 사랑이 넘치고 거룩한 사람이 되기 위한 첫째 되고 주요하고 결정적인 방법으로써 율법을 지키는 것을 의지해서는 안 되는 것입니다. 하나님이 원하시는 방식으로 율법을 지키기 위해서는, 율법에서 돌이켜서 "다른 이 곧 죽은 자 가운데서 살아나신 이"와 연합해야 합니다. 그러면 "하나님을 위한 열매를" 맺게 됩니다. 그리고 그 열매는 사랑입니다. 사랑은 살아계신 그리스도께로 돌아섰을 때 맺는 열매이고, 사랑을 방해하는 것을 전부 다 합쳐 놓아도 그분이 가장 사랑스럽다는 것을 깨달을 때 맺는 열매입니다.

그리고 7장 6절도 이와 같은 구조인데, 여기서도 로마서 8장 4절에서 언급된 같은 성령을 말합니다. "이제는 우리가 얽매였던 것에 대하여 죽었으므로 율법에서 벗어났으니 이러므로 우리가 영의 새로운 것으로 섬길 것이요 율법 조문의 묵은 것으로 아니할지니라." 6절에 나오는 영의 새로운 것으로 섬긴다는 말은 4절에서 그리스도에게 가서 하나님을 위하여 열매를 맺는다는 말과 상응합니다. 영으로 섬기는 것과 예수님과 연합하여 열매를 맺는다는 것은 같은 말입니다. 그 영은 그리스도의 영입니다.

율법은 우리를 사랑할 줄 아는 존재로 만들 수 없다

율법은 우리를 사랑할 줄 아는 존재로 만들 수 없다는 것이 요지입니다. 율법은 우리의 반역하는 본성을 이길 수 없습니다. 율법은 인간의 칭찬에 목말라하는 우리 본성을 꺾을 수 없습니다. 율법은 조문이며, 그 조문은 우리를 죽입니다. 오직 그 영, 즉 살아 있고 내주하시는 예수 그리스도께서 우리에게 생명을 줍니다. 그분은 우리를 중심으로부터 변화시킵니다. 그분은 우리 마음에 율법을 새기십니다. 그분은 우리에게서 가장 깊은 기쁨과 존경과 신뢰를 얻어 내십니다. 그리고 그렇기 때문에 그분은 이미 소멸된 죄의 권세를 부수십니다.

하나님의 목적은 예수님이 높임을 받으시는 것이고 우리는 해방을 얻는 것입니다. 로마서 15장 18절에서 바울은 이렇게 말합니다. "그리스도께서 이방인들을 순종하게 하기 위하여 나를 통하여 역사하신 것 외에는 내가 감히 말하지 아니하노라." 우리의 순종은 어디서 나왔습니까? 그것은 예수 그리스도로부터 나왔고 복음을 통해 그분이 행하신 일로부터 나왔습니다.

그리고 왜 그것이 중요합니까? 만일 우리가 그분을 알고 맛보면서 순종하는 일을 추구하지 않는다면, 우리는 변화를 받을 수 없고 그분은 영광을 받으실 수 없기 때문입니다. 우리는 노예 상태에 있게 되고 그분은 영광을 받지 못하시게 됩니다.

율법에 대해 죽고 하나님을 위한 열매를 맺기 위해 기도하기

그렇다면 우리는 어떻게 기도하며 앞으로 나아가야 합니까? 이제 함께 머리를 숙이고 기도하겠습니다. 이 진리 위에서 기도하겠습니다.

"오! 주 예수님, 저는 본성적으로 반역하는 사람이고 당신보다는 당신이 만드신 것에서 더 기쁨을 찾는 자입니다. 저는 병들었고 부패했습니다. 오 그리스도여, 이제는 율법보다 더 깊고 더 강력하고 더 개인적인 뭔가가 제게 필요하다는 사실이 분명해졌습니다. 당신의 율법이 선하다는 것을 알고 있습니다. 하지만 저는 육신이기에 그 율법에 순종할 힘이 없습니다. 그렇기 때문에, 주 예수님, 율법에서 돌이켜 당신을 의지합니다. 당신만이 저의 유일한 소망입니다. 이제는 제 힘이 아닌 당신의 보혈과 의에 의지하여 당신께 받아들여지기를 구합니다. 그리고 당신의 도움을 힘입어 거룩해지도록 구합니다. 이제 모든 세상적인 즐거움을 버리고 당신께로 나아옵니다. 오직 당신만이 제 삶에서 가장 만족을 주는 기쁨임을 인정합니다. 사탄과 사탄의 모든 방법과 그의 모든 행위를 거부합니다. 제가 아는 모든 죄와 저는 모르지만 당신은 아시는 죄들을 회개합니다.

그리고, 오 주님, 제게 자비를 베푸사 마음의 눈을 열어 당신의 지극한 아름다움을 보게 하소서. 복음 안에서 제게 당신의 영광을 드러내시길 기도합니다. 제가 지금 당신에 대해 알고 깨달은 모든 것을 온 마음으로 받아들입니다. 당신을 저의 구세주요, 보화로 받아들입니다. 그리고 구하오니 제 안에 능력으로 거하시고 제 삶을 온전히 다스리셔서, 제가 형제를 사랑하고 원수를 사랑할 때, 온 마음을 다해 그렇게 행할 때 당신께서 모든 영광을 받으시길 원합니다. 아멘."

10장

율법의 요구를 이룬다는 것은 어떤 의미인가

로마서 8:3-4

율법이 육신으로 말미암아 연약하여 할 수 없는 그것을 하나님은 하시나니 곧 죄로 말미암아 자기 아들을 죄 있는 육신의 모양으로 보내어 육신에 죄를 정하사 육신을 따르지 않고 그 영을 따라 행하는 우리에게 율법의 요구가 이루어지게 하려 하심이니라. _롬 8:3-4

오늘 다룰 질문은 매우 실제적이면서 정말로 중요한 문제입니다. 바울이 4절에서 그리스도가 죽으신 목적이 "육신을 따르지 않고 그 영을 따라 행하는 우리에게 율법의 요구가 이루어지게 하려"는 것이라고 말했는데, 이 말은 무슨 의미일까요?

그리스도가 율법에 온전히 순종하시고 우리 대신 완전한 희생제물이 되어 돌아가셨을 때 그리스도가 우리를 위해 율법을 이루셨다는 의미로 이 말씀을 받아들이는 분들이 있다고 말씀드렸습니다. 그분 안에서, 그분의 완전함 덕분에 우리도 완전하고, 그분 안에서 우리는 그분의 보혈로 용서를 받습니다. 저도 그것이 사실이라고 믿습니다. 그리고 이것이 모든 것의 기초입니다. 하지만 이것이 4절 말씀의 요지는 아니라고 생각합니다. 그렇게 생각하는 이유는 본문의 어법에 맞지 않기 때문입니다. 4절은 그 목적이 "'우리에게'(in us) 율법의 요구가 이루어지게 하려는 것"이라고 말합니다. 이 말은 율법이 우리를 위해 충족되어야 한다는 말이 아닙니다. 로마서 5장 19절 말씀은 그런 의미가 맞습니다만 8장 4절은 그런 의미가 아닙니다. 그런 다음 바울은 율법의 요구가 이루어지는 방법으로 우리의 행함, 즉 우리의 삶에 특별히 초점을 맞춥니다. "… 그 영을 따라 행하는 '우리에게'(in us) 율법의 요구가 이루어지게 하려 하심이니라."

따라서 저의 질문은 이것입니다. 우리가 어떻게 율법의 요구를 이룰 수 있습니까? 구체적으로 말해, "영을 따라 행하는" 우리의 행위가(현재의 삶에서는 언제나 불완전할 수밖에 없는데) 어떻게 거룩하고 공의롭고 선한 하나님의 율법을 충족시킨다고 말할 수 있습니까? 또한 정확히 언제부터 하나님의 거룩한 율법과 신적 기준이 "충분히 충족된다"고 말할 수 있을까요?

이제부터 그리스도인과 율법의 관계를 열두 개의 주제로 광범위하게 요약하면서 이 질문에 답해 보려고 합니다. 이렇게 해서 우리의 전반적인 위치를 규명해 보고, 반복해서 이런 문제를 다루지 않고 8장을 진행하도록 하겠습니다.

주제 1

로마서 8장 4절에서 율법의 요구를 이룬다는 것은 사람들을 정말로 사랑하는 삶을 말합니다.

로마서 13장 8-10절 말씀입니다. "피차 사랑의 빚 외에는 아무에게든지 아무 빚도 지지 말라. 남을 사랑하는 자는 율법을 다 이루었느니라. 간음하지 말라, 살인하지 말라, 도둑질하지 말라, 탐내지 말라 한 것과 그 외에 다른 계명이 있을지라도 네 이웃을 네 자신과 같이 사랑하라 하신 그 말씀 가운데 다 들었느니라. 사랑은 이웃에게 악을 행하지 아니하나니 그러므로 사랑은 율법의 완성이니라."

또한 갈라디아서 5장 13-18절 말씀입니다. "형제들아, 너희가 자유를 위하여 부르심을 입었으나 그러나 그 자유로 육체의 기회를 삼지 말고 오직 사랑으로 서로 종노릇하라. 온 율법은 네 이웃 사랑하기를 네 자신 같이 하라 하신 한 말씀에서 이루어졌나니 … 내가 이르노니 너희는 성령을 따라 행하라. 그리하면 육체의 욕심을 이루지 아니하리라. … 너희가 만일 성령의 인도하시는 바가 되면 율법 아래에 있지 아니하리라." (이 구절을 로마서 7장 4-6절 말씀과 비교해 보십시오.)

마태복음 7장 12절 말씀입니다. "그러므로 무엇이든지 남에게 대접을 받고자 하는 대로 너희도 남을 대접하라. 이것이 율법이요 선지자니라."

주제 2

다른 사람을 사랑함으로 율법의 요구를 이루는 것이 우리가 받는 칭의의 근거는 '아닙니다.' 칭의의 근거는 오직 그리스도의 순종과 피 흘리심입니다. 이것은 어떤 다른 행동이 행해지기 전에 오직 믿음을 통해 우리에게 적용됩니다. 하지만 우리에게 율법의 요구가 이루어지는 것은 믿음으로 의롭다 여겨졌다는 증거이자 열매입니다.

로마서 3장 24-25절 말씀입니다. "그리스도 예수 안에 있는 속량으로 말미암아 하나님의 은혜로 값 없이 의롭다 하심을 얻은 자 되었느니라. 이 예수를 하나님이 그의 피로써 믿음으로 말미암는 화목제물로 세우셨으니 이는 하나님께서 길이 참으시는 중에 전에 지은 죄를 간과하심으로 자기의 의로우심을 나타내려 하심이니."

로마서 5장 19절 말씀입니다. "한 사람이 순종하지 아니함으로 많은 사람이 죄인 된 것 같이 한 사람이 순종하심으로 많은 사람이 의인이 되리라."

로마서 8장 3절 말씀입니다. "율법이 육신으로 말미암아 연약하여 할 수 없는 그것을 하나님은 하시나니 곧 죄로 말미암아 자기 아들을 죄 있는 육신의 모양으로 보내어 육신에 죄를 정하사."

고린도후서 5장 21절 말씀입니다. "하나님이 죄를 알지도 못하신 이를 우리를 대신하여 죄로 삼으신 것은 우리로 하여금 그 안에서 하나님의 의가 되게 하려 하심이라."

로마서 3장 20-22절 말씀입니다. "그러므로 율법의 행위로 그의 앞에 의롭다 하심을 얻을 육체가 없나니 율법으로는 죄를 깨달음이니라. 이제는 율법 외에 하나님의 한 의가 나타났으니 율법과 선지자들에게 증거를 받은 것이라. 곧 예수 그리스도를 믿음으로 말미암아 모든 믿는 자에게 미치는 하나님의 의니 차별이 없느니라."

로마서 3장 28절 말씀입니다. "그러므로 사람이 의롭다 하심을 얻는 것은 율법의 행위에 있지 않고 믿음으로 되는 줄 우리가 인정하노라."

로마서 4장 4-5절 말씀입니다. "일하는 자에게는 그 삯이 은혜로 여겨지지 아니하고 보수로 여겨지거니와 일을 아니할지라도 경건하지 아니한 자를 의롭다 하시는 이를 믿는 자에게는 그의 믿음을 의로 여기시나니."

주제 3

다른 사람을 사랑함으로 율법의 요구를 이루는 것은 우리 자신의 힘이 아닌 성령의 임재와 능력에 의해 가능합니다.

로마서 8장 4절 말씀입니다. "육신을 따르지 않고 그 영을 따라 행하는 우리에게 율법의 요구가 이루어지게 하려 하심이니라."

갈라디아서 5장 22-23절 말씀입니다. "오직 성령의 열매는 사랑과 희락과 화평과 오래 참음과 자비와 양선과 충성과 온유와 절제니 이같은 것을 금지할 법이 없느니라."

갈라디아서 5장 13-16절 말씀입니다. "형제들아 너희가 자유를 위하여 부르심을 입었으나 그러나 그 자유로 육체의 기회를 삼지 말고 오직 사랑으로 서로 종노릇하라. 온 율법은 네 이웃 사랑하기를 네 자신 같이 하라 하신 한 말씀에서 이루어졌나니 … 내가 이르노니 너희는 성령을 따라 행하라. 그리하면 육체의 욕심을 이루지 아니하리라."

주제 4

성령을 통해 다른 사람을 사랑함으로 율법의 요구를 이루는 것은 믿음으로 그렇게 되는 것입니다(이 믿음은 우리로 의롭다 함을 얻게 하는 바로 그 믿음입니다). 즉, 하나님께서 그리스도 안에서 우리를 위해 예비한 모든 것에 만족함으로 되는 것입니다.

갈라디아서 3장 5절 말씀입니다. "너희에게 성령을 주시고 너희 가운데서 능력을 행하시는 이의 일이 율법의 행위에서냐 혹은 듣고 믿음에서냐."

갈라디아서 5장 6절 말씀입니다. "그리스도 예수 안에서는 할례나 무할례나 효력이 없으되 사랑으로써 역사하는 믿음뿐이니라."

디모데전서 1장 5절 말씀입니다. "이 교훈의 목적은 청결한 마음과 선한 양심과 거짓이 없는 믿음에서 나오는 사랑이거늘."

주제 5

믿음으로 성령을 통해 다른 사람을 사랑함으로 율법의 요구를 이루는 것은 현재의 삶에서는 완전한 사랑이 아닙니다.

로마서 7장 15절입니다. "내가 행하는 것을 내가 알지 못하노니 곧 내가 원하는 것은 행하지 아니하고 도리어 미워하는 것을 행함이라."

로마서 7장 19절 말씀입니다. "내가 원하는 바 선은 행하지 아니하고 도리어 원하지 아니하는 바 악을 행하는도다."

로마서 7장 23-25절 말씀입니다. "내 지체 속에서 한 다른 법이 내 마음의 법과 싸워 내 지체 속에 있는 죄의 법으로 나를 사로잡는 것을 보는도다. 오호라 나는 곤고한 사람이로다. 이 사망의 몸에서 누가 나를 건져내랴. 우리 주 예수 그리스도로 말미암아 하나님께 감사하리로다. 그런즉 내 자신이 마음으로는 하나님의 법을 육신으로는 죄의 법을 섬기노라."

빌립보서 3장 12절 말씀입니다. "내가 이미 얻었다 함도 아니요 온전히 이루었다 함도 아니라. 오직 내가 그리스도 예수께 잡힌 바 된 그것을 잡으려고 달려가노라."

주제 6

믿음으로 성령을 통해 다른 사람을 사랑함으로 율법의 요구를 이루는 것은, 내가 죽거나 그리스도가 다시 오실 때 완벽해질 것이고 그렇게 되면 나는 영원히 완전한 사랑 안에서 살게 될 것입니다.

로마서 8장 30절 말씀입니다. "또 미리 정하신 그들을 또한 부르시고 부르신 그들을 또한 의롭다 하시고 의롭다 하신 그들을 또한 영화롭게 하셨느니라."

빌립보서 1장 6절 말씀입니다. "너희 안에서 착한 일을 시작하신 이가 그리스도 예수의 날까지 이루실 줄을 우리는 확신하노라."

히브리서 12장 22-23절 말씀입니다. "그러나 너희가 이른 곳은 시온 산과 살아 계신 하나님의 도성인 하늘의 예루살렘과 … 만민의 심판자이신 하나님과 및 온전하게 된 의인의 영들과."

주제 7

우리가 언젠가 사랑 안에서 완전해진다 하더라도, 우리 존재 전체는 결코 완전해지지 않을 것입니다. 왜냐하면 우리 안에는 언제나 타락의 첫 장이 포함되어 있을 것이기 때문입니다. 우리는 언제나 용서받은 죄인으로 남을 것이고, 전가된 의, 즉 내 것이 아닌 의가 필요한 존재이며, 하나님 앞에서 바른 관계로 서기 위해서는 죄를 담당하는 대속자가 항상 필요할 것이기 때문입니다. 이런 방식을 통해 그리스도는 우리의 구원 안에서 영원히 영광을 받으실 것입니다. 우리는 영원히 그분의 의와 그분의 희생에 의존하게 될 것입니다.

주제 8

비록 불완전하긴 하지만, 성령을 의지하고 그리스도를 높이는 이 사랑은(기쁘게 자신을 희생하여 다른 사람의 유익을 구하는 사랑, 고후 8:1-2, 8) 율법이 요구하는 바 우리 삶이 나아가야 할 바르고 실제적인 방향입니다. 이런 삶을 살 때 우리 삶은 단번에 완전해지지는 않지만 새로운 방향성을 갖게 됩니다. 이런 방향성이야말로 우리가 완전함으로 가는 길에서 율법이 요구하는 것입니다.

〈주제 1〉에 제시된 성경 본문들을 보십시오.

주제 9

믿음으로 성령을 통해 다른 사람을 사랑함으로 구약의 율법을 이루는 것은 때로는 "자유의 법" 또는 "그리스도의 법"이라 불립니다.

1) 율법의 요구를 이루는 것을 "자유의 법"이라고 부를 때, 이것은 그리스도인으로서 자유함 속에서 사랑을 추구한다는 의미입니다. 즉 율법을 지키는 것을 우리 칭의의 근거이자 성화의 능력으로 보지는 않습니다. 대신 "그리스도 예수 안에 있는 생명의 성령의 법"(롬 8:2)으로 사랑을 추구합니다. 그리스도의 영을 바라봄으로 변화

를 받아서 외부의 압력 때문이 아닌 내면의 힘으로 사랑이 흘러넘치게 됩니다. 자유의 법은 성령이 이끄시는 것으로 "주의 영이 계신 곳에는 자유"가 있습니다(고후 3:17).

야고보서 1장 25절 말씀입니다. "자유롭게 하는 온전한 율법을 들여다보고 있는 자는 듣고 잊어버리는 자가 아니요 실천하는 자니 이 사람은 그 행하는 일에 복을 받으리라."

야고보서 2장 10-12절 말씀입니다. "누구든지 온 율법을 지키다가 그 하나를 범하면 모두 범한 자가 되나니 간음하지 말라 하신 이가 또한 살인하지 말라 하셨은즉 네가 비록 간음하지 아니하여도 살인하면 율법을 범한 자가 되느니라. 너희는 자유의 율법대로 심판 받을 자처럼 말도 하고 행하기도 하라."

갈라디아서 5장 1-4절 말씀입니다. "그리스도께서 우리를 자유롭게 하려고 자유를 주셨으니 그러므로 굳건하게 서서 다시는 종의 멍에를 메지 말라. 보라 나 바울은 너희에게 말하노니 너희가 만일 할례를 받으면 그리스도께서 너희에게 아무 유익이 없으리라. 내가 할례를 받는 각 사람에게 다시 증언하노니 그는 율법 전체를 행할 의무를 가진 자라. 율법 안에서 의롭다 함을 얻으려 하는 너희는 그리스도에게서 끊어지고 은혜에서 떨어진 자로다."

고린도후서 3장 17-18절 말씀입니다. "주는 영이시니 주의 영이 계신 곳에는 자유가 있느니라. 우리가 다 수건을 벗은 얼굴로 거울을 보는 것 같이 주의 영광을 보매 그와 같은 형상으로 변화하여 영광에서 영광에 이르니 곧 주의 영으로 말미암음이니라."

2) 우리가 사랑을 추구하는 것은 예수 그리스도의 생명과 말씀

과 영으로 인도함을 받기에 가능합니다. 이런 식으로 율법의 요구를 이루는 것을 "그리스도의 법"을 성취한다고 합니다. 그리스도의 법은 외부에 있는 새로운 행동 목록이 아니라 우리 내면에 있는 새로운 보물이요 주인입니다. 그리스도는 우리에게 "새 계명"("새 계명을 너희에게 주노니 서로 사랑하라. 내가 너희를 사랑한 것 같이 너희도 서로 사랑하라", 요 13:34)을 주셨습니다. 성령으로 우리 안에 내주하시는 분의 생명이자 능력이 이제 새로운 사랑의 기준이 됩니다. 우리는 그리스도를 모든 것을 충족시키는 의로, 온전히 만족케 하는 보화로, 모든 것을 공급하시는 보호자요 돕는 분으로, 온전한 지혜를 가진 상담가요 인도자로 바라봄으로써 "그리스도의 법"을 사랑으로 추구하게 됩니다.

고린도전서 9장 21절 말씀입니다. "율법 없는 자에게는 내가 하나님께는 율법 없는 자가 아니요 도리어 그리스도의 율법 아래에 있는 자이나 율법 없는 자와 같이 된 것은 율법 없는 자들을 얻고자 함이라."

갈라디아서 6장 2절 말씀입니다. "너희가 짐을 서로 지라. 그리하여 그리스도의 법을 성취하라."

주제 10
구약의 율법은 좁게는 계명들로 이해할 수 있고, 넓게는 모세오경의 전체 가르침 또는 장소와 상관없이 하나님이 주신 모든 가르침이라고 볼 수 있습니다.

1) 좁은 의미에서 율법은 완전한 순종을 명령하는 것입니다. 그래

서 믿음으로 그것을 실천할 수 있다면, 그 순종이 우리의 의가 되고 그 순종으로 우리는 칭의를 받을 것입니다. 하지만 우리 죄 때문에 율법은 이런 방식으로 생명을 주지 않고(갈 3:1) 우리를 가두어 율법을 지키게 하는 대신 그리스도를 바라보게 하여 그분을 믿는 믿음으로 의롭다 함을 받게 합니다.

갈라디아서 3장 21-25절 말씀입니다. "그러면 율법이 하나님의 약속들과 반대되는 것이냐 결코 그럴 수 없느니라. 만일 능히 살게 하는 율법을 주셨더라면 의가 반드시 율법으로 말미암았으리라. 그러나 성경이 모든 것을 죄 아래에 가두었으니 이는 예수 그리스도를 믿음으로 말미암는 약속을 믿는 자들에게 주려 함이라. 믿음이 오기 전에 우리는 율법 아래에 매인 바 되고 계시될 믿음의 때까지 갇혔느니라. 이같이 율법이 우리를 그리스도께로 인도하는 초등교사가 되어 우리로 하여금 믿음으로 말미암아 의롭다 함을 얻게 하려 함이라. 믿음이 온 후로는 우리가 초등교사 아래에 있지 아니하도다."

2) 넓은 의미로 율법을 모세오경 전체 또는 구약 전체로 이해한다면, 율법은 단지 요구만 하는 것이 아니라, 죄인이 행위가 아닌 믿음으로 의롭다 함을 받고 사랑을 실천함으로 하나님을 기쁘시게 하는 길 또한 보여 준다고 생각할 수도 있습니다(창 15:6; 롬 4:3; 갈 3:6).

로마서 3장 19-22절 말씀입니다. "우리가 알거니와 무릇 율법이 말하는 바는 율법 아래에 있는 자들에게 말하는 것이니 이는 모든 입을 막고 온 세상으로 하나님의 심판 아래에 있게 하려 함이라. 그러므로 율법의 행위로 그의 앞에 의롭다 하심을 얻을 육체가 없나니 율법으로는 죄를 깨달음이니라. 이제는 율법 외에 하나님의 한 의가 나타났으니 율법과 선지자들에게 증거를 받은 것이라. 곧 예수 그리스도를 믿음으로 말미암아 모든 믿는 자에게 미치는 하나님의 의니 차별이 없느니라."

주제 11

율법을 그 온전한 상태로 이해한다고 했을 때, 율법의 목적은 이렇습니다. 예수 그리스도께서, 우리가 믿음을 통해 전가받은 의(imputed righteousness) 즉 칭의에 대한 유일한 기반을 제공하시는 분으로서, 또한 믿음을 통해 우리에게 나누어진 의(imparted righteousness) 곧 율법을 이루는 사랑을 주시는 유일한 능력으로서 영광을 받으시는 것입니다.

로마서 5장 19절 말씀입니다. "한 사람이 순종하지 아니함으로 많은 사람이 죄인 된 것 같이 한 사람이 순종하심으로 많은 사람이 의인이 되리라."

로마서 10장 4절 말씀입니다. "율법의 목적은 그리스도가 모든 믿는 자에게 의가 되게 하는 것입니다"(저자 번역).

고린도후서 5장 21절입니다. "하나님이 죄를 알지도 못하신 이를 우리를 대신하여 죄로 삼으신 것은 우리로 하여금 그 안에서 하나님의 의가 되게 하려 하심이라."

빌립보서 3장 8-9절입니다. "또한 모든 것을 해로 여김은 … 그리스도를 얻고 그 안에서 발견되려 함이니 내가 가진 의는 율법에서 난 것이 아니요 오직 그리스도를 믿음으로 말미암은 것이니 곧 믿음으로 하나님께로부터 난 의라."

빌립보서 1장 11절 말씀입니다. "예수 그리스도로 말미암아 의의 열매가 가득하여 하나님의 영광과 찬송이 되기를 원하노라."

주제 12

그러므로 이제, "어떻게 나의 불완전한 순종과 사랑이 하나님의 온전한 율법을 만족시킬 수 있는가?"라는 질문에 대해 세 가지로 요약하여 답해 보겠습니다.

1) 나의 불완전한 사랑은 그 불완전함에도 불구하고, 칭의로 나아가는 '수단'이 아닌 내가 받은 칭의에 '기반'을 둔, 진정한 하나님 의존적인 사랑이고, 성령께서 가능하게 한 사랑이며, 그리스도를 높이는 사랑입니다. 이런 새로운 방향성이야말로 율법이 목표로 했던 바일 뿐 아니라 새언약이 약속했던 것입니다. 말하자면 그리스도를 높이는 믿음의 열매인 사랑은 율법이 목표한 바였습니다.

2) 나의 불완전한 사랑은 그리스도가 다시 오셔서 내 안에서 완성하실 완전한 사랑의 '첫 열매'입니다. 로마서 8장 4절은 지금 우리 안에서 율법의 완전한 성취가 일어난다고 말하지 않습니다. 하지만 성령과의 동행은 이제 시작되었고 율법의 성취도 이미 시작되었습니다.

3) 나의 불완전한 사랑은 하나님 앞에서 나를 의롭게 하실 완전함(my justifying perfection)이 되시는 예수님을 믿는 믿음이 맺은 열매입니다. 다른 말로 하면, 칭의의 기반으로 내가 유일하게 의존할 수 있는 것은 바로 예수님의 율법 준수에 있습니다. 예수님의 율법 준수는 완전했습니다. 나의 율법 준수는 불완전합니다. 따라서 나

는 절대로 완전한 일생을(영원까지는 아니다 하더라도) 하나님께 드릴 수 없을 것입니다.

내가 영원을 누릴 수 있는 것은 전적으로 예수님이 나 대신 하나님께 드린 완전함 덕분입니다. 현재 나의 불완전한 사랑과 나중에 이루게 될 완전한 사랑은, 언제나 예수님을 나의 유일한 완전함으로 바라보는 믿음이 맺는 열매일 것입니다. 결국 율법은 그리스도 안에서 완전하게 성취되었기 때문에 내 안에서는 불완전하게 성취됩니다. 그리고 나의 불완전함은 그분의 완전함을 가리키는 도구이고, 그렇게 하는 것이 율법의 목적입니다.

결론

성경 어디를 보든 예수님을 바라보십시오. 모든 성경 말씀이 그분의 아버지와 그분의 영과 그분 자신에 대해 뭔가를 말하게 하십시오. 성경을 볼 때마다 그리스도를 조금 더 바라보고 더 맛보는 기회로 삼으십시오. 그분 안에서 우리의 영혼이 점점 더 만족하도록 보물찾기를 하십시오. 이런 방식으로 그리스도의 영은 우리를 그분의 형상으로 변화시켜 가실 것입니다. 율법의 목표는 우리의 삶에서 점점 더 성취될 것입니다. 그리고 우리는 그리스도께서 시작하셨던 일을 완성하시기 위해 다시 오실 때까지 우리의 삶에서 그리스도를 점점 더 많이 드러내게 될 것입니다.

11장

성령이 통치할 때 우리가 보는 것은 사랑

로마서 8:3-4

율법이 육신으로 말미암아 연약하여 할 수 없는 그것을 하나님은 하시나니 곧 죄로 말미암아 자기 아들을 죄 있는 육신의 모양으로 보내어 육신에 죄를 정하사 육신을 따르지 않고 그 영을 따라 행하는 우리에게 율법의 요구가 이루어지게 하려 하심이니라. _롬 8:3-4

성령 안에서의 삶에 대해 제가 전한 설교를 듣고 다양한 반응이 뒤따랐습니다. 그 가운데서도 무척 혼란스럽다는 식의 반응이 있었는데, 그래서 다시 한번 성령 안에서의 삶에 대해 설교할 필요가 있다고 생각했습니다.

무엇보다 저의 설교에 대한 첫 번째 반응은 이랬습니다. 한 부인이 제게 전화를 하고 찾아오셨는데(그분은 침례교인은 아니었습니다), 자신이 들은 말에 화가 나기도 하고 기쁘기도 하다고 했습니다. 예전에 어떤 사람이 그 부인에게 이렇게 말했다고 합니다. "침례교인이 되면 원하는 것을 다 하면서도 구원을 잃지 않을 수 있습니다." 부인은 "너희가 육신대로 살면 반드시 죽을 것이로되"라는 로마서 8장 13절 말씀을 알았기에 영원히 안전하다는 생각은 비성경적이라고 알고 있었습니다. 그래서 부인은 침례교회에서, 계속해서 믿음 가운데 머무르지 않고 우리 삶에서 죄를 이기는 성령의 능력을 경험하지 못한다면 구원받은 게 아니라는 설교를 듣고 놀랍기도 하고 기쁘기도 했다고 합니다. 하지만 그 부인은 칭의가 우리 믿음의 삶(일회적인 믿음이 아닌 삶에서 지속되는 믿음)에 달려 있다는 제 말은 마음에 들지 않는다고 했습니다. 왜냐하면 칭의는 그리스도인이 되는 순간에 즉각적으로 얻는 것이라고 믿기 때문이라고 했습니다. 저는 부인에게 저도 같은 생각이며, 그러면서도 이 두 진리가 서로 다른 말이 아니라고 말씀드렸습니다. 그리고 이에 대해 더 자세한 설명이 필요하다고 느꼈습니다.

두 번째 반응은 한 학생으로부터 왔습니다. 그는 이렇게 말했습니다. "성령이 역사하여 죄와 사망의 법을 이기는 그런 삶이 어떤 것인지 직접 설명해 주실 줄 알았어요."

그리고 세 번째 반응은 이런 것이었습니다. "성령의 능력으로 살아가는 삶을 어떻게 경험할 수 있는지 좀 더 실제적으로 도움을 주실 수는 없나요?"

그래서 오늘 아침 저는 이 세 가지 반응에 대한 답을 하기 위해 몇 가지를 더 설명하려고 합니다. 우리가 칭의를 얻는 방법을 더 분명히 말씀드리고, 생명의 성령의 법이 죄와 사망의 법에서 우리를 해방시켰을 때 어떤 삶을 살게 되는지 보여 주며(롬 8:2), 이런 삶을 어떻게 경험할 수 있는지 몇 가지 실제적인 지침을 드리겠습니다.

우리가 칭의를 받는 방법

지난번에 저는 로마서 8장 1-2절을 가지고 그리스도 예수 안에 있는 사람에게 "정죄함이 없는" 것은 성령께서 그들을 죄와 사망의 법에서 해방시켰기 때문이라고 말씀드렸습니다. 다른 말로 하면, 정죄함에서 벗어나는 것은 우리 삶에서 죄를 벗어나게 하는 성령의 역사에 달려 있습니다.

그런 다음 이것을 로마서 5장 1절과 비교했는데, 거기서 바울은 "우리가 믿음으로 의롭다 하심을 받았다"고 말합니다. 이 믿음에 대해 살펴보면서, 우선 로마서 4장과 야고보서 2장을 통해 우리를 의롭게 하는 믿음은 단순히 일회적이지 않고 삶에서 지속되는 믿음임을 보여 드렸습니다.

그리고 두 번째로, 갈라디아서 3장 1-5절을 통해 복음의 약속을 믿는 믿음이 있는 곳에서는 성령께서 죄를 이기도록 역사하신다는 사실을 보여 드리려고 애썼습니다.

이러한 관찰들의 요지는 다음과 같습니다. 정죄함에서 벗어나는 것이 '성령의 깨끗케 하시는 역사'에 의존할 뿐 아니라 또한 '삶에서 지속되는 믿음'에 의존해야 하는데 이는 서로 다른 두 가지의 조건이 아니라 하나의 조건이며 그 이유는 성령은 늘 믿음을 통해 역사하시기 때문이라는 점입니다. 따라서 로마서 5장 1절과 8장 1-2절은 보는 각도만 다를 뿐 같은 말을 하고 있습니다.

하지만 제가 충분히 그리고 분명하게 다루지 않았던 부분이 있습니다. 칭의가 사실상 성화의 과정에 의존한다면 로마서 5장 1절에서 어떻게 칭의를 과거의 사건으로 다룰 수 있는가 하는 점입니다. 바울은 말합니다. "우리가 믿음으로 의롭다 하심을 받았으니 우리 주 예수 그리스도로 말미암아 하나님과 화평을 누리자."

저에게 전화하셨던 그분의 말이 옳다고 믿습니다. 하나님은 예수님을 믿는 모든 사람을 즉각적으로 의롭다 하십니다. 로마서 5장 9절은 이렇게 말합니다. "그러면 이제 우리가 그의 피로 말미암아 의롭다 하심을 받았으니 더욱 그로 말미암아 진노하심에서 구원을 받을 것이니." 그리고 고린도전서 6장 11절에서 이렇게 말합니다. "주 예수 그리스도의 이름 안에서 의롭다 하심을 받았느니라."

따라서 로마서 8장 1-2절에서 바울이 칭의가 우리 삶에서 일어나는 성령의 지속적인 역사에 의존한다고 말한 것은 이상하게 보일 수 있습니다. 즉 칭의가 단순히 과거의 사건이라고 한다면 이상하게 보일 수 있다는 말입니다.

하지만 예수님은 마태복음 12장 36-37절에서 이렇게 말씀하십니다. "내가 너희에게 이르노니 사람이 무슨 무익한 말을 하든지 심판 날에 이에 대하여 심문을 받으리니 네 말로 의롭다 함을 받고 네 말로 정죄함을 받으리라." 이 말씀에 의하면, '칭의'는 미래에 있을 마지막 심판 때 우리가 받게 될 무죄 선고입니다. 사도 바울도 칭의를 이런 식으로 이해합니다. 예를 들어, 바울은 갈라디아서 5장 4-5절에서 이렇게 말합니다. "율법 안에서 의롭다 함을 얻으려 하는 너희는 그리스도에게서 끊어지고 은혜에서 떨어진 자로다. 우리가 성령으로 믿음을 따라 의의 소망을 기다리노니." 다른 말로 하면, 율법의 행위로 의롭다 함을 받으려 하지 말고, 성령으로(through the Spirit) 믿음을 따라(by faith) 은혜로 주시는 선물로 칭의 받기를 기다리라는 말입니다. 여기서 칭의는 미래에 받기를 기다려야 하는 선물입니다.

따라서 성경에는 칭의를 과거의 사건으로도 표현하고 있고 미래의 사건으로도 표현하고 있습니다. 이것은 그리 이상하지 않습니다. 뒤로 물러서서 전체 그림을 보면 이렇습니다. 종말에 올 심판이 있는데, 중요한 것은 그 심판에서 우리가 무죄 선고를 받느냐 정죄를 받느냐입니다. 따라서 칭의는 미래의 일로 말하는 것이 맞습니다. 칭의는 마지막 날 믿는 자들이 듣게 될 '무죄' 선언입니다.

하지만 신약이 갖는 독특한 점, 즉 기독교와 유대교를 구별하는 점은 메시아가 이미 오셨고 그분의 죽음과 부활 안에서 하나님이 죄를 결정적으로 다루셨기 때문에 그리스도 안에 있는 모든 사람이 이미 의롭다 여겨졌다는 사실입니다. 우리는 하나님이 우리에게 어떤 판결을 내리실지 알기 위해 심판 날까지 기다릴 필요가 없습니다. 왜냐하면 그리스도를 믿으면 무죄라는 약속의 말씀을 지금 소유하고 있기 때문입니다.

그래서 바울이 칭의를 위한 조건들을 다른 방식으로 언급한 내용을 볼 때 분명해지는 것이 있습니다. 바울이 칭의를 과거의 사건으로 지칭할 때, 즉 칭의를 즉각 받는 것으로 언급한 것을 보면, 구원을 얻는 믿음의 첫 행위로써 그렇다는 조건을 달고 있습니다. 하지만 칭의를 미래 또는 현재의 경험으로 말할 때를 보면, 지속적인 믿음의 삶(삶에서 지속적으로 드러나는 믿음) 또는 성령의 변화시키는 역사를 그 조건으로 말하고 있습니다.

바울이 어떠한 모순도 느끼지 않고 이렇게 할 수 있는 이유는, 하나님은 첫 번째 믿음의 행위 안에 그 이후로 지속될 모든 믿음의 행위에 대한 씨앗이 들어 있는 사람들을 의롭다 하실 수 있기 때문이라고 생각합니다. 다른 말로 하면, 한 사람이 복음을 듣고 믿음으로 그리스도를 주님이요 구원자로 받아들이겠다고 할 때, 하나님은 그 첫 믿음의 행위를 그것 자체로 보실 뿐 아니라, 그 이후에 따라올 믿음의 삶이 그 안에 포함되어 있음을 보신다는 말입니다.

우리가 즉각적으로 처음 의롭다 여김을 받는 그 믿음은 우리가 하는 첫 번째 믿음의 행위입니다. 그런 다음 성령께서 내주하셔서 능력주시는 삶을 통해 그 믿음이 그리스도에게 접붙여졌음이 증명됩니다. 하지만 이런 새로운 삶이 뒤따르지 않는 곳에서는(아마 지지부진하거나 오히려 역행하는) 우리가 의롭다 함을 받았다고 확신하기는 어렵습니다. "이런 삶은 어떤 모습을 말하는가?"라는 두 번째 질문을 다뤄 보면 이에 대해 더 분명해질 것입니다.

새로운 삶은 어떤 모습인가

로마서 8장 3-4절을 보면서 이 문제에 접근해 보겠습니다. "율법이 육신으로 말미암아 연약하여 할 수 없는 그것을 하나님은 하시나니 곧 죄로 말미암아 자기 아들을 죄 있는 육신의 모양으로 보내어 육신에 죄를 정하사 육신을 따르지 않고 그 영을 따라 행하는 우리에게 율법의 요구가 이루어지게 하려 하심이니라."

4절은, 하나님께서 그 아들의 죽음이라는 방법으로 죄를 다루신 이유는 사람들에게 율법의 요구가 이루어지게 하기 위해서라고 분명히 말합니다. 3절에 따르면, 율법의 가장 큰 문제는 육신(우리의 악한 옛 본성)을 이길 힘이 없다는 것입니다. 율법의 가르침이나 요구가 나쁜 것은 아니었지만, 대체로 아무 소용이 없었습니다. 율법은 자신이 명령한 삶을 실현해 내지 못했습니다.

하지만 하나님은 율법의 온당한 요구가 하나님의 백성들에 의해 충족될 길을 마련하셨습니다. 하나님은 죄를 정하셨습니다. 죄의 대가를 지불하셨습니다. 그리고 하나님 자신의 영을 그리스도를 믿는 사람들의 삶에 부으셔서 그들이 성령을 따라 행할 때 율법의 온당한 요구가 이루어지도록 하셨습니다.

그렇다면 그리스도인이 성령을 따라 행할 때 충족되는 율법의 온당한 요구는 무엇입니까? 이 질문은 이렇게 묻는 것과도 같습니다. "로마서 8장 2절이 말하듯, 그리스도 안에 있는 생명의 성령의 법이 우리를 죄와 사망의 법에서 해방하게 하는 삶이란 과연 어떤 것입니까?"

우리는 그 답을 로마서 13장 8-10절 말씀에서 발견합니다. "피차 사랑의 빚 외에는 아무에게든지 아무 빚도 지지 말라. 남을 사랑하는 자는 율법을 다 이루었느니라. 간음하지 말라, 살인하지 말라, 도둑질하지 말라, 탐내지 말라 한 것과 그 외에 다른 계명이 있을지라도 네 이웃을 네 자신과 같이 사랑하라 하신 그 말씀 가운데 다 들었느니라. 사랑은 이웃에게 악을 행하지 아니하나니 그러므로 사랑은 율법의 완성이니라."

로마서 8장 4절은 성령을 따라 행하는 자가 율법의 온당한 요구를 이룬다고 말합니다. 로마서 13장 8-10절에서는 사랑이 율법을 완성한다고 말합니다. 따라서 저는 이렇게 결론을 내립니다. 율법의 온당한 요구는 우리가 이웃을 사랑하는 것이고, 성령은 우리로 하여금 사랑의 삶을 살게 하시려고 죄의 세력에서 우리를 해방시키셨습니다.

바울은 예수님으로부터 이것을 배웠기에 의심의 여지가 없었습니다. 예를 들어 마태복음 22장 36-40절 말씀이 있습니다. 바리새인들이 예수님께 율법에서 가장 큰 계명이 무엇이냐고 묻자, 예수님은 이렇게 대답하셨습니다. "네 마음을 다하고 목숨을 다하고 뜻을 다하여 주 너의 하나님을 사랑하라 하셨으니 이것이 크고 첫째 되는 계명이요 둘째도 그와 같으니 네 이웃을 네 자신 같이 사랑하라 하셨으니 이 두 계명이 온 율법과 선지자의 강령이니라."

"하나님을 사랑하고 이웃을 사랑하라"는 메시지는 구약의 모든 것을 설명합니다. 예수님은 마태복음 7장 12절에서 같은 내용을 조금 다르게 말씀하십니다. "그러므로 무엇이든지 남에게 대접을 받고자 하는 대로 너희도 남을 대접하라. 이것이 율법이요 선지자니라." 따라서 성령을 따라 행하는 자는 율법의 온당한 요구를 이룬다고 말했을 때, 바울이 의미한 바는 그들이 하나님을 사랑하고 이웃을 사랑하게 된다는 것이었고 이것이 율법이 이루려는 전부라는 의미였음을 분명히 알 수 있습니다.

이것은 우리가 갈라디아서에서 본 율법과 성령과 사랑의 관계와 딱 맞아떨어집니다. 또한 갈라디아서 말씀에서 다음의 세 번째 질문에 대한 답을 구하는 데 도움을 받을 수 있습니다. 성령이 사랑으로 통치하는 이런 삶을 경험하기 위한 몇 가지 실질적인 제안도 아울러 발견합니다.

갈라디아서 5장을 보십시오. 무엇보다 13-14절에서 율법을 완성하는 사랑을 보게 됩니다. "형제들아 너희가 자유를 위하여 부르심을 입었으나 그러나 그 자유로 육체의 기회를 삼지 말고 오직 사랑으로 서로 종노릇하라. 온 율법은 네 이웃 사랑하기를 네 자신 같이 하라 하신 한 말씀에서 이루어졌나니." 다음은 이와 아주 비슷한 22절 말씀을 읽겠습니다. "오직 성령의 열매는 사랑…." 따라서 로마서 말씀과 마찬가지로, 우리가 이웃을 사랑할 수 있고 그래서 율법의 요구를 이룰 수 있는 것은 우리 안에서 역사하시는 성령 때문입니다.

지금까지 살펴본 것들을 종합해 볼 때, 그리스도인이 심판의 때에 무죄 선고를 받기 위해 갖춰야 할 생활 방식이 좀 더 구체적으로 좁혀집니다. 바울은 그리스도 안에 있는 사람들은 "정죄함이 없을" 것인데, 그 이유는 생명의 성령의 권능(power)이 그들을 죄와 사망의 권능(power)에서 해방시켰기 때문이라고 했습니다. 이제 우리는 로마서 8장 4절과 13장 10절, 갈라디아서 5장 14절과 22절 말씀을 통해, 그 성령께서 죄로부터의 해방을 통해 사랑을 만들어 내신다는 것을 알았습니다.

그러므로 사랑하지 않는 사람, 즉 매일 삶에서 만나는 사람들을 사랑하지 않는 사람은, 그 모습이 변하지 않는 한, 심판 날에 무죄 선고를 받지 못할 것입니다.

예수님의 동생 야고보 사도는 그의 편지 2장 12-13절에서 이렇게 썼습니다. "너희는 자유의 율법대로 심판받을 자처럼 말도 하고 행하기도 하라. 긍휼을 행하지 아니하는 자에게는 긍휼 없는 심판이 있으리라. 긍휼은 심판을 이기느니라." 이것은 예수님이 용서하지 않는 종의 비유에서 하신 말씀을 다른 식으로 말한 것입니다. 왕에게 10만 달러를 빚진 종이 빚을 모두 탕감받은 뒤 나가서 자신에게 고작 2달러 빚진 동료의 목을 비튼 이야기였습니다. 왕은 자신이 베푼 용서가 그 종을 전혀 변화시키지 못한 것에 분노했고 그를 감옥에 가두었습니다. 그리고 예수님은 이렇게 말씀하십니다. "너희가 각각 마음으로부터 형제를 용서하지 아니하면 나의 하늘 아버지께서도 너희에게 이와 같이 하시리라."

긍휼이 없고 용서하지 않는 사람들이라면, 원한을 품고 분노를 발하고 복수를 계획한다면, 그렇다면 우리는 결국 하나님께 이렇게 말씀드리는 것과 같습니다. "이것이 제가 더 원하는 삶의 방식입니다." 그러면 하나님은 심판 날에 우리가 더 원하던 그것을 우리에게 주실 것입니다. 긍휼도 없고, 용서도 없고, 오직 복수만이 있을 것입니다. 그리스도가 우리를 변화시키지 않으셨다면(완전해졌다는 말이 아니라 이제 우리 안에서 중요한 변화가 시작됐다는 의미입니다) 우리는 아마도 그분을 알지 못했을 것입니다. 요한일서 2장 3절의 말씀과 같습니다. "우리가 그의 계명을 지키면 이로써 우리가 그를 아는 줄로 알 것이요." 율법은 이 한 마디로 요약됩니다. "네 이웃 사랑하기를 네 자신 같이 하라."

이런 삶을 살기 위한 실제적인 지침

따라서 세 번째이자 실제적인 질문인 '우리는 어떻게 그런 사람이 될 수 있는가?'가 정말로 중요한 문제로 대두됩니다. 사랑은 성령의 열매인 것을 이미 보았습니다. 부당한 대우를 받았지만 용서하고, 악을 선으로 갚고, 성미 고약한 사람들을 참아 주고, 약한 자를 돌봐 주고, 도움이 필요한 사람을 돕고, 나그네를 대접하고, 삶에서 사치를 없애고, 세상에 그리스도가 전파되도록 자신의 것을 즐거이 내어 주고 있다면, 성령이 우리의 삶을 통치하고 계십니다. 하지만 우리로 이런 삶을 살게 하시는 분이 하나님이시라면, 우리가 할 수 있는 일이 따로 있을까요?

사실 있습니다. 하나님은 우리 삶에 그분의 전능한 역사를 이루실 때 늘 믿음이 동반되도록 하십니다. 갈라디아서의 두 본문을 볼 때 이는 명백합니다. 하나는 갈라디아서 3장 5절 말씀입니다. "너희에게 성령을 주시고 너희 가운데서 능력을 행하시는 이의 일이 율법의 행위에서냐 혹은 듣고 믿음에서냐?" 성령은 믿음을 통해 오셔서 일하십니다. 그리고 이것이 함축하는 바는 성령이 사랑을 만들어 내실 때 곧 믿음을 통해 그렇게 하신다는 것입니다. 그리고 갈라디아서 5장 6절 말씀도 바로 이 말을 하고 있습니다. "그리스도 예수 안에서는 할례나 무할례나 효력이 없으되 사랑으로써 역사하는 믿음뿐이니라."

사랑이 성령의 열매라는 사실만 아는 것으로는, 이런 영적 힘을 어떻게 얻는지 알기 어렵습니다. 하지만 이제 우리는 사랑이 또한 필연적으로 믿음에서 나오는 것임을 압니다. 따라서 이제 우리는 어떻게 하나님의 능력을 얻어 사랑하는 사람이 되는지 그 방법을 알고 있습니다. 바로 믿음을 통해서입니다.

믿음이 사랑 안에서 어떻게 역사하는지 두 가지 예를 살펴보고 말씀을 맺겠습니다. 믿음은 그저 예수님을 구원자요 주님으로 인정하는 것일 뿐이라는 생각을 버리십시오. 믿음을 그렇게만 본다면, 갈라디아서 5장 6절 말씀을 절대 이해할 수 없습니다. 히브리서 11장 1절에 의하면 믿음은 "바라는 것들의 실상"입니다. 믿음은 장래와 관련이 있습니다. 오늘을 위해 하나님이 약속하신 것은 오늘 이루어질 것이고, 내일을 위해 또한 영원을 위해 하나님이 약속하신 것 역시 때가 되면 이루어질 것을 믿는다면, 우리에게 믿음이 있는 것입니다. 이런 종류의 믿음은 사랑의 행위로 늘 스스로를 드러낼 것입니다.

첫 번째 예는 히브리서 10장 32-36절 말씀입니다. 저자는 독자들에게 그들이 한때 얼마나 서로를 사랑했는지 그리고 그렇게 사랑하도록 그들에게 동기를 주었던 것이 무엇인지 상기시킵니다. "전날에 너희가 빛을 받은 후에 고난의 큰 싸움을 견디어 낸 것을 생각하라. 혹은 비방과 환난으로써 사람에게 구경거리가 되고 혹은 이런 형편에 있는 자들과 사귀는 자가 되었으니 너희가 갇힌 자를 동정하고 너희 소유를 빼앗기는 것도 기쁘게 당한 것은 더 낫고 영구한 소유가 있는 줄 앎이라. 그러므로 너희 담대함을 버리지 말라. 이것이 큰 상을 얻게 하느니라. 너희에게 인내가 필요함은 너희가 하나님의 뜻을 행한 후에 약속하신 것을 받기 위함이라."

어떤 상황인지 상상해 보십시오. 몇몇 교인이 믿음으로 인해 옥에 갇혔습니다. 나머지 사람들은 무엇을 했습니까? 그들을 버렸습니까, 아니면 그들과 함께하고 동정했습니까? 그들은 사랑했습니다. 어떻게요? 자신들의 소유를 빼앗기는데도 그렇게 할 수 있었던 힘과 확신은 어디서 온 것일까요?

답은 다음 구절에 나옵니다. "너희 소유를 빼앗기는 것도 기쁘게 당한 것은 더 낫고 영구한 소유가 있는 줄 앎이라. 그러므로 너희 담대함을 버리지 말라. 이것이 큰 상을 얻게 하느니라." 이런 희생적인 사랑이 어디서 나왔습니까? 믿음에서 나왔습니다. 바른 길을 걷는 사람에게 좋은 것을 아끼지 않겠다는 하나님의 약속을 확신하는 데서 나왔습니다. 물론, 그들은 땅을 잃을 수도 있고, 가재도구를 잃을 수도 있고, 감옥에 갈 수도 있고, 죽음을 당할 수도 있었습니다.

하지만 하나님은 바른 길을 걷는 사람에게 좋은 것을 아끼지 않겠다고 말씀하셨습니다. 하나님은 그리스도 예수 안에 있는 풍성함으로 그러한 사람들의 모든 필요를 채우실 것입니다. 그리고 그들은 하나님의 약속을 믿었고, 사랑을 위해 죽을 수 있을 정도로까지 자유로웠습니다. 하나님의 약속을 믿는 믿음은 이처럼 언제나 사랑으로 드러납니다.

또 다른 예를 들겠습니다. 바울은 고린도전서 13장에서 사랑은 무례히 행하지 아니하며 성내지 아니하며 악한 것을 생각하지 않는다고 말했습니다. 누군가에게 복수를 계획하고 있습니까? 최근에 누군가에게 당한 수치를 매일 되씹고 있습니까? 부당한 대우를 하는 고용주에게 나쁜 감정을 갖고 있습니까? 남편의 무뚝뚝함을 그대로 되갚아 주고 있습니까? 그렇다면 불신의 길을 걷는 것입니다. 하나님의 약속을 믿지 않고 있습니다. 성경은 로마서 12장 19절에서 분명히 이렇게 말하고 있기 때문입니다. "내 사랑하는 자들아 너희가 친히 원수를 갚지 말고 하나님의 진노하심에 맡기라. 기록되었으되 원수 갚는 것이 내게 있으니 내가 갚으리라고 주께서 말씀하시니라." 우리가 참은 수치와 모욕을 우리보다 훨씬 공정하게 또 철저하게 하나님께서 처리하겠다고 약속하셨습니다. 이것은 복수를 우리의 권한으로 여겨서는 안 된다는 의미를 함축합니다. 복수는 하나님의 권한입니다. 사랑하고 용서할지 또는 계속해서 마음에 담고 있을지는 우리가 이 하나님의 약속을 믿는지의 여부에 달려 있습니다.

하나님을 믿으십니까? 우리가 믿음으로 행할 때 하나님께서 좋은 것을 아끼지 않으실 것을 믿으십니까? 하나님이 우리의 모든 필요를 채워 주실 줄 믿으십니까? 하나님이 모든 잘못을 바로잡으시고 모든 대적 앞에서 우리가 옳다는 것을 밝혀 주실 것을 믿으십니까? 이것을 믿는다면 교회 안에 큰 사랑의 해일이 일어날 것입니다. 그들이 우리에게 어떤 일을 행했든, 이제 더 이상 누구도 원망하지 마십시오. 이제 더 이상 섬기지 않으려고 도망치지 마시고 앞다투어 자원하십시오. 그리고 더 이상 십일조를 낼 형편이 되니 안 되니 인색하게 불평하지 말고 교회를 통해 풍성함이 봇물처럼 터져 나와, 희어져 추수하게 된 밭으로 쏟아지게 하십시오. 이 교회가 그 사랑의 물살을 타고 어디로 갈 수 있는지 하나님은 아십니다!

믿음은 사랑을 통해 역사하시는 하나님의 영의 능력이기에 세상을 이기는 승리입니다.

12장

어떻게 성령을 따라 행하는가

로마서 8:5-9

육신을 따르는 자는 육신의 일을, 영을 따르는 자는 영의 일을 생각하나니 육신의 생각은 사망이요 영의 생각은 생명과 평안이니라. 육신의 생각은 하나님과 원수가 되나니 이는 하나님의 법에 굴복하지 아니할 뿐 아니라 할 수도 없음이라. 육신에 있는 자들은 하나님을 기쁘시게 할 수 없느니라. 만일 너희 속에 하나님의 영이 거하시면 너희가 육신에 있지 아니하고 영에 있나니 누구든지 그리스도의 영이 없으면 그리스도의 사람이 아니라. _롬 8:5-9

오늘 아침 설교를 시작하면서 확실히 해두어야 할 것이 있습니다. 그리스도인의 삶은 본질적으로 초자연적인 삶이라는 것입니다. 초자연적이라는 것은 그리스도인의 삶에는 자연적인 것을 능가하는 힘이 역사한다는 의미입니다. 초능력이나 영매, 크리스탈, 또는 다양한 형태의 마술이나 마법, 유체이탈 경험, 또는 환생 같은 것을 말하는 것이 아닙니다. 이 모든 것들은 하나님 보시기에 가증한 것들입니다

(신 18:9-10, 사 8:19). 왜냐하면 이것들은 하나님이 우리와 의사소통하고 우리를 변화시키는 데 있어서 하나님과 그 아들 예수 그리스도로 충분하다는 사실을 과소평가하게 만들기 때문입니다.

제가 생각하는 초자연적이라는 말은 그리스도의 역사적인 죽음과 부활에 근거해 믿음을 통해 우리 삶에서 일하시는 성령의 역사를 구체적으로 가리킵니다. 이 역사는 모호하거나 일반적이지 않습니다. 분명하고 구체적이며, 죽은 자 가운데서 살아나셨고 자신을 믿는 사람들에게 성령을 주시는 예수 그리스도의 삶과 죽음이라는 구체적인 역사에 근거를 둡니다.

분명한 것은, 그리스도인의 삶이란 어떻게 친구를 얻고 어떻게 사람들에게 영향을 미치는지를 다루는 데일 카네기 식의 프로그램이 아니라는 점입니다. 일종의 도덕 재무장 운동이 아닙니다. 1920년대 나온 이 운동의 한 분파는 오늘날 이렇게 주장합니다. "도덕 재무장 운동은 하나의 종교 분파가 아니다. 우리들은 각자 나름대로의 종교 전통을 갖고 있다. … 우리 중 어느 누구도 자신의 믿음을 타협하지 않고도 다른 믿음을 가진 사람들과 함께 일할 수 있다. 신적 인도하심이라는 개념들과 (다양한 형태로 표현된) 도덕적 기준들은 세계의 주요 종교들에 공통으로 나타나기 때문이다."

제가 이 말을 인용한 이유는, 그리스도인의 삶은 이런 것이 아님을 분명히 하기 위해서입니다. "신적 인도하심이라는 개념들"은 다른 종교에도 공통으로 있는 것이 아닙니다. 우리는 전적으로 다른 사고방식을 가져야 합니다. 그리고 이 '사고방식'(mindset)이란 단어는 오늘 본문에서 가장 중요한 단어입니다(한글 성경에서는 '따르는'이라는 말로 번역되어 있음—옮긴이). 우리는 하나님의 영의 사고방식을 가져야 합니다(하나님의 영을 따르는 삶을 살아야 한다는 의미—옮긴이). 이것이 우리를 그리스도인이 되게 합니다.

먼저 그리스도인이란 어떤 존재인지 알아 보고, 그다음에 오늘 본문이 주장하는 전체적인 내용을 살펴본 후, 하나님의 율법을 이룬다는 것이 무슨 의미인지 좀 더 자세히 설명하겠습니다.

그리스도인이 된다는 것은 무슨 의미인가

9절을 함께 보겠습니다. "만일 너희 속에 하나님의 영이 거하시면 너희가 육신에 있지 아니하고 영에 있나니 누구든지 그리스도의 영이 없으면 그리스도의 사람이 아니라." 이 말씀은 신약성경에서 그리스도인이 어떤 존재인지에 대해 가장 분명히 말씀하는 구절 중 하나입니다. "누구든지 그리스도의 영이 없으면 그리스도의 사람이 아니라." 우리에게 그리스도의 영이 없다면 우리는 그리스도의 사람이 아닙니다. 그리스도의 영이 없다면 우리는 그리스도인이 아닙니다. 그리고 이 구절 앞부분에서는 그리스도의 영을 하나님의 영이라고 표현하고 있습니다. "만일 너희 속에 하나님의 영이 거하시면 너희가 육신에 있지 아니하고 영에 있나니."

따라서 그리스도의 영과 하나님의 영은 한 영이고 우리가 이 영을 '소유하고' 있다면, 또는 그 영이 우리 안에 '거하고' 있다면, 우리는 그리스도에게 속해 있고 하나님의 영의 통치권 또는 영향력 아래 있습니다. 우리는 육신의 통치를 받지 않습니다. 즉, 그저 인간의 영역 또는 그저 자연적인 영역에 머물지 않습니다. 이것이 바로 제가 그리스도인이 된다는 것과 그리스도인의 삶을 산다는 것은 초자연적인 일이라고 한 말의 의미입니다. 하나님의 영, 그리스도의 영이 우리 안에 살아계셔서 그분이 아니었더라면 결코 가능하지 않았고 일어나지도 않았을 변화를 일으켜서 우리의 행위를 통해 예수 그리스도께서 영광을 받게 하십니다.

바울이 주장하는 내용 개관

이제 4절부터 8절까지 (하나의 흐름으로 이어지는) 주장을 개관해 보겠습니다. 이 주장에서는 다섯 단계가 보입니다. 먼저, 바울이 기록한 방식대로 순서를 따라 읽어 보겠습니다. 그다음에 내용을 확실히 하기 위해 역방향으로 한 번 더 읽어 보겠습니다.

먼저, 4절에서 바울의 목표는 "우리에게 율법의 요구가 이루어지는" 것입니다. 로마서 13장 8절은 사랑이 율법을 이룬다는 점을 말합니다.

두 번째로, 4절 끝에서(한글 성경에서는 4절 앞부분—옮긴이) 바울은 율법이 우리 안에서 이루어지는 방법이 육신을 따르지 않고 그 영을 따라 '행하는 것'이라고 말합니다. "육신을 따르지 않고 그 영을 따라 '행하는' 우리에게 율법의 요구가 이루어지게 하려 하심이니라."

세 번째로, 5절에서 바울은 이 행함이 영과 일치하는 것은 행함 뒤에 있는 어떤 특정한 '영적 사고방식'(mindset) 때문이라고 설명합니다. 영을 따라 행하는 것 배후에 있는 사고방식은 영의 일들이 진리이고 가치 있는 것이라는 사고방식입니다. "육신을 따르는[행하는] 자는 육신의 일을, 영을 따르는 자는 영의 일을 '생각하나니'[좋아하는 사고방식을 가지나니]." 우리의 행함(4절)은 영의 일을 향한 '우리 마음의 성향 혹은 정함'(5절, set or the disposition of our minds) 때문입니다.

네 번째로, 영의 사고방식을 통해 율법의 요구가 이루어지고, 육의 사고방식은 그렇게 하지 못하는 이유는 육의 사고방식은 죽음이고 영의 사고방식은 생명과 평안이기 때문입니다. 6절입니다. "육신의 생각은 사망이요 영의 생각은 생명과 평안이니라." 2절 말씀을 기억해 보십시오. "이는 그리스도 예수 안에 있는 '생명의 성령의 법'이 죄와 사망의 법에서 너를 해방하였음이라." 성령은 살아 있기 때문에 우리 마음과 우리 행위를 움직이십니다. 성령은 영적 생명력을 나누어 주십니다(imparts). 그분은 그저 율법이나 규칙을 말씀하거나 우리에게 그것을 행하라고 말씀하시지 않습니다.

그분은 율법을 가져와 우리 마음에 '새기고' 율법을 사랑하고 하나님을 기뻐하고 예수님을 소중하게 여기는 삶을 우리 안에 '창조해' 주십니다. 그래서 지금까지 살펴 본 주장들을 이렇게 풀어서 말할 수 있습니다. "성령의 사고방식은 율법을 이루는(fulfill) 영적 행위를 가능케 하는데, 그 이유는 그러한 마음의 영적 성향은 우리 안에 있는 하나님의 영이 맺는 생명의 열매이자 그 모습이기 때문입니다."

마지막으로, 다섯 번째 주장은 7절과 8절에 나오는데, 말씀은 우리에게 왜 성령의 사고방식과 성령의 생명이 절실하게 필요한지와, 왜 그것이 없으면 죽음인지를 보여 줍니다. 성령과 성령의 생명, 그리고 성령의 사고방식이 없으면, 우리는 하나님과 원수가 되고 그분의 율법에 순종할 수 없기 때문에 죽은 것과 같습니다. 7-8절 말씀입니다. "육신의 생각[사고방식]은 하나님과 원수가 되나니 이는 하나님의 법에 굴복하지 아니할 뿐 아니라 할 수도 없음이라. 육신에 있는 자들은 하나님을 기쁘시게 할 수 없느니라." 다른 말로 하면, 죽음의 뿌리는 죄, 즉 하나님을 대적하는 것입니다. 그 뿌리는 또 하나의 다른 영으로써 하나님을 보잘것 없게 여기고 하나님보다 다른 것을 더 좋아합니다. 무모하게 하나님으로부터 독립하고 자기 스스로 결정하려는 성향이 바로 그것입니다.

율법의 요구를 이루기 위해 우리는 이것을 극복해야 합니다. 우리를 얽매고 있는 적대감과 불순종의 속박에 대해서 말씀은 어떻게 결론짓고 있습니까? 우리는 율법에 굴복할 수도 없다고 말합니다.

오늘 본문 말씀의 모든 주장은 이러한 한계를 넘어 4절에서 말하는 "우리에게 율법의 요구가 이루어지게 하려 하심이니라"는 승리를 향해 나아가고 있습니다. 이것이 오늘 본문 말씀이 말하려는 요지입니다. 불순종과 적대감의 속박에서 생명과 순종의 자유로 움직여 가는 것입니다.

이제 이 주장을 더 확실히 이해하기 위해 순서를 거꾸로 해서 살펴보겠습니다.

5) 다섯 번째 주장(7-8절): 하나님께 대적함

육신의 사고방식(하나님의 영의 어떤 초자연적인 도움 없이 그저 인간의 본성 그대로 사는 방식)은 하나님을 대적하는 것입니다. 이는 하나님께 굴복하거나 하나님을 기쁘시게 하지 않을 뿐 아니라 할 수도 없습니다.

4) 네 번째 주장(6절): 성령의 생명

그러므로 육신의 사고방식은 죽음을 가져옵니다. 하나님께 대적하는 것은 최악의 자살 행위입니다. 성령만이 생명을 줍니다(2절). 그리고 영의 사고방식은 그러한 생명의 열매이자 모습입니다. '성령의 생명'은 영의 사고방식을 창조하고 영의 사고방식을 빚습니다. 우리는 하나님을 대적하며 스스로를 죽이는 속박을 이겨 내기 위해 반드시 성령을 소유해야 합니다.

3) 세 번째 주장(5절): 영적 사고방식

그러므로 성령의 사고방식은 성령에 이끌린 삶의 열매이자 모습이기 때문에, 하나님은 우리가 육적인 사고방식이 아니라 '영적인 사고방식'을 따라 행하고 살아가도록 계획하셨습니다. 적대감에서 돌이켜 영적 사고방식을 갖추는 생명으로 옮겨 가길 원하십니다.

2) 두 번째 주장(4절): 영을 따르는 새로운 행위

그러므로 영적 사고방식을 갖고 있으면 그런 식으로 행하고 그런 식으로 살아갑니다. 우리는 "육신을 따르지 않고 그 영을 따라" 행합니다. 우리의 영적 사고방식이 우리 행위를 결정합니다. 우리에게 생명을 나누어 주시고, 우리가 소중하게 여기고 바라고 가장 가치 있게 여기는 것을 바꾸시는 성령의 능력은 우리가 살아가고 행하는 방식도 변화시킵니다. 적대감에서 생명으로, 영적인 사고방식으로, 그리고 영을 따르는 새로운 행위로 변화시킵니다.

1) 첫 번째 주장(4절): 율법을 이룸

그러므로 이 행위로 우리는 율법의 요구를 이룹니다. 우리는 육신이 아닌 영을 따라 행합니다. 적대감에서 생명으로, 영적 사고방식으로, 영을 따르는 새로운 행위로, 그리고 율법을 성취하는 삶으로 변화되어 갑니다. 하나님의 율법에 복종할 수 없는 우리가 하나님의 율법을 온전히 이루기 위해서는 초자연적인 삶, 즉 그리스도의 영이 역사하는 것이 얼마나 중요한지요! 이 영을 소중히 여기십시오! 이 영으로 채워지기를 구하십시오!

다음 질문

다음 번에는 이런 질문을 다뤄보려고 합니다. "우리의 불완전한 순종과 불완전한 사랑이 어떻게 율법의 요구를 이룬다고 할 수 있습니까?" 로마서 8장은 율법이 우리 '안에서' 이루어진다고 말하지 그저 우리를 '위해' 이루어진다고 말하지 않습니다. 어떻게 그럴 수 있습니까? 이에 대해서는 다음에 다루겠습니다.

이제 말씀을 맺으려고 합니다. 이 한 가지는 꼭 기억하십시오. 자아의 속박에서 벗어나 사랑으로 율법의 요구를 이루기 위해서는 하나님이 그 영을 통해 전능한 초자연적인 역사를 행하셔야 합니다. 우리가 그리스도와 영의 일들을 사랑하는 사고방식을 가져야 합니다. 세상의 좋은 것들에 대해서는 입맛을 잃어야 합니다. 어디서 이것을 얻을 수 있습니까? 성령으로부터 옵니다. 그리고 이렇게 성령에 의존하게 되는 멋진 일은 율법의 행위가 아닌 오직 믿음으로 가능합니다.

13장

그리스도의 영을 소유한 우리들

로마서 8:7-11

육신의 생각은 하나님과 원수가 되나니 이는 하나님의 법에 굴복하지 아니할 뿐 아니라 할 수도 없음이라. 육신에 있는 자들은 하나님을 기쁘시게 할 수 없느니라. 만일 너희 속에 하나님의 영이 거하시면 너희가 육신에 있지 아니하고 영에 있나니 누구든지 그리스도의 영이 없으면 그리스도의 사람이 아니라. 또 그리스도께서 너희 안에 계시면 몸은 죄로 말미암아 죽은 것이나 영은 의로 말미암아 살아 있는 것이니라. 예수를 죽은 자 가운데서 살리신 이의 영이 너희 안에 거하시면 그리스도 예수를 죽은 자 가운데서 살리신 이가 너희 안에 거하시는 그의 영으로 말미암아 너희 죽을 몸도 살리시리라. _롬 8:7-11

9절 앞부분을 보면서 "우리는 무엇이 다른가?" 하는 질문이 제기됩니다. 7-8절에 나오는 사람과 우리는 어떻게 구별됩니까? 바울은 인간을 크게 두 부류로 나누고 있습니다. 7-8절은 단순히 인간으로서 우리가 어떤 존재인지를 말합니다. 바울은 이들을 "육신에 있는"(8절) 자들 또는 "육신의 생각"(7절)을 가진 자들이라고 부릅니다. 그리고 바울은 이렇게 우리가 "육신에 있을"(7:5과 비교) 때 또는

"육신의 생각"을 가지고 있을 때 나타나는 두드러진 특징 세 가지를 말합니다. 또는 한 가지를 세 가지 방식으로 말한다고도 할 수 있습니다.

1) 하나님을 대적하며 굴복하지 않습니다(7a).

2) 하나님의 법에 굴복할 수 없습니다(7b). 우리의 부패함과 반역은 이 정도로 심각합니다.

3) 하나님을 기쁘시게 할 수 없습니다(8).

우리가 육신에 있을 때, 즉 단순한 인간으로 있을 때, 이것이 우리의 상태이고 우리가 처한 곤경이고 우리의 정체성입니다(요 3:6과 비교).

우리는 어떻게 다른가?

9절에서 우리는 어떻게 다른지의 문제가 대두됩니다. 9절은 이렇게 시작합니다. "그러나 너희는…"(한글 번역에는 생략되어 있음—옮긴이). 즉 7절과 8절에서 묘사된 사람들과는 다른 사람들이 있다는 것입니다. 이들은 진정한 그리스도인입니다. 그래서 여기서 진짜 그리스도인이란 어떤 사람인지를 배울 수 있습니다. 그리고 그런 사람들은 얼마나 다른지요! 온 세상이 이것을 알았으면 합니다!

그리스도인이 어떤 존재인지를 알고 싶다면 하나님의 말씀에 귀 기울여 보십시오. 우리가 태어나 자라난 가족을 말하는 게 아닙니다. 세례를 받았느냐 견진성사를 받았느냐의 문제가 아닙니다. 기독교 학교에 다녔느냐의 문제가 아닙니다. 무슨 교회에 다니고 어떤 교파에 속했느냐의 문제가 아닙니다. 그리스도인이라는 것은 무엇입니까? 바울이 여기서 말하는 방식으로 하자면, 우리가 그리스도인이라고 할 때 과연 비그리스도인들과는 어떻게 다릅니까?

그리스도인은 육신에 있는 사람과 어떻게 비슷하고 어떻게 다른가

9-11절에서, 바울은 그리스도인이 세상 나머지 사람들("육신에 있는" 사람들)과 다른 점을 다섯 가지로 말하고 세상 사람들과 비슷한 점을 한 가지 말합니다. 하나씩 알아보겠습니다. 여기서 우리가 어떤 존재이고 누구에게 속했는지 배울 수 있기를 바랍니다. 이것은 결코 사소한 일이 아닙니다. 우리 자신에 관한 깜짝 놀랄 만한 진리들을 듣게 됩니다. 이러한 진리들이 갖는 경이로움을 느끼고, 그래서 우리의 삶에서 그러한 경이로움이 더욱 많이 드러나게 해달라고 하나님께 구하십시오.

그리고 비그리스도인 여러분, 이 설교를 잘 들으시면 여러분도 그리스도인이 될 수 있습니다. 지금 제가 말씀드리려는 내용은 믿음으로 이루어지는 것들이고, 믿음은 하나님의 말씀을 들음에서 나오기 때문입니다(롬 10:17). 하나님께서 여러분을 찬찬히, 논리적으로, 자유롭게 이 진리들을 보도록 인도하시고 그분의 말씀을 통해 그리스도를 영접하게 하시기를 기도합니다.

1. 성령이 우리 안에 거합니다

먼저, 그리스도인 여러분, 우리 안에는 "하나님의 영이 거하시기" 때문에 다릅니다. 9절 앞부분을 보면 이를 확인할 수 있습니다. "만일 너희 속에 하나님의 영이 거하시면 너희가 육신에 있지 아니하고 영에 있나니." 이것이 그리스도인과 비그리스도인의 차이입니다. 이것은 그저 생각이 다른 정도가 아닙니다. 하나님의 영이 우리 안에 직접 임재하시는 것입니다.

먼저는 "거하다"(dwell)는 단어가 중요합니다. 이것은 버스 정류장이나 기차나 차 안이나 가게 안에 "있는 것"(be there) 이상의 의미를 가집니다. '거하다'(οἰκέω)라는 단어는 '집'(οἶκος)이라는 단어에서 나왔습니다. 따라서 이것은 하나님의 영이 우리 어디에 잠깐 들르는 것처럼 잠깐 계시는 것이 아니라는 의미를 함축합니다. 그분은 여기에 터를 잡으셨습니다. 이곳은 그분이 사시는 곳입니다. 이곳은 그분의 집입니다.

이 말은 가까움, 친밀함, 영향력을 함축합니다. 누가 우리의 집을 자기 거처로 삼는다면, 그들은 아마 우리와 아주 가까운 사이일 것입니다. 그들은 우리에게 익숙해질 것이고, 우리도 그들에게 익숙해질 것입니다. 그리고 그들은 우리와 우리가 사는 방식에 영향을 미칠 것입니다.

그리스도인 여러분, 이것이 우리에게 일어난 일이라는 사실을 잊지 마십시오. 하나님의 영이 우리 안에 거하십니다. 우리를 그분의 거처로 삼으십니다. 그런데도 만일 우리가 그분과 친근해지거나 교감하지 않고 그분에게 영향도 받지 않는다면, 뭔가 크게 잘못된 것입니다. 그분을 무시하지 마십시오. 그분을 슬프게 하지 마십시오. 그분을 거부하지 마십시오. 부활하신 그리스도께서 주실 수 있는 성탄절 선물 중에 우리 안에 하나님의 영이 거하도록 하시는 것보다 더 좋은 선물이 어디 있겠습니까?

바울은 그리스도인들이 첫 번째로 구별되는 점을 두 가지 방식으로 표현합니다. 바울은 9절에서 그들이 그리스도인의 영을 가졌다고 말합니다. 그런 후 10절을 시작하면서 "그리스도께서 너희 안에 계신다"고 말합니다. 따라서 그리스도인이 "육신에 있는" 다른 사람들과 첫 번째로 다른 점은 "그리스도의 영이 거하는(inhabited)" 사람들이라는 점입니다. 그리고 바울은 이것을 세 가지 방식으로 말합니다. 1) "하나님의 영이 너희 안에 거하신다." 2) "너희는 그리스도의 영을 가지고 있다." 3) "그리스도가 너희 안에 계신다."

여기서 호칭이 변하는 데에는 중요한 의미가 있습니다. "하나님의 영", "그리스도의 영", "그리스도", 이 모든 이름은 본질적으로 같은 존재를 가리킵니다. 영은 아버지 하나님의 영과 아들 하나님이신 예수 그리스도의 영과 같습니다. 그리고 영은 그리스도와 완벽하게 의사소통하시기 때문에 그리스도 자신이 우리 안에 있다고 말하는 것이 맞습니다.

예수님께서 아직 이 땅에 계실 때 이에 대해 말씀하신 것을 한 번 들어 보십시오. 요한복음 14장 16-18절 말씀입니다. "내가 아버지께 구하겠으니 그가 또 다른 보혜사를 너희에게 주사 영원토록 너희와 함께 있게 하리니 그는 진리의 영이라. 세상은 능히 그를 받지 못하나니 이는 그를 보지도 못하고 알지도 못함이라. 그러나 너희는 그를 아나니 그는 너희와 함께 거하심이요 또 너희 속에 계시겠음이라. 내가 너희를 고아와 같이 버려두지 아니하고 너희에게로 오리라."

예수님이 무슨 말씀을 하시는지 아시겠습니까? 16절에서 "진리의 영"이신 '보혜사'를 보내겠다고 말씀하십니다. 그런 다음 17절에서 이 영이 자신과 하나라는 뜻을 내비치십니다. "그는 너희와 함께 거하심이요(abides) 또 너희 속에 계시겠음이라(will be)." 다른 말로 하면, "나는 지금 너희와 함께 있다. 하지만 아버지에게 돌아가서 진리의 영을 보낸 후 너희 안에 거하게 될 것이다"라는 말입니다. 그런 다음 18절에서 예수님은 그것이 자신이라는 점을 가시적으로 말씀하십니다. "내가 너희를 고아와 같이 버려두지 아니하고 너희에게로 오리라."

따라서 예수님이나 바울에게 있어서, 하나님의 영(성령, 요 14:26 참조)은 그리스도의 영과 하나이고 그리스도와 완벽한 의사소통을 하시기에 바울과 예수님은 "그분이 너희 안에 계실 때, 그리스도가 너희 안에 계시는 것이다"라고 말합니다.

그리스도인 여러분, 여기에 우리를 위한 귀한 진리가 있습니다. 시간을 내어 이 진리들을 깊이 묵상하고 기뻐하기 바랍니다. 우리는 그리스도와 늘 함께 있습니다. 결코 그분과 떨어져 있지 않습니다. 그분은 절대 멀리 계시지 않습니다. 그분은 "내가 세상 끝날까지 너희와 항상 함께 있으리라"(마 28:20)고 하셨고, 지금 우리는 이 말씀의 의미를 잘 알고 있습니다. 이것이 그리스도인인 우리가 갖는 첫 번째 차이점입니다.

하나님의 영이 우리 안에 거하십니다.
우리는 그리스도의 영을 가졌습니다.
그리스도가 우리 안에 계십니다.

2. 우리는 그 영의 영향력 아래 있습니다

이제 두 번째 차이점을 보겠습니다. 9절에 두 번째 조항이 나옵니다. "너희가 영에 있나니." 이 말씀을 조심해서 보아야 합니다. "영이 너희 안에 있다"고 말하지 않고 "너희가 영에 있다"(You are in the Spirit)고 말합니다. 그리고 이것이 우리와 육신에 있는 사람을 구별하는 점입니다. "너희가 육신에 있지 아니하고 영에 있나니."

"너희가 영에 있다"는 것은 무슨 의미입니까? 이것은 우리가 영의 영향력 아래, 영의 능력 아래 있다는 의미입니다. 즉 영이 우리 삶을 다스리는 결정적인 영향력이 되신다는 의미입니다. 그저 영향력을 미치는 것이 아닙니다. 그분에게는 대적이 있고 경쟁자들이 있습니다. "영에 있다"는 것은 그런 대적자들 곧, 어둠의 힘에서 벗어나 하나님의 능력 안으로 들어가는 것입니다(행 26:18). "영에 있는 것"은 바울이 7-8절에서 말하는 "육신에 있는" 것과 병행을 이룹니다. "육신에 있는" 것이란 육신에 속박되는 것이고 육신에 사로잡혀 육신의 영향을 받기에 우리는 하나님의 율법에 복종할 수 없고 하나님을 기쁘시게 할 수도 없습니다.

이제 바울은 이렇게 말합니다. "너희가 육신에 있지 아니하고 영에 있나니." 바울은 영이 육신의 지배를 무너뜨리고 우리의 삶을 통치하게 되었다는 의미로 그렇게 말했습니다. 우리는 육신의 손아귀가 아닌 그분의 손에 붙들려 있습니다.

이제 그리스도인이 갖는 이 두 가지 차이점을 서로 연결해 보면서 또 다른 귀한 진리를 발견해 보려 합니다. 바울은 9절에서 우리를 위해 이 두 차이점을 연결하고 있습니다. "만일 너희 속에 하나님의 영이 거하시면 … 영에 있나니." 다른 말로 하면, 영이 우리를 해방시키고 우리 안에서 우리를 지배하신다는 의미입니다.

그분이 우리 안에 거하시면, 우리는 또한 그분 안에 있습니다. 그분의 통치를 받고 그분의 결정적인 영향력 아래 있게 됩니다. 이것이 중요한 이유는, 이로써 우리가 자유함 가운데 그리스도를 섬길 수 있게 만드는 모든 내적 변화가 가능해지기 때문입니다. 영은 우리에게 영향을 끼치기 위해 그저 밖에 서서 명령들을 외쳐 대지 않습니다. 그분은 우리 안에 새 마음을 창조하시고 우리 마음이 그리스도의 마음과 같아지게 하시기 때문에 우리는 그분이 명령하시는 것을 기쁨으로 행하게 될 것입니다. 이것이야말로 그분이 우리 안에 계시다는 가장 큰 증거입니다.

3. 우리는 그리스도에게 속해 있습니다

바울이 말하는 그리스도인의 세 번째 차이점은 우리가 그리스도에게 속해 있다는 것입니다. 9절 하반절에 나머지 두 가지 차이점이 나옵니다. "누구든지 그리스도의 영이 없으면 그리스도의 사람이 아니라." 이렇게 반대로 말해도 됩니다. "누구든지 그리스도의 영이 있으면 그리스도의 사람이다." 따라서 우리는 그리스도인으로서 우리 자신이 그리스도에게 속해 있다고(그리스도의 소유라고) 생각해야 합니다.

우리는 어떤 의미에서 그리스도의 소유입니까? 바울은 고린도전서 6장 19-20절에서 그리스도의 영이 내주하신다는 생각과 그리스도의 소유라는 생각을 연결하며 이렇게 설명합니다. "너희 몸은 너희가 하나님께로부터 받은 바 너희 가운데 계신 성령의 전인 줄을 알지 못하느냐 너희는 너희 자신의 것이 아니라." 어떤 의미에서 그렇습니까? 바울은 20절에서 이렇게 설명합니다. "[왜냐하면] 값으로 산 것이 되었으니 그런즉 너희 몸으로 하나님께 영광을 돌리라." 바울은 그리스도가 우리를 자신의 것으로 만드시는 방법으로, 사는 방법(purchase)과 거하는 방법(habitation), 두 가지를 말하고 있습니다.

미국에서도 서부개척 시대에는 그저 그곳에 가서 사는 것으로 땅의 소유권을 주장할 수 있었습니다. 물론 땅을 얻는 더 전통적인 방법은 돈을 주고 사는 것입니다. 그리스도는 사람들을 자신의 것으로 소유하기 위해 이 두 가지를 다 하셨습니다. 그분은 우리를 사셨고 우리 안에 들어와 거하십니다. "너희는 너희 자신의 것이 아니라 [왜냐하면] 값으로 산 것이 되었으니"(고전 6:19-20). 이것이 사는 방법입니다. "…성령의 전인 줄을 알지 못하느냐 너희는 너희 자신의 것이 아니라." "누구든지 그리스도의 영이 없으면 그리스도의 사람이 아니라"(고전 6:19; 롬 8:9). 이것이 거하는 방법입니다. 그분은 자신의 피로 우리를 사셨고 그분의 영으로(by his Spirit) 우리 안으로 들어오십니다. 그리스도인인 우리의 생명은 이제 우리 것이 아닙니다. 우리는 그리스도의 것입니다.

우리 안에 그리스도가 사시고, 우리는 그리스도의 지배 아래 있고, 우리는 그리스도의 소유입니다.

이 메시지 안에 우리가 숙고하고 즐거워해야 할 귀중한 진리가 있습니다. 바울이 생각하는 가장 귀한 진리 중 하나는, 우리가 죽음에 이를지라도 영원한 안전이 보장되어 있다는 것입니다. 그리스도는 그분의 백성을 돌보십니다. 피로 산 우리를 절대로 잃지 않으십니다. 피로 산 우리를 소유하고 지키십니다.

바울의 이러한 생각은 마지막 두 가지 차이점에서 더욱 잘 드러납니다. 앞에서 우리와 비그리스도인이 다른 점이 다섯 가지 있다고 했고, 한 가지는 같은 점이라고 말했습니다. 이제 같은 점에 대해 살펴보겠습니다.

그리스도인들은 그들의 육체가 유한하다는 점에서 세상의 다른 사람들과 같습니다. 10절입니다. "또 그리스도께서 너희 안에 계시면 몸은 죄로 말미암아 죽은 것이나…." 바로 여기에 같은 점이 있습니다. 이 땅을 사는 동안 우리 육체는 유한한 존재로 남아 있고 우리 안에 그리스도가 내주하심에도 불구하고 죽을 것입니다. 다른 말로 하면, 구속(救贖)은 단계별로(in stages) 일어납니다. 그리고 육체의 구속은 이 땅에서는 이루어지지 않습니다. 23절 말씀처럼 우리는 몸의 속량을 기다립니다. 우리는 죄악 되고 타락한 인간이기 때문에 우리의 육체는 죽은 것과 같습니다. 이런 의미에서 우리는 세상 사람들과 같습니다. 우리는 죽을 것입니다. 이제 그리스도인이 비그리스도인들과 다른 점이 두 가지 더 있습니다. 이것은 육신의 유한함이 갖는 혹독함을 완화시켜 줍니다.

4. 그리스도의 의와 임재로 인해 우리의 영은 살아 있습니다

우리가 육신에 있는 사람들과 네 번째로 다른 점은 10절 마지막에 나옵니다. "영은 의로 말미암아 살아 있는 것이니라." 그렇습니다. 몸은 유한하고 죽을 운명에 처해 있습니다. 하지만 두 가지 때문에 우리 영은 육신과 다릅니다. 바로 그리스도의 의와 임재라는 선물입니다. 10절에서 이 두 가지를 다 볼 수 있습니다. "또 그리스도께서 너희 안에 계시면 몸은 죄로 말미암아 죽은 것이나 영은 의로 말미암아 살아 있는 것이니라." 십자가에서 담보된 의의 선물로 우리는 생명을 얻었고, 우리 안에 거하시는 그리스도의 임재는 그 생명을 지금부터 영원히 경험하도록 우리에게 적용시킵니다.

영적으로 살아나기 위해 우리는 육체의 구속을 기다릴 필요가 없습니다. 그 의는 지금 우리의 것이고 그리스도는 지금 우리와 함께 계시기 때문에 생명은 지금 우리의 것입니다.

그리스도인 여러분! 우리가 지금 이것을 누리고 계심을 알아야 합니다. 의의 선물이 지금 우리 생명의 근거가 됨을 알아야 합니다. 그저 나중에 누리게 될 것이 아닙니다. 지금 누립니다. 우리는 그리스도 예수 안에서 하나님께 대해 살아 있습니다(롬 6:11). 그리고 우리는 결코 죽을 수 없습니다. 우리 자리에 계시는 그리스도의 완전함과 우리 마음에 계시는 그리스도의 임재가 우리를 영원히 안전하게 합니다.

이제 그리스도인과 육신에 있는 사람 사이에 다른 점이 한 가지 남았습니다.

1) 영이 우리 안에 거하십니다.

2) 우리는 영의 지배 아래 있습니다.

3) 우리는 그리스도에게 속해 있습니다.

4) 우리의 영은 그리스도의 의와 임재로 인해 살아 있습니다. 그리고 이제….

5. 우리의 유한한 몸은 다시 살아날 것입니다

우리가 죽으면 살아 있는 영이 유한한 몸과 일시적으로 분리되겠지만, 그 분리는 영원히 지속되지 않을 것입니다. 11절입니다. "예수를 죽은 자 가운데서 살리신 이의 영이 너희 안에 거하시면 그리스도 예수를 죽은 자 가운데서 살리신 이가 너희 안에 거하시는 그의 영으로 말미암아 너희 죽을 몸도 살리시리라."

따라서 구속이 단계별로 이루어지더라도, 모든 단계는 반드시 이루어집니다. 그것이 중요합니다. 그리스도를 죽은 자 가운데서 살리신 이의 영이 우리 안에 계시기 때문에 우리의 부활은 그리스도의 부활만큼 확실합니다. 하나님께서는 그저 임시로 쓰고 폐기처분하려고 우리 몸을 창조하지 않으셨습니다. 그리스도가 우리 몸을 값 주고 사신 것도 일시적으로 쓰고 버리기 위해서가 아닙니다. 우리 몸은 그리스도의 영이신 성령의 전입니다. 그리고 예수님이 3일 만에 그 자신의 몸 된 성전을 다시 일으켜 세우신 것처럼, 그분은 우리를 일으켜 세우실 것이고 우리 안에서 영원히 사실 것입니다.

그리스도인 여러분, 우리가 누구의 소유인지 알아야 합니다. 그분 안에서 우리가 누리는 귀한 진리들을 깊이 새기십시오. 아직 그리스도를 믿지 않는 분들이라면, 그분에게 나아오십시오. 그분을 신뢰하십시오. 그분을 영접하십시오. 그분께 의지하십시오. 그분이 여러분을 구원하시고 그분의 소유로 삼으실 것입니다.

14장

영이 유한한 몸에 생명을 줄 것이다(부활주일)

로마서 8:9-11

만일 너희 속에 하나님의 영이 거하시면 너희가 육신에 있지 아니하고 영에 있나니 누구든지 그리스도의 영이 없으면 그리스도의 사람이 아니라. 또 그리스도께서 너희 안에 계시면 몸은 죄로 말미암아 죽은 것이나 영은 의로 말미암아 살아 있는 것이니라. 예수를 죽은 자 가운데서 살리신 이의 영이 너희 안에 거하시면 그리스도 예수를 죽은 자 가운데서 살리신 이가 너희 안에 거하시는 그의 영으로 말미암아 너희 죽을 몸도 살리시리라. _롬 8:9-11

저는 오늘 아침 하나님의 말씀을 통해, 예수를 죽은 자 가운데서 살리신 이의 영이 우리 안에 거하시면, 우리의 죽을 몸도 반드시 다시 살리신다는 진리를 보여 드리려고 합니다. 하나님은 그분의 영이 우리의 영에 거하시면 우리의 몸은 죽을지라도 그분이 예수님께 행하셨던 것처럼 우리 몸을 죽은 자 가운데서 살리실 것이라고 분명하고 확실하게 약속하십니다. 로마서 8장 11절 말씀에 집중해서, 이 말씀을 하나님이 주시는 최고의 부활절 선물로 우리 마음에 새기도록 합시다.

두 가지 '만약'

"예수를 죽은 자 가운데서 살리신 이의 영이 너희 안에 거하시면 그리스도 예수를 죽은 자 가운데서 살리신 이가 너희 안에 거하시는 그의 영으로 말미암아 너희 죽을 몸도 살리시리라." 이 말씀에는 두 개의 중요한 '만약'(if)이 있습니다. 먼저 예수님의 부활에 대한 '만약'입니다. 이 이야기는 사실입니까? 하나님께서 예수님을 죽은 자 가운데서 살리셨습니까? 그리고 우리의 회심에 대한 '만약'이 있습니다. 우리는 하나님의 영을 마음에 받아들였습니까? 하나님의 영이 우리의 삶을 이끄십니까? 하나님이 우리를 하나님의 가족으로 입양하셨고 우리에게 하늘 아버지의 성품을 주시기 시작했습니까?

두 가지 중요한 질문

이 두 가지 '만약' 중 하나라도 우리에게 해당되지 않는다면, 하나님의 약속은 헛것이 되고 우리의 죽을 몸은 다시 살아나지 못하고 두려운 심판을 당하게 될 것입니다. 그래서 오늘 아침 저는 두 가지 중요한 질문을 드리겠습니다. 하나님이 예수님을 죽은 자 가운데서 살리셨음을 확신하십니까? 또 예수님을 죽은 자 가운데서 살리셨던 그분의 영이 내 안에 거하신다고 확신하십니까? 이 두 가지 질문에 대해 확신을 가질 수 있는 근거를 알려 드리겠습니다.

먼저, 하나님이 예수님을 죽은 자 가운데서 살리셨다고 확신하십니까? 이 질문은 사실, 증인의 신뢰성에 달려 있습니다. 인간의 증언을 믿을지 말지 어떻게 결정합니까? 예를 들어, 바울의 경우를 보십시오. 그가 로마서를 썼는데, 우리는 어떻게 그의 주장이 맞는다고, 특히 예수님의 부활에 대한 그의 주장이 맞는다고 합리적으로 확신할 수 있을까요?

증인에게 부과되는 일곱 가지 질문들

오늘날 증인을 향해 제기할 수 있는 일곱 가지 질문을 바울에게도 동일하게 적용할 수 있다고 생각합니다.

1. 나는 바울이 하는 말이 진리일 수 있다고 생각하고 그것이 사실이라면 삶을 바꿀 준비가 되어 있는가?
2. 그의 도덕성(하나님을 향해 겸손하고 하나님을 사랑하고 복종하는 모습)을 볼 때 그가 쉽게 거짓말을 하거나 의도적으로 꾸며낸 이야기를 할 것 같지는 않은가?
3. 그의 증언과 가르침이 서로 부합하는가? 일관성이 있는가? 아니면 한 입으로 두 말을 하며 모순된 모습을 보이는가?
4. 그는 자신의 주장을 뒷받침하는 증거들을 제시할 수 있고, 그 증거들은 설득력이 있는가?
5. 그의 말이 사실임을 입증할 다른 신뢰할 만한 증인이 있는가? 아니면 혼자 그런 주장을 하는가?
6. 그의 주장은 보다 큰 그림을 포괄적으로 이해하는 데 도움이 되는 통찰력을 제공하고, 인간의 진정한 필요를 만족시키는가?
7. 그의 주장은 현실을 변화시키는 지속적인 영향력을 갖는가?

바울은 이 일곱 가지 질문을 만족시키는가

제가 그리스도인인 이유는 이 모든 질문에 그렇다고 대답하기 때문입니다.

1) 그렇습니다. 저는 바울의 주장이 사실로 입증되면 삶을 바꿀 용의가 있습니다.

2) 그렇습니다. 13개의 편지를 통해 바울을 충분히 알아 왔기 때문에 그가 도덕적으로 진실한 사람임을 확신합니다. 그는 쉽게 속임수를 쓸 사람이 아니고 이야기를 날조하지도 않습니다.

3) 그렇습니다. 공부하면 할수록 바울이 전하는 메시지는 일관성 있고 통합되어 있다고 확신하게 됩니다. 그는 모순되지 않습니다.

4) 그렇습니다. 바울은 자신의 주장을 뒷받침하는 증거들을 제시합니다. 예를 들어, 그가 교회를 박해하던 사람에서 교회를 세우는 사람으로 회심하게 된 잘 알려진(대중이 자세히 알 수 있도록 공개된) 이야기도 있고(갈 1:12) 교회들 안에서 행한 기사와 이적들도 있습니다(롬 15:19; 고후 12:12).

5) 그렇습니다. 또 다른 믿을 만한 증인들이 있습니다. 마태, 마가, 누가, 요한, 베드로, 야고보, 그리고 예수님 자신도 "너희가 이 성전을 헐라. 내가 사흘 동안에 일으키리라"(요 2:19)고 말씀하셨을 때 같은 증언을 하십니다.

6) 그렇습니다. 부활에 대한 바울의 가르침은 역사와 삶을 이해하는 데 도움이 되는 세계관을 형성하고, 그 세계관은 우리 모두 느끼는 용서와 소망의 필요성을 충족시킵니다. 그의 가르침은 수세기 전의 예언(사 53:12)을 성취하고 하나님께서 어떻게 죽음에게 패하지

않으시고 모든 것을 새롭게 하실지를 보여 줍니다.

7) 그렇습니다. 예수님의 부활에는 지속적인 효과가 있습니다. 예수님의 부활은 두려움에 떠는 어부들을 두려움 없는 사도로 변화시켰습니다.

그리고 살아계신 그리스도를 주로 믿게 된 우리들도 삶에서 놀라운 변화가 일어나고 있음을 압니다. 예수님의 부활은 세계의 기독교 운동을 놀랍게 확장시켰습니다. 오늘날 실제로 지구상의 모든 나라에 그리스도인들이 있습니다. 기독교는 유일하게 문화적 거점 또는 본부 없이 세계적으로 퍼진 신앙입니다. 세계적으로 그리스도인이라 공언하는 사람들이 다른 종교의 추종자들을 모두 합친 것보다 많습니다. 하루에 6만 명이 넘는 새 신자가 부활하신 그리스도에게 충성을 맹세하고 있고, 매주 그분의 이름으로 새롭게 세워지는 교회가 6백 개 이상이나 됩니다.

그래서 저는 오늘 아침 여기 계신 분들이 이 일곱 가지 질문에 정직하게 대답한다면, 하나님께서 예수님을 죽은 자 가운데서 살리셨다고 타당하게 확신할 수 있다고 생각합니다. 그리스도인이 되는 데 실패하는 분들은 증거가 부족해서가 아니라 관심이 없어서입니다.

그래서 이제 두 번째로 중요한 '만약'으로 넘어갑니다. 로마서 8장 11절은 이렇게 말합니다. "예수를 죽은 자 가운데서 살리신 이의 영이 너희 안에 거하시면…." 하나님이 예수님을 죽은 자 가운데서 살리셨다는 것만으로는 충분히 설득되지 않습니다. 사탄은 우리보다 이 사실(하나님이 예수님을 죽은 자 가운데서 살리셨다는 사실)에 대해서만큼은 더 확신하고 있습니다. 하지만 그러한 확신이 사탄을 구원하지 않고 우리의 부활을 보장하지도 못합니다.

그리스도인이 된다는 것은 성령에 이끌리는 것이다

예수님의 부활이 우리에게 어떤 유익을 주기 위해서는 우리가 마음으로 하나님의 영을 받아들여야 합니다. 그리스도인이 되는 것은 성령에 이끌리는 것입니다. 로마서 8장의 다음 구절들(13-17절)이 이에 대해 자세히 말합니다.

> 너희가 육신대로 살면 반드시 죽을 것이로되 영으로써 몸의 행실을 죽이면 살리니 무릇 하나님의 영으로 인도함을 받는 사람은 곧 하나님의 아들이라. 너희는 다시 무서워하는 종의 영을 받지 아니하고 양자의 영을 받았으므로 우리가 아빠 아버지라고 부르짖느니라. 성령이 친히 우리의 영과 더불어 우리가 하나님의 자녀인 것을 증언하시나니 자녀이면 또한 상속자 곧 하나님의 상속자요 그리스도와 함께 한 상속자니 우리가 그와 함께 영광을 받기 위하여 고난도 함께 받아야 할 것이니라.

성령을 가졌다는 세 가지 증거

이 본문을 뒤에서부터 읽어 보면 우리가 성령을 가졌는지 확신할 수 있는 세 가지 증거를 볼 수 있습니다.

첫째, 15절입니다. 우리가 하나님께 "아빠! 아버지!"라고 간절하게 부르짖을 수 있다면 성령을 가졌다는 증거입니다. 즉, 하나님을 아버지로 여기고 안전과 인도함을 구한다면 하나님의 영을 소유한 자입니다.

둘째, 14절입니다. 우리가 하나님의 영으로 인도함을 받는다면 하나님의 자녀입니다. 영을 통해 주시는 하나님 말씀을 삶의 지침으로 여기십니까? 그리고 그분이 의의 길로 가라고 촉구하실 때 복종하십니까? 그렇다면 영이 우리 안에 거하심을 확신해도 됩니다.

셋째, 우리가 영으로써 육신의 행실을 죽이면, 살 것입니다. 부활을 얻습니다. 잘못된 일을 하라는 유혹을 받았을 때, 하나님의 영으로부터 도움을 구하고 그분의 능력으로 그 행동을 멈추기를 기도하십니까?

이런 식으로 악과 싸운다면, 성령께서 우리 안에 거하신다고 확신해도 좋습니다.

성령을 받는 법

하나님은 우리 안에 그분의 영이 거하는 것을 확신하기를 간절히 원하십니다. 성령이 우리 안에 거하는지 알지 못하면, 부활 때 하나님께서 우리의 몸을 살리시리라는 것도 알 수 없기 때문입니다. 오늘 본문은 이렇게 말합니다. "…영이 너희 안에 거하시면… [하나님이] …너희 죽을 몸도 살리시리라." 그래서 우리가 살펴본 두 가지 큰 '만약'을 마무리하면서, 성령받는 법을 각자 확실히 알고 있어야 한다는 점을 강조하고 싶습니다. 우리가 받을 부활과 영생이 그것에 달려 있습니다. 사도행전 2장 38절은 이렇게 전합니다. "너희가 회개하여 각각 예수 그리스도의 이름으로 세례를 받고 죄 사함을 받으라. 그리하면 성령의 선물을 받으리니."

'회개'는 죄에서 결정적으로 돌아서는 것이고 스스로 그리스도를 따르기로 방향을 설정하는 것입니다. 그리스도의 이름으로 받는 '세례'는 순종의 행위로서, 이전의 삶에 대해서는 죽고 그리스도를 믿음으로 그분의 뜻을 따라 새로운 삶을 살게 됨을 의미합니다. 회개와 세례에서 그 핵심은 믿음입니다.

그래서 바울은 갈라디아서 3장 2절에서 이렇게 말합니다. "내가 너희에게서 다만 이것을 알려 하노니 너희가 성령을 받은 것이 율법의 행위로냐 혹은 듣고 믿음으로냐." 성령은 그리스도를 믿는 사람이라면 모두에게 주어집니다. 그분이 용서하심을 믿고, 그분이 살아갈 방법을 보여 주실 것을 믿고, 우리가 그렇게 살도록 도우실 것을 믿고, 또 가장 좋은 영원한 미래를 우리에게 주실 것을 믿는 것입니다. 예수님을 죽은 자 가운데서 살리신 분의 영을 받기 원한다면 지금 이 순간에라도 마음으로 이렇게 기도하시기 바랍니다.

"자비로우시고 능력이 풍성하신 예수 그리스도여, 이제 저는 죄악에서 돌이켜 회개하고 주님이 베푸시는 용서를 바라봅니다. 지금까지는 나 자신을 의지했지만 이제는 주님만을 의지합니다. 주님의 능력이 제 삶을 새롭게 하시고 믿음으로 순종의 삶을 살도록 이끄실 것을 믿습니다. 두려움을 바라보지 않고 시선을 돌이켜 제 미래를 위해 주님이 허락하신 약속을 신뢰합니다."

마음을 다해 이렇게 기도하고 그 진실함이 삶으로 드러난다면, 하나님의 영이 우리 안에 거하시고 이제 전할 나머지 설교의 내용이 우리를 위한 것임을 알 수 있습니다.

이 구절은 하나님의 영이 우리 안에 거하신다면 하나님은 그리스도가 다시 오실 때 우리를 죽은 자 가운데서 살리실 것이고 우리의 죽을 몸에 새 생명을 주실 거라는 가장 중요한 진리를 말합니다.

이제 남은 시간을 멋지게 보내는 방법이 몇 가지 있습니다. 가령 몸의 부활과 우리 삶에 드러난 성령의 임재와의 관계를 살펴보며 의미 있는 시간을 보낼 수도 있습니다. 아니면 로마서 8장 23절 말씀을 통해, 하나님이 우리를 아들로 삼으신 첫 열매는 우리 삶에 하나님의 영의 임재로 나타났고, 마지막 열매는 우리 몸의 속량으로 끝날 것에 대해 살펴볼 수도 있습니다. 아니면 고린도전서 15장 44절 말씀을 통해 우리 몸이 죽은 자 가운데서 살아날 때 그것은 단순히 육체가 없는 영이거나 그저 살과 피로 이루어진 육체가 아니라, 새로운 영적 몸으로서 그리스도의 몸처럼 새로운 몸이고 지속적으로 영적 충만을 누리고 새 하늘과 새 땅에서 살아가기에 완벽하게 적합한 몸이라는 사실을 살펴볼 수도 있습니다. 아니면 로마서 6장 5절 말씀을 통해 성령이 우리를 그리스도와 연합시킴으로써 우리 부활을 확증한다는 점을 볼 수도 있습니다. "만일 우리가 그의 죽으심과 같은 모양으로 연합한 자가 되었으면 또한 그의 부활과 같은 모양으로 연합한 자도 되리라."

하지만 이런 메시지들을 깊이 살펴보는 대신, 남은 시간에는 로마서 8장 11절의 진리가 실제적으로 함축하는 바에 대해 몇 가지 간단하게 살펴보겠습니다.

하나님은 정말로 우리의 몸을 아끼신다

로마서 8장 11절은 "예수를 죽은 자 가운데서 살리신 이의 영이 너희 안에 거하시면 그리스도 예수를 죽은 자 가운데서 살리신 이가 너희 안에 거하시는 그의 영으로 말미암아 너희 죽을 몸도 살리시리라"고 약속합니다.

먼저 언급하고 싶은 함축적인 의미는, 하나님은 우리의 몸에 정말로 관심이 있으시다는 것입니다. 만일 그렇지 않으셨다면, 그냥 무덤에서 썩게 내버려 두시고 속 시원하다고 말하셨을 것입니다. 하지만 하나님은 절대 그렇게 하지 않으십니다. 예를 들어, 고린도전서 6장 13-14절을 보십시오. 여기서 바울은, 하나님은 오직 영에만 관심이 있기 때문에 몸으로 뭘 하든 상관없다고 말하는 사람들을 반박하고 있습니다. 바울은 13절에서 대적자들의 구호를 인용한 후, "몸은 음란을 위하여 있지 않고 오직 주를 위하여 있으며 주는 몸을 위하여 계시느니라. 하나님이 주를 다시 살리셨고 또한 그의 권능으로 우리를 다시 살리시리라"고 말합니다.

13절에는 두 가지 놀라운 진술이 나옵니다. 몸이 주를 위하여 있다는 것과 주가 몸을 위하여 계시다는 것 말입니다. 바울은 무슨 의미로 몸이 주를 위하여 있다고 한 것일까요? 19절과 20절을 보십시오. "너희 몸은 너희가 하나님께로부터 받은 바 너희 가운데 계신 성령의 전인 줄을 알지 못하느냐. 너희는 너희 자신의 것이 아니라 값으로 산 것이 되었으니 그런즉 너희 몸으로 하나님께 영광을 돌리라."

"몸이 주를 위하여 있다"는 의미는 몸이 존재하는 것은 하나님께 영광을 돌리기 위해서라는 말입니다. 우리의 눈과 귀와 혀와 손과 발, 식욕, 성욕도 하나님의 영광을 위해 사용할 수 있습니다. 또한 우리의 눈과 귀와 혀와 손과 발, 식욕, 성욕을 하나님의 영광을 가리는 데 쓸 수도 있습니다. 식욕과 욕구와 한계를 가진 우리의 육체는 하나님의 계획에 없다가 예고치 않게 우연히 생겨난 게 아닙니다. 또 반대로, 13절은 "주가 몸을 위하여 계신다"고 말합니다. 주님은 몸을 적대시하지 않으십니다. 그분은 몸을 위하십니다. 그렇지 않다면 왜 몸을 죽은 자 가운데서 다시 살리시겠습니까?

하나님은 그분의 영광을 위해 우리의 몸을 변화시킬 것이다

하나님께서 우리 몸을 어떻게 하시려는지 성경이 말하는 진리를 알고 싶습니까? 일단 다니엘서에 하나 있습니다. "땅의 티끌 가운데에서 자는 자 중에서 많은 사람이 깨어나 … 지혜 있는 자는 궁창의 빛과 같이 빛날 것이요 많은 사람을 옳은 데로 돌아오게 한 자는 별과 같이 영원토록 빛나리라"(12:2-3). 또 다른 곳에도 있는데, 예수님의 비유에 나옵니다. "그 때에 의인들은 자기 아버지 나라에서 해와 같이 빛나리라"(마 13:43; 17:2과 비교). 또 빌립보서 3장 21절에도 하나 있습니다. "그는 만물을 자기에게 복종하게 하실 수 있는 자의 역사로 우리의 낮은 몸을 자기 영광의 몸의 형체와 같이 변하게 하시리라."

하나님은 우리를 육신을 가진 존재로 창조하셨고, 그분의 영광을 위해서도 창조하셨습니다. 그러므로 하나님은 우리의 몸이 아무리 엉망이 되고, 아무리 일그러지고, 아무리 나약하고, 아무리 질병에 시달렸어도 그 죽을 몸을 다시 살리실 것이며 그 몸을 아주 건강하고 강하고 아름답게 만드실 것입니다. 제가 만일 부활 후 여러분의 그 몸을 본다면 이렇게 말하게 될 것입니다. "당신은 마치 밝은 여름날 드높은 하늘같군요. 당신은 마치 저 칠흑 같이 어두운 우주를 밝히는 수백만 개의 별빛과 같습니다. 당신은 태양처럼 빛납니다. 그렇습니다. 저는 당신 안에서 당신을 만드시고 구원하시고 다시 살리셔서 자신의 영광으로 영원히 당신을 영화롭게 하신 예수 그리스도의 영광의 형상을 봅니다."

부활은 사랑할 힘을 준다

하지만 지금은 어떻습니까? 다시 살아나 그리스도의 영광을 함께하게 된다는 이 놀라운 소망이 현재를 어떻게 달라지게 합니까?

한번은 예수님이 영향력 있는 사람들과 함께 잔치 자리에 있게 되었습니다. 예수님은 자신을 초대한 사람을 돌아보며 (우리가 다 들을 수 있도록) 이렇게 말씀하셨습니다. "네가 점심이나 저녁이나 베풀거든 벗이나 형제나 친척이나 부한 이웃을 청하지 말라. 두렵건대 그 사람들이 너를 도로 청하여 네게 갚음이 될까 하노라. 잔치를 베풀거든 차라리 가난한 자들과 몸 불편한 자들과 저는 자들과 맹인들을 청하라. 그리하면 그들이 갚을 것이 없으므로 네게 복이 되리니 이는 '의인들의 부활 시에 네가 갚음을 받겠음이라' 하시더라"(눅 14:12-14).

세상에서 거의 상급을 받지 못하는 상황에서도 계속해서 사랑을 베푸는 삶을 살기 위해서는 어디서 능력을 얻어야 합니까? 남편이나 아내로부터 합당한 사랑을 받지 못해도 계속해서 상대방을 사랑할 힘은 어디서 얻습니까? 결혼의 욕구가 있는 남녀가 70년 동안이나 독신으로 지내며 그 삶에 만족하고 금욕할 수 있는 힘은 어디서 얻습니까? 선교사 모드 캐리의 장례식은 조문객도 없고 눈물도 없이 고작 이틀 만에 끝났습니다. 54년간이나 모로코에서 헌신하며 선교를 했지만 그녀의 마지막은 초라했습니다. 그럼에도 그녀가 한결같은 모습으로 복음을 위해 살 수 있었던 힘은 어디서 나왔을까요? 예수님이 십자가를 참으사 부끄러움(도망간 제자들과 베드로의 부인, 매를 맞고 침 뱉음 당하고 가시관을 쓰고 십자가에 못박힌 모든 일)을 개의치 않으신(히 12:2) 힘은 어디서 나왔을까요?

이에 대한 답은 "의인들의 부활 시에 네가 갚음을 받겠음이라"에 있습니다. 부활 시에 우리 앞에 놓일 즐거움을 생각하며, 우리는 그리스도를 위해 모든 것을 참습니다. 예수님은 자신에게 순종하면 이생에서 사람들로부터 상을 받게 될 거라고 약속하지 않으셨습니다. 반대로 이렇게 말씀하셨습니다. "나로 말미암아 너희를 욕하고 박해하고 거짓으로 너희를 거슬러 모든 악한 말을 할 때에는 너희에게 복이 있나니 기뻐하고 즐거워하라. 하늘에서 너희의 상이 큼이라. 너희 전에 있던 선지자들도 이같이 박해하였느니라."

그리스도께 순종하는 일에는 즐거움이 있습니다. 인간의 칭찬을 구하고 이생에서 상을 바라며 살 때보다 훨씬 큰 즐거움입니다. 하지만 우리의 기쁨은 언제든 변할 수 있는 삶의 환경에서 나오는 것이 아니라 로마서 8장 11절의 흔들림 없는 소망에서 흘러나옵니다. "예수를 죽은 자 가운데서 살리신 이의 영이 너희 안에 거하시면 그리스도 예수를 죽은 자 가운데서 살리신 이가 너희 안에 거하시는 그의 영으로 말미암아 너희 죽을 몸도 살리시리라."

하나님이 우리를 대적하지 않으시고 우리를 위하신다는 것을 정말로 믿는다면, 그리고 우리의 죽을 몸을 다시 살리실 것을 믿는다면, 또 이생에서 자신이 어떤 좋은 것을 포기했든 의인들이 부활할 때 100배로 돌려받을 것을 믿는다면, 또 아버지의 나라에서 우리가 해같이 빛날 것을 믿는다면, 그렇다면 우리는 누군가 우리의 행동에 대해 지금 감사를 하든 안하든 상관없이 하나님이 부르신 뜻대로 선한 일을 계속 할 힘을 주는 무진장한 에너지 저장소를 갖고 있는 셈이 됩니다. 그러므로 그리스도인의 삶에서 가장 중요한 것은 사람들의 인정을 받으려고 고군분투하는 것이 아니라 자신의 몸이 영광 가운데 부활할 것을 믿는 믿음을 지키려고 애쓰는 것입니다.

그리고 이러한 믿음의 가장 큰 기반은 하나님께서 예수님을 죽은 자 가운데서 살리셨던 것이고 예수님이 이제는 땅과 하늘과 죽음과 지옥을 왕으로서 다스리신다는 것이며, 우리가 영광을 얻도록 다시 살리시려는 그분의 목적은 결코 실패하지 않는다는 것입니다. 예수님께 모든 찬양과 영광과 존귀와 감사를 영원히 드립니다. 아멘.

15장

어떻게 죄를 죽일 것인가 (1)

로마서 8:10-17

또 그리스도께서 너희 안에 계시면 몸은 죄로 말미암아 죽은 것이나 영은 의로 말미암아 살아 있는 것이니라. 예수를 죽은 자 가운데서 살리신 이의 영이 너희 안에 거하시면 그리스도 예수를 죽은 자 가운데서 살리신 이가 너희 안에 거하시는 그의 영으로 말미암아 너희 죽을 몸도 살리시리라. 그러므로 형제들아 우리가 빚진 자로되 육신에게 져서 육신대로 살 것이 아니니라. 너희가 육신대로 살면 반드시 죽을 것이로되 영으로써 몸의 행실을 죽이면 살리니 무릇 하나님의 영으로 인도함을 받는 사람은 곧 하나님의 아들이라. 너희는 다시 무서워하는 종의 영을 받지 아니하고 양자의 영을 받았으므로 우리가 아빠 아버지라고 부르짖느니라. 성령이 친히 우리의 영과 더불어 우리가 하나님의 자녀인 것을 증언하시나니 자녀이면 또한 상속자 곧 하나님의 상속자요 그리스도와 함께 한 상속자니 우리가 그와 함께 영광을 받기 위하여 고난도 함께 받아야 할 것이니라. _롬 8:10-17

이전 설교에서는 여러분께 열정을 심자는 비전(Planting a Passion)을 말씀드린 바 있습니다. 새롭고, 강하고, 하나님 중심적이고, 그리스도를 높이고, 성경 중심적이고, 선교에 앞장서고, 영혼을 구원하고, 공의를 구하는 교회를 우리 도시 곳곳에 세움으로써 모든 사람의 기쁨을 위해 모든 일 안에서 하나님이 최고이심이 드러나도록 하는 일에 열심을 내자고 말씀드렸습니다. 열정을 심자는 이 비전이 우리 모두에게 활활 타오르기를 기도합니다.

공의를 구하는 심장형 그리스도인으로의 부르심

또한 공의를 구하는 교회가 어떤 교회를 의미하는지 자세하게 다룬 적도 있습니다. 인종 간의 정의에 대해서와 태아를 위한 정의에 관해서도 살펴보았습니다. 그리고 이 설교들에서 제가 주장하고자 했던 바는 하나님께서 우리 성도들이 부신형(adrenal) 그리스도인이 아니라, 공의를 구하는 심장형(coronary) 그리스도인들이 되기를 원하신다는 것이었습니다(심장형 그리스도인은 꾸준히 계속해서 공의를 구하며 열심을 내는 사람들이고, 부신형 그리스도인은 잠깐 열심을 내다 이내 식어버리는 사람들을 의미한다—옮긴이). 그리스도인들은 자기 자신이나 가족 또는 자기 교회를 넘어 더 큰 목적을 위해 매시간, 매일, 매주, 매달, 매년, 수십 년을 계속해서 생명의 피를 공급하는 사람들입니다.

그리스도인들은 단거리 주자가 아니라 마라톤 선수입니다. 200년 전에 영국에서 노예 제도를 철폐하기 위해 일생을 바쳤던 윌리엄 윌버포스 같은 사람들입니다. 심지어 그의 대적 중 한 명도 이렇게 말했습니다. "그는 정말 열정적인 영혼의 소유자였습니다. 그의 열정은 포기와는 거리가 멀었고 타격을 받으면 받을수록 더 강렬해졌습니다." 달리 말해, 그를 넘어뜨리면 그는 더 강하게 일어섰습니다. 오늘날 우리 사회에는 이런 사람이 그리 많지 않습니다. 의를 위해 핍박을 받은 사람들은 대부분 스스로를 불쌍히 여기고 그때 하나님이 어디 계셨느냐고 물으며 누군가를 탓합니다. 하지만 심장형 그리스도인은 실패에서 배우고 다시 일어나 새로운 목표를 세우고 계속해서 전진합니다.

심장형 그리스도인들은 자신의 죄와 맞서 싸운다

오늘 아침에는 로마서 8장으로 다시 돌아왔습니다. 하지만 이전에 다루어 왔던 주제, "공의를 구하는" 교회를 세우는 것에 대해 계속 말씀드리려고 합니다. 하나님께 심장형 그리스도인들을 세워 주시기를 여전히 간구하려고 합니다. 오늘 본문 로마서 8장 12-13절이 바로 이런 내용입니다.

쓰러졌을 때 복수를 계획하는 대신 다시 일어나 새롭게 사랑을 실천할 전략을 세우는 사람, 하나님께 따지는 대신 그분의 지혜와 선한 주권 앞에 복종하는 사람, 또한 환난 당할 때 불평하는 대신 기뻐하고 쇠처럼 단련되는 그런 사람이 되려고 하신다면, 먼저 자기 비애나 교만, 불평, 사람들의 칭찬을 바라는 마음과 같은 죄악들과 싸우는 법을 배워야 합니다. 다른 말로 하면, 사랑과 공의라는 원대한 목적을 위해 기쁨으로 끈질기게 밀고 나가는 심장형 그리스도인들은 그냥 나오지 않는다는 말입니다. 그런 사람들은 죄와의 싸움이라는 활활 타오르는 용광로(주로 자신의 영혼 안에서 일어나는 싸움)에서 주로 탄생합니다.

12절과 13절을 함께 보겠습니다. "그러므로 형제들아 우리가 빚진 자로되 육신에게 져서 육신대로 살 것이 아니니라[문자 그대로 하면, 육신에 빚진 자가 아니라는 말]. 너희가 육신대로 살면 반드시 죽을 것이로되 영으로써 몸의 행실을 죽이면 살리니." 공의를 구하고 열정을 심는 심장형 그리스도인이 되려면(또는 그 문제에 있어서 죽음이 아닌 생명을 유업으로 받으려면), 우리는 육신에(하나님을 대적하고 순종하지 않으며 자아가 지나치게 강한 우리 모두의 옛 본성. 롬 8:7 참고) 빚을 진 노예가 되어서는 안 된다고 바울은 말합니다. "형제들아 우리가 빚진 자로되 육신에게 져서 육신대로 살 것이 아니니라." 우리가 육신에게 빚진 것은 오직 증오와 전쟁입니다. 우리를 망가뜨리는 자에게 빚진 자가 되지 마십시오. 육신에게 빚을 져서 자신을 파괴하지 마십시오.

그러면 '어떻게?'라는 질문이 나옵니다. 그리고 13절은 이에 대해 말해 줍니다. 공의를 구하고, 열정을 심고, 치명적인 육신에 빚을 지지 않은 심장형 그리스도인이 되려면, 자신의 죄를 죽이는 데 능숙해져야 합니다. 하지만 이 말은 위험한 말이기 때문에 주의를 기울여 들을 필요가 있습니다. 일단은 다른 사람의 죄에 대해서는 생각하지 마십시오. 사람들이 나에게 잘못한 것을 생각하지 마십시오. 우리 자신의 죄를 생각하십시오. 바울이 말하는 것이 그것입니다. 13절 하반절입니다. "영으로써 [우리의!] 몸의 행실을 죽이면 살리니."

죄를 죽이기

이 교리에 있어 교회에서 찾을 수 있는 가장 큰 스승은 존 오웬입니다. 아마도 존 오웬만큼 이 문제에 대해 깊이 연구한 사람도 없을 것입니다. 그는 『신자들 속의 죄 죽이기』(*Mortification of Sin in Believers*)

라는 86쪽짜리 책을 썼습니다. 17세기 영어에서는 "mortify"가 "죽이다"는 뜻으로 쓰였습니다(오늘날에는 단순히 "수치" 또는 "굴욕"이라는 의미로 쓰입니다). 오웬은 책 전체에서 로마서 8장 13절 말씀을 해석하고 있습니다. 책 전체를 한 마디로 요약하면 다음과 같습니다. "죄를 죽여라. 그렇지 않으면 죄가 당신을 죽일 것이다."

제가 열다섯 살이었을 때, 어머니가 제 성경책에 써 주신 말이 있습니다(저는 아직도 그 성경책을 가지고 있습니다). "이 성경책이 너를 죄에서 지키게 하렴. 그렇지 않으면 죄가 너를 이 책에서 멀어지게 할 것이다." 오웬은 로마서 8장 13절 말씀을 근거로 이렇게 말한 것입니다. "죄를 죽여라. 그렇지 않으면 죄가 너를 죽일 것이다."

저희 어머니가 하신 말씀과 오웬이 한 이 말은 서로 매우 밀접한 관계가 있음을 알 수 있습니다. 왜냐하면 로마서 8장 13절 말씀은 우리가 '영으로써' 죄를 죽여야 한다고 말하고 있기 때문입니다. "'영으로써' 몸의 행실을 죽이면 살리니." 그렇다면 영이 몸의 행실을 죽이기 위해 휘두르는 도구는 무엇입니까? 에베소서 6장 17절에 그 답이 나옵니다. "성령의 검 곧 하나님의 말씀을 가지라." 이 성경책이 우리를 죄로부터 지켜 줄 것입니다. 이 책이 죄를 죽일 것입니다. 2주 후에 이 문제에 대해 다시 살펴보겠습니다.

하지만 지금은 최근에 다룬 내용들이 서로 어떻게 연결되는지만 살펴보겠습니다. 지난 몇 주 동안 로마서 말씀을 벗어나 있다고 생각했지만, 실은 그리스도인이 몸의 행실을 죽일 때 어떤 일이 일어나는지에 대한 구체적인 예를 살펴본 셈이 되었습니다. 몸의 행실을 죽일 때 우리는 하나님 중심적이고, 그리스도를 높이고, 공의를 구하고, 열정을 심는 마라톤 선수 같은 심장형 그리스도인들이 됩니다.

그렇다면 이제, 로마서 8장 13절이 요구하는 것을 경험하기 위해서는 무엇을 알아야 할까요? 먼저, 네 가지 질문을 던지고 그에 대한 답을 해보도록 하겠습니다. 그 질문에 대한 답변은 죄를 죽이는 이 중요한 임무를 수행하는 데 도움이 될 것입니다.

1. 바울이 "영으로써 몸의 행실을 죽이면 살리니"라고 했을 때 "몸의 행실"은 무엇입니까? 몸의 모든 행실을 죽여야 하는 것은 분명 아닙니다. 몸은 의의 도구로도 여겨지기 때문입니다. 따라서 우리가 죽여야 할 몸의 행실은 무엇일까요?

2. 그 행실들을 죽인다는 것은 무슨 의미입니까? 그 행실들은 우리가 죽여야 할 어떠한 생명을 갖고 있는 것입니까? 그것들을 죽인다는 것은 어떤 의미를 포함합니까?

3. "영으로써"란 무슨 뜻입니까? 영은 하나님 자신입니다. 그분은 우리가 원하는 대로 휘두르는 우리 손에 들린 생명 없는 도구가 아닙니다. 제 손에 영을 들었다고 생각하는 것만으로도 무례하다는 생각에 떨립니다. 오히려 제가 그분의 손에 들려 있습니다. 그렇지 않습니까? 그분이 제 손에 들려 있는 것이 아닙니다. 제가 아니라 그분이 능력이십니다. 그렇다면 "영으로써" 죄를 죽인다는 것을 어떻게 이해해야 할까요?

4. 여기서 죽을 것이라는 위협은 구원을 잃을 수 있다는 의미입니까? 13절 상반절입니다. "너희가 육신대로 살면 반드시 죽을 것이로되." 이 말은 로마에 있는 온 교회를 향해 선포된 말씀입니다. 그리고 여기서 죽음은 영원한 죽음과 심판을 의미합니다. 이렇게 말할 수

있는 이유는 (육신을 따라 살든 아니든) 모든 사람이 육체적 죽음을 맞이하여 죽기 때문입니다. 따라서 이 구절이 경고하는 죽음은 육체적 죽음 이상의 어떤 것, 다른 사람에게는 일어나지 않지만 어떤 사람에게는 일어나는 무언가를 말합니다.

따라서 이런 질문이 남습니다. 믿음으로 의롭다 함을 받은 우리가 영원한 죽음에 처할 수 있을까요? 만일 그렇다면, 우리는 무엇으로 구원을 확신할 수 있단 말입니까? 또는 의롭다 함을 받은 사람에게는 영원한 죽음이란 없다고 한다면, 바울은 왜 육신대로 살면 죽을 것이라고 우리 모두에게 경고하면서 죄를 죽이라고 말하는 것일까요?

자, 오늘은 이 네 번째 질문부터 시작해 보려고 합니다. 나머지 질문들은 두 주 후에 다루겠습니다. 오늘 아침 우리가 떨쳐 버려야 할 오해가 있는데 칭의가 죄를 죽이는 것과 어떻게 연결되어 있는지에 대한 일반적인 시각을 살펴보고, 이러한 견해를 버리는 것이 얼마나 중요한지도 확인하겠습니다.

죽음의 위협은 우리가 구원을 잃을 수 있음을 함축하는가?

이 질문에 대한 제 대답을 아시리라 생각합니다. 이것은 구원을 잃는다는 의미가 아닙니다. 율법의 행위가 아닌 오직 믿음으로 의롭다 여겨진 사람은 영원한 죽음으로 들어간다는 의미에서 죽을 수 없습니다. 제가 이렇게 믿는 주된 이유 중 하나는 로마서 8장 30절에서 찾을 수 있습니다. 이 구절에서 바울은 구원이 처음부터 끝까지 하나님의 역사이며, 모든 부분이 서로 끊어질 수 없는 사슬로 연결되어 있다고 주장합니다. 로마서 8장 30절 말씀입니다. "또 미리 정하신 그들을 또한 부르시고 부르신 그들을 또한 의롭다 하시고 의롭다 하신 그들을 또한 영화롭게 하셨느니라." 여기서 칭의와 영화의 연결은 확실합니다. 우리가 믿음으로 의롭다 함을 받았다면 또한 영화롭게 될 것입니다. 즉, 영생과 영광을 얻을 것입니다. 예정, 부르심, 칭의, 영화라는 이 사슬은 끊어지지 않습니다.

죄를 죽이는 것은 칭의의 결과이며 증거다

따라서 이어지는 질문은, 바울은 왜 로마 교회에 그리고 우리 교회에 "너희가 육신대로 살면 반드시 죽을 것이로되 영으로써 몸의 행실을 죽이면 살리니"라고 말하는가입니다. 이유는 이것입니다. 영으로써 몸의 행실을 죽이는 것, 즉 삶에서 날마다 죄를 죽이는 실천을 하는 것은 의롭다 함을 받은 결과이고 율법의 행위가 아닌 오직 믿음으로 의롭게 되었다는 증거이기 때문입니다. 죄와 싸우고 있고 영으로써 행하고 있다면, 그럴 때 우리는 자신이 오직 믿음으로 그리스도와 연합되었음을 압니다. 그리고 우리가 그렇게 그리스도와 연합되었다면, 그의 피와 의는 우리가 받은 칭의의 견고한 기반을 제공합니다.

반면, 우리가 육신대로 살고 있고(육신과 싸우고 있지 않다면) 삶에서 죄를 죽이는 실천을 하지 않고 있다면, 우리가 믿음으로 그리스도와 연합되었고 그런 이유로 의롭다 함을 받았다고 생각할 만한 설득력 있는 이유를 찾을 수 없게 됩니다. 다른 말로 하면, 몸의 행실을 죽이는 것은 우리가 의롭다 함을 받는 방법이 아니라, 우리가 의로워졌음을 보여 주시기 위해 하나님이 사용하시는 방법 중 하나입니다. 그리고 이런 이유로 바울은 우리에게 죄를 죽이는 일을 하라고 명령합니다. 왜냐하면 우리가 그렇게 하지 않으면(육신과 싸우고 영으로써 몸의 행실을 죽이지 않으면), 즉 은혜와 거룩함 안에서 자라는 것이 우리에게 아무런 의미도 없다면, 이것은 우리 믿음의 고백이 거짓일 수 있고, 교회 구성원으로서 우리 신분도 가짜일 수 있으며, 우리가 받은 세례도 가짜일 수 있기 때문입니다. 그래서 우리는 결국 그리스도인이 아니고 한 번도 그랬던 적이 없다는 결과가 됩니다.

죄를 죽이는 것은 우리가 받은 칭의의 원인이 아니라 결과다

이제 우리가 공의를 구하는 심장형 그리스도인이 되어야 하는 가장 중요한 이유를 다시 한 번 살펴보고 재정립해 볼 필요가 있습니다. 제가 지금 여러분에게 이런 식으로 살면 칭의를 받을 것이라고 말하는 것입니까? 아니면 이것이 의로워진 죄인이 살아가는 방식이기 때문에 그렇게 살라고 말씀드리는 것입니까? 평생 끈기 있게 "영으로써" 공의와 사랑을 구하는 것이 하나님과 화목하게 된 결과입니까? 아니면 그 원인입니까?

윌버포스를 통해 이에 답해 보겠습니다. 윌버포스는 당대 어떤 사람보다도 더 거룩함과 의와 공의를 열망하던 사람이었습니다. 그는 『쉽게 읽는 진정한 기독교』(*A Practical View of Christianity*)라는 책을 썼는데, 이 책에서 그는 공의를 구하고 의를 위해 정치에 참여하고자 열망하면서 이렇게 말합니다.

"기독교는 '경건하지 아니한 자를 의롭다 하려는'(롬 4:5) 하나님의 계획이다. 그 방법은 그리스도가 '아직 죄인이었던'(롬 5:6-8) 그들을 위해 죽는 것이었다. 또한 기독교는 '우리가 원수 되었을 때 하나님과 화목하게 하려는'(롬 5:10) 계획이고, 거룩함이라는 열매를 우리가 의로워지고 하나님과 화목하게 된 '원인이 아닌 결과'로 만들려는 계획이다."

우리는 로마서 8장을 이해할 근간을 마련하면서 거의 4년이라는 세월을 보냈습니다. 로마서 1장부터 5장은 죄인인 우리가 하나님 앞에서 의롭다 여겨지는 유일한 방법에 대해 말합니다. 그것은 우리 자신의 행위를 기반으로 하지 않고 그리스도의 완전한 삶과 죽음을 기반으로, 믿음을 통해 은혜로 우리에게 의를 전가하는 것입니다. 그렇게 하여 하나님은 공의로우시고 예수님을 믿는 경건하지 않은 자들을 의롭다 하십니다(롬 3:26).

이 놀라운 기반이 세워지자, 바울은 6장에서 두 번이나 질문합니다. 1절입니다. "그런즉 우리가 무슨 말을 하리요 은혜를 더하게 하려고 죄에 거하겠느냐?" 15절입니다. "그런즉 어찌하리요 우리가 법 아래에 있지 아니하고 은혜 아래에 있으니 죄를 지으리요?" 6장과 7장은 행위가 아닌 오직 믿음으로 얻는 칭의는 그 사람을 죄와 화목하도록 하지 않으며 할 수도 없음을 보여 주고 있습니다.

"죄에 대하여 죽은 우리가 어찌 그 가운데 더 살리요?"라는 질문에 대해 바울은 답합니다. "그럴 수 없느니라." 우리가 예수님의 죽음 안에서 그분과 연합함으로 죄에 대해 죽었다면, 우리는 죄와 더불어 머물 수 없습니다. 우리를 그리스도와 연합시킨 그 믿음이 경쟁자들에게서 우리를 분리시킵니다. 하나님과 화목하게 한 그 믿음이 죄와 싸우게 합니다. 누군가 죄와 불화하지 않았다면, 그것은 예수님과 화목을 이루지 않은 것입니다. 죄와 불화한 것이 예수님과 화목하게 만들기 때문이 아니라, 예수님과 화목하면 죄와 불화하게 되기 때문입니다.

그러므로 강력히 촉구합니다. 하나님 중심적이고, 그리스도를 높이고, 영혼을 얻고, 공의를 구하고, 열정을 심는 심장형 그리스도인이 되기 원한다면 육신을 따라 살지 말고 "영으로써 몸의 행실을 죽이며" 사십시오. 죄를 죽이십시오. 그렇지 않으면 죄가 우리를 죽일 것입니다.

16장

어떻게 죄를 죽일 것인가 (2)

로마서 8:10-17

또 그리스도께서 너희 안에 계시면 몸은 죄로 말미암아 죽은 것이나 영은 의로 말미암아 살아 있는 것이니라. 예수를 죽은 자 가운데서 살리신 이의 영이 너희 안에 거하시면 그리스도 예수를 죽은 자 가운데서 살리신 이가 너희 안에 거하시는 그의 영으로 말미암아 너희 죽을 몸도 살리시리라. 그러므로 형제들아 우리가 빚진 자로되 육신에게 져서 육신대로 살 것이 아니니라. 너희가 육신대로 살면 반드시 죽을 것이로되 영으로써 몸의 행실을 죽이면 살리니 무릇 하나님의 영으로 인도함을 받는 사람은 곧 하나님의 아들이라. 너희는 다시 무서워하는 종의 영을 받지 아니하고 양자의 영을 받았으므로 우리가 아빠 아버지라고 부르짖느니라. 성령이 친히 우리의 영과 더불어 우리가 하나님의 자녀인 것을 증언하시나니 자녀이면 또한 상속자 곧 하나님의 상속자요 그리스도와 함께 한 상속자니 우리가 그와 함께 영광을 받기 위하여 고난도 함께 받아야 할 것이니라. _롬 8:10-17

이전 설교에서 로마서 8장 12-13절 말씀을 보면서 네 가지 질문 중 하나에 답을 해보았습니다. 12절과 13절은 “그러므로 형제들아”라고 말합니다. 여기서 ‘그러므로’는 11절이 말하는 영광스러운 진리,

즉 우리 죽을 몸이 죽은 자 가운데서 다시 살아나 하나님의 영으로 말미암아 살아 가며 하나님이 본래 창조하셨던 대로 몸과 영혼으로 영원히 하나님을 즐거워하게 되리라는 거대한 진리를 전한 끝에 이어지는 결론입니다. "그러므로 형제들아, 우리가 빚진 자로되 육신에게[반역하던 옛 자아] 져서 육신대로 살 것이 아니니라." 우리가 육신에게 되갚아 줄 것은 미움과 싸움뿐입니다. 육신은 우리가 태어나는 날부터 줄곧 우리를 죽이려고 했습니다. 그런 적에게 힘을 실어 줌으로써 스스로 멸망을 자초해서는 안 됩니다. 우리는 육신에게 빚을 진 것이 아닙니다.

바울은 13절에서 계속해서 이렇게 말합니다. "너희가 육신대로 살면 반드시 죽을 것이로되 영으로써 몸의 행실을 죽이면 살리니." 우리는 육신에게 빚진 것이 없습니다. 하나님의 영에게 모든 것을 빚졌습니다. 그분은 부활의 때에 우리를 살아나게 하실 뿐만 아니라(11절) 지금도 우리는 오직 "영으로써" 죄를 이길 수 있습니다. "영으로써 몸의 행실을 죽이면 살리라."

우리는 마지막 부활 생명을 영에게 빚지고 있습니다(11절). 그리고 믿는 자로 부활 때까지 죄와 싸우는 데 있어서 필요한 인내도 영으로부터 얻습니다. 우리가 "영으로써"가 아닌 다른 방법으로 그리스도인으로 살아남으려고 한다면, 결코 성공하지 못할 것입니다. 우리는 죽을 것입니다. 지난번에 제가 보여 드리려고 했던 것은, 이 위협은 실제 상황이고 이 싸움에 대한 요청은 너무나 중차대하다는 것이었습니다.

삶이 전쟁이라고 믿기 전까지는(즉 자신의 영혼이 걸린 문제라고 믿기 전까지는), 우리는 진지함이나 경각심, 열정, 전투태세도 갖추지 않고 그저 절반은 장난으로 기독교를 믿는 셈입니다. 오늘 아침 우리가 이런 상태라면, 아주 위태로운 상황에 처한 것입니다. 대적이 지금껏 우리를 잘도 속여 아무 일도 없는 것처럼 편안하게 생각하고 잠들어 있게 만든 것입니다. 하지만 하나님은 그분의 자비하심으로 우리를 오늘 이곳에 있게 하셨고 이 설교를 통해 우리를 깨우시고 전투태세를 갖추게 하십니다.

예수님은 마태복음 11장 12절에서 이렇게 말씀하셨습니다. "세례 요한의 때부터 지금까지 천국은 침노를 당하나니 침노하는 자는 빼앗느니라." 천국에 들어가기 원합니까? 그렇다면 침노하여 빼앗으십시오! 하지만 누구를 또는 무엇에 대항해 침노하시겠습니까?

예수님의 대답을 들어 보십시오. "만일 네 손이나 네 발이 너를 범죄하게 하거든 찍어 내버리라. 장애인이나 다리 저는 자로 영생에 들어가는 것이 두 손과 두 발을 가지고 영원한 불에 던져지는 것보다 나으니라"(마 18:8). 영생을 얻기 원하십니까? 침노하여 취하십시오! 넘어지지 않으려면 손과 발을 찍어 버리십시오. 이것은 우리가 자신의 죄를 가장 급진적으로 공격한다는 뜻입니다. 다른 사람의 죄가 아니라 우리 죄입니다.

이제 이것을 로마서 8장 13절에 대입해 보겠습니다. "영으로써 몸의 행실을 죽이면 살리라." 생명으로 들어가기 원하십니까? 살고 싶으십니까? 전투태세를 취하십시오. 유다처럼 자신을 배반하는 귀와 눈과 혀와 손과 발과 화목해서는 안 되며 원수로 여기십시오. 죄의 도구들로 생각하고 그것과 싸우십시오. 몸의 행실을 죽이십시오.

그리스도인의 삶은 치열한 전쟁

에드 웰치는 그의 책 『무덤 안에서의 향연』(*A Banquet in the Grave*)을 쓰는 과정에서 이렇게 말했습니다.

> … 진정한 절제에는 뭔가 사나운 구석이 있다. … 절제는 겁쟁이들을 위한 것이 아니다. 그것을 키우고 싶다면, 예수 그리스도를 더욱 기뻐할 뿐 아니라, 죄는 더욱 미워해야 한다. … 통제에서 벗어나려는 욕망을 이길 유일한 태도는 총력전을 선포하는 것이다. … 전쟁은 우리의 감각을 더 예민하게 만든다. … 잔가지가 부러지는 소리, 잎사귀가 바스락거리는 소리에도 공격 태세를 취한다. 기침 소리만 들려도 방아쇠를 당길 준비를 한다. 여러 날 잠을 못 자도 계속 깨어 있을 수 있다.

진짜 그리스도인의 삶에는 은근히 드러나는 과격함이라는 성향이 있습니다. 하지만 누구를 또는 무엇을 대항한 과격함입니까? 다른 사람이 아닙니다. 죄와 화목하려고 하고 안전하다고 생각하며 안주하려고 하는 우리 자아 안에 있는 모든 충동들에 대한 과격함입니다. 우리 안에 있는 모든 욕망과 음식 또는 카페인, 설탕, 초콜릿, 술, 포르노, 돈, 사람들의 칭찬, 다른 사람의 인정, 권력, 명성에 기웃거리는 모든 욕망들에 대해 격렬하게 맞서는 것입니다. 인종차별로 기울고 불의와 가난과 낙태에 대해 무관심한 우리 영혼 안에 있는 모든 충동들에 대한 과격함입니다.

기독교는 그저 안일하게 이 세상과 화목하며 그런대로 살아가면 되는 그런 종교가 아닙니다. 영으로써 자기 몸의 행실을 죽이면 살 것입니다. 기독교는 전쟁입니다. 우리의 죄악 된 충동들과의 싸움입니다.

따라서 오늘 아침 이에 대해 조금 더 살펴보겠습니다. 이전에 다루지 않은 질문이 세 가지 있다고 말씀드렸습니다.

1. 우리가 죽여야 할 "몸의 행실"은 무엇입니까?
2. 그것들을 죽인다는 것은 무슨 의미입니까?
3. "영으로써" 그것을 한다는 의미는 무엇입니까?

우리가 죽여야 할 "몸의 행실"은 무엇인가?

바울은 여기서 이미 로마서 6장에서 했던 말을 다시 하고 있습니다. 그러니 6장으로 돌아가서 몇 가지 기억을 되살려 보겠습니다. 로마서 8장 13절 말씀을 더욱 분명히 드러내 주는 세 구절을 살펴보겠습니다.

먼저, 로마서 6장 13절입니다. "또한 너희 지체를[육신을] 불의의 무기로 죄에게 내주지 말고 오직 너희 자신을 죽은 자 가운데서 다시 살아난 자 같이 하나님께 드리며 너희 지체를 의의 무기로 하나님께 드리라." 그렇다면 우리가 죽여야 할 "몸의 행실"은 무엇입니까? 우리 몸이 "불의의 무기"가 될 때 하게 될 행동들입니다(이런 일이 일어나기 전에 먼저 죽여야 합니다).

두 번째, 로마서 6장 12절입니다. "너희는 죄가 너희 죽을 몸을 지배하지 못하게 하여 몸의 사욕에 순종하지 말고." 죽을 몸이 죄에 의해 지배당해 몸의 사욕에 순종할 때, 그때 거기서 우리는 죽여야 할 "몸의 행실"들을 보게 됩니다.

세 번째로, 로마서 6장 6절입니다. "우리가 알거니와 우리의 옛 사람이 '예수'와 함께 십자가에 못 박힌 것은 죄의 몸이 죽어 다시는 우리가 죄에게 종노릇하지 아니하려 함이니." 이 구절은, 몸의 악한 행실을 죽이는 것에 대해 가장 중요하면서도 가장 두드러진 기독교의 진리를 상기시켜 줍니다. 즉 오직 믿음으로 예수 그리스도와 연합할 때 우리는 이미 죄에 대해 죽고 하나님에 대해 산 것이고, 몸의 행실을 죽이면서 그리스도 안에 있는 존재답게 실제로 변해 가는 것입니다.

"우리 옛 자아가 십자가에 못 박힌 것은 죄의 몸이 죽기 위해서였습니다!" 그리스도가 죽으셨을 때, 우리가 믿음으로 그분과 연합되어 있다면 그분 안에서 우리도 죽었습니다. 또한 우리가 그분과 함께 죽었기 때문에 몸의 악한 행실을 죽임으로써 이 죽음을 보여 줄 수 있습니다. 우리는 이미 승리를 얻었으므로 죄와 싸워 이길 수 있습니다! 그분은 소멸된 죄의 권세를 부수십니다. 우리가 그리스도 안에서 죽었을 때 이미 죽임당한 죄만 우리는 죽일 수 있습니다. 이것이 기독교입니다. 도덕적으로 자기를 향상시키는 것이 기독교가 아닙니다.

따라서 "로마서 8장 13절에서 말하는 몸의 행실은 무엇인가?"에 대한 답은, 죄나 욕망이나 불의의 유혹을 받아 하게 되는 행동들입니다. 죄는 행위보다 더 깊습니다. 행위는 죄의 도구입니다. 그리고 그것(죄)이 대적의 편으로 넘어가서 우리 몸에 뭔가를 하려 할 때, 우리는 그 행위를 죽여야 합니다. 그러면 우리 자신과의 이 싸움에서 배신자는 죽게 됩니다.

죽인다는 것은 무엇인가?

몸의 죄악 된 행실들의 숨통을 조이는 것입니다. 생명선인 혈관을 잘라 내는 것입니다. 몸의 행실들은 어딘가에서 나옵니다. 예수님은 말씀하셨습니다. "입에서 나오는 것들은 마음에서 나오나니 이것이야말로 사람을 더럽게 하느니라. 마음에서 나오는 것은 악한 생각과 살인과 간음과 음란과 도둑질과 거짓 증언과 비방이니 이런 것들이 사람을 더럽게 하는 것이요 씻지 않은 손으로 먹는 것은 사람을 더럽게 하지 못하느니라." 죄악 된 행동들은 혈관으로 연결되어 있는데 그 혈관을 반드시 잘라야 합니다. 다른 말로 하면, "몸의 행실들"을 야기하는 마음의 상태가 있습니다. 이것이 중요합니다. 문자 그대로 손을 잘라내고, 눈을 빼라는 말이 아닙니다. 그렇게 해봐야 아무 유익이 없습니다. 단 그 정도로 마음을 독하게 먹어야 한다는 말입니다. 나쁜 뿌리를 잘라 냄으로써 나쁜 열매를 죽이는 것입니다.

무엇이 "몸의 행실"에서 나온 나쁜 뿌리입니까? 로마서 8장 7절에서 확인할 수 있습니다. "육신의 생각은 하나님과 원수가 되나니 이는 하나님의 법에 굴복하지 아니할 뿐 아니라 할 수도 없음이라."

죽여야 할 "몸의 행실"의 뿌리는 하나님과 원수가 되어 하나님의 법에 굴복하지 않고 굴복할 수도 없는 육신입니다. 13절입니다. "너희가 '육신'대로 살면 반드시 죽을 것이로되." 육신이 여기서 가장 큰 대적입니다. 그리고 그것이 대적인 이유는 하나님께 불순종하고 적대적이기 때문입니다. 육신은 하나님을 좋아하지 않고 하나님으로부터 할 일을 듣고 싶어 하지 않습니다. 따라서 이 적대감이 만들어 내는 "몸의 행실들"을 죽이기 위해서는 연결된 혈관을 잘라야 합니다. 산소 공급관을 잠가 버려야 합니다. 거기로 더 이상 피가 흐르지 않게 해야 합니다. 하나님을 거부하는 불순종과 적대감이라는 뿌리를 잘라 냄으로써 몸의 행실에 따라 행하기 전에 없애야 합니다.

"영으로써" 그것을 한다는 의미는 무엇인가?
이에 대해서는 각각 다른 성경말씀을 참고해 세 단계로 답해 보겠습니다.

1단계: 영의 일들에 마음을 두라

로마서 8장 5-6절에 주목하고 여기서 바울이 영과 육을 어떻게 말하고 있는지 보십시오(그는 13절에서 이 둘을 대조하고 있습니다). "육신을 따르는 자는 육신의 일을, 영을 따르는 자는 '영의 일'을 생각하나니 육신의 생각은 사망이요[13절 상반절에서도 이렇게 말하고 있습니다!] 영의 생각은 생명과 평안이니라[13절 하반절 말씀과 같습니다!]."

따라서 첫 번째 대답은, 영으로써 몸의 행실을 죽이는 것에는 "영의 일에 마음을 두는 것"이 포함된다는 것입니다. 단지 유혹을 보면서 "싫어"라고 말하는 것이 아닙니다. 물론 그것도 중요합니다. 꼭 그렇게 하셔야 합니다! 하지만 영으로써 몸의 행실을 죽이려면, 그 이상을 해야 합니다. 즉 마음과 정신과 영적 집중력을 다른 곳으로, 즉 "영의 일들"로 돌려야 합니다.

2단계: 하나님의 말씀과 그 말씀이 보여 주는 현실에 마음을 두라

"영의 일들"은 무엇입니까? 유혹을 받을 때 죄를 죽이기 위해 영의 일들에 마음과 정신을 고정하려면, 무엇을 바라보아야 합니까? 고린도전서 2장 13-14절 말씀이 중요한데, 여기서 바울은 자신의 가르침이 하나님이 영감을 불어넣으신 말씀이라고 말합니다. 신약에서 "영의 일들"이라는 말이 사용된 곳은 로마서 말씀과 이 고린도전서 2장 말씀이 전부입니다. 그는 자신의 계시를 이렇게 표현합니다.

"우리가 이것을 말하거니와 사람의 지혜가 가르친 말로 아니하고 오직 성령께서 가르치신 것으로 하니 … 육에 속한 사람은 하나님의 성령의 일들을 받지 아니하나니 이는 그것들이 그에게는 어리석게 보임이요, 또 그는 그것들을 알 수도 없나니 그러한 일은 영적으로 분별되기 때문이라."

따라서 여기서 "성령의 일들"은 사도들이 선포한 하나님의 말씀입니다. 로마서 8장 5절에서 "영을 따르는 자는 영의 일을 생각하나니"라고 말할 때 바울이 의도한 바는 하나님의 말씀과 그 말씀마다 가리키는 실체들에 마음을 두었다는 것입니다. 이것은 "성령의 일들"로 육에 속한 사람은 거부하고 영에 속한 사람은 받아들입니다. 따라서 "영으로써" 몸의 행실을 죽이는 것은 "영의 일들에 마음을 두는 것"입니다. 즉 지금 살펴본 것처럼 하나님으로부터 영감을 받은 사람들에 의해 선포된 하나님의 말씀과 그것이 가리키는 실체를 받아들이는 것입니다.

이것이 특히 중요한 이유는 "하나님의 말씀"을 에베소서 6장 17절에서는 "성령의 검"으로 부르기 때문입니다. 검은 죽이는 데 사용됩니다. 그리고 그것이 로마서 8장 13절에서 우리가 "영으로써" 하려는 일입니다. 영으로써 몸의 행실을 죽이십시오. 즉 "영의 일들"에 마음을 고정시키십시오. 마음과 뜻을 다해 "하나님의 말씀"을 환영하고 받아들이십시오. 죄를 죽이는 가장 치명적인 무기인 성령의 검을 드십시오.

3단계: 율법의 행위가 아닌 듣고 믿음으로써 그렇게 하라

하나님의 말씀을 통해 성령의 능력으로 죄를 죽이기 위해 우리가 실제로 할 일은 무엇입니까? 갈라디아서 3장 5절에 그 답이 분명히 나와 있습니다. "너희에게 성령을 주시고 너희 가운데서 능력을 행하시는 이의 일이 율법의 행위에서냐 혹은 듣고 믿음에서냐." 율법의 행위가 아닌 "듣고 믿음"을 통해 성령이 우리에게 강력하게 역사하여 죄를 죽이게 됩니다.

바울이 "믿음으로"라고 말하지 않고 "듣고 믿음"이라고 말한 이유는 무엇입니까? 믿음이 듣고 받아들이고 포용한 것은 들려진 것, 즉 죄를 죽이는 성령의 검인 "하나님의 말씀"임을 강조하기 위해서입니다.

하나님의 말씀이 어떻게 죄를 죽입니까? 이 부분은 다음 설교 시간에 다루겠습니다. 단, 오늘 설교를 통해 꼭 기억해야 할 것은, 유혹이 다가올 때 아주 단호하고 강력하게 "싫어!"라고 말할 뿐 아니라, 하나님의 말씀을 바라보아야 한다는 사실입니다. 특히 죄가 우리에게 약속하는 것보다 하나님께서 우리를 위해 더 많은 것을 예비하고 행하실 거라는 약속의 말씀들을 바라보십시오. 그리고 그분을 믿는다면(이것이 가장 중요한 싸움입니다) 죄의 뿌리를 잘라 내게 될 것입니다.

그러므로 마음과 생각을 진리와 생명과 능력의 원천인 하나님의 약속들에 흠뻑 적시십시오. 유혹이 다가올 때면 모든 것을 만족시키는 말씀인 성령의 검을 꺼내 드십시오. 그리고 그것을 믿으십시오. 그 성령의 검으로 죄의 뿌리를 잘라 내십시오. 죽이십시오.

17장

어떻게 죄를 죽일 것인가 (3)

로마서 8:10-17

또 그리스도께서 너희 안에 계시면 몸은 죄로 말미암아 죽은 것이나 영은 의로 말미암아 살아 있는 것이니라. 예수를 죽은 자 가운데서 살리신 이의 영이 너희 안에 거하시면 그리스도 예수를 죽은 자 가운데서 살리신 이가 너희 안에 거하시는 그의 영으로 말미암아 너희 죽을 몸도 살리시리라. 그러므로 형제들아 우리가 빚진 자로되 육신에게 져서 육신대로 살 것이 아니니라. 너희가 육신대로 살면 반드시 죽을 것이로되 영으로써 몸의 행실을 죽이면 살리니 무릇 하나님의 영으로 인도함을 받는 사람은 곧 하나님의 아들이라. 너희는 다시 무서워하는 종의 영을 받지 아니하고 양자의 영을 받았으므로 우리가 아빠 아버지라고 부르짖느니라. 성령이 친히 우리의 영과 더불어 우리가 하나님의 자녀인 것을 증언하시나니 자녀이면 또한 상속자 곧 하나님의 상속자요 그리스도와 함께 한 상속자니 우리가 그와 함께 영광을 받기 위하여 고난도 함께 받아야 할 것이니라. _롬 8:10-17

죄를 죽이는 방법에 대해 13절 말씀을 가지고 세 번 설교를 하겠다고 약속 드렸습니다. "너희가 육신대로 살면 반드시 죽을 것이로되 영으로써 몸의 행실을 죽이면 살리니." 제가 "죄를 죽인다"고 말한 것은 "몸의 행실을 죽이면"이라는 표현을 보고 한 말입니다. 따라서 이 구절은, 살고 싶으면 죽여야 한다는 의미입니다. 죄를 죽이지 않는다면 죄가 우리를 죽입니다.

육신과의 싸움

그리스도인의 삶에는 뭔가 이상한 구석이 있습니다. 싸움이 있습니다. 전쟁입니다. 하지만 자기를 방어하기 위해 사람들을 대상으로 하는 싸움과는 정반대입니다. 이 싸움은 "육신" 또는 "몸의 행실", 즉 우리 육신과 우리 몸과 벌이는 싸움입니다. 이 과정에서 그리스도인은 다른 사람들을 못살게 굴지 않습니다. 그는 자신의 죄악 됨, 자신의 육신과 싸웁니다.

로마서 8장 7절에서 '육신'의 의미를 살펴보았습니다. "육신의 생각은 하나님과 원수가 되나니 이는 하나님의 법에 굴복하지 아니할 뿐 아니라 할 수도 없음이라." 여기서 육신은 하나님을 대적하는 것으로, 하나님을 향한 불순종과 적대감이 우리 몸과 마음을 지배할 때의 우리 모습입니다. 따라서 우리는 그 죄악 된 행실의 숨통을 조임으로써 "몸의 행실"을 죽입니다. 육신의 숨통을 조이고 생명선을 잘라 버립니다. 산소 공급 밸브를 잠그고 혈관을 막아 버립니다. 하나님을 향한 불신과 적대감과 불순종의 뿌리를 잘라내어 실제로 죄악 된 행동이 일어나기 전에 죽여야 합니다.

'영으로써' 그리고 "영의 일들"을 통해

우리는 어떻게 그렇게 할 수 있는지 질문한 바 있습니다. 바울은 '영으로써' 한다고 말합니다. 13절 하반절입니다. "영으로써 몸의 행실을 죽이면 살리니." 이 말이 무슨 의미일까요? 이것은 그리스도인의 삶에서 아주 중요합니다. '영으로써' 몸의 행실을 죽입니다. '영으로써' 죄를 죽입니다.

이것이 무슨 의미일까요? '영으로써' 죄를 죽이는 것은 로마서 8장 5절에서 말하는 "영의 일을 생각하는 것"과 관련이 있다고 말씀드렸습니다. "육신을 따르는 자는 육신의 일을, 영을 따르는 자는 영의 일을 생각하나니 육신의 생각은 사망이요 영의 생각은 생명과 평안이니라." 그래서 "영의 일"이 무엇인지를 질문하면서 고린도전서 2장 13-14절 말씀을 통해 대답했습니다. "우리가 이것을 말하거니와 사람의 지혜가 가르친 말로 아니하고 오직 성령께서 가르치신 것으로 하니 … 육에 속한 사람은 하나님의 '성령의 일들'을 받지 아니하나니 이는 그것들이 그에게는 어리석게 보임이요." 여기서 로마서 8장 5절에 나오는 "영의 일"이라는 표현이 또 나옵니다. 그렇다면 "영의 일"이란 무엇입니까? 사도들이 선포하고, 인간의 지혜가 아닌 성령으로 인해 깨달아지는 하나님의 말씀입니다.

따라서 로마서 8장 13절 말씀처럼 '영으로써' 몸의 행실을 죽이려면 우리 마음을 "성령의 일들"에 두어야 합니다. 이제 우리는 이것이 성경에 있는 하나님의 말씀에 마음을 두어야 한다는 의미임을 압니다. 에베소서 6장 17절에서 바울이 악과 싸울 때 "구원의 투구와 '성령의 검 곧 하나님의 말씀'을 가지라"고 말한 것과 연결해 볼 때 그 의미가 더욱 분명히 드러납니다.

전쟁에서 우리가 입어야 할 모든 영적 갑옷 중에 유일하게 죽이는 데 사용하는 공격용 무기가 바로 칼입니다. 로마서 8장 13절과 연관지어 보면 이 칼은 두 가지 방식으로 표현되어 있습니다.

첫째, '성령의' 검입니다. 우리가 입은 갑옷 가운데 유일하게 죽이는 무기가 칼이고 그것이 "성령의 검"이라고 불린다면, 영으로써 죄를 죽인다는 것은 바로 이 칼을 사용한다는 의미라고 생각할 충분한 근거가 있습니다.

그렇다면 두 번째로, 이 "성령의 검"은 무엇입니까? 앞에서 보았듯, 에베소서 6장 17절은 그것이 "하나님의 말씀"이라고 말합니다. 이로써 고린도전서 2장 14절과의 연관성이 확실해집니다. 죄를 죽이는 칼은 하나님의 말씀입니다. 그리고 '영으로써' 죄를 죽이는 방법은 우리 마음을 "성령의 일들", 즉 성경에 있는 하나님의 말씀에 두는 것입니다. 그렇게 할 때 하나님의 말씀은 성령의 검이 됩니다.

성령께서 죄를 죽이시는 방법

따라서 우리가 묻고 답하려는 질문은 "오늘 성령의 능력이 나의 삶 가운데 임해 죄를 죽이도록 하기 위해 나는 무엇을 할 수 있는가?" 입니다. 로마서 8장 13절에서 이와 관련된 모순점을 보지 않으셨습니까? 한편으로, 바울은 죄를 죽이는 것은 우리가 반드시 해야 하는 일이라고 말합니다. 바로 우리가 그것을 해야 합니다. "[너희가] 몸의 행실을 죽이면." 하지만 반면, '영으로써' 그렇게 해야 한다고 말합니다. 여기서 성령은 도구나 무기가 아닙니다. 그분은 인격체입니다. 그분은 하나님이십니다. 영이신 하나님이 몸의 행실을 죽입니다. 따라서 분명한 것은 영이 결정적으로 죄를 죽이는 주체라는 것입니다. 여기에 모순이 있습니다. 우리가 해야만 하는 일이지만, 그분이 행하시는 방식으로 그렇게 합니다. 이것이 그리스도인의 삶과 도덕적 자립 프로그램 간의 차이입니다.

바울은 로마서 15장 18절에서 이것을 말하고 있습니다. "그리스도께서 나를 통하여 역사하신 것 외에는 내가 감히 말하지 아니하노라." 또 고린도전서 15장 10절 하반절에서 말하는 내용이기도 합니다. "내가 모든 사도보다 더 많이 수고하였으나 내가 한 것이 아니요 오직 나와 함께 하신 하나님의 은혜로라." 내가 노력했지만, 그것은 내가 아니라 내 안에서 나와 함께 하신 하나님의 영, 하나님의 은혜로 가능했다는 고백입니다.

따라서 "성령의 능력이 죄를 죽이시도록 하기 위해 내가 오늘 무엇을 할 수 있는가?"라고 묻는 것은 지극히 옳은 일입니다. 우리가 그리스도인의 삶을 살려면(그저 흉내만 내는 것이 아니라) 로마서 8장 13절을 경험해야만 합니다. 성령께서 죄를 죽이시는 방법을 사용해야 합니다. 이것은 하나님의 영광이 달린 문제입니다. 궁극적으로 죄를 죽이는 자가 최고의 영예를 얻게 될 것이기 때문입니다.

율법의 행위로인가 아니면 듣고 믿음으로인가

그래서 우리는 지난번에 말씀을 끝맺으면서 갈라디아서 3장 5절의 핵심 구절을 살펴보았습니다. 여기서 바울은 "어떻게 성령으로 하여금 죄를 죽이게 할 수 있는가?"라는 질문에 답합니다. 그는 이렇게 질문합니다. "너희에게 성령을 주시고 너희 가운데서 능력을 행하시는 이의 일이 율법의 행위에서냐 혹은 듣고 믿음에서냐?" 다른 말로 하면, 이 질문은 이런 뜻입니다. "성령이 우리 삶에서 어떻게 기적을 행하시는 능력으로 역사하시는가?" "성령이 우리 삶에서 어떻게 죄를 죽이시는가?"

바울은 두 가지 길을 제시합니다. '율법의 행위로냐 아니면 듣고 믿음으로냐?' 그리고 그가 기대하는 대답은 분명합니다. 율법의 행위가 아니라 듣고 믿음으로입니다. 그렇다면 바울은 왜 그냥 "믿음으로"라고 하지 않고 "듣고 믿음으로"라고 했을까요? 성령께서 우리 삶에 오셔서 능력 있게 역사하며 죄를 죽이시는 것은 그저 "믿음으로" 되는 것이 아니라 "듣고 믿음으로" 된다는 것인데, 그는 왜 그런 식으로 말할까요? 답은 성령의 검이 하나님의 말씀이고, 우리가 듣고 믿는 것도 바로 그 말씀이기 때문입니다. 하나님의 말씀(성령의 검)이 들리고 믿어질 때, 성령이 죄를 죽이십니다.

다른 말로 하면, 성령과 우리의 연결점은 하나님의 말씀과 믿음입니다. 이 둘은 소켓과 플러그와 같습니다. 믿음의 플러그를 하나님의 말씀이라는 소켓에 끼울 때, 성령이 흐릅니다. 그리고 성령이 흐를 때 성령이 죄를 죽입니다.

이렇게 작동하는 법에 대해 몇 가지 실례를 들기 전에, 두 가지 중요한 말씀을 먼저 드리겠습니다.

우리가 구원받을 때와 같은 방식으로 죄를 죽인다

하나는 우리가 구원받을 때와 같은 방식으로 죄를 죽인다는 점입니다. 에베소서 2장 8-9절은 "너희는 그 은혜에 의하여 믿음으로 말미암아 구원을 받았으니 이것은 너희에게서 난 것이 아니요 하나님의 선물이라. 행위에서 난 것이 아니니 이는 누구든지 자랑하지 못하게 함이라"고 말합니다. 행위가 아닌 믿음이 우리가 하나님과 화목하는 방법입니다. 그리고 행위가 아닌 믿음이 우리가 성령을 받아 죄를 죽이는 방법입니다. 따라서 오늘 이 자리에 비그리스도인이 계시다면, 지금 듣는 내용은 그리스도인으로서 한참 성숙한 후에야 살아가게 되는 그런 수준 높은 삶의 모습이 아니라는 점을 알아 두시기 바랍니다. 이것이 그리스도인이 되고, 또한 그리스도인으로 성장하는 방법입니다.

그리스도인이 되려면 하나님의 약속들을 믿어야 합니다. 예를 들어, "누구든지 주의 이름을 부르는 자는 구원을 받으리라"(롬 10:13)와 같은 말씀입니다. 그리고 그리스도인으로서 죄와 싸우려면 "내가 결코 너희를 버리지 아니하고 너희를 떠나지 아니하리라"(히 13:5)와 같은 약속의 말씀들을 믿어야 합니다. 그리스도가 우리를 위해 죽으셨을 때, 그리스도는 자신의 피 값으로 칭의와 성화를 둘 다 사셨습니다. 그리고 이 둘은 모두 믿음으로 얻어집니다. 믿음으로 살지 않아도 되는 때는 결코 없습니다. 우리는 처음부터 끝까지, 전가된 의라는 선물과 죄를 죽이고 실제적인 의를 나누어 주시는 하나님의 은혜라는 능력을 신뢰해야 합니다.

그리스도의 영광은 우리가 이런 식으로 살아갈 때 얻어진다

두 번째로 짚고 넘어갈 것은 우리가 이런 식으로 살아갈 때 하나님이 영광을 받으신다는 사실입니다. 모든 삶은 예수 그리스도를 높이라고 만든 것입니다. 우리가 하는 모든 일이 그분의 위대하심을 드높여야 합니다. 그렇다면 이런 질문도 나올 수 있습니다. '성령의 능력으로 우리 삶에서 맹렬하게 죄를 죽여 달라고 하면 안 되는가? 그냥 하나님께 기도해서 삶에서 죄를 죽여 달라고 하면 되지 않는가? 구하면 주신다(눅 11:9, 13 참고)고 하지 않으셨는가?'

사실 그렇게 구해야 합니다. 기도는 중요합니다. 하지만 기도만으로는 "영으로써 몸의 행실을 죽인다"는 의미를 다 담아내지 못합니다. 우리에게 성령을 주시고 우리 가운데서 기적을 행하시는 그분은 듣고 믿음으로써 그렇게 하신다고 바울은 말합니다. 단순히 구하기만 하는 것이 아니라 들어야 합니다. 그리고 단순히 듣는 것이 아니라 듣고 믿어야 합니다. 하나님은 왜 이런 식으로 우리의 승리를 계획하셨을까요?

바로 이런 이유에서입니다. 만일 하나님께서 우리가 구한다고 우리가 듣고 믿는 과정 없이 그냥 죄를 죽이신다면, 우리가 거룩해지는 것에 있어 예수 그리스도께서 영광을 받지 못하실 것입니다. 예수님은 "진리의 성령이 오시면 … 그가 내 영광을 나타내리니"(요 16:13-14)라고 말씀하셨습니다. 우리 죄를 죽이는 데 있어서 성령이 하시는 역할은 예수 그리스도께 영광이 되는 방법으로 죄를 죽이는 것입니다. 그리고 우리가 "듣고 믿을" 때 성령께서 역사하심으로써 그렇게 될 수 있습니다. 우리가 듣는 것은 근본적으로 예수 그리스도의 복음입니다.

그렇습니다. 그리스도의 복음에는 하나님의 모든 약속이 포함되어 있습니다. 고린도후서 1장 20절 말씀처럼 "하나님의 약속은 얼마든지 그리스도 안에서 예가" 되기 때문입니다. 다른 말로 하면, 예수님은 자신을 신뢰하는 사람들을 위해 모든 약속에 대한 대가를 지불하셨습니다. 그래서 우리가 듣고 믿는 모든 약속은 예수 그리스도에게 영광이 됩니다. 우리가 그리스도의 복음이나 그 복음의 약속들을 듣지 않은 채 우리 죄를 죽여 달라고 하나님께 구하는 것으로 그친다면, 그리스도는 우리 거룩함으로 인해 영광을 받지 못하실 것입니다.

하나님은 아들이 칭의와 성화 속에서 높임을 받도록 의도하셨습니다. 그래서 하나님은 성화가 기도만으로 이루어지게 하지 않으시고, 하나님께 우리 죄를 죽여 달라고 구하면서 동시에 그리스도를 높이고 피 값으로 산 하나님의 약속들을 듣고 믿음으로 이루어지게 하셨습니다.

이것이 두 번째로 짚고 넘어갈 점입니다. 우리 삶에서 죄를 없앤다면 그것은 반드시 예수님을 영화롭게 해야 합니다. 그리고 예수님은 우리가 영으로써, 즉 예수님이 자신의 피로 사서 보증한 약속들을 듣고 믿음으로써 죄를 죽일 때 영광을 받으십니다.

실례들

이제 몇 가지 예를 들면서 말씀을 맺을까 합니다. 지금 현재 우리 교회에서 파송한 선교사 가정 중 세 가정이 30일 이내에 탄자니아에서 나가라는 요구를 받았습니다. 한 선교사의 아내는 자신들의 상황을 예수님이 돌아가시고 부활하시기 전, 제자들의 상황과 비교하면서 이렇게 말했습니다. “그들은 누군가의 집에서 아무 말도 못한 채 그저 멍하니 앉아 있었습니다. 그들은 예수님이 곧 부활하실 거라는 사실을 알지 못했습니다. 우리가 처한 상황은 그들과 많이 흡사했습니다. 미래는 어둡고 불확실했습니다. 침울한 가운데 우리는 짐을 싸서 지난 7년간 우리의 고향이었고 우리 아이들이 아는 유일한 고향인 그 나라를 떠나려 하고 있었습니다."

자, 여기 도사리고 있는 죄의 위험은 무엇일까요? 실행되기 전에 죽여야 할 그들의 죄는 무엇입니까? 분노, 절망, 자기비애, 두려움, 성급함, 조바심입니다. 그렇다면 우리는 어떻게 이 죄들을 죽이고, 또한 거기서 나올지도 모를 몸의 행실을 죽일 수 있겠습니까?

선교사 부인이 쓴 같은 편지에 이런 답이 실려 있습니다.

> 우리는 하나님은 선하시며 그분이 모든 것을 통제하시고, 그분은 우리가 아는 것 이상으로 우리를 사랑하시고, 우리에게 소망과 미래를 줄 계획이 있으시며, 우리를 풍요롭게 할 계획이 있으시다는 진리들을 붙들었습니다(렘 29:11). 우리 영은 당연히 의기소침하고 감정적으로나 육체적으로 지쳐 있었습니다. 하지만 '여호와의 인자와 긍휼이 무궁하시므로 우리가 진멸되지 아니함이니이다. 이것들이 아침마다 새로우니'(애 3:22-23)라는 말씀을 붙들었습니다.

다른 말로 하면, 그들은 영으로써 몸의 행실을 죽이고 있었습니다. 그렇습니다. 죄를 죽이고 있었습니다. 그들은 하나님의 약속을 듣고 믿었습니다. 그리고 그렇게 함으로써 성령이 역사하시며 그들을 견디게 하셨고 성화시키셨습니다.

또 다른 예가 있습니다. 한 선교사 부부가 지난해부터 이곳에서

도시 부랑자 사역을 함께 해왔습니다. 이제 그들은 어린 세 자녀와 함께 아프리카 한 지역으로(너무 위험한 지역이라 이름을 밝힐 수 없는 곳) 가려고 합니다. 그들이 2월에 보낸 선교 편지에 영으로써 죄를 죽이는 것이 어떤 것인지 분명히 보여 주는 예가 있었습니다.

그들은 자신들을 위협하는 죄들을 나열하고 나서 그 죄들을 죽이기 위해 그들이 사용한 하나님의 약속들을 적어 놓았습니다.

> 이 나라 헌법은 다른 말을 하지만, 하나님의 말씀은 '너희 안에 계신 이가 세상에 있는 자보다 크심이라'(요일 4:4)고 말씀합니다. 두려움은 '이런저런 일이 일어나면 어떡하지?'라고 말하지만, 믿음은 '두려워하지 말라. 내가 너와 함께 함이라. 놀라지 말라. 나는 네 하나님이 됨이라. 내가 너를 굳세게 하리라. 참으로 너를 도와주리라. 참으로 나의 의로운 오른손으로 너를 붙들리라'(사 41:10)고 말합니다. 걱정이 생길 때 믿음은 '평안을 너희에게 끼치노니 곧 나의 평안을 너희에게 주노라. 내가 너희에게 주는 것은 세상이 주는 것과 같지 아니하니라. 너희는 마음에 근심하지도 말고 두려워하지도 말라'(요 14:27)고 응답합니다. 의심과 회의와 실망이 '그들은 절대 변하지 않아. 이건 시간 낭비야!'라고 비아냥거릴 때, 예수님은 우리에게 시선을 맞추시며 '사람으로는 할 수 없으되 하나님으로는 그렇지 아니하니 하나님으로서는 다 하실 수 있느니라'(막 10:27)고 말씀하십니다.

이 선교사들로부터 배우십시오. 사도 바울에게서 배우십시오. 영으로써 몸의 행실을 죽이십시오. 율법의 행위로가 아닙니다. 영으로써 죄를 죽이십시오. 율법의 행위로가 아닙니다. 그리스도의 보혈로 사신 하나님의 약속, 즉 성령의 검을 들어 예수 그리스도를 영화롭게 하고 그 약속들에 마음을 고정시키십시오. 그 약속들을 의지하십시오. 그 약속들에 만족하십시오. 죄의 힘은 무너질 것입니다. 죄가 지배하지 못할 것입니다. 예수 그리스도가 우리의 몸에서 높임을 받으실 것입니다! 아멘.

18장

시대정신과 부활하신 그리스도의 실재(부활주일)

로마서 8:11

예수를 죽은 자 가운데서 살리신 이의 영이 너희 안에 거하시면 그리스도 예수를 죽은 자 가운데서 살리신 이가 너희 안에 거하시는 그의 영으로 말미암아 너희 죽을 몸도 살리시리라. _롬 8:11

무엇이 믿음을 방해하는가?

오늘날 미국 사회에서 우리 믿음(삶에서 깊은 헌신이 뒤따르는 진짜 믿음)을 가장 저해하는 것이 뭐라고 생각하십니까? 선하고 거룩하시며 전능하신 하나님과, 그 하나님의 율법을 어기게 만드는 죄의 실체, 그리고 하나님의 진노로부터 죄인들을 구하기 위해 그리스도가 죽으셨다가 다시 살아나셔서 그들에게 영생을 주신다는 것과, 삶을 변화시키는 데에는 확고한 믿음이 절실히 필요하다는 진실을 믿는 데 있어 방해가 되는 것이 무엇입니까? 이러한 것들이 진리이고 실제이며 아름답고 필요한 것임을 믿지 못하도록 막고 서 있는 것이 무엇입니까?

누군가는 이렇게 말합니다. "사람들은 그런 것을 알지도 못합니다. 성경이 가르치는 내용을 모르는 것이 문제이지요." 또는 "증거가 부족해서입니다. 이런 주장이 사실인지 알 길이 없습니다." 또 누군가는 이렇게 말합니다. "세상이 이렇게 악한데 선한 하나님이 있을 리가 없습니다." 또는 "사람들은 삶이 주는 즉각적인 무게와 즐거움에 정신이 팔려 있어서 궁극적인 질문을 하고 그 질문들을 해결하기 위해 애쓰지 않습니다." 아니면 이렇게 말할 수도 있습니다. "이런 것들을 믿는다고 주장하는 사람들 중에 많은 사람이 순엉터리입니다."

제가 이 질문을 드린 이유는, 오늘 아침 우리가 기독교의 진리를 보면서, 그것이 사실이고 아름다우며 영생을 누리는 데 꼭 필요한 것임을 믿을 수 있도록 돕기 위해서입니다. 한 편의 설교에서 다루기엔 너무 큰 주제입니다. 그러므로 제가 할 수 있는 일이란, 이런 진리들을 믿는 데 방해가 되는 장애물 한두 개를 극복하도록 도와 이전보다 자유롭게 진리를 추구하도록 길을 열어드리는 것입니다. 그때 하나님께서 은혜를 베푸신다면, 세상의 실체를 제대로 설명하는 것은 기독교의 진리 외에 어디에도 없으며, 기독교야말로 인간의 깊은 필요를 충족시키고 하나님과 그분의 뜻에 대해 올바른 시각을 갖고 있다는 사실을 깨닫게 될 것입니다.

따라서 오늘 아침 저의 목표는 이러한 진리들에 대한 증거를 세세히 대는 것이 아닙니다. 다만 저는 하나님이 우리의 삶에서 행하시는 위대한 역사의 작은 일부가 되길 바랄 뿐입니다. 지금 여기서 듣는 이 설교는 언젠가 그리스도를 대면하여 볼 때 깨닫게 될 진리의 한 조각으로 기억될 것입니다.

우리 문화에 만연한 상대주의

오늘 아침 제가 말씀드리고 싶은 장애물(기독교를 받아들이는 것을 방해하는)은 우리 문화 속에 점점 만연하고 있는 상대주의입니다. 상대주의는 진리에 대한 어떤 주장이든 중립적으로 만들어 버립니다. 너무나 거대하고 모든 것을 품어 안는 기독교의 주장을 그렇게 만들어 버립니다.

상대주의가 점점 만연하고 있다는 것이 무슨 뜻입니까? 몇 가지 방법으로 설명해 보겠습니다. 농담 같은 얘긴데(최근에 이 말을 들었는데, 제 생각엔 전혀 농담 같지 않습니다), 어떤 곳에서는 일자리를 얻으려면 "2 더하기 2는 무엇인가요?"라는 질문에 "뭐가 되기를 원하십니까?"라고 대답해야 한다고 합니다. 다른 말로 하면, 진리가 우리 삶을 규정하는 객관적인 기준이 아니라는 말입니다. 대신, 우리 개인적인 욕구가 전권을 휘두르고, 진리는 원하는 것을 얻기 위해 얼마든지 모양을 변하게 할 수 있는 밀납코(wax nose)와 같이 되어 버렸습니다. 그래서 "2 더하기 2는 4"가 내가 가진 어떤 욕망을 너무 구속하고 방해한다고 느껴지면, 그것을 바꿔 버립니다. 왜냐하면 요즘 기준으로 보면 절대적인 것은 내 욕망이지 나의 외부에 있는 객관적인 진리가 아니기 때문입니다. 이것이 제가 의미하는 상대주의입니다.

이런 분위기 속에서는, 기독교가 상식으로 통하지 못합니다. 기독교는 객관적이고, 외적이고, 역사적인 진리를 주장하기 때문입니다. 그래서 저는 오늘날 이 상대주의가 얼마나 만연해 있는지, 또한 그것이 우리 모두에게 어떤 영향을 미치는지 알려 드리고, 그와는 반대로 궁극적인 실재를 증거하는 성경으로 넘어가고자 합니다.

만연하고 있는 상대주의에 대한 또 다른 예가 있습니다. 몇 년 전 TV에서 데모스 재단(DeMoss foundation)이 임신중절에 반대하는 광고를 하면서 이런 카피를 사용했습니다. "생명, 아름다운 선택입니다"(Life. A Beautiful Choice). 다른 말로 하면, 생명은 본래 고귀한 것으로 그것을 선택하는 것이 옳고 선하고 아름답다는 뜻이었습니다.

낙태를 옹호하는 그룹인 나랄(NARAL, National Abortion Rights Action League)은 이에 대한 반박 광고를 냈는데 이런 슬로건을 내걸었습니다. "아름다운 삶을 선택하십시오"(Choice: a beautiful life). 여기서 우리가 주목해야 할 것은 이러한 변화의 저변에는 그저 낙태에 대한 서로 다른 견해만 있는 것이 아니라 진리와 실재를 바라보는 극단적으로 다른 견해가 있다는 것입니다.

나랄 그룹의 TV 광고에 대해 한 기자가 이렇게 말했습니다. "이 광고는 음식, 종교, 머리 모양 같은 영역에서 개인의 선호도를 중시합니다. 그리고 더 나아가 아기를 낳을 것인지 아니면 낙태할 것인지도 개인 선호도의 문제로 간주합니다." 그러자 휘튼대학의 교사였던 로저 룬딘은 이렇게 논평합니다. "중국 음식 아니면 프랑스 요리, 예수님 아니면 노스트라다무스, 파마 아니면 스트레이트, 생명 아니면 죽음. 이 모든 것이 다 같습니다. 당신의 삶을 더 복되게 하는 것이라면 어떤 것이든 상관없습니다. 당신이 그것을 자유롭게 선택하는 것이 중요합니다."

이것이 제가 말하는 만연한 상대주의입니다. 생명의 가치가 우리 선택의 기준이 아닙니다. 대신, 우리 선택이 생명의 가치를 좌우하는 기준입니다. 이 말은 기준이 없다는 의미입니다. 그리고 우리는 지금 그에 따른 결과를 목도하고 있는데, 우리 문화는 여러 면에서 몰락하고 있습니다.

많은 영역에서 드러나는 상대주의의 결과

상대주의를 생각할 때 가장 섬뜩한 사실은, 우리가 배우고 살아가는 모든 영역에서 이를 옹호하는 사상이 팽배해 있다는 것입니다. 요사이 포스트모더니즘이라고 불리는 것도 여기에 들어갑니다. 거트루드 히멜파브(뉴욕 시립대학 역사학 명예교수)는 네 가지 영역에서 포스트모더니즘의 결과를 말합니다.

- 문학 분야에서는, 저자가 의도했던 것에 우선권을 부여할 만한 어떤 객관적인 의미는 없습니다. 또한 위대한 책들이 만화책보다 더 낫다고 할 만한 기준도 없습니다.
- 법률에 있어서, 헌법의 의미는 헌법을 만든 자들이 의도했던 의미가 아니라 현 시대의 판사가 그렇다고 하는 의미, 또는 사회가 필요로 하는 의미에 의해 결정됩니다.
- 철학에서는, 언어가 실재를 그대로 드러낸다고 보지 않습니다. 언어는 현실을 있는 그대로 표현하지 않습니다. 언어가 실재에 종속되지 않습니다. 오히려 언어가 실재를 만들어 냅니다. 그렇기 때문에 언어는 진리의 종이 아니라 권력의 도구입니다.
- 역사에서, 과거는 고정된 실체가 없습니다. 과거는 창조적인 역사가들이 선택한 것들로 이루어질 뿐입니다.
- 물론 정치적 추문에서도 이러한 만연한 상대주의가 판치는 것을 봅니

다. 정치적 추문에서 객관적으로 옳고 그름은 전혀 중요하지 않고 소위 말하는 "여론 조작가들"의 역할이 중요합니다.

이 외에도 많습니다. 이렇게 만연한 상대주의는 얼마나 심각합니까? 1994년 마이클 노박이 템플턴상을 수상하면서 했던 말이 생각납니다. "통속적인 상대주의는 냄새도 없고 눈에 보이지도 않는 치명적인 가스입니다. 이 가스가 지구상의 모든 자유 사회를 오염시키고 있습니다. 이것은 도덕적 분투(moral striving)라는 중앙 신경 체제를 공격하는 가스입니다. 그러므로 오늘날 자유 사회를 위협하는 위험은 정치적인 것도 아니고 경제적인 것도 아닙니다. 상대주의라는 독소가 있는 부패한 문화입니다."

오늘 아침, 제가 메시지를 전하는 목적은 정치적인 것도 철학적인 것도, 심지어 문화적인 것도 아닙니다. 제 목표는 예수 그리스도가 죄인들을 위해 죽으셨고 죽은 자 가운데서 살아나셨으며 자신의 백성을 다시 살려 영생을 얻게 하실 하나님의 아들임을 믿는 것을 방해하는 여러 장애물을 극복하도록 돕는 것입니다. 예수님은 이렇게 말씀하셨습니다. "내 아버지의 뜻은 아들을 보고 믿는 자마다 영생을 얻는 이것이니 마지막 날에 내가 이를 다시 살리리라 하시니라"(요 6:40).

따라서 제가 우리 문화에 만연한 상대주의, 포스트모더니즘에 대해 걱정하는 이유는, 그것이 성경이 말하는 하나님과 죄에 대해, 그리스도와 믿음에 대해 우리가 제대로 이해하지 못하도록 방해하기 때문입니다. 그것은 객관적인 실재를 믿는 우리의 능력을 망가뜨립니다. 사람들은 자기 자신과 욕구 외에는 실재가 없다는 개념을 받아들이고 있고, 세상이 나에게 주는 것을 마음대로 조작할 수 있다고 생각합니다.

"예수님이 죽은 자 가운데서 살아나셨습니까?" – 상대주의자의 대답

어느 날, 아내와 함께 점심을 먹으러 가면서 라디오 프로그램을 듣는데, 이 모든 것과 예수님의 부활이 연결되어 있다는 생각이 들었습니다. 린 니어리가 존 도미니크 크로산을 인터뷰하는 내용이었습니다. 크로산은 복음에 대해 매우 비판적이고 교회가 예수님에 대해 늘 믿어 왔던 내용 중 많은 부분을 거부합니다. 린 니어리는 이런 질문으로 인터뷰를 시작했습니다. "예수님이 죽은 자 가운데서 살아나셨습니까?" 그의 대답은 즉각적이었습니다. "네, 네, 그렇습니다. 그리스도인들에게는 그렇죠." 그의 말은 "그리스도인들을 위해서"라는 의미가 아니었습니다. "그리스도인들이 보는 입장에서는" 그렇다는 말이었습니다.

다른 말로 하면, 예수님의 부활이 객관적이고, 물리적이고, 역사적인 사실이 아니라 그리스도인들이 그렇게 생각한다는 말입니다. 예수님에 대한 기억과 영향력이 교회의 소망 안에서 그리고 공의를 향한 교회의 열정 안에서 계속되고 있기 때문에 예수님은 다시 살아난 것이라는 의미였습니다. 린 니어리는 그 문제에 대해 더 이상 파고들지 않았지만, 만일 더 질문을 했더라면 크로산은 아마 이렇게 대답했을 것 같습니다. "예수님의 몸이 아직도 무덤에 있는지, 아니면 육신을 가지고 죽은 자 가운데서 살아나셔서 지금 하늘에서 산

자와 죽은 자를 심판하기 위해 예비하고 계신지 아닌지는 전혀 중요하지 않습니다. 중요한 것은 저기 밖에 있는 실재가 아니라 지금 여기의 현실입니다. 우리 정신과 마음과 선택이 중요합니다."

이것이 상대주의에 있는 치명적인 약점입니다. 성경이 실제로 가르치는 내용과 정반대의 것을 말하기 때문입니다.

성경이 예수님에 대해 가르치는 것

첫째, 성경은 예수 그리스도가 영원하시며 하나님 자신이라고 가르칩니다.

"태초에 말씀이 계시니라. 이 말씀이 하나님과 함께 계셨으니 이 말씀은 곧 하나님이시니라"(요 1:1). 그러므로 예수님은 우리가 원하는 그런 모습이실 수 없습니다. 그분의 실재는 우리와 완전히 독립적입니다. 그분은 우리 앞서 계시고 우리를 능가하여 존재하십니다. 우리는 주어진 모습 그대로 그분을 대해야 합니다. 그리스도는 말 그대로 길이요, 진리요, 생명이십니다. 우리가 어떻게 느끼든, 우리가 어떻게 생각하든 그 사실은 변하지 않습니다.

둘째, 성경은 하나님이신 이 신적이고 영원한 그리스도가 사람이 되었다고 가르칩니다.

"말씀이 육신이 되어 우리 가운데 거하시매 우리가 그의 영광을 보니 아버지의 독생자의 영광이요 은혜와 진리가 충만하더라"(요 1:14). 또는 바울은 이렇게 말합니다. "그 안에는 신성의 모든 충만이 육체로 거하시고"(골 2:9). 그리스도는 역사적 인물이고 그분의 역사적 실재는 변할 수 없습니다. 역사는 자기가 원하는 대로 가공될 수 있다고 설득하려 할지 모릅니다. 하지만 여기 있는 아이들도 2 더하기 2가 4인 것처럼 어제 일은 변할 수 없음을 압니다. 과거로 돌아가 어제를 다시 살 수는 없습니다. 그리고 아무리 정교하게 조작해도 어제의 사실을 원래의 모습이 아닌 다른 것으로 바꿀 수는 없습니다. 그리스도가 과거의 어느 때에 사람이 되셨다면, 그 사실은 변할 수 없습니다.

셋째, 성경은 이 신적이고 성육신하시고 신이자 인간이신 예수 그리스도가 기꺼이 우리 죄를 위해 죽으셨다고 가르칩니다.

바울은 고린도전서 15장 3절에서 이렇게 말합니다. "내가 받은 것을 먼저 너희에게 전하였노니 이는 성경대로 그리스도께서 우리 죄를 위하여 죽으시고." 이 죽음은 화요일 날 패티 라슨이 죽은 것처럼 진짜 있었던 일이며 객관적이고 불가피한 일이었습니다. 그리고 예수님의 죽음의 의미는 그를 따르는 자들이 만들어 낸 주관적인 추측이 아닙니다. 하나님이 그 의미를 계획하셨고 예수님이 그것을 이루셨고 사도들은 그 의미를 받았습니다.

예수님은 죄를 짊어지고 구약에 나오는 모든 하나님의 약속들을 성취하셨습니다. "우리는 다 양 같아서 그릇 행하여 각기 제 길로 갔거늘 여호와께서는 우리 모두의 죄악을 그에게 담당시키셨도다"(사 53:6). 주님이신 하나님은 이 죽음에 본래의 의미를 부여하기 위해 우리 밖에서 객관적으로 어떤 일을 하셨습니다. 하나님은 우리 죄를 예수님에게 지우셨습니다. 이것이 예수님의 죽음의 의미입니다. 그분은 죄를 짊어진 구원자이십니다. 우리가 그분을 그렇게 만든 것이 아닙니다. 그분의 본래 모습입니다.

넷째, 성경은 그분이 죽은 자 가운데서 육체를 입고 살아나셨다고 가르칩니다.

예수님의 부활은 유령이나 허깨비가 아니었습니다. 오늘날 사람들이 저세상으로 간 사랑하는 사람들을 만난다는 그런 방식이 아니었습니다. 무덤은 비어 있었습니다. 이 일은 대적들에게는 무척 당황스런 일이었습니다. 하지만 더 중요한 것은 그분이 육체를 입고 제자들 앞에 나타난 것이었습니다. "그가 고난 받으신 후에 또한 그들에게 확실한 많은 증거로 친히 살아 계심을 나타내사 사십 일 동안 그들에게 보이시며 하나님나라의 일을 말씀하시니라"(행 1:3). 예수님은 자신을 본 목격자들에게 자신이 실제로 객관적으로, 육체적으로 살아 있음을 증명하셨습니다.

"예수께서 이르시되 어찌하여 두려워하며 어찌하여 마음에 의심이 일어나느냐 내 손과 발을 보고 나인 줄 알라. 또 나를 만져 보라. 영은 살과 뼈가 없으되 너희 보는 바와 같이 나는 있느니라. 이 말씀을 하시고 손과 발을 보이시나 그들이 너무 기쁘므로 아직도 믿지 못하고 놀랍게 여길 때에 이르시되 여기 무슨 먹을 것이 있느냐 하시니 이에 구운 생선 한 토막을 드리니 받으사 그 앞에서 잡수시더라"(눅 24:38-43).

다른 말로 하면, 이런 의미로 말씀하신 것입니다. "나는 단지 개념으로만 존재하는 게 아니다. 세상에 정의를 실현하게 하는 동기로만 존재하는 게 아니다. 나는 나를 따르는 자들이 마음에 품은 소망 같은 감정으로만 존재하는 게 아니다. 나는 귀 얇은 사람들이 여기저기서 이런저런 이야기를 듣고 속아서 만들어 낸 환영이 아니다. 나는 확고한 실재다. 나는 죽었었고 지금은 살아 있으며, 너희들은 나를 만질 수 있고 내가 물고기를 먹는 것을 볼 수 있다. 나는 이렇게 실제로 존재한다."

다섯째, 성경은 이 부활하신 그리스도가 하늘과 땅의 모든 권세를 갖고 있으며 결코 다시 죽지 않을 거라고 가르칩니다.

로마서 6장 9절은 이렇게 말합니다. "이는 그리스도께서 죽은 자 가운데서 살아나셨으매 다시 죽지 아니하시고 사망이 다시 그를 주장하지 못할 줄을 앎이로라." 이런 이유로, 예수님은 마태복음 28장 18-19절에서 이렇게 말씀하셨습니다. "하늘과 땅의 모든 권세를 내게 주셨으니 그러므로 너희는 가서 모든 민족을 제자로 삼아라." 그리고 이것은 바울이 빌립보서 2장 9-11절에서 다음과 같이 말한 이유이기도 합니다. "이러므로 하나님이 그를 지극히 높여 모든 이름 위에 뛰어난 이름을 주사 하늘에 있는 자들과 땅에 있는 자들과 땅 아래에 있는 자들로 모든 무릎을 예수의 이름에 꿇게 하시고 모든 입으로 예수 그리스도를 주라 시인하여 하나님 아버지께 영광을 돌리게 하셨느니라."

이것은 우리 밖에 있는 실재입니다. 이것은 우리가 역사로부터 만들어 낼 수 있는 뭔가가 아닙니다. 오히려 역사가 우리로부터 뭔가를 만들어 낼 수 있는 이유가 됩니다.

이제 마지막 가르침으로 이어집니다.

여섯째, 성경은 로마서 8장 11절에서 "예수를 죽은 자 가운데서 살리신 이의 영이 너희 안에 거하시면 그리스도 예수를 죽은 자 가운데서 살리신 이가 너희 안에 거하시는 그의 영으로 말미암아 너희 죽을 몸도 살리시리라"고 가르칩니다.

예수님이 그러셨던 것처럼 하나님의 백성들이 다시 살아날 객관적이고 역사적인 그날, 실재하는 그날이 다가오고 있습니다.

성경이 말하는 주장들을 숙고하라

따라서 이제 질문을 하면서 말씀을 맺으려고 합니다. 우리는 지금 이 시대에 만연한 상대주의 사상으로부터 충분히 자유롭습니까? 그래서 우리 외부에 있는 객관적인 실재를 있는 그대로 인식할 수 있습니까? 성경이 말하는 다음의 여섯 가지 주장들을 숙고해 보시길 권합니다.

1) 그리스도는 하나님으로서 늘 존재하셨습니다. 2) 그리스도는 은혜와 진리가 충만한 인간이 되셨습니다. 3) 그리스도는 죄로 인해 죽으셨습니다. 4) 그리스도는 죽은 자 가운데서 육체를 입고 살아나셨습니다. 5) 그리스도는 다시 죽지 않으실 것이고 하늘과 땅의 모든 권세를 갖고 계십니다. 6) 우리 안에 아버지의 영이 거하신다면, 그분은 우리를 죽은 자 가운데서 살리실 것입니다.

그렇다면 우리는 어떻게 하나님의 영을 받아 우리 안에 그분이 거하시도록 할 수 있을까요? 성경이 갈라디아서 3장 5절에서 답을 줍니다. 바울은 말합니다. "너희에게 성령을 주시고 너희 가운데서 능력을 행하시는 이의 일이 율법의 행위에서냐 혹은 듣고 믿음에서냐." 하나님의 말씀인 복음을 듣고 믿음으로써 하나님의 영을 받습니다. 즉, 우리가 하나님의 말씀을 들을 때, 그분의 은혜로 우리는 그것이 진리임을 알게 되고 그것을 받아들이고 그것을 믿고 그 믿음대로 살게 됩니다.

19장

하나님의 영으로 인도함을 받는 사람은 곧 하나님의 아들이라

로마서 8:13-17

너희가 육신대로 살면 반드시 죽을 것이로되 영으로써 몸의 행실을 죽이면 살리니 무릇 하나님의 영으로 인도함을 받는 사람은 곧 하나님의 아들이라. 너희는 다시 무서워하는 종의 영을 받지 아니하고 양자의 영을 받았으므로 우리가 아빠 아버지라고 부르짖느니라. 성령이 친히 우리의 영과 더불어 우리가 하나님의 자녀인 것을 증언하시나니 자녀이면 또한 상속자 곧 하나님의 상속자요 그리스도와 함께 한 상속자니 우리가 그와 함께 영광을 받기 위하여 고난도 함께 받아야 할 것이니라. _롬 8:13-17

13절에서 14-17절까지의 말씀으로 옮겨가면서, 확연히 드러나는 새로운 주제가 있습니다. 이는 성경에서 가장 중요한 주제 중 하나입니다. 바로 우리의 아들 됨(sonship), 즉 그리스도인은 하나님의 자녀라는 주제입니다. 지금까지 살펴본 로마서에서는 우리를 하나님의 아들 또는 자녀라고 부른 곳이 없습니다. 그런데 이제부터 그 단어가 반복해 등장하면서 자유와 기쁨, 사랑, 소망을 가득 담아냅니다.

14절입니다. "하나님의 영으로 인도함을 받는 사람은 곧 '하나님의 아들'이라." 15절입니다. "너희는 다시 무서워하는 종의 영을 받지 아니하고 '양자의 영'을 받았으므로 우리가 '아빠 아버지'라고 부르짖느니라." 16절입니다. "성령이 친히 우리의 영과 더불어 우리가 '하나님의 자녀'인 것을 증언하시나니." 17절입니다. "'자녀'이면 또한 '상속자' 곧 하나님의 상속자요 그리스도와 함께한 상속자니…."

로마서에서 지금까지는 등장하지 않았던 주제가 이 부분에서는 매 구절마다 새롭게 언급되는 것을 확인할 수 있습니다. 이는 분명 새롭게 집중을 받는 내용으로 우리가 깨닫고 맛보며 우리가 받은 영광스러운 구원의 일부로 받아들여야 할 무엇임에 틀림없습니다. 여기서 바울은 그리스도인으로서 우리 자신에 대해 그리고 우리가 어떤 존재인지에 대해, 우리와 관련하여 하나님은 어떤 분이신지에 대해 말하고 있습니다. 또한 우리가 이런 존재인지를 어떻게 알 수 있는지, 그것이 우리가 경험한 것에 대해 함축하는 바는 무엇인지를 말하고 있습니다.

그러니 한 구절씩 간단히 살펴보면서 바울이 성령에 대해, 우리가 하나님의 자녀로 입양된 것에 대해 무엇을 가르치는지 확인해 보겠습니다. 오늘은 먼저 14절부터 16절까지만 보고, 상속자로서 우리가 받는 유산에 초점을 맞추고 있는 17절은 다음 주에 설명하겠습니다(17절은 그다음 문단으로 넘어가는 다리 역할을 합니다).

영으로써 죄를 죽이는 사람이 곧 하나님의 영으로 인도함을 받는 사람

먼저, 14절입니다. 이 말씀은 바울이 13절 말씀의 근거로 제시한 것입니다. "너희가 육신대로 살면 반드시 죽을 것이로되 영으로써 몸의 행실을 죽이면 살리니." 이 13절 말씀에 대해선 지난 3주에 걸쳐 살펴본 바 있습니다. 죄를 죽이지 않으면 죄가 우리를 죽일 것입니다. 그리고 '영으로써'라는 말을 많이 강조했습니다. "영으로써 몸의 행실을 죽이면 살리니." 이 말은 영이 우리가 휘두르는 도구 또는 무기라는 의미가 아니라고 말씀드렸습니다. 영은 인격체이십니다. 그분이 우리 손에 들려 있는 것이 아니라 우리가 그분의 손에 들려 있습니다! 따라서 '영으로써' 죄를 죽인다는 것은 하나의 사고방식(mindset)을 의미하며, 그 사고방식을 통해 성령께서 우리가 죄의 권세로부터 자유하도록 역사하신다는 의미입니다. 그리고 그 사고방식은 하나님께서 피 값을 치르면서 우리에게 허락하신 약속들을 믿는 것을 가리킵니다.

이제는 '성령은 우리 손에 들린 도구가 아니고 우리가 그분 손에 들린 도구'라고 말했던 것이 실제로 맞는 말인지 확인하기 위해 14절에서 바울이 한 말을 생각해 보겠습니다. "무릇 하나님의 영으로 인도함을 받는 사람은 곧 하나님의 아들이라"(한글 성경에는 번역되어 있지 않지만 영어 성경은 "for"라는 단어로 시작된다—옮긴이). "for"(왜냐하면)는 바울이 13절에서 한 말을 설명하고 근거를 대겠다는 의미입니다. 따라서 13절에서 "영으로써 몸의 행실을 죽이는 것"은 14절에서 "하나님의 영으로 인도함을 받는 것"으로 설명됩니다. 그리고 13절에 나오는 "살리라"는 14절에서 "하나님의 아들이라"는 말로 설명됩니다.

이제 쌍을 이루는 이 두 부분을 잠시 살펴보겠습니다.

“너희가 육신대로 살면 반드시 죽을 것이로되 영으로써 몸의 행실을 죽이면 살리니 [왜냐하면] 무릇 하나님의 영으로 인도함을 받는 사람은 곧 하나님의 아들이라.” 바울은 “영으로써 몸의 행실을 죽인다”를 “하나님의 영으로 인도함을 받는다”는 말로 다시 설명하고 있습니다. 따라서 지난주에 살펴본 내용, 즉 ‘영으로써’ 무언가를 하는 것은 영에 의해 그것을 하도록 ‘이끌린다’는 의미가 맞는다는 사실을 확인하게 됩니다. 영은 우리 손에 들린 도구가 아닙니다. 우리가 그분 손에 들린 도구입니다. 우리가 그분을 이끄는 것이 아닙니다. 그분이 우리를 이끄십니다. 그분은 우리에게 단순한 자동응답기가 아닙니다. 우리는 그분에 의해 움직이고 이끌림을 받습니다.

그렇다면 13절과 관련해서 볼 때 14절에서 말하는 하나님의 영으로 인도함을 받는다는 것은 무엇일까요? 우리 아버지의 사랑이 가장 존귀하다는 것을 믿음으로써 하나님의 영에 의해 죄를 죽이도록 이끌림을 받는 것입니다. 죄가 주는 것보다 그리스도가 더 낫다는 것을 믿으며 죄와 싸울 때, 우리는 하나님의 영으로 인도함을 받는 것입니다. 이 구절을 문맥에서 떼어 “제대로 된 대학에 가면, 나는 하나님의 자녀인 거야”라든가 “적합한 배우자를 만나면 나는 하나님의 자녀인 거야” 또는 “괜찮은 직장을 얻게 되면 나는 하나님의 자녀인 거야”라는 식으로 받아들이지 마십시오.

물론 이 모든 영역에서 하나님의 자녀는 하나님의 영의 인도함을 받을 거라는 의미도 있습니다. 하지만 이 본문의 초점은 그런 것이 아닙니다. 이 본문의 문맥에서는 영으로써 죄를 죽이라는 말을 하고 있습니다. 그 이유는 "[그럼으로써, 즉 영으로써 죄를 죽임으로] 하나님의 영으로 인도함을 받는 모든 사람은 하나님의 자녀"이기 때문입니다. 다른 말로 하면, 우리가 하나님의 자녀라는 증거는 성령께서 우리로 하여금 우리 죄와 싸우도록 이끄심으로써 자신의 임재를 확실히 드러내시는 것에서 나타납니다. 하나님의 자녀는 죄를 미워합니다. 하나님의 자녀는 그들의 아버지가 귀하게 여기는 것을 귀히 여기고, 아버지가 우선시하는 것을 우선시하며, 아버지가 선호하는 것을 선호하고, 아버지의 입맛을 그대로 닮습니다. 말하자면 부전자전입니다.

그리고 자녀들이 하나님 아버지의 이런 자질들을 공유하려는 이유는 자녀들을 이런 식으로 이끄는 아버지의 영이 그들 속에 있기 때문입니다. 성령께서 자녀들에게 새로운 입맛을 주시고 새로운 선호도, 새로운 가치관, 새로운 즐거움, 새로운 슬픔을 주십니다. 따라서 우리 아들 됨의 증거는 바로 이것입니다. '삶에서 죄와 싸우십니까, 아니면 죄에 무관심하십니까?'

하나님의 아들 됨에 근거를 둔 생명의 약속

이제 13절과 14절에 나오는 다른 한 쌍의 연결방식에 주목해 보십시오. 첫 번째 쌍에서는 "영으로써 죄를 죽이는 것"을 "하나님의 영으로 인도함을 받는 것"으로 설명하고 있습니다. 두 번째 쌍은 13절에 나오는 "살리라"와 14절에 나오는 "하나님의 아들이라"입니다. "너희가 육신대로 살면 반드시 죽을 것이로되 영으로써 몸의 행실을 죽이면 '살리니' 무릇 하나님의 영으로 인도함을 받는 사람은 곧 '하나님의 아들'이라." 이것이 보여 주는 바는 '살리라'는 생명에 대한 약속이 우리의 하나님 아들 됨에 근거한다는 사실입니다.

영으로써 몸의 행실을 죽이기 때문에 우리에게 영생이 있음을 안다는 것이 13절이 말하는 바입니다. 즉 영으로써 몸의 행실을 죽이는 것은 우리가 하나님의 영으로 인도함을 받기 때문입니다. 그리고 하나님의 영으로 인도함을 받는다는 것은 우리가 하나님의 아들임을 보여 줍니다. 이것이 14절의 내용입니다. 하나님의 자녀라는 이 지위가 우리에게 영생을 보증합니다. 이것이 17절의 요지입니다. "자녀이면 또한 상속자 곧 하나님의 상속자요 그리스도와 함께한 상속자니." 무엇을 상속받습니까? 영원한 생명과 그 안에 포함된 모든 영광입니다.

따라서 14절은 영으로써 죄를 죽이는 것을 하나님의 영으로 인도함을 받는다는 말로 설명하고, "살리라"를 하나님의 아들이라는 말로 설명합니다. 그렇게 해서 14절은 영으로써 인도함을 받는 것이 우리가 하나님의 자녀라는 증거이자 표시임을 드러냅니다. 이것이 의미하는 바는, 영으로써 죄를 죽이는 것은 우리의 아들 됨의 증거이고 따라서 영생을 얻는 길이라는 것입니다.

바울은 우리가 이 사실을 즐거워하기를 원합니다. 우리가 기뻐하고 대적과 삶의 두려움을 이길 수 있도록 이 이야기를 하고 있습니다. 15절에서 실제로 이 점이 분명해집니다.

하나님의 영과 우리의 아들 됨은 어떤 관련이 있나

15절은 하나님의 영과 우리의 아들 됨이 어떻게 연결되는지 보다 충분히 설명합니다. 바울은 이렇게 말합니다. "무릇 하나님의 영으로 인도함을 받는 사람은 곧 하나님의 아들이라. 너희는 다시 무서워하는 종의 영을 받지 아니하고 양자의 영을 받았으므로 우리가 아빠 아버지라고 부르짖느니라." 바울은 지금 "하나님의 영에 이끌리는 것이 왜 하나님의 자녀라는 증거가 됩니까?"와 "하나님의 영이 어떻게 인도하십니까?"라는 두 질문에 답하고 있습니다.

하나님 영의 인도하심이 우리가 하나님의 자녀임을 입증하는 이유는, 그 영이 "양자의 영"이기 때문입니다. 이 영은 아버지 하나님이 행하신 법적 거래, 즉 입양을 확증하도록 우리에게 주어진 영입니다. F. F. 브루스는 바울 당시의 로마 시대에 "양자"(아들로 입양)가 된다는 것이 어떤 의미인지를 이렇게 설명했습니다.

> 1세기 로마 세계에서 입양된 아들은 양아버지가 자신의 이름을 계승하고 자신의 재산을 상속하도록 신중하게 선택한 아들이었다. 보통 자연적인 방법으로 태어난 아들과 비교해 지위에 있어 전혀 열등하지 않았고 오히려 아버지의 사랑을 더욱 넘치도록 받고 아버지의 성품을 더욱 훌륭하게 재현할 수 있었다.

우리 교회에도 법적으로 입양된 분들이 많이 있습니다. 그분들은 모두 본래 그 가족에서 태어난 것과 마찬가지로, 아니 사실은 그 이상으로 부모님으로부터 깊고, 진실 되고, 흔들림 없는 사랑을 받고 있습니다. 그리고 이것이 바로 우리가 하나님과 맺는 관계입니다. 입양이라는 이 현실은 거대하고, 확실하고, 법적인 현실입니다. 그리고 이것은 깊고, 강하고, 전폭적인 감정을 수반한 현실입니다.

15절에서 성령을 "양자의 영"이라고 부를 때 그것이 의미하는 바는, 그 영이 입양이라는 이러한 위대한 법적 거래를 우리에게 확증해 주고 진짜가 되게 한다는 것입니다. 그리스도를 주님이요 구원자요 보화로 신뢰한다면, 우리는 입양된 것입니다. 요한복음 1장 12절은 말합니다. "영접하는 자 곧 그 이름을 믿는 자들에게는 하나님의 자녀가 되는 권세를 주셨으니." 그리스도를 영접한다면, 우리는 입양된 것입니다.

하나님의 영은 가족애를 통해 이끄신다

이 사실을 인치고 확실히 하여 우리에게 실제 경험이 되게 하려고, 하나님은 우리 마음에 그 영을 보내십니다. 바울은 갈라디아서 4장 5-6절에서 이렇게 말합니다. "율법 아래에 있는 자들을 속량하시고 우리로 '아들의 명분'을 얻게 하려 하심이라. 너희가 아들이므로 하나님이 그 아들의 영을 우리 마음 가운데 보내사 아빠 아버지라 부르게 하셨느니라." 성령이 우리 마음에 부어져 우리의 아들 됨을 확증하고 실제로 그렇게 되도록 합니다.

15절 말씀에 따르면 성령은 어떤 방식으로 그렇게 하십니까? 주인을 무서워하는 종의 영 대신 아버지를 향한 아들의 사랑을 주심으로써 그렇게 하십니다. "너희는 다시 무서워하는 종의 영을 받지 아니하고 양자의 영을 받았으므로 우리가 아빠 아버지라고 부르짖느니라." 종의 두려움과 아들의 사랑을 대조하고 있습니다. 우리 삶에서 성령이 하시는 일은 우리가 하나님을 향해 종처럼 두려워하지 않고 확신을 품고 행복하고 평안함 가운데 하나님을 아버지로서 사랑하게 하는 것입니다.

이제 이것을 14절에 나오는 하나님의 영으로 인도함을 받는 것과 연결시켜 보십시오. 바울은 "하나님의 영이 어떻게 우리를 인도합니까?"라는 질문에 대해 15절에서 답하고 있습니다. 그 영은 어떻게 인도합니까? 그 영은 어떻게 우리를 움직여 우리가 몸의 행실을 죽일 수 있게(죄를 죽이게) 합니까?

답은 "너희는 다시 무서워하는 종의 영을 받지 아니하고 양자의 영을 받았[다]"는 말씀에 있습니다. 그 영은 노예의 두려움을 불러일으키는 방법으로 이끌지 않습니다. 가족애를 불러일으켜 이끄십니다. 그분은 우리를 두려워서 행동하는 노예로 만들어 죄를 죽이게 하지 않으십니다. 대신에 우리를 믿음과 사랑으로 행동하는 아들로 만드시는 방법을 사용하십니다.

구속하고 두려움을 주면 외적으로는 순종을 이끌어 낼 수 있습니다. 어제 저녁 한 베트남 사람으로부터 이런 말을 들었습니다. 우리가 베트남 사람들은 공산주의를 좋아하느냐고 묻자, 그는 아니라고 대답하며 이렇게 덧붙였습니다. "그들에겐 총이 있습니다." 이처럼 누군가에게 총이 있다면 다른 사람들을 예속시키고 두려워하게 만들어 겉으로는 순종하게 할 수 있을 것입니다. 하지만 성령께서는 우리가 죄를 죽이려 할 때 이런 방법을 사용하시지 않습니다.

그렇다면 성령께서는 우리가 어떻게 의지적으로 몸의 행실을 죽이도록 하실까요? 우리의 아들 됨과 하늘에 계신 아버지의 존귀하심을 실제로 체험하게 하심으로써 그렇게 하십니다. 이를 위해 두 가지 방법으로 역사하십니다. 하나는 하나님의 아버지로서의 사랑을 우리에게 부어 주심으로써 그렇게 하시고, 또 하나는 우리에게 하나님을 향한 자녀의 사랑을 일깨우심으로써 그렇게 하십니다.

우리에게 하나님 아버지의 사랑을 부어 주심으로써

우리는 이미 로마서 5장 5절에서 성령의 첫 번째 역사에 대해 살펴본 바 있습니다. 바울이 했던 말을 기억해 보십시오. "소망이 우리를 부끄럽게 하지 아니함은 우리에게 주신 성령으로 말미암아 '하나님의 사랑이 우리 마음에 부은 바 됨이니.'" 이것은 그저 희망사항이거나 미래의 약속이 아니라 실재하는 현재적 경험입니다. 이는 그리스도인 안에 일어나는 일로, 하나님의 사랑, 즉 자녀를 향한 하나님의 사랑이 성령을 통해 우리 마음에 부어지는 것입니다. 양자의 영이 하나님 아버지의 사랑을 우리에게 실재가 되게 합니다. 그 사랑을 우리가 체험할 수 있게 해서 우리로 하여금 사랑받고 있음을 알게 하십니다. 그렇게 하나님의 사랑을 경험하는 것입니다. 성령께서는 우리가 하나님께 받아들여졌다는 진리와 아버지의 소중함을 우리가 실제로 경험하도록 하려고 이러한 방향으로 일하십니다. 아버지의 사랑을 우리 삶에 부어 주십니다.

하나님을 향한 자녀로서의 사랑을 일깨우심으로써

성령께서 우리를 이끄시는 두 번째 방향은 아버지를 향한 자녀로서의 애정을 일깨우는 것입니다. 이것은 15-16절이 언급하는 내용입니다. "양자의 영을 받았으므로 우리가 아빠 아버지라고 부르짖느니라. 성령이 친히 우리의 영과 더불어 우리가 하나님의 자녀인 것을 증언하시나니."

성령께서는 하나님의 사랑에 대해 우리 마음에서 어떤 반응이 일어나게 하시는데, 이는 우리가 "아빠 아버지"라고 부르짖는 것으로 나타납니다. 우리가 하나님의 자녀라는 성령의 증언은 하나님의 부정(父情)에 대해 아무런 애정도 느끼지 않는 중립적인 마음에게 주는 것이 아닙니다. 중립적인 마음으로 그 증언을 듣고 하나님의 자녀라는 논리적인 결과를 얻은 다음 그에 합당한 사랑을 보이려고 애쓰는 그런 것이 아닙니다. 그렇지 않습니다. 우리가 하나님의 자녀라는 성령의 증언은 우리 안에서 하나님을 향한 사랑을 저절로 샘솟게 만듭니다. 성령은 우리가 "아빠 아버지"라고 부르짖게 만듭니다.

그리고 바울이 "부르짖다"라는 단어와 "아빠"라는 아람어를 사용한 이유는, 이 두 단어를 통해 아버지로서의 하나님의 사랑을 개인적으로 경험했다는 의미를 깊이 있게 담으려 했기 때문입니다. 성령의 증언으로 하나님이 아버지라는 사실을 교리적으로 확신하게 될 것이라고 바울은 말하지 않았습니다. 사탄도 그 교리는 알고 있습니다. 교리적 확신도 물론 중요하긴 하지만, 그것으로 자녀가 되지는 않습니다. 바울은 여기서 우리가 하나님의 자녀라는 성령의 증거가 우리 마음 깊은 곳으로부터 "아빠 아버지"라는 억누를 수 없는 외침(그저 말이 아닌 외침)을 일으킨다고 말합니다.

우리는 성령의 증언으로부터 하나님의 아버지 되심을 논리적으로 추론하지 않습니다. 우리는 성령의 증언하심으로 하나님의 아버지 되심을 감정적으로 누립니다. 성령의 증거는 우리가 하나님의 자녀임을 추론하는 전제로 작용하지 않습니다. 우리는 성령의 증거를 통해 하나님의 자녀 됨을 즐거워합니다.

성령의 속삭임을 기다리지 말고 예수를 바라보라!

자신이 하나님의 자녀임을 알고 싶다면, 성령이 무슨 말씀이라도 속삭여 주시지 않을까 하며 기다리지 마십시오. 오히려 당장 복음에 귀를 기울이고 그리스도의 십자가에 시선을 고정시키십시오. 그리고 우리가 하나님의 자녀 되었음을 깨닫고 맛볼 수 있도록 성령께서 역사해 주시기를 기도하십시오. 로마서 5장 8절 말씀입니다. "우리가 아직 죄인 되었을 때에 그리스도께서 우리를 위하여 죽으심으로 하나님께서 우리에 대한 자기의 사랑을 확증하셨느니라."

십자가를 바라볼 때, 성령께서는 "예수님, 당신은 나의 주님이십니다!"(고전 12:3), "하나님, 당신은 나의 아버지이십니다!"라고 부르짖게 하십니다. 그러니 그리스도를 바라보십시오! 그리스도를 바라보십시오!

20장

자녀, 상속자, 함께 고난받는 자

로마서 8:14-18

무릇 하나님의 영으로 인도함을 받는 사람은 곧 하나님의 아들이라. 너희는 다시 무서워하는 종의 영을 받지 아니하고 양자의 영을 받았으므로 우리가 아빠 아버지라고 부르짖느니라. 성령이 친히 우리의 영과 더불어 우리가 하나님의 자녀인 것을 증언하시나니 자녀이면 또한 상속자 곧 하나님의 상속자요 그리스도와 함께 한 상속자니 우리가 그와 함께 영광을 받기 위하여 고난도 함께 받아야 할 것이니라. 생각하건대 현재의 고난은 장차 우리에게 나타날 영광과 비교할 수 없도다. _롬 8:14-18

오늘은 17절이 전하는 환상적이면서도 무시무시한 약속을 살펴보겠습니다. 환상적이라고 한 것은, 모든 하나님의 자녀가 그분의 상속자로서 하나님의 유산을 받게 될 것이고, 세상에서 이보다 더 큰 유산은 없기 때문입니다. 그리고 무시무시하다고 한 것은, 그 유산을 받기 위해 우리가 고난을 받아야 한다고 말씀하시기 때문입니다. "자녀이면 또한 상속자 곧 하나님의 상속자요 그리스도와 함께 한 상속자니 우리가 그와 함께 영광을 받기 위하여 고난도 함께 받아야 할 것이니라."

우리가 하나님의 자녀임을 성령은 어떻게 증언하는가

먼저 앞 절들의 요지를 복습해 보겠습니다. 16절은 말합니다. "성령이 친히 우리의 영과 더불어 우리가 하나님의 자녀인 것을 증언하시나니." 우리가 예수 그리스도에게 속해 있다면, 9절 말씀처럼 우리는 그리스도의 영을 소유하고 있습니다. 그분은 우리 안에서 우리가 하나님의 자녀임을 증언하십니다. 어떻게 그렇게 하십니까? 지난 본문을 통해 적어도 두 가지 방법을 살펴보았습니다.

먼저, 13절과 14절의 연결점을 보았습니다. "너희가 육신대로 살면 반드시 죽을 것이로되 영으로써 몸의 행실을 죽이면 살리니 무릇 하나님의 영으로 인도함을 받는 사람은 곧 하나님의 아들이라." 우리가 하나님의 자녀임을 보여 주기 위해 성령께서 하시는 일 중 하나는 우리가 죄와 싸우도록 이끌어 그분의 능력으로 몸의 행실을 죽이게 하는 것이라고 했습니다.

두 번째로는, 15절 말씀을 통해 성령께서 "아빠 아버지!"라고 부르짖게 하신다는 것을 보았습니다. 15절 하반절입니다. "양자의 영을 '받았으므로' 우리가 아빠 아버지라고 부르짖느니라." "받았으므로"(by which, 그 영에 의해—옮긴이)라는 표현에 주목하십시오. 성령이 하시는 일이 이것입니다. 예수님을 믿는 자들이 마음으로 "아빠 아버지!"라고 부르짖고 있다면, 이것은 성령께서 우리가 하나님의 자녀임을 증언하시는 것입니다.

고린도전서 12장 3절과 연관 지어 이에 대해 살펴보겠습니다. 바울은 말합니다. "하나님의 영으로 말하는 자는 누구든지 예수를 저주할 자라 하지 아니하고 또 성령으로 아니하고는 누구든지 예수를 주시라 할 수 없느니라." 다른 말로 하면, 우리가 "예수님은 주시다!"라고 부르짖는 것은 성령께서 우리 마음에서 증언하시는 것입니다. 하지만 성령께서 우리 마음에 불러일으키는 부르짖음은 이것이 전부가 아닙니다. "아빠 아버지!"라고 부르짖게도 하십니다. 다른 말로 하면, 성령은 우리 안에서 하나님을 향해 두 가지 심오한 변화를 일으키신다는 말입니다. 하나는 복종하는 겸손한 태도입니다. 하나님의 아들 예수님이 나의 주님이시고 주인이라고 고백하게 하십니다. 나는 그분의 백성이고 그분이 나의 주인이시며 나를 주관하시는 자라고 고백합니다. 그리고 또 하나는 기쁨에 가득 차 담대하게 어린아이와 같이 확신을 가지고 하나님은 나의 아버지라고 고백하게 하십니다.

'예수님은 나의 주인이십니다! 하나님은 나의 아버지이십니다!' 성령이 내주하시는 그리스도인은 겸손하게 소망에 차서 이렇게 부르짖습니다. 이러한 겸손한 확신으로부터 우리는 '영으로써' 이끌림을 받아 자기 죄와 싸우게 되고, 주님을 높이지 않고 아버지께 영광이 되지 않는 모든 것을 죽이게 됩니다.

환상적이면서도 무시무시한 소식

17절에서 바울은 하나님이 우리 아버지라는 사실에 크게 기뻐해야 할 이유를 더 말하고 있습니다. 이 사실을 놓치지 마십시오! 분명히 바울은 우리가 기뻐하기를 원합니다! 17절은 환상적인 소식입니다. 누군가를 좌절하게 하려고 그의 미래에 대해 환상적인 소식을 전하지는 않습니다. 물론 무시무시한 면도 있습니다. 거의 모든 좋은 소식이 다 그렇습니다. 하지만 그렇다고 이 구절에 담긴 환상적인 면이 사라지는 것은 아닙니다. 사실 오히려 무시무시한 면 때문에 환상적인 부분이 더욱 두드러집니다.

"자녀이면 또한 상속자 곧 하나님의 상속자요 그리스도와 함께 한 상속자니 우리가 그와 함께 영광을 받기 위하여 고난도 함께 받아야 할 것이니라." 이 구절에는 두 가지 위대한 진리가 있습니다. 하나는, 우리가 영광스러워지는 것을 포함해서 위대한 유산을 받을 것이라는 점이고, 또 하나는 그것을 받기 위해 고난을 받아야 할 것이라는 사실입니다.

우리가 받을 위대한 유산

하나씩 보면서 그것이 의미하는 바를 깊이 살펴보겠습니다. 먼저, 우리는 하나님의 상속자이고 그리스도와 함께 유업을 받을 자이며, 그리스도와 함께 영화로워질 것입니다. 여기서 약속된 유산은 무엇입니까? 이 땅에서 살아갈 동안 우리가 받아야 할 기쁨과 고통을 생각할 때, 이 모든 것을 능가하는 뭔가가 있다면 어떤 것을 소망할 수 있을까요? 현재의 기쁨은 아무것도 아닌 것처럼 만들어 버리고, 현재의 고통은 참을 만한 것으로 만드는 이생 너머의 소망이 있습니까?

바울에게는 이런 소망이 있었습니다. 우리도 그 소망을 갖게 되기를 원합니다. 18절에서 확인할 수 있습니다. "생각하건대 현재의 고난은 장차 우리에게 나타날 영광과 비교할 수 없도다." 바울은 우리도 이 놀라운 소망, 즉 우리가 받게 될 유산이 너무나 커서 현생의 모든 문제를 아무것도 아닌 것으로 만드는 이 소망을 공유하기를 원합니다. 이 유산은 무엇입니까?

이 유산에는 적어도 세 가지 측면이 있습니다.

1. 세상

먼저, 이 유산은 세상입니다. 로마서 4장 13절입니다. "아브라함이나 그 후손에게 '세상'의 상속자가 되리라고 하신 언약은 율법으로 말미암은 것이 아니요 오직 믿음의 의로 말미암은 것이니라." 다른 말로 하면, 우리가 아브라함의 믿음을 공유하게 되면, 우리는 그와 함께 상속을 받는 자가 되고, 바울은 그 유산이 바로 "세상"이라고 말합니다.

하나님의 상속자라면, 하나님의 것을 상속받게 될 것입니다. 그리고 하나님은 세상의 주인이십니다. "땅과 거기에 충만한 것과 세계와 그 가운데에 사는 자들은 다 여호와의 것이로다"(시 24:1). 따라서 세상과 그 안에 모든 것이 주님의 것이라면, 주님의 상속자는 세상과 그 안의 모든 것을 상속받게 될 것입니다. 시편 2편 8절에서 하나님은 그 아들에게 이렇게 말씀하십니다. "내게 구하라. 내가 이방 나라를 네 유업으로 주리니 네 소유가 땅 끝까지 이르리로다." 그리고 우리가 그 아들과 같이 상속을 받을 자라면, 우리는 그 나라들을 상속받게 될 것입니다.

바울은 고린도전서 3장 21-23절에서는 이런 식으로 표현합니다.

"만물이 다 너희 것임이라. 바울이나 아볼로나 게바나 세계나 생명이나 사망이나 지금 것이나 장래 것이나 다 너희의 것이요 너희는 그리스도의 것이요 그리스도는 하나님의 것이니라." 무엇이 우리의 유산입니까? 세상입니다. 온 땅과 그 안에 있는 모든 것입니다. 나라들입니다. 모든 것입니다.

이 말이 실제적으로 의미하는 바는 무엇일까요? 적어도 이런 의미가 있습니다. 존재하는 모든 것이 우리의 행복을 위해 작용한다는 의미입니다. 우리의 기쁨보다 더 중요한 것은 없습니다. "다 너희의 것이요"라는 말은 심지어 부정적인 것들(바울은 고린도전서 3장 22절에서 '생명이나 사망이나'라고 표현합니다)도 결국에는 우리를 위해 작용하게 될 것이라는 의미입니다. 결국 하나님은 우리의 유익을 방해하는 모든 대적을 물리치실 뿐 아니라 대적들을 종으로 바꾸십니다. "환난이나 곤고나 박해나 기근이나 적신이나 위험이나 칼이랴." 우리는 단순히 이기는 것이 아닙니다. "넉넉히 이깁니다"(롬 8:35-37). 모든 것(생명이나 사망)이 우리의 것입니다. 모든 것이 우리의 영원한 기쁨을 위해 작용합니다.

2. 하나님 자신

두 번째로, 이 유산은 세상뿐 아니라 하나님 자신이기도 합니다. 하나님이 만드신 것들이 우리의 위대한 유산이라고 하면서 거기에 하나님은 빼놓는다면, 사실상 우리는 우상숭배자들입니다. 로마서 5장 2절 하반절 말씀을 생각해 보십시오. "하나님의 영광을 바라고 즐거워하느니라." 다른 말로 하면, 우리 소망에 담긴 큰 즐거움은 언젠가 우리가 하나님을 대면하여 보고 그분의 영광을 맛볼 거라는 것입니다.

그분의 영광이 하나님 자신과는 다른 무엇이라고 생각하지 않으려면, 5장 11절 말씀을 기억해야 합니다. "그뿐 아니라 이제 우리로 화목하게 하신 우리 주 예수 그리스도로 말미암아 '하나님 안에서' 또한 즐거워하느니라." 하나님 안에서입니다! 하나님의 선물이 아닙니다. 심지어 하나님의 영광 안에서도 아닙니다. 그저 하나님 안에서입니다.

교회가 갖는 지고의 소망은 요한계시록 21장 3절에 이런 식으로 표현되어 있습니다. "내가 들으니 보좌에서 큰 음성이 나서 이르되 보라 하나님의 장막이 사람들과 함께 있으매 하나님이 그들과 함께 계시리니 그들은 하나님의 백성이 되고 하나님은 친히 그들과 함께 계셔서." 구약 성도들에게는 자신들의 땅에 대한 강렬한 소망도 있었지만, 그보다 더 지고한 소망은 바로 이것이었습니다. 시편 73편 25-26절은 이렇게 전합니다. "하늘에서는 주 외에 누가 내게 있으리요 땅에서는 주밖에 내가 사모할 이 없나이다. 내 육체와 마음은 쇠약하나 하나님은 내 마음의 반석이시요 영원한 분깃이시라."

우리가 받을 위대한 유산은 바로 하나님 자신입니다! 그분을 맛보고 그분과 교제하는 일에 최선을 다하는 것은 얼마나 중요한지요! 그분이 우리에게 소중한 분이 아니라면, 우리는 자신이 받을 유산에 대해 아는 게 거의 없는 셈입니다! 그분의 선물들이 그토록 좋다면, 그 선물들을 주신 분은 얼마나 멋진 분이실지 한 번 생각해 보십시오. 또한 누군가에게 선물을 받고서 그 선물을 준 사람보다 선물을 더 기뻐하는 것이 얼마나 모욕적인 행동인지 생각해 보십시오. 하나님 자신이 바로 우리의 분깃입니다. 우리는 그분을 위해 창조되었습니다. 그분이 우리를 위해 만드신 모든 것은 그분을 더욱 드러내고 우리로 하여금 그분을 더욱 찬양하게 하려고 지음받은 것입니다(딤전 4:1-5).

3. 구원받고 영광스러워진 몸

세 번째로, 로마서 8장의 다음 구절들 속에서 우리가 받는 유산의 또 다른 측면을 볼 수 있는데, 바로 구원받고 영화로워진 우리의 몸이 그것입니다. 이것이 중요한 이유는, 우리가 세상과 그 안의 모든 것을 즐거워하면서도 이 모든 좋은 것이 하나님과 경쟁하는 우상이 되지 않게 하려면, 지금 우리가 가진 육체보다 더 깊고 더 고결하고 더 완전하게 기뻐할 수 있는 육체가 있어야 하기 때문입니다. 그리고 이 세상의 모든 고통과 슬픔과 눈물이 닦여야 합니다. 그래서 로마서 8장 22-23절은 이렇게 말합니다. "피조물이 다 이제까지 함께 탄식하며 함께 고통을 겪고 있는 것을 우리가 아느니라. 그뿐 아니라 또한 우리 곧 성령의 처음 익은 열매를 받은 우리까지도 속으로 탄식하여 양자 될 것 곧 우리 몸의 속량을 기다리느니라."

이것이 로마서 8장 17절에서 영광을 받는다는 의미의 핵심입니다. 우리가 그분을 충분히 닮아가서(아들의 형상을 본받게 되어, 롬 8:29) 아들이 하시는 것처럼 하나님을 즐거워하고, 그분이 주신 모든 선물을 즐거워한다는 의미에서 우리는 하나님의 영광을 공유하게 될 것입니다. 이 모든 것은 그분으로부터, 그분을 통해 올 것이고, 그분을 향할 것입니다. 그리고 우리 기쁨은 충만해질 것이고 그분의 영광이 한 치의 오차도 없이 가장 중심이 되실 것입니다.

따라서 하나님의 자녀로서 우리가 받는 유산에는 적어도 이런 것들이 포함됩니다. 세상과 그 안의 모든 것을 받고, 최종적이고 궁극적인 분깃이자 상급으로서 하나님 자신을 받고, 하나님을 더욱 온전히 깊이 즐거워하고 어떤 우상숭배의 흔적도 없이 그분의 선물들을 즐거워하도록 새롭고 영화로워진 몸을 받게 됩니다.

그분과 함께 영광을 받기 위해 함께 고난을 받으라

이제 한 가지 질문이 남습니다. 그분과 함께 이러한 영광을 받기 위해 그리스도와 함께 고난을 받아야 한다는 말은 무슨 의미일까요? 로마서 8장 17절 말씀을 기억해 보십시오. "자녀이면 또한 상속자 곧 하나님의 상속자요 그리스도와 함께 한 '상속자니' 우리가 그와 함께 영광을 받기 위하여 '고난도 함께 받아야' 할 것이니라." 그분과 함께 얻는 영광(우리가 받는 유산)은 그분과 함께 받는 고난이라는 조건을 충족시켜야 합니다.

예수님도 그 말씀을 하셨습니다. 누가복음 9장 23절입니다. "아무든지 나를 따라오려거든 자기를 부인하고 날마다 제 십자가를 지고 나를 따를 것이니라." 바울도 그렇게 말했습니다. "무릇 그리스도 예수 안에서 경건하게 살고자 하는 자는 박해를 받으리라"(딤후 3:12). 히브리서 기자도 말했습니다. "주께서 그 사랑하시는 자를 징계하시고 그가 받아들이시는 '아들마다' 채찍질하심이라 하였으니 너희가 참음은 징계를 받기 위함이라. 하나님이 아들과 같이 너희를 대우하시나니 어찌 아버지가 징계하지 않는 아들이 있으리요"(히 12:6-7). 베드로도 그렇게 말했습니다. "오히려 너희가 그리스도의 고난에 참여하는 것으로 즐거워하라. 이는 그의 영광을 나타내실 때에 너희로 즐거워하고 기뻐하게 하려 함이라"(벧전 4:13).

고통이 없으면 얻는 것도 없습니다. 십자가 없이는 면류관도 없습니다. 고난이 없으면 유산도 없습니다. 이것이 공식입니다. 그리고 만일 여러분이 "어떤 고통을 말하는 겁니까? 그분을 증거하다가 받은 핍박을 의미합니까? 아니면 우리가 삶에서 직면하는 여러 가지 힘든 일들도 해당됩니까?"라고 묻는다면, 저는 로마서 8장의 다음 구절들로 답하겠습니다. 이 타락한 세대의 덧없음으로 인해 생겨나는 모든 괴로움, 즉 박해와 재난과 질병과 죽음이라고 답하겠습니다. 천국으로 가는 도중에 직면할 수밖에 없지만 예수님을 믿음으로 인내하는 모든 고난을 말합니다. 우리의 믿음을 뒤흔들고, 하나님으로부터 멀어지게 만들 수 있는 모든 어려움을 말합니다. 로마서 8장 18절부터 25절까지 말씀을 읽으시고 자신을 보기 바랍니다.

고난이 믿음의 인내를 이루기 때문이다

왜 그렇게까지 해야 하는지 이유를 물으면서 말씀을 맺을까 합니다. 바울은 왜 고난이 영광보다 앞서야 한다고 말합니까? 적어도 부분적으로는 로마서 5장 3절에서 이에 관한 대답을 찾아볼 수 있습니다. "다만 이뿐 아니라 우리가 환난 중에도 즐거워하나니 이는 환난은 인내를 이루는 줄 앎이라." 여기 단서가 있습니다. 고난 또는 환난은 인내를 이룹니다. 무엇의 인내입니까? 믿음입니다. 어떻게요? 우리로부터 나오는 자기 의존(그리고 사물과 사람을 신뢰하는 마음)이라는 지지대들을 무너뜨림으로써 우리를 더욱 하나님 의존적으로 만드는 방법으로 그렇게 합니다(고후 1:8-9 참조).

아무런 고통과 어려움과 문제가 없다면, 우리의 타락한 심령은 이 세상 너머의 유산, 즉 하나님 자신을 더욱 깊이 사랑하는 대신 이 세상이 주는 안락함과 안전과 즐거움을 더욱 깊이 사랑하려고 할 것입니다. 이생을 사는 동안 고통이 주어지는 것은 우리에게는 은혜입니다. 이를 통해 우리는 이 세상을 사랑하지 않고 죽은 자를 살리신 하나님을 더욱 의지하게 됩니다. "우리가 하나님의 나라에 들어가려면 많은 환난을 겪어야 할 것이라"(행 14:22).

다른 길은 없습니다. 고난을 꺼리지 마십시오. 고난은 견디기 힘듭니다. 저도 잘 알고 있습니다. 하지만 우리 앞에 놓인 유산을 지키려면, 또 하나님께서 바울이 "그 기업의 영광의 풍성함"(엡 1:18)이라고 부른 것을 우리가 볼 수 있게끔 은혜를 베푸신다면, 우리도 바울 사도와 함께 "생각하건대 현재의 고난은 장차 우리에게 나타날 영광과 비교할 수 없도다!"라고 말하게 되지 않겠습니까?

이 땅에서의 삶을 환상적인 유산을 받으러 길을 떠난 여행이라고 생각해 보십시오. 이렇게 생각하면 우상숭배에 빠지지 않고 모든 짐이 가볍게 느껴질 것입니다. 그리고 모든 불평이 사그라질 것입니다.

존 뉴튼이 이에 대해 적어 놓은 글이 있습니다.

> 한 사람이 큰 재산을 얻으려고 뉴욕에 갔다고 가정해 보십시오. 그런데 마차가 도시에 도착하기 바로 직전에 망가졌습니다. 그래서 그는 나머지

길을 걸어서 가야 했습니다. 그런데 그 사람은 가는 내내 엉엉 울면서 '마차가 망가졌다! 마차가 망가졌다!' 하며 슬퍼했습니다. 우리가 생각하기에 이 사람은 얼마나 어리석은 사람입니까!"

아멘!

21장

허무한 데 굴복하는 것 (1)

로마서 8:18-25

생각하건대 현재의 고난은 장차 우리에게 나타날 영광과 비교할 수 없도다. 피조물이 고대하는 바는 하나님의 아들들이 나타나는 것이니 피조물이 허무한 데 굴복하는 것은 자기 뜻이 아니요 오직 굴복하게 하시는 이로 말미암음이라. 그 바라는 것은 피조물도 썩어짐의 종노릇한 데서 해방되어 하나님의 자녀들의 영광의 자유에 이르는 것이니라. 피조물이 다 이제까지 함께 탄식하며 함께 고통을 겪고 있는 것을 우리가 아느니라. 그뿐 아니라 또한 우리 곧 성령의 처음 익은 열매를 받은 우리까지도 속으로 탄식하여 양자될 것 곧 우리 몸의 속량을 기다리느니라. 우리가 소망으로 구원을 얻었으매 보이는 소망이 소망이 아니니 보는 것을 누가 바라리요. 만일 우리가 보지 못하는 것을 바라면 참음으로 기다릴지니라. _롬 8:18-25

지난주에는 17절에 나오는 하나님의 자녀가 받는 유산에 초점을 맞추어 보았습니다. 예수 그리스도를 주님이요, 구원자이자 보화로 영접하셨다면, 하나님께서 우리에게 하나님의 자녀가 되는 권세를 주신 것입니다(요 1:12). 그리고 우리가 하나님의 자녀라면, "상속자 곧 하나님의 상속자요 그리스도와 함께한 상속자니 우리가 그와 함께 영광을 받기 위하여 고난도 함께 받아야 할 것"이라고 바울은 말합니다.

우리가 받는 유산에는 세상과 그 안에 있는 모든 것이 포함되어 있음을 보았습니다. 그리고 우리가 받는 유산 중 최고는 하나님 자신을 영원히 즐거워하는 것입니다. 또한 우리 자신이 영화로워지는 것도 우리가 받는 유산에 포함되어 있습니다. 우리가 영화로워지는 것은 단순히 세 번째 유익으로 추가된 것이 아니라 나머지 다른 유산들을 누릴 수 있는 능력의 기반이 됩니다. 우리가 육체적으로, 감정적으로, 영적으로 지금의 상태로 남아 있으면, 새 하늘과 새 땅과 하나님 자신을 제대로 즐거워할 수 없습니다. 그래서 하나님은 어떤 것과도 비교할 수 없는 유산을 약속하실 뿐 아니라 그것을 영원히 즐거워할 수 있는 거대하고 새로운 수용 능력을 주겠다고 약속하십니다. 이것이 영화로워진다는 의미입니다. 무한한 영광을 즐거워하기 위해서는 굉장한(glorious) 수용 능력을 가져야 합니다.

마지막으로, 그리스도와 함께 그러한 유산을 받기 위해서는 그분과 함께 고난도 받아야 함을 살펴보았습니다. "… 우리가 그와 함께 영광을 받기 위하여 고난도 함께 받아야 할 것이니라"(8:17). 오늘 우리는 18절에서 이 고난이 그만한 가치가 있음을 봅니다. 따라서 18절부터 25절까지의 말씀은 믿음으로 인내하여 소망을 버리지 않고 삶의 모든 좌절과 고난 속에서도 그리스도와 함께 담대히 서 있도록 돕기 위해 주어진 말씀입니다. 고난받을 때 그리스도 안에 있는 소망을 버리지 마십시오. 왜냐하면 고난은 그만한 가치가 있는 것이고 반드시 영광으로 우리를 인도할 것이기 때문입니다. 이것이 오늘 본문의 요지입니다.

18절 말씀이 그 요지를 말합니다. "생각하건대 현재의 고난은 장차 우리에게 나타날 영광과 비교할 수 없도다." 이것이 바울이 우리가 온 마음을 다해 믿기 원하는 것입니다. 우리는 이 진실을 그저 머리로가 아닌 마음으로 믿어야 합니다. 왜냐하면 고난 속에서 포기하지 않기 위해서는 아주 깊은 확신과 소망이 필요하기 때문입니다.

"이것이 그리스도를 믿은 대가라면 난 그만 둘래"라고 말하고 싶은 유혹도 받을 것입니다. 이것이 실제적인 유혹이 아니었다면, 바울은 이 문장을 쓰지 않았을 것입니다. 바울이 이 문장을 쓴 것은, 이 생을 살아가면서 고난과 괴로움이 우리를 압도할 때 그리스도 안에 둔 소망을 버리지 않도록 돕기 위해서입니다.

그러니 귀를 기울여 들으시기 바랍니다. 지금까지 고난을 그리 많이 받지 않았다면, 곧 그럴 날이 올 것입니다. 하나님께서 이 말씀을 생각나게 하셔서 우리가 믿음의 싸움을 싸울 수 있도록, 실망이나 불신에 정복당하지 않도록 준비시키실 것입니다.

그렇다면 바울은 이 구절들을 통해 우리 믿음을 강하게 하고 소망을 더 깊게 하여 반드시 참아 내야 할 고난이 찾아올 때 흔들리지 않도록 하기 위해 어떻게 하고 있습니까?

우리 고난을 전 세계적인 맥락에 두다

바울은 뭔가 독특한 일을 합니다. 그는 우리가 당하는 고난을 전 세계적인 맥락 안에 놓습니다. 제가 독특하다고 한 이유는, 고난에 처했을 때 그 고난을 견디거나 위로를 얻기 위해 우리가 사용하는 방법과 사뭇 다르기 때문입니다. 우리는 여기서 하나님으로부터 배워야 하고 그분에게 강요해서는 안 됩니다. 고난에 대해 이 사실을 알 때 우리도 바울과 함께 고난에는 그만한 가치가 있다고 말할 수 있게 됩니다. 고난을 견뎌 낼 수 있습니다.

바울은 세 가지 방식으로 우리 고난을 세계적인 맥락에 놓고 있습니다. 하나씩 살펴보겠습니다. 다음 주에는 같은 본문을 가지고 바울이 본문에서 여섯 번이나 강조하는, '비교할 수 없는 소망'이라는 관점에서 보겠습니다. 오늘은 바울이 우리 고난을 전 세계적인 맥락에 놓음으로써 우리를 어떻게 돕는지를 중심으로만 살펴보겠습니다.

1. 피조물 전체가 신음한다

먼저, 바울은 온 창조세계가 신음하고 좌절하고 부패하고 고통받는다는 것을 보여 줍니다. 바울은 다른 방식으로 세 번이나 이에 대해 말합니다. 22절입니다. "피조물이 다 이제까지 함께 탄식하며 함께 고통을 겪고 있는 것을 우리가 아느니라." "피조물이 다" 탄식하고 있습니다. 다른 말로 하면, 고통받을 때 나만 그렇다고 생각하지 말라는 말입니다. 다른 모든 피조물이 경험하는 탄식을 우리도 경험하고 있는 것입니다.

21절입니다. "그 바라는 것은 피조물도 썩어짐의 종노릇한 데서 해방되어 하나님의 자녀들의 영광의 자유에 이르는 것이니라." 피조물이 썩어짐의 종노릇을 하고 있다는 사실에 주목하십시오. 우리가 이 세상에서 탄식하고 고통스러워하는 것은 온 우주가 썩어짐의 종노릇하는 것에 부분적으로 참여하고 있는 것입니다. 그러므로 우리의 고통은 단순히 개인적인 것이 아니라, 훨씬 더 큰 차원에서 설명됩니다. 전 세계적인 문제입니다. 세상에는 본래 부패와 파멸과 죽음과 멸망이 있습니다. 세상에는 질서를 벗어나고 유해한 것들이 있습니다. 우리만 그런 것이 아닙니다. 자신이 겪는 고통을 단지 개인적으로 한 어떤 행동과 관계있다고 생각하는 것을 주의하십시오.

20절입니다. "피조물이 허무한 데 굴복하는 것은 자기 뜻이 아니요 오직 굴복하게 하시는 이로 말미암음이라." 피조세계 전체가 허무한 데 굴복하고 있음에 주목하십시오. 사람만 그런 것이 아니고 더군다나 우리만 그런 것도 아닙니다.

따라서 바울은 우리 고통을 전 세계적인 맥락에 놓고 우리에게 관점을 제시하고, 우리로 하여금 고통을 참아 내게 하기 위해, 제일 먼저 모든 창조세계가 이 고통(그리스도와 함께 상속을 받기 위해 참아야 하는 고통)에 연루되어 있음을 보여 줍니다.

2. 아담의 범죄로부터 그리스도가 오시기까지의 전체 역사가 포함된다

두 번째로 바울은 이 모든 고통은 역사적인 것이며, 그저 현재에만 있는 것이 아님을 보여 줍니다. 다른 말로 하면, 고통은 모든 피조물을 붙들고 있을 뿐 아니라 우리의 모든 현 역사(바울이 18절에서 "현재"라고 부른 것)를 붙들고 있습니다. "생각하건대 '현재'의 고난은 장차 우리에게 나타날 영광과 비교할 수 없도다."

오늘 본문 도처에 나오는 시간에 대한 언급들을 보면 우리의 고통이 갖는 이런 역사적 차원을 보게 됩니다. 20절입니다. "피조물이 허무한 데 '굴복하는 것은'(was subjected)." 이것은 오래전에 일어난 역사적 사건입니다. 그런 다음 21절입니다. "피조물도 썩어짐의 종노릇한 데서 '해방되어'(will be set free)." 미래에 고통이 끝나는 순간이 있습니다. 따라서 먼 과거와 정해져 있지 않은 미래 사이에 있는 모든 역사는 이러한 고통과 신음을 공유합니다. 그러니 자신이나 가족 또는 이 시대만 고통을 받는다고 생각하지 마십시오. 이러한 신음과 부패와 허무함은 역사 전체에서 늘 있어 왔고 예수님이 다시 오실 때까지 계속 있을 것입니다.

정확히는 "거의 모든" 역사라고 말해야 합니다. 왜냐하면 우리가 당하는 고통이 세계적인 차원을 갖고 있음을 보여 주기 위해 바울은 세 번째 방법으로, 그 고통에 시작이 있었고, 이 시작은 단지 자연적인 것이 아니라 법적인 것임을 말하고 있기 때문입니다.

제가 말씀드리려는 의미는 이렇습니다. 20절과 21절 시작 부분을 보십시오. "피조물이 허무한 데 굴복하는 것은 자기 뜻이 '아니요' 오직 굴복하게 하시는 이로 말미암음이라. 그 바라는 것은(in hope)."

여기가 피조물의 허무함과 부패와 신음이 시작된 곳입니다. 바울은 무엇을 언급하고 있습니까? 제일 중요한 부분이니 절대 이를 놓치지 마십시오. 바울은 여기서 '하나님'이 피조물을 허무함과 부패와 신음에 굴복하게 한다고 말합니다. 바울이 말하는 분이 하나님임을 어떻게 압니까? 혹시 죄를 지은 아담이거나 아담과 하와를 유혹한 사탄 아닐까요?

21절 앞부분에 나오는(영어 성경에서는 20절 마지막에 붙어 있다—옮긴이) "그 바라는 것은"(in hope)이라는 말 때문에 이분이 하나님이라는 것을 압니다. "피조물이 허무한 데 굴복하는 것은 자기 뜻이 아니요 오직 굴복하게 하시는 이로 말미암음이라. 그 바라는 것은(in hope)." 아담은 '소망하면서' 세상의 허무함에 굴복하지 않았습니다. 아담은 하나님의 자녀들이 언젠가 갖게 될 새로운 모습에 대한 계획이 없었습니다. 사탄도 마찬가지입니다. 사탄은 언젠가 하나님의 자녀들이 갖게 될 새로운 모습에 대한 계획이 없었습니다.

20절에 언급된 주체는 바로 하나님이십니다. "피조물이 허무한 데 굴복하는 것은 자기 뜻이 아니요 오직 굴복하게 하시는 이[하나님]로 말미암음이라. 그 바라는 것은(in hope)." 다른 말로 하면, 바울은 로마서 5장 12절에서 했던 말을 또 하고 있는 것입니다. "그러므로 한 사람으로 말미암아 죄가 세상에 들어오고 죄로 말미암아 사망이 들어왔나니 이와 같이 모든 사람이 죄를 지었으므로 사망이 모든 사람에게 이르렀느니라." 아담이 죄를 지었을 때, 죽음과 고통과 허무함과 탄식이 세상에 들어왔습니다. 왜 그렇습니까? 하나님께서 그렇게 될 거라고 말씀하셨기 때문입니다. "선악을 알게 하는 나무의 열매는 먹지 말라. 네가 먹는 날에는 반드시 죽으리라 하시니라."

3. 허무함에 굴복한 것은 법적 판결이지 단순히 자연적으로 된 것이 아니다

여기서 우리는 거대하고 믿기 힘들 정도로 중요한 진리를 만나게 됩니다. 바로 피조물의 허무함과 부패함과 탄식은 법적 판결이지 단순히 자연적인 것이 아니라는 사실입니다. 그것들은 하나님이 내리신 법적 판결이지, 물질적인 사건들로 인한 자연적인 결과가 아닙니다. 하나님은 죄에 대한 대가로 세상이 허무해지고 부패와 탄식을 경험하게 된다고 판결하셨습니다. 이것은 법적 행위이지 단순한 자연적 결과가 아닙니다.

'엔트로피'라고도 불리는 열역학 제2법칙(우주는 점점 소모되고 있고 무질서로 나아가려는 내재된 속성이 있다는 이론)은 자연적으로 우연히 생겨난 사건이 아닙니다. 하나님의 판결에 속합니다. 타락 이후로 허무함이 우주에 축적됩니다.

수많은 그리스도인들이 하나님을 세상의 고통과는 관계없는 분으로 만들기 위해 필사적이라는 사실은 매우 놀랍습니다. 그들은 여기에 하나님을 개입시키지 않기 위해 기꺼이 '이신론자'가 되려고 합니다. 이신론자들은 하나님이 우주를 창조하실 때 태엽을 감은 시계가 저절로 움직이는 것처럼 우주를 신적 개입 없이 저절로 움직이게 만들었다고 생각합니다. 모든 것은 하나님의 판결이 아닌 그저 자연법칙으로 설명됩니다.

하나님의 성도들은 이런 견해로부터 위로를 얻지 못했습니다. 이것은 성경적인 견해가 아닙니다. 성경적인 견해는 20절에 나옵니다. "피조물이 허무한 데 굴복하는 것은 자기 뜻이 아니요 오직 굴복하게 하시는 이로 말미암음이라. 그 바라는 것은." 오늘날 세상의 비참한 상태는(허무함과 부패와 탄식) 죄에 대한 하나님의 법적 판결에 기인합니다.

비참함의 의미: 죄가 얼마나 참담한 것인지를 보여 준다

그러므로 세상에 있는 모든 비극은 죄가 그만큼 끔찍하다는 점을 보여 줍니다. 모든 자연적 악(natural evil)은 도덕적 악(moral evil)의 공포가 표현된 것입니다. 세상에서 말할 수 없이 끔찍한 고통을 본다면, 그것을 보면서 무한히 거룩하신 하나님을 거역하는 죄가 얼마나 말할 수 없이 끔찍한 것인지 생각하며 몸서리치십시오. 허무함, 부패, 탄식이 말하고 있는 사실은 죄, 즉 하나님의 영광에 미치지 못하는 것이 상상을 초월할 정도로 무시무시하고 끔찍하고 혐오스럽다는 것입니다.

우리에게 하나님의 무한한 거룩함에 대한 감각과 하나님을 대적하는 죄에 대해 말할 수 없을 정도로 분노하는 마음이 없다면, 우주의 허무함과 고통이 그저 과잉 반응처럼 생각될 것입니다. 하지만 사실 우리가 겪는 비참함과 허무함과 부패와 탄식은 우리에게 그만큼 죄가 끔찍하다는 것을 가르쳐 줍니다. 또한 구원과 소망의 소중함에 대해서도 가르쳐 줍니다.

지금까지 살펴본 것을 요약한 뒤에, 그것을 우리가 겪고 있는 개인적인 고통과 연결시켜 보겠습니다. 바울은 세 가지 방식으로 우리의 고통을 세계적인 맥락에 놓습니다.

첫째, 바울은 세상의 허무함과 부패와 탄식이 단순이 우연이거나 자연 법칙이 아닌 하나님의 법적 판결임을 보여 줍니다. 하나님께서 피조물을 허무함에 굴복하게 하셨습니다.

둘째, 이러한 굴복에는 아담의 타락부터 그리스도가 오시기까지 모든 역사가 포함된다는 것을 보여 줍니다. 앞으로 이 허무함의 판결

에서 벗어날 시기는 없습니다. 하지만 이 판결에는 기한이 있습니다. 시작이 있었고(20절) 끝이 있을 것입니다(21절. "피조물도 썩어짐의 종노릇한 데서 해방될 것이다").

셋째, 바울은 모든 피조물(단순히 일부가 아니라)이 허무함에 관련되어 있음을 보여 줍니다. 22절입니다. "피조물이 다 이제까지 함께 탄식하며."

바울이 이렇게 우리 고통이 갖는 세계적인 맥락을 보여 준 이유는, 우리가 우리 상황을 이해하고 믿음과 소망을 가지고 고통을 참아낼 수 있기를 바라는 마음에서입니다. 다음 주에는 이 소망에 초점을 맞추어 보겠습니다.

이제 말씀을 마치면서 세계적인 문제인 고통이 개인에게 어떤 의미인지를 살펴보겠습니다. 23절은 이 고통을 개인의 상황으로 끌고 옵니다. "그뿐 아니라[피조물이 다 탄식할 뿐 아니라] 또한 우리 곧 성령의 처음 익은 열매를 받은 우리까지도 속으로 탄식하여…." 23절을 여기서 멈췄습니다. 다음에 이어지는 부분은 소망에 관련된 말씀으로, 다음 주에 살펴보겠습니다.

오늘은 우리의 현 상황에 대한 바울의 사실주의(realism)를 통해 도움을 받았으면 합니다. 우리도 탄식합니다. 고통이 세계적인 문제라는 주장이 무엇을 의미하는지 아시겠습니까? 우리도 그중 일부라는 사실입니다. 상속을 이미 약속받은 우리도 그중 일부입니다. 모든 것이 합력하여 선을 이루게 하시는 전능하신 하나님을 믿는 우리도 그중 일부입니다. 그리스도의 신부인 우리도 그중 일부입니다. 하나님께서 그 독생자를 아끼지 않고 주신 대상인 우리도 그중 일부입니다. 그렇습니다. 우리도 피조물의 저주 아래 탄식합니다.

고통을 너무 개인화시키지 마라

다른 말로 하면, 우리가 당하는 고통을 너무 개인화시키지 말자는 것입니다. 이것이 어떤 특정한 죄에 대한 형벌이거나 결과라고 생각하지 마십시오. 고통을 당할 때는 마음을 살펴 진지하게 깨어 있으십시오. 겸손해지십시오. 하지만 거기에 불필요한 비극을 더하지 마십시오. 피조물이 다 탄식합니다. 온 세상을 향한 하나님의 전체적인 판결입니다. 그리고 바울의 요지는, 하나님의 소중한 자녀들도 이 판결 안에서 그리스도와 함께 고통을 받아야 한다는 것입니다.

그러니 우리 모두 겸손해져서 인내와 소망으로 우리에게 주신 고통을 견뎌 냅시다. 왜냐하면 우리도 바울과 마찬가지로 현재의 고난은 장차 우리에게 나타날 영광과 비교할 수 없음을 알기 때문입니다.

22장

허무한 데 굴복하는 것 (2)

로마서 8:18-25

생각하건대 현재의 고난은 장차 우리에게 나타날 영광과 비교할 수 없도다. 피조물이 고대하는 바는 하나님의 아들들이 나타나는 것이니 피조물이 허무한 데 굴복하는 것은 자기 뜻이 아니요 오직 굴복하게 하시는 이로 말미암음이라. 그 바라는 것은 피조물도 썩어짐의 종노릇한 데서 해방되어 하나님의 자녀들의 영광의 자유에 이르는 것이니라. 피조물이 다 이제까지 함께 탄식하며 함께 고통을 겪고 있는 것을 우리가 아느니라. 그뿐 아니라 또한 우리 곧 성령의 처음 익은 열매를 받은 우리까지도 속으로 탄식하여 양자될 것 곧 우리 몸의 속량을 기다리느니라. 우리가 소망으로 구원을 얻었으매 보이는 소망이 소망이 아니니 보는 것을 누가 바라리요. 만일 우리가 보지 못하는 것을 바라면 참음으로 기다릴지니라. _롬 8:18-25

지난주에는 18절부터 25절 말씀이 17절에서 요구되는 고난을 견디도록 돕기 위해 기록되었다고 말씀드렸습니다. "자녀이면 또한 상속자 곧 하나님의 상속자요 그리스도와 함께 한 상속자니 우리가 그와 함께 영광을 받기 위하여 '고난도 함께 받아야 할 것'이니라." 이 진술을 요약하면, "고난은 그만한 가치가 있다"는 의미라고 말씀드렸습니다. 다른 말로 하면, 그리스도인으로 살아가면서 어떤 고난을 받든, 그리스도를 믿기에 장차 받을 영광의 관점에서 보면 충분히 가치 있는 고난이라는 말입니다(고난을 받지 않으면 영광도 없을 것입니다). 18절부터 25절까지의 주된 요지는 그러한 상태에 처한 우리에게 소망을 주려는 것입니다.

하지만 지난주에는 이 구절들이 주는 소망으로 곧바로 들어가지 않고, 이 소망을 위한 과장 없는 그리고 심지어 두렵기까지 한 기반을 마련하는 데 시간을 사용했습니다. 소망을 위한 두려운 기반(a fearful support for hope)이라는 말이 이상하게 들리실 것입니다. 하지만 이 말은 사실이고 실제로 그렇습니다. 이 본문은 고통스러운 실존을 말하고 있고, 우리로 하여금 그리스도인으로서의 소망을 붙들도록 돕기 위해 쓰였습니다.

이 본문이 말하는 사실주의는 이렇습니다. 이생에서 우리가 당하는 고난이 하나님께서 온 세상에게 판결하신 허무함(20절), 부패(21절), 탄식(23절)의 일부임을 알 때 그 고난을 견디는 데 도움이 된다는 것입니다.

다른 말로 하면, 이생의 고난은 죄로 인해 온 세상이 무질서를 향해 무너져 가도록 하신 하나님의 판결의 일부라는 말입니다. 하나님께서 죄로 인해 세상을 허무한 데 굴복하게 하셨습니다(20절). 그리고 그렇기 때문에 세상의 모든 비극(그 비극은 극심합니다)은 죄의 무시무시한 공포에 대한 잔혹한 선언입니다.

모든 고난을 말하는가 아니면 단순히 박해를 의미하는가

그리고 여기서 제가 여러 차례 질문했던 문제를 분명히 하고 넘어가겠습니다. 즉, 여기서 말하는 고난은 우리의 모든 고난을 의미합니까 아니면 우리가 그리스도인이기 때문에 당하는 고난만을 의미합니까? 모든 고통을 말합니까 아니면 단순히 박해만 의미합니까? 분명히 말씀드리지만 우리가 천국에 가는 도중에 만나게 되고 예수님을 믿음으로 인내하는 모든 고통을 말합니다.

17절을 볼 때 바울은 그리스도를 위해 대적으로부터 받는 고난을 염두에 두고 있다는 점은 인정합니다. 하지만 이것이 그가 생각하는 '전부'라는 것에는 반대입니다. 두 가지 이유에서 그렇습니다. 하나는 18절부터 27절까지의 말씀이 전하는 허무함과 부패와 탄식과 약함은 그 이상의 의미를 보여 주는 것이기 때문입니다. 17절 바로 다음에, 18절에서 말하는 '현재'의 고난은 허무한 데 굴복한(20절) 세상 때문에 생기는 것으로, 새로운 부활의 몸을 갖고자 탄식하는(23절) 그런 고난입니다. 이것은 단순히 박해로 인한 고난이 아니라 타락한 창조세계로 인한 보편적인 고난입니다.

바울이 17절에서 말하는 고난이 박해로 인한 고난에 국한되지 않는다고 생각하는 두 번째 이유는, 모든 고난의 위협은(그것이 인간의 박해든 사탄의 공격이든 자연 질병이나 재해든 간에) 근본적으로 같기 때문입니다. 말하자면 그것들은 모두 하나님의 온전한 선하심에 대한 우리의 믿음을 무너뜨리려는 위협입니다. 결국 문제는 고통이 사람으로 인한 것이냐 아니면 사탄 또는 자연으로 기인한 것이냐가 아니라, 이 모든 고통에도 불구하고 하나님의 주권적인 선하심을 믿고 이 고통을 통해 영원한 영광을 얻을 것이냐입니다.

이 본문이 주는 위로와 용기는 하나님이 적대적인 인간이나 증오가 가득한 사탄 또는 해로운 자연과 아무런 상관이 없다는 것이 아니라, 이 모든 것을 통해, 그리고 이 모든 것 안에서 그 자녀를 위한 소망이 넘치는 계획을 갖고 계시다는 것입니다. 이것이 28절이 말하려는 내용입니다. "우리가 알거니와 하나님을 사랑하는 자 곧 그의 뜻대로 부르심을 입은 자들에게는 모든 것이 합력하여 선을 이루느니라." 따라서 고난 중에 소망한다고 말할 때, 제가 의미하는 것은 우리가 천국 가는 동안 예수 그리스도를 굳게 붙듦으로써 인내해야 하는 모든 고난을 의미합니다.

고난이 극심할 때 그리스도 안에 있는 소망을 계속해서 붙들도록 바울이 어떻게 우리를 돕는지 함께 보겠습니다. 바울이 말하는 것에 대해 적어도 여섯 가지를 말씀드릴 텐데, 말씀을 어떻게 나누는지에 따라 그 이상이 될 수도 있습니다.

1. 하나님은 이 고난의 때가 지나면 모든 것을 만족시키는 아름다움과 위대함을 보게 되리라고 약속하신다

18절입니다. "생각하건대 현재의 고난은 장차 우리에게 나타날 영광과 비교할 수 없도다." 여기서 '영광'이란 "압도적으로, 모든 것을 만족시키는 아름다움과 위대함"입니다. "우리에게 나타날"이라는 말은 "우리가 보게 될 것"이라는 의미입니다. 오늘은 이 부분에 집중해서 충분히 그 의미를 살펴보겠습니다.

인간이 가장 열정적으로 바라고 깊이 갈망하는 것 중에 하나는 아름다움과 위대함을 보는 것입니다. 하나님은 우리 마음에 이런 갈망을 심어 놓으셨습니다. 우리는 박물관, 영화, 세계적인 수준의 스포츠 행사, 미술 전시회, 콘서트, 바운더리 워터(the Boundary Waters), 그랜드캐니언, 로키 산맥, 대양, 일출, 유성우에서 아름다움과 웅장함을 보며 기뻐합니다. 그런 아름다움과 위대함을 보는 것은 삶에 큰 기쁨을 줍니다.

이 모든 세상의 것들은 더 아름답고 더 위대한 무엇을 가리키는 것들로, 그것의 반영이자 이미지입니다. 이 모든 것들은 하나님의 영광을 가리킵니다. 하나님의 영광을 보는 것이 아름다움과 위대함을 갈구하는 인간의 최종 목적지일 것입니다. 이런 이유로 예수님은 요한복음 17장 24절에서 우리를 위해 기도하셨습니다. "아버지여 내게 주신 자도 나 있는 곳에 나와 함께 있어 아버지께서 창세 전부터 나를 사랑하시므로 내게 주신 나의 영광을 그들로 보게 하시기를 원하옵나이다."

이것은 예수님께서 우리를 위해 해줄 수 있는 최고의 기도였습니다. 예수님이 드린 기도의 절정이었습니다. 하나님의 아들이신 예수 그리스도의 영광을 보는 것은 우리가 이생에서 고난을 받은 후 받을 수 있는 최고의 선물이었습니다.

한 번 상상해 보십시오! 우리는 영광을 받을 것이고 변화될 것이며 우리가 보는 것을 맛볼 수도 있게 될 것입니다. 여기서 두 번째 소망으로 연결됩니다.

2. 하나님은 당신의 자녀들이 그들의 영광을 드러내게 된다고 약속하신다

19절입니다. "피조물이 고대하는 바는 하나님의 아들들이 나타나는 것이니." 즉 18절은 우리에게 무언가가 나타날 것이라고 말하고, 19절은 우리 자신이 나타날 것이라고 말합니다. 이것이 무슨 뜻입니까?

이 말은 지금 당장은 하나님의 자녀들이 영광스러워 보이지 않는다는 의미입니다. 우리는 다른 사람들과 거의 흡사해 보입니다. 우리도 배고프고 지치고 아픕니다. 나이를 먹으면서 결국 죽습니다. 죽기까지 우리의 이기심과 교만, 욕심과 싸워 어느 정도 진보는 이루지만, 그리스도로 인해 오직 믿음으로 의롭다 함을 받아야만 하는 존재라는 사실에는 결코 변함이 없을 것이며, 죽는 순간까지 바울처럼 "오호라 나는 곤고한 사람이로다. 이 사망의 몸에서 누가 나를 건져내랴!"(롬 7:24)고 말할 것입니다. 말하자면 우리는 그렇게 위대해 보이지 않습니다. 우리는 특별한 존재가 아닙니다. 우리는 이 복음이라는 보배를 질그릇에 가졌을 뿐입니다(고후 4:7).

하지만 예수님은 마태복음 13장 43절에서 이렇게 말씀하셨습니다. "그 때에 의인들은 자기 아버지 나라에서 해와 같이 빛나리라. 귀 있는 자는 들으라." 그리고 바울은 골로새서 3장 4절에서 이렇게 말했습니다. "우리 생명이신 그리스도께서 나타나실 그 때에 너희도 그와 함께 영광 중에 나타나리라." 그리고 가장 적합한 말씀으로, 오늘 본문 21절을 보십시오. "그 바라는 것은 피조물도 썩어짐의 종노릇한 데서 해방되어 하나님의 자녀들의 영광의 자유에 이르는 것이니라.” 하나님의 자녀들의 영광의 자유입니다!

따라서 19절에서 “하나님의 아들들이 나타나는 것”이라고 말할 때, 무엇이 드러나게 될지 이제 알게 되었습니다. “하나님의 자녀들의 영광의 자유”입니다. 이것은 17절 후반부에서 우리가 그리스도와 함께 영화로워질 것이라고 한 말과 같은 것으로, 그리스도의 가치를 있는 그대로 맛보는 데 아무 걸림돌이 없도록 우리 몸과 마음과 영혼이 완전히 새로워질 거라는 의미입니다.

그래서 하나님은 18절에서 우리가 우주에서 최고의 영광을 보게 될 거라고 약속하십니다. 그리고 19절에서는 그 영광을 직접 맛보게 될 거라고 더 굉장한 일을 약속하십니다. 왜냐하면 그 영광으로 인해 우리가 완전히 변화되어 하나님 안에서 즐거워하지 못하도록 가로막는 것들로부터 온전히 자유로워질 것이기 때문입니다.

그리고 19절이 말하는 또 다른 중요한 진리를 놓치지 말아야 합니다. 바로 모든 피조물이 하나님의 자녀들이 나타나는 것을 바라고 있다는 것입니다. 하나님은 우리를 위해 우주를 만드셨지, 우주를 위해 우리를 만들지 않으셨습니다. 우리가 세상을 상속받는 것이지, 세상이 우리를 상속받는 것이 아닙니다. 허무함과 부패와 탄식에 빠진, 하나님이 창조하신 모든 우주 중에서 오직 인간만이 의식 있는 예배(conscious worship)를 통해 하나님을 영화롭게 할 능력이 있습니다. 따라서 모든 피조물이 우리가 영화로워진 예배자들로 드러나기를 간절히 바라고 있습니다.

3. 허무함이라는 판결을 통해 하나님이 궁극적으로 계획하신 것은 그 자녀들을 향한 소망이라고 약속하신다

20절입니다. "피조물이 허무한 데 굴복하는 것은 자기 뜻이 아니요 오직 굴복하게 하시는 이로 말미암음이라. 그 바라는 것은." 이것은 우리로 하여금 진지하게, 정신 똑바로 차리고 소망하게 합니다. 하나님이 온 우주를 허무함과 부패와 탄식과 연약함에 떨어지게 하셨으니 우리는 진지해야 하고 정신을 똑바로 차려야 합니다. 이것을 생각할 때 우리는 정신이 번쩍 듭니다. 공의와 죄를 미워하심으로 우주를 다스리시는 무한히 거룩한 하나님에 대해 마땅한 경외심으로 몸을 떨게 됩니다.

하지만 20절의 요지는 이러한 허무함과 심판이 그분의 궁극적인 계획은 아니라는 것입니다. 20절 마지막에 나오는 "그 바라는 것은"이라는 말은 하나님이 이러한 허무함과 고통이라는 법적 판결을 내린 목적이 바로 소망 때문임을 보여 줍니다. 따라서 우리가 개인적으로나 세상에서 고난에 압도당한다고 느낄 때, 이것이 하나님의 최종 목적이 아님을 기억하십시오. 그분을 신뢰하고 그분을 우리의 보화로 붙든다면, 이 모든 것이 우리에게 선한 것으로 판명날 것입니다. 이것이 20절 마지막에 나오는 "소망한다"는 의미입니다.

4. 하나님은 하나님의 자녀뿐 아니라 모든 피조물이 허무함과 부패와 탄식이라는 현재의 비극에서 자유로워질 거라고 약속하신다

21절입니다. "피조물도 썩어짐의 종노릇한 데서 해방되어 하나님의 자녀들의 영광의 자유에 이르는 것이니라." 우리는 이미 19절에서 자녀들이 하나님의 영광을 즐기기에 합당한 모습으로 영광 가운데 나타나리라는 것을 보았습니다. 21절에서는 약속의 다른 면을 보게 되는데, 피조물도 허무함과 부패와 탄식의 종노릇하는 데서 자유로워질 거라는 사실입니다. 다른 말로 하면, 온 우주가 완전하고 영화로워진 하나님의 자녀들에게 완벽하게 들어맞는 장소로 변화될 거라는 의미입니다.

더 이상 모든 것을 파괴하는 토네이도나 허리케인, 홍수, 가뭄, 전염병, 질병, 사고, 위험한 동물이나 해충, 바이러스 같은 것들이 없을 것입니다. 이사야 65장 17절의 예언이 이루어질 것입니다. "보라 내가 새 하늘과 새 땅을 창조하나니 이전 것은 기억되거나 마음에 생각나지 아니할 것이라." 요한계시록 21장 1-5절의 예언도 이루어질 것입니다. "또 내가 새 하늘과 새 땅을 보니 처음 하늘과 처음 땅이 없어졌고 바다도 다시 있지 않더라. … 하나님은 친히 그들과 함께 계셔서 모든 눈물을 그 눈에서 닦아 주시니 다시는 사망이 없고 애통하는 것이나 곡하는 것이나 아픈 것이 다시 있지 아니하리니 처음 것들이 다 지나갔음이러라. 보좌에 앉으신 이가 이르시되 보라 내가 만물을 새롭게 하노라 하시고 또 이르시되 이 말은 신실하고 참되니 기록하라 하시고"(벧후 3:13 참조).

우리가 상속으로 받게 될 하나님과 세상이라는 선물에 대해 합당한 기쁨으로 반응하기 위해서는 우리가 필히 영화롭게 되어야 한다는 점을 17절을 근거로 수차례 말씀드렸습니다. 하지만 이제는 이런 표현이 나을 것 같습니다. '세상은 하나님의 자녀들의 영광의 자유를 위해 합당한 환경이 되도록 영화로워져야 합니다.' 다른 말로 하면, 우리의 자유와 영광이 너무나 커서 오직 영화로워진 세상만이 우리가 갖게 될 거의 무한한 행복을 수용할 수 있을 거라는 말입니다. 이것이 21절이 약속하는 내용입니다. "피조물도 썩어짐의 종 노릇한 데서 해방되어 하나님의 자녀들의 영광의 자유에 이르는 것이니라."

5. 우주가 겪는 비극은 죽음의 고통이 아니라 자녀를 해산하는 고통이라고 하나님은 약속하신다

22절입니다. "피조물이 다 이제까지 함께 탄식하며 함께 고통을 겪고 있는 것을 우리가 아느니라." 이것은 하나님께서 피조물을 '소망 가운데서' 허무함에 굴복하게 하셨다(20절)는 말을 달리 표현한 것입니다. 즉, 이 모든 것을 통해 야기되는 고통보다 훨씬 더 나은 무언가를 소망하고 있다는 뜻입니다.

병원에서 한 여인이 내지르는 비명과 신음소리를 듣게 된다고 합시다. 그곳이 암 병동이냐 아니면 산부인과 병동이냐에 따라 그 느낌이 완전히 다를 것입니다. 왜 그렇습니까? 고통은 다 똑같은 거 아닙니까? 그렇지 않습니다. 어떤 고통은 생명을 탄생시킵니다. 그리고 어떤 고통은 죽음으로 이끕니다. 22절이 약속하는 것은 하나님의 자녀들에게는 모든 고통이 생명을 낳는다는 것입니다. 이 세상의 모든 탄식이 하나님나라를 해산하는 고통입니다. 우리가 하나님나라에 속해 있다면(그 나라 왕의 자녀라면) 모든 고통은 죽음의 고통이 아니라 해산의 고통입니다. 사실 제가 말하는 모든 고통은 죽음의 고통까지도 포함하는 것입니다.

6. 하나님은 우리 몸이 모든 탄식으로부터 구원을 받을 거라고 약속하신다

23절입니다. "그뿐 아니라 또한 우리 곧 성령의 처음 익은 열매를 받은 우리까지도 속으로 탄식하여 양자 될 것 곧 우리 몸의 속량을 기다리느니라." 바울은 고린도에 보내는 편지에서도 같은 진리를 말하고 있습니다. "보라 내가 너희에게 비밀을 말하노니 우리가 다 잠잘 것이 아니요 마지막 나팔에 순식간에 홀연히 다 변화되리니 나팔 소리가 나매 죽은 자들이 썩지 아니할 것으로 다시 살아나고 우리도 변화되리라. 이 썩을 것이 반드시 썩지 아니할 것을 입겠고 이 죽을 것이 죽지 아니함을 입으리로다. 이 썩을 것이 썩지 아니함을 입고 이 죽을 것이 죽지 아니함을 입을 때에는 사망을 삼키고 이기리라고 기록된 말씀이 이루어지리라. 사망아 너의 승리가 어디 있느냐 사망아 네가 쏘는 것이 어디 있느냐"(고전 15:51-55).

예수 그리스도는 주신 모든 약속을 반드시 이루시는 분임을 믿는 여러분! 우리는 바로 이 소망 안에서 구원받았음을 기억하십시오. 그리고 우리가 보지 못하는 것을 바란다면, 인내로 기다려야 할 것입니다. 신음하면서도 인내를 가지고 어떤 것도 막을 수 없는 즐거움으로 기다려야 합니다.

아직 그리스도를 믿지 않는 분이 계시다면 우리 주님의 말씀을 기억하십시오. "영접하는 자 곧 그 이름을 믿는 자들에게는 하나님의 자녀가 되는 권세를 주셨으니"(요 1:12). 그분의 자녀가 되어 이 모든 약속의 상속자가 되기 원한다면, 그분을 영접하십시오. 그분을 신뢰하십시오. 아멘.

23장

그리스도와 암

로마서 8:18-25

생각하건대 현재의 고난은 장차 우리에게 나타날 영광과 비교할 수 없도다. 피조물이 고대하는 바는 하나님의 아들들이 나타나는 것이니 피조물이 허무한 데 굴복하는 것은 자기 뜻이 아니요 오직 굴복하게 하시는 이로 말미암음이라. 그 바라는 것은 피조물도 썩어짐의 종노릇한 데서 해방되어 하나님의 자녀들의 영광의 자유에 이르는 것이니라. 피조물이 다 이제까지 함께 탄식하며 함께 고통을 겪고 있는 것을 우리가 아느니라. 그뿐 아니라 또한 우리 곧 성령의 처음 익은 열매를 받은 우리까지도 속으로 탄식하여 양자 될 것 곧 우리 몸의 속량을 기다리느니라. 우리가 소망으로 구원을 얻었으매 보이는 소망이 소망이 아니니 보는 것을 누가 바라리요. 만일 우리가 보지 못하는 것을 바라면 참음으로 기다릴지니라. _롬 8:18-25

저는 대학에 들어가기 전까지는 암이나 불치병 같은 것은 한 번도 생각해 본 적이 없었습니다. 그런데 대학을 다니는 내내 사람들이 병으로 죽는 일이 늘 주변에서 일어났습니다. 대학 동료 두 명이 스물두 살이 되기도 전에 백혈병과 임파선 암으로 죽었습니다. 신학교에서는 조직신학을 가르치던 짐 모건 교수님이 대장암 판정을 받고 1년도 채 못 되어 시름시름 앓다 돌아가셨습니다. 그때 그분의 나이가 서른여섯이었습니다. 독일에서 졸업 논문을 준비할 때 지도교수였던 고펠트 교수님은 제가 박사 논문을 끝내기 직전에 갑자기 돌아가셨습니다. 그때가 62세였는데, 사인은 심장발작이었습니다. 그런 다음 저는 하나님의 집인 베델로 돌아왔습니다. 그리고 6년간 그곳에서 가르치면서 학생들과 교사들, 직원들이 암으로 죽는 것을 보았습니다. 수 포트, 폴 그릴리, 밥 베르그루드, 루스 루드만, 그레이든 헬드, 쳇 린세이, 마리 엘렌 칼슨. 이들 모두 그리스도인들이었고, 채 70세가 되기 전에 죽었습니다. 그리고 지금 베들레헴 교회를 목회하면서는 하비 링을 떠나보냈습니다. 여러분은 10배는 더 긴 목록을 여기에 더할 수도 있을 것입니다.

이 모든 일들에 대해 우리가 무슨 말을 할 수 있을까요? 질병과 죽음은 하나님의 사랑과 능력에 대한 믿음을 위협하기 때문에 어떻게든 풀고 넘어가야 합니다. 그리고 저야말로 목회자로서 하나님의 사랑과 능력에 대한 믿음을 강하게 하고 북돋우기 위해서 제일 먼저 이 문제에 대해 답해야 할 것입니다. 믿음에 대한 위협들을 막아 내는 데 하나님의 말씀만한 무기는 없습니다. 그래서 오늘 아침은 '그리스도와 암'에 대해 성경은 어떻게 가르치는지 전하려고 합니다. 우리 몸의 질병을 이겨 내게 하는 하나님의 능력과 사랑에 대한 성경의 가르침에 귀를 기울이십시오.

저는 오늘 설교가 목회자 입장에서 정말 중요한 설교라고 생각합니다. 왜냐하면 성도들은 자신의 목회자가 질병과 치유와 죽음이라는 문제에 대해 어떤 입장을 취하는지 알 필요가 있기 때문입니다. 이런 의견들은 어떠십니까? '모든 질병은 어떤 특별한 죄에 대한 하나님의 심판이다', '며칠 기도했는데도 치유되지 못한 것은 진정한 믿음이 없다는 확실한 표시다' 또는 '사탄이 실제로 이 세상을 다스리고 있어서 하나님은 사탄이 그 자녀들을 마음대로 다루는 동안 아무 도움도 주지 못한 채 방관하신다.' … 제가 이런 식으로 생각한다고 알고 계셨다면 그건 정말 오해하고 계시는 것입니다. 그래서 오늘 이 주제에 대한 제 생각을 명확히 알려 드리고 싶습니다. 앞에서 말한 의견들은 제 생각과 전혀 다르며 또한 하나님의 생각과도 같지 않다는 것을(저는 그렇게 믿습니다) 보여 드리겠습니다.

고통의 신학을 향한 여섯 가지 주장

저와 함께 로마서 8장 18-28절 말씀을 살펴보겠습니다. 이 본문에는 질병에 대해 제가 갖고 있는 신학을 요약해 주는 여섯 가지 확신이 나옵니다. 각각의 확신에 대한 근거가 여기 이 말씀에 있습니다. 함께 읽겠습니다.

> 생각하건대 현재의 고난은 장차 우리에게 나타날 영광과 비교할 수 없도다. 피조물이 고대하는 바는 하나님의 아들들이 나타나는 것이니 피조물이 허무한 데 굴복하는 것은 자기 뜻이 아니요 오직 굴복하게 하시는 이로 말미암음이라. 그 바라는 것은 피조물도 썩어짐의 종노릇한 데서 해방되어 하나님의 자녀들의 영광의 자유에 이르는 것이니라. 피조물이 다 이제까지 함께 탄식하며 함께 고통을 겪고 있는 것을 우리가 아느

니라. 그뿐 아니라 또한 우리 곧 성령의 처음 익은 열매를 받은 우리까지도 속으로 탄식하여 양자 될 것 곧 우리 몸의 속량을 기다리느니라. 우리가 소망으로 구원을 얻었으매 보이는 소망이 소망이 아니니 보는 것을 누가 바라리요. 만일 우리가 보지 못하는 것을 바라면 참음으로 기다릴지니라. 이와 같이 성령도 우리의 연약함을 도우시나니 우리는 마땅히 기도할 바를 알지 못하나 오직 성령이 말할 수 없는 탄식으로 우리를 위하여 친히 간구하시느니라. 마음을 살피시는 이가 성령의 생각을 아시나니 이는 성령이 하나님의 뜻대로 성도를 위하여 간구하심이니라. 우리가 알거니와 하나님을 사랑하는 자 곧 그의 뜻대로 부르심을 입은 자들에게는 모든 것이 합력하여 선을 이루느니라.

1. 피조물이 다 허무한 데 굴복했다

저의 첫 번째 확신은 이것입니다. 우리가 살아가는 세대는(인간이 죄를 지어 타락한 때부터 그리스도가 다시 오실 때까지) 우리 몸을 포함한 모든 피조물이 "허무한 데 굴복하고" "썩어짐의 종노릇하는" 세대입니다. 20절은 "피조물이 허무한 데 굴복"한다고 말하고, 21절은 "피조물도 썩어짐의 종노릇한 데서 해방"될 거라고 말합니다. 그리고 여기에 우리 몸도 포함된다는 사실을 알 수 있는 이유는 23절 말씀 때문입니다. 더 넓은 의미의 피조물뿐 아니라 "우리까지도[즉 그리스도인들] 속으로 탄식하여 양자 될 것 곧 우리 '몸의 속량'을 기다리느니라." 우리 몸도 피조물의 일부이고 따라서 피조물이 굴복하고 있는 모든 허무함과 부패에 참여하고 있습니다.

20절에서 피조물을 허무한 데 굴복하게 하고 썩어짐의 종노릇을 하게 만든 장본인은 누구입니까? 바로 하나님이십니다. 고려할 수 있는 다른 후보자들이라면 사탄 또는 자기 자신이겠지요. 사탄이 인간을 죄에 빠지게 했고, 인간은 하나님께 불순종하기로 선택했다는 점에서 둘 중 하나를 의미한다고 볼 수도 있습니다. 하지만 20절 마지막에 나오는(한글 성경에서는 21절 처음에 나옴—옮긴이) "그 바라는 것은"(in hope)이라는 말 때문에 바울이 사탄이나 사람을 가리킨 것이라고 볼 수 없습니다. 이 짧은 구절이 피조물을 허무한 데 굴복하게 하신 이의 계획과 목적을 알려 줍니다. 인간의 마음에 구원의 소망이 불붙게 하고 언젠가 "하나님의 자녀들의 영광의 자유"를 더욱 밝게 빛내기 위해 세상을 부패하게 한 것은 사람이나 사탄의 의도가 아니었습니다. 오직 한분만이 이런 계획과 목적을 가지고 피조물을 허무한 데 굴복하게 하실 수 있었습니다. 바로 공의로우시고 사랑이 많으신 창조주이십니다.

따라서 제 결론은, 이 세상은 반역하고 죄를 범한 인류에게 내린 하나님의 법적 심판 아래 서 있다는 것입니다. 하나님은 온 세상이 허무함과 부패에 굴복해야 한다고 판결하셨습니다. 그리고 이 판결에서 제외되는 사람은 한 명도 없습니다. 하나님의 소중한 자녀들도 마찬가지입니다.

아마도 바울이 말하는 허무함과 부패는 영적이고 육적인 파멸을 모두 의미할 것입니다. 한편으로 인간은 타락했기 때문에 인식에도 오류가 있고 잘못된 목표를 세우기도 하고 갈팡질팡 실수도 하고 영적으로 무딥니다. 또 한편으로는 홍수, 기근, 화산폭발, 지진, 해일, 전염병, 자동차 사고, 비행기 추락, 천식, 알레르기, 일반적인 감기, 암처럼 인간의 몸에 고통을 유발하고 모든 사람을 죽게 만드는 것들이 있습니다.

육체를 갖고 있는 한 우리는 썩어짐의 종입니다. 바울은 다른 곳에서도 같은 말을 했습니다. 고린도후서 4장 16절입니다. "그러므로 우리가 낙심하지 아니하노니 우리의 '겉사람'[육신]은 낡아지나[썩어지나] 우리의 속사람은 날로 새로워지도다." 바울이 여기서 낡아진다(decay) 또는 썩어진다(corrupt)는 의미로 사용한 단어는 누가복음 12장 33절에서 예수님이 보화를 쌓으라고 말씀하시며 "거기는 도둑도 가까이 하는 일이 없고 '좀도 먹는'(corrupt) 일이 없느니라"고 하셨을 때 사용한 단어와 같습니다. 온도가 높고 어두운 옷장 안에 있는 외투가 좀이 먹고 상하는 것처럼, 이 타락한 세상에 있는 우리 육신은 이런 저런 모양으로 망가지게 될 것입니다. 이 세대가 지속되는 한 모든 피조물이 허무함에 굴복하고 썩어짐의 종노릇하기 때문입니다. 이것이 제가 확신하는 첫 번째 내용입니다.

2. 구원과 구속의 때가 오고 있다

제가 두 번째로 확신하는 것은 이것입니다. 끝까지 믿음으로 인내한 모든 하나님의 자녀가 영적으로 육체적으로 모든 허무함과 부패함에서 구원받을 때가 오고 있다는 것입니다. 21절에 따르면, 하나님께서 피조물을 허무한 데 굴복하게 하시면서 바라신 것은 언젠가 "피조물도 썩어짐의 종노릇한 데서 해방되어 하나님의 자녀들의 영광의 자유에 이르는 것"이었습니다. 그리고 23절은 "우리 곧 성령의 처음 익은 열매를 받은 우리까지도 속으로 탄식하여 양자 될 것 곧 우리 몸의 속량을 기다[린다]"고 말합니다. 이 일은 아직 일어나지 않았습니다. 우리는 기다리고 있습니다. 하지만 반드시 일어날 것입니다.

> 그러나 우리의 시민권은 하늘에 있는지라. 거기로부터 구원하는 자 곧 주 예수 그리스도를 기다리노니 그는 만물을 자기에게 복종하게 하실 수 있는 자의 역사로 우리의 낮은 몸을 자기 영광의 몸의 형체와 같이 변하게 하시리라(빌 3:20, 21).

> 나팔 소리가 나매 죽은 자들이 썩지 아니할 것으로 다시 살아나고 우리도 변화되리라(고전 15:52).

> 모든 눈물을 그 눈에서 닦아 주시니 다시는 사망이 없고 애통하는 것이나 곡하는 것이나 아픈 것이 다시 있지 아니하리니 처음 것들이 다 지나갔음이러라(계 21:4).

모든 목발이 쪼개지고 모든 휠체어가 녹여져 구속의 메달로 만들어질 날이 다가오고 있습니다. 또 우리 가운데 있는 메를린, 짐, 하젤, 루스를 비롯한 모든 사람들이 기뻐 춤추며 하나님나라로 들어가게 될 것입니다. 하지만 아직은 아닙니다. 우리는 몸의 속량을 기다리며 신음합니다. 하지만 그날은 오고 있고, 이것이 제가 두 번째로 확신하는 것입니다.

3. 그리스도께서 그것을 값을 지불하고 사셨고, 보여 주셨고 미리 맛보게 하셨다

세 번째로, 예수 그리스도는 우리 구속을 값을 주고 사시기 위해, 그 구속의 영적이고 육적인 속성을 보여 주시기 위해, 또한 그 구속을 미리 맛보게 하기 위해 이 땅에 오시고 죽으셨습니다. 그분은 우리 구속에 대한 값을 지불하셨고, 그 구속의 속성을 보여 주셨으며, 그 구속을 미리 맛보게 하셨습니다. 주의를 기울여 들으십시오. 우리 시대 많은 치유 사역자들에 의해 이 진리는 심각하게 왜곡되어 있습니다.

이사야 선지자는 이사야서 53장 5-6절에서(베드로전서 2장 24절에서 베드로가 그리스도인들에게 적용했던 말씀입니다) 이러한 그리스도의 사역을 예언했습니다. "그가 찔림은 우리의 허물 때문이요 그가 상함은 우리의 죄악 때문이라. 그가 징계를 받으므로 우리는 평화를 누리고 그가 채찍에 맞으므로 우리는 나음을 받았도다. 우리는 다 양 같아서 그릇 행하여 각기 제 길로 갔거늘 여호와께서는 우리 모두의 죄악을 그에게 담당시키셨도다."

용서의 복과 육체적인 치유의 복은 그리스도께서 십자가에서 우리를 위해 죽으심으로써 그분이 값 주고 사신 것이었습니다. 그리고 그리스도에게 삶을 바친 모든 사람은 이 두 가지 유익을 다 누리게 될 것입니다. 하지만 '언제' 그렇게 됩니까? 이것이 오늘의 질문입니다. 우리는 언제 치유될까요? 언제 우리의 몸이 더 이상 썩어짐의 종노릇을 하지 않게 될까요?

예수님의 사역은 치유와 용서의 사역이었습니다. 예수님은 세례

요한의 제자들에게 이렇게 말씀하셨습니다. "너희가 가서 듣고 보는 것을 요한에게 알리되 맹인이 보며 못 걷는 사람이 걸으며 나병환자가 깨끗함을 받으며 못 듣는 자가 들으며 죽은 자가 살아나며 가난한 자에게 복음이 전파된다 하라. 누구든지 나로 말미암아 실족하지 아니하는 자는 복이 있도다 하시니라"(마 11:4-6). 실족한다구요? 죽은 자를 일으키고 그렇게 오랫동안 기대했던 하나님나라를 가져오실 분에게 누가, 왜 실족한단 말입니까?

하지만 실제로 예수님은 겨우 세 명 정도만 다시 살리셨습니다. 주위에 있던 수백 명은 그대로 무덤에 두셨습니다. 왜 그렇습니까? 그들의 믿음이 충분하지 않아서였습니까? 아닙니다! 누가복음 7장 13-14절에서 예수님이 과부의 아들을 살리셨을 때, 과부는 예수님을 전혀 알지 못하는 상태였습니다. 그 여자의 믿음 때문에 아들을 살리신 것이 아니었습니다. 그저 "불쌍히 여기셨다"고 말하고 있습니다. 그렇다면 이스라엘에 있는 다른 유족들은 불쌍히 여기지 않으셨다는 말입니까?

예수님이 왜 모든 죽은 자를 살리지 않으셨는지에 대한 답은, 유대인들의 기대와는 반대로, 메시아의 첫 번째 오심의 목적은 이 타락한 세대의 온전한 구속과 완성이 '아니었기' 때문입니다. 첫 번째로 오심은 그 구속을 값 주고 사시고, 그 구속의 속성을 보여 주시며, 그분의 백성들에게 그 구속을 '미리 맛보게' 하기 위함이었습니다. 그러므로 예수님은 죽은 자 가운데서 몇 명만 살리셔서 자신에게 능력이 있음을 보이셨고, 언젠가는 다시 와서 자신의 백성을 위해 그 능력을 발휘할 것을 나타내셨습니다. 그리고 예수님이 병자를 고치신 것은 그분의 마지막 왕국에서 그 일이 어떻게 이루어질지를 보여 주시기 위해서였습니다. 더 이상 우는 것도, 고통도 없을 것을 알려 주신 것입니다.

하지만 우리는 이 세대에서 우리가 받을 구속을 미리 맛볼 수 있습니다. 치유를 포함해 십자가에 의해 값 주고 사신 유익들은 지금도 어느 정도 누릴 수 있습니다. 하나님은 지금 우리 기도에 응답하셔서 아픈 자들을 고치실 수 있고 또 그렇게 하십니다. 하지만 항상 그렇지는 않습니다. 오늘날 기적을 떠벌리고 다니는 사람들은 예수님이 우리가 지금 현재 잘 살기를 바란다고 호언하면서, 심지어 그들이 건강하지 못한 이유는 오로지 불신 때문이라고 주장하며 하나님 백성들의 어깨에 죄의식을 쌓고 있는데, 이들은 하나님께서 이 타락한 세대에서 기적을 보여 주신 목적을 잘못 이해하고 있는 것입니다. 그들은 죄의 깊이와 우리를 정결케 하려는 하나님의 징벌의 중요성과 고난을 통과한 믿음의 가치를 과소평가했고 하나님께서 다음 세대를 위해 남겨 놓은 것을 강제로 지금 세대로 가져오려는 죄를 저지르고 있습니다.

로마서 8장 23-24절에 나타난 생각의 흐름에 주목하십시오. "우리 곧 성령의 처음 익은 열매를 받은 우리까지도 속으로 탄식하여 양자 될 것 곧 우리 몸의 속량을 기다리느니라. 우리가 소망으로 구원을 얻었으매." 그리스도께서 값을 지불하고 구속을 이루셨기에 믿는 자들은 '이미' 성령을 받았습니다. 이것은 우리가 받을 온전한 구속에 대한 계약금과 같습니다. 우리가 받을 온전한 구속의 첫 열매이자 미리 조금 맛본 것입니다. 그리고 바울이 성령을 소유한 우리가 탄식하며 우리 몸의 속량을 기다린다고 말한 것은, 구원받았기 때문에 죽을 몸으로 인해 탄식하는 일은 이제 없다는 식으로 '잘못된' 추론을 내리지 않도록 경고하기 위함입니다.

바울은 24절에서 계속해서 이렇게 말합니다. "우리가 소망으로 구원을 얻었으매," 우리 구원은 완성된 것이 아니라 이제 시작되었습니다. 우리는 그저 '소망으로' 구원을 얻었습니다. 도덕적인 면에서도 이것은 사실입니다. 바울은 갈라디아서 5장 5절에서 말합니다. "우리가 성령으로 믿음을 따라 '의의 소망'을 기다리노니." 그리고 육체적으로도 이것은 사실입니다. 우리는 몸의 구속을 기다립니다. 그리스도는 그 구속을 값을 지불하고 사셨고, 치유 사역을 통해 그것이 갖는 물리적 현실을 보여 주셨으며, 우리 시대에서 많은 사람을 치유하심으로(어떤 사람은 그 치유가 매우 느리고, 어떤 사람은 부분적으로만 치유되며, 어떤 사람은 전혀 치유를 받지 못하기도 합니다) 우리로 그것을 미리 맛보게 하셨습니다. 이것이 제가 세 번째로 확신하는 것입니다.

4. 하나님은 그 백성의 유익을 위해 모든 고통을 통제하신다

네 번째로, 하나님은 누가 아프고, 누가 나을지 통제하십니다. 그리고 그분의 모든 결정은, 그것이 비록 매우 고통스럽고 오랜 기간 지속되는 것일지라도, 자녀들의 유익을 위한 것입니다. 피조물을 허무함과 부패에 굴복하게 한 것은 하나님이셨고, 거기서 자유롭게 하실 수 있는 분도 하나님이십니다.

출애굽기 4장 11절에서 모세가 바로에게 가서 말하기를 거부하자, 하나님은 모세에게 이렇게 말씀하셨습니다. "누가 사람의 입을 지었느냐 누가 말 못 하는 자나 못 듣는 자나 눈 밝은 자나 맹인이 되게 하였느냐 나 여호와가 아니냐?" 모든 질병 뒤에는 결국 하나님의 전능한 손이 있습니다. 하나님은 신명기 32장 39절에서 이렇게 말씀하십니다. "이제는 나 곧 내가 그인 줄 알라. 나 외에는 신이 없도다. 나는 죽이기도 하며 살리기도 하며 상하게도 하며 낫게도 하나니 내 손에서 능히 빼앗을 자가 없도다."

하지만 사탄은 어떻습니까? 그는 우리의 온전함을 가장 방해하는 가장 큰 대적이 아닙니까? 그는 우리를 도덕적으로, 육체적으로 공격하곤 하지 않습니까? 욥을 괴롭혔던 것도 사탄이 아니었습니까? 네, 맞습니다. 하지만 사탄은 하나님께서 그에게 허락한 것 외에는 힘이 없습니다. 그는 사슬에 매인 대적일 뿐입니다. 사실, 욥기의 저자는 사탄이 가한 고통들이 사실은 하나님으로부터 왔다고도 말합니다. 예를 들어, 욥기 2장 7절에서는 이렇게 말합니다. "사탄이 이에 여호와 앞에서 물러가서 욥을 쳐서 그의 발바닥에서 정수리까지 종기가 나게 한지라." 그때 욥의 아내가 하나님을 저주하고 죽으라고 말하자, 욥은 이렇게 말합니다. "우리가 하나님께 복을 받았은즉 화도 받지 아니하겠느냐?"

그리고 욥기 저자는 욥이 사탄으로부터 받은 고통이 하나님 때문이라고 우리가 잘못 알도록 하지 않기 위해 10절에서 이런 말을 덧붙입니다. "이 모든 일에 욥이 입술로 '범죄하지 아니'(did not sin)하니라." 다른 말로 하면, 사탄이 더 직접적인 원인을 제공했을지는 몰라도, 질병의 배후에 하나님의 전능하신 손이 있다고 인정한 것은 죄가 아니라는 말입니다.

사탄은 교활할지 모르지만, 어떤 면에서는 어리석습니다. 거룩한 자들을 망치기 위해 동원하는 모든 시도가 하나님의 섭리에 의해 그들의 믿음을 정결하게 하고 굳건하게 하는 일로 뒤바뀐다는 것을 사탄은 보지 못하기 때문입니다. 이 세대에 그 백성들을 위한 하나님의 목적은 그들에게서 질병과 고통을 없애는 것이 주가 아니라, 오히려 우리로 하여금 남은 죄를 몰아내고 우리의 연약함 속에서도 오직 소망할 분은 하나님밖에 없음을 알아 하나님께 더욱 가까이 붙어 있게 하는 것입니다.

"내 아들아 주의 징계하심을 경히 여기지 말며 그에게 꾸지람을 받을 때에 낙심하지 말라. 주께서 그 사랑하시는 자를 징계하시고 그가 받아들이시는 아들마다 채찍질하심이라 하였으니 … 하나님은 우리의 유익을 위하여 그의 거룩하심에 참여하게 하시느니라. 무릇 징계가 당시에는 즐거워 보이지 않고 슬퍼 보이나 후에 그로 말미암아 연단 받은 자들은 의와 평강의 열매를 맺느니라"(히 12:5, 6, 10, 11). 하나님의 자녀에게 찾아오는 모든 고통은, 그것이 박해를 통해서든 질병을 통해서든, 우리가 죽은 자를 살리신 하나님을 더욱 의지함으로써 더욱 거룩해지도록 하나님이 허락하신 것입니다(고후 1:9). 병에 걸렸다고 하나님께 화를 낸다면, 그것은 그분의 사랑을 거부하는 행동입니다. 왜냐하면 하나님이 그 자녀를 연단하실 때는 늘 사랑으로 하시기 때문입니다.

그 연단은 우리의 유익을 위한 것이기에 우리는 그것을 통해 풍성한 믿음의 교훈을 배워야 합니다. 그럴 때 우리는 시편 기자와 같이 이렇게 고백하게 될 것입니다. "고난당한 것이 내게 유익이라. 이로 말미암아 내가 주의 율례들을 배우게 되었나이다. … 여호와여 내가 알거니와 주의 심판은 의로우시고 주께서 나를 괴롭게 하심은 성실하심 때문이니이다"(시 119:71, 75). 이것이 제가 네 번째로 확신하는 것입니다. 누가 아프고 누가 나을지 결정하는 분은 궁극적으로 하나님이시고, 이 모든 하나님의 결정은 그것이 아무리 큰 고통이고 아무리 오래된 질병일지라도 그 자녀들의 유익을 위한 것입니다. 오늘 본문 마지막 절인 로마서 8장 28절도 이렇게 전합니다. "우리가 알거니와 하나님을 사랑하는 자 곧 그의 뜻대로 부르심을 입은 자들에게는 모든 것이 합력하여 선을 이루느니라."

5. 치유의 능력과 지켜주시는 은혜를 위해 기도해야 한다

다섯 번째 확신하는 것은, 그렇기 때문에 우리는 치유를 위해 기도해야 하고, 또한 치유되지 않는 동안에는 믿음을 강하게 해주시도록 하나님의 도우심을 구해야 한다는 것입니다. 어린 자녀가 어려움에 처했을 때 아버지에게 도움을 구하는 것은 당연합니다. 그리고 사랑하는 아버지는 당연히 자녀에게 최고의 것을 주려고 합니다. 때로는 지금 고쳐 주시기도 하고, 때로는 지금은 아닐 수 있습니다. 하지만 늘, 언제나 우리에게 가장 좋은 것을 주십니다.

그렇지만 때로 지금 고침받지 않는 것이 우리에게 최선이라면, 우리는 어떻게 기도해야 할까요? 고쳐 달라는 간구를 멈추고 그저 그분의 선하심을 믿을 은혜를 달라고 간구해야 하는 때를 어떻게 분별할 수 있을까요?

바울도 이런 문제를 경험한 적이 있습니다. 고린도후서 12장 7-10

절을 보면 바울도 욥과 마찬가지로 육체의 가시(바울은 이것을 "사탄의 사자"라고 불렀습니다)가 있었음을 알 수 있습니다. 그것이 어떤 고통이었는지 우리는 잘 모르지만, 바울은 그것이 없어지기를 세 번이나 간구했다고 말합니다. 하지만 그때 하나님은 바울에게 그 병을 고쳐 주지 않아도 바울이 받은 은혜가 족하고, 하나님의 능력은 병의 치유가 아닌 고난에도 불구하고 바울이 신실하게 섬기는 것을 통해 드러나게 될 것이라고 말씀하셨습니다.

오늘 본문 로마서 8장 26-27절에서, 바울이 동일한 문제에 대해 말한다고 저는 생각합니다. 우리가 몸의 속량을 기다리는 동안 "성령도 우리의 연약함을 도우시나니 우리는 마땅히 기도할 바를 알지 못하나 오직 성령이 말할 수 없는 탄식으로 우리를 위하여 친히 간구하시느니라. 마음을 살피시는 이[하나님]가 성령의 생각을 아시나니 이는 성령이 하나님의 뜻대로 성도를 위하여 간구"하십니다. 때로는 어떤 형태로 도움이 올지 알 수 없기 때문에 우리가 할 수 있는 것은 그저 도와달라고 부르짖는 것밖에는 없습니다. 그러면 성령께서 우리가 제대로 표현하지 못한 우리의 필요를 하나님의 뜻에 합당한 형태로 하나님 앞에 상달합니다. 그러면 하나님은 은혜롭게 응답하시고 우리의 필요를 채워 주십니다. 우리가 처음 소망했던 모습은 아니지만, 늘 우리에게 유익한 응답입니다.

그러니 운명을 감내한다면서 하나님과 멀찍이 떨어져서 교만하게 서 있지 맙시다. 기도하며 우리 아버지께 달려 나가 도움을 구합시다. 이것이 제가 다섯 번째로 확신하는 것입니다.

6. 우리는 언제나 하나님의 능력과 선하심을 신뢰해야 한다

여섯 번째이자 마지막으로, 아무리 어두운 고난의 시기에 있다 해도 우리는 하나님의 능력과 사랑을 신뢰해야 합니다. 그리스도인은 늘 기적적으로 고침을 받을 것이라고 말하는 사람들에 대해 제가 제일 염려하는 것은, 믿음의 질을 육체적 치유라는 기적을 경험했는지의 여부로 결정할 수 있다고 생각하는 것입니다. 하지만 신약의 많은 부분에서 우리 믿음의 질은 고난 중에도 하나님으로 인하여 즐거워하고 확신을 가지는 데서 드러남을 볼 수 있습니다.

성경에서 최고의 믿음 장은 히브리서 11장입니다. 11장은 이렇게 시작합니다. "믿음은 바라는 것들의 실상이요 보이지 않는 것들의 증거니." 그런데 이 11장에서 마지막 여덟 구절이 종종 간과되곤 합니다. 여기서 우리는 하나님께서 우리를 '고난으로부터' 구하시리라는 믿음과 '고난 중에도' 평화와 소망을 주실 거라는 믿음이 균형을 이루고 있음을 봅니다. 33절부터 35절 중반까지 말씀입니다. "그들은 믿음으로 나라들을 이기기도 하며 의를 행하기도 하며 약속을 받기도 하며 사자들의 입을 막기도 하며 불의 세력을 멸하기도 하며 칼날을 피하기도 하며 연약한 가운데서 강하게 되기도 하며 전쟁에 용감하게 되어 이방 사람들의 진을 물리치기도 하며 여자들은 자기의 죽은 자들을 부활로 받아들이기도 하며."

만일 여기까지만 읽고 멈춘다면, 잘못된 기준으로 믿음의 질을 판단하게 될 것입니다. 여기까지만 보면 늘 이생에서 승리하는 것이 곧 믿음인 것처럼 보이기 때문입니다. 하지만 그다음부터는 관점이 확 변하면서, 믿음은 또한 생명을 잃을 수 있는 능력이기도 하다는 사실을 알게 합니다. "또 어떤 이들은 더 좋은 부활을 얻고자 하여 심한 고문을 받되 구차히 풀려나기를 원하지 아니하였으며 또 어떤 이들은 조롱과 채찍질뿐 아니라 결박과 옥에 갇히는 시련도 받았으며 돌로 치는 것과 톱으로 켜는 것과 시험과 칼로 죽임을 당하고 양과 염소의 가죽을 입고 유리하여 궁핍과 환난과 학대를 받았으니 (이런 사람은 세상이 감당하지 못하느니라) 그들이 광야와 산과 동굴과 토굴에 유리하였느니라. 이 사람들은 다 믿음으로 말미암아 증거를 받았으나."

하나님의 영광은 병을 치유하실 때도 드러나지만, 또한 '치유받지 못한' 사람에게 소망과 평화라는 달콤한 영을 주실 때도 드러납니다. 왜냐하면 그것도 은혜로 받은 기적이기 때문입니다! 우리는 하나님께서 '종종' 병을 치료해 주시는 사람들 중에 속할 수도 있고, 병이 아직 있지만 '늘' 기쁨과 평화로 충만하게 하시는 사람들 가운데 속할 수도 있습니다. 우리가 겸손하여 어린아이처럼 곤고할 때 하나님께 부르짖고 그분의 약속을 믿는다면, 성령께서 우리를 도우실 것이고 하나님은 모든 가능한 복으로 우리 교회를 축복하실 것입니다. 오늘 본문 말씀처럼, 하나님은 모든 것을 합력하여 선을 이루게 하실 것입니다.

이것이 질병을 바라보는 저의 신학입니다. 먼저, 이 세대에서 모든 피조물은(우리 육체까지 포함하여) 허무함에 굴복했고 썩어짐의 종노릇을 하고 있습니다. 둘째, 끝까지 믿음으로 인내하는 모든 사람이 모든 고통과 질병에서 놓임을 받을 새로운 세대가 오고 있습니다. 셋째, 예수 그리스도는 값을 지불하고 우리를 속량하시고, 그 구속이 영적으로나 육체적으로 어떤 성격을 갖는지 보여 주시며, 우리로 하여금 그 구속을 미리 맛보게 하시려고 이 땅에 오셨고 죽으셨습니다. 넷째, 하나님은 누가 아프고 누가 나을지를 정하시고, 이러한 하나님의 모든 결정은 그것이 아무리 고통스러워도 그 자녀들의 유익을 위한 것입니다. 다섯 번째, 우리는 치유를 위해 기도할 뿐 아니라 치료받지 못하는 동안 믿음을 강하게 해달라고 하나님의 도우심을 구해야 하고 어떻게 기도할지 모를 때에는 성령의 중보하심에 의존해야 합니다. 마지막으로 우리는 언제나, 가장 어두운 고난의 시기에도, 하나님의 사랑과 능력을 신뢰해야 합니다.

오랜 시간 전신마비와 절망과 싸운 후 믿음의 고백을 한 조니 에렉슨 타다(Joni Eareckson Tada)의 고백이 바로 우리의 고백이 되어야 합니다. 그녀는 자신의 책 끝에 이렇게 적었습니다.

"감정적으로 너무나 불안정했고, 조그마한 환경의 변화에도 흔들렸던 소녀가 이제는 하나님의 주권에 의지하는 것을 배우는 여인으로 성장했다."

24장

우리의 소망: 몸의 속량

로마서 8:18-25

생각하건대 현재의 고난은 장차 우리에게 나타날 영광과 비교할 수 없도다. 피조물이 고대하는 바는 하나님의 아들들이 나타나는 것이니 피조물이 허무한 데 굴복하는 것은 자기 뜻이 아니요 오직 굴복하게 하시는 이로 말미암음이라. 그 바라는 것은 피조물도 썩어짐의 종노릇한 데서 해방되어 하나님의 자녀들의 영광의 자유에 이르는 것이니라. 피조물이 다 이제까지 함께 탄식하며 함께 고통을 겪고 있는 것을 우리가 아느니라. 그뿐 아니라 또한 우리 곧 성령의 처음 익은 열매를 받은 우리까지도 속으로 탄식하여 양자 될 것 곧 우리 몸의 속량을 기다리느니라. 우리가 소망으로 구원을 얻었으매 보이는 소망이 소망이 아니니 보는 것을 누가 바라리요. 만일 우리가 보지 못하는 것을 바라면 참음으로 기다릴지니라. _롬 8:18-25

이전에 저는 소망에 대한 시리즈 설교 중에, “우리 소망의 내용은 무엇인가? 그리스도인으로 우리는 무엇을 소망하는가?”라는 질문을 다룬 적이 있습니다. 먼저 “우리의 크신 하나님 구주 예수 그리스도의 영광이 나타나심”(딛 2:13)을 기다리는 것이 우리의 소망이라고 말씀드렸습니다.

이번 주에는 "우리 몸의 속량"이 또한 우리의 소망임을 말씀드리려 합니다. 로마서 8장 23절입니다. "우리 곧 성령의 처음 익은 열매를 받은 우리까지도 속으로 탄식하여 양자 될 것 곧 우리 몸의 속량을 기다리느니라."

이 구절의 문맥을 살펴보겠습니다.

미래의 영광과 비교할 수 없는 현재의 고난

바울이 오늘 본문 말씀에서 제일 처음 말한 것은(8:18), 하나님의 자녀가 이 세대에서 견디는 고통이나 고난, 좌절, 실망이 무엇이든, 그것은 다가올 세대에 하나님의 자녀가 경험하게 될 영광과 비교하면 아무것도 아니라는 것입니다. "현재의 고난은 장차 우리에게 나타날 영광과 비교할 수 없도다."

우리가 바울이 당한 고난을 알지 못했다면, 그 말이 그저 값싼 위로(그저 성도들을 위로하기 위해 속세를 초월하라는 따위의 입에 발린 말)에 불과하다고 생각할지 모릅니다. 하지만 우리는 바울의 고난을 알고 있습니다.

"유대인들에게 사십에서 하나 감한 매를 다섯 번 맞았으며 세 번 태장으로 맞고 한 번 돌로 맞고 세 번 파선하고 일 주야를 깊은 바다에서 지냈으며 여러 번 여행하면서 강의 위험과 강도의 위험과 동족의 위험과 이방인의 위험과 시내의 위험과 광야의 위험과 바다의 위험과 거짓 형제 중의 위험을 당하고 또 수고하며 애쓰고 여러 번 자지 못하고 주리며 목마르고 여러 번 굶고 춥고 헐벗었노라. 이 외의 일은 고사하고 아직도 날마다 내 속에 눌리는 일이 있으니 곧 모든 교회를 위하여 염려하는 것이라"(고후 11:24-28).

이런 삶을 살자니 바울의 몸이 당했을 고난이 얼마나 컸을지 쉽게 짐작할 수 있습니다. 바울이 "겉 사람은 후패하나"라고 말할 때 그가 당한 고난이 들리는 것 같습니다. 그의 몸은 나날이 후패해지고 있었습니다. 성경에서 "후패하다"는 단어는 금속에 녹이 슬거나 옷에 좀이 먹거나 굶주림으로 몸이 쇠약해질 때 사용하는 단어입니다.

하지만 바로 이런 문맥에서(고후 4:16-18), 바울은 오늘 본문(롬 8:18)과 같은 요지의 말을 합니다. "우리가 잠시 받는 환난의 경한 것이[믿을 수 없을 정도의 평가절하입니다!] 지극히 크고 영원한 '영광의 중한 것'을 우리에게 이루게 함이니." 여기서 모든 비교를 넘어서는 영광의 중한 것이란 바울이 로마서 8장 18절에서 "현재의 고난은 장차 우리에게 나타날 영광과 비교할 수 없다"고 할 때 말한 그 영광과 같습니다.

바울은 왜 이런 영광이 올 것을 그렇게도 확신하는가

영광에 대한 소망이 있기에 고통은 참을 만한 것이 된다는 이 첫 번째 관점을 말한 후, 바울은 이 영광이 실제로 오고 있다고 자신이 확신하는 이유를 설명하기 위해 과거로 거슬러 올라갑니다. 19절입니다. "피조물이 고대하는 바는 하나님의 아들들이 나타나는 것이니." 이 구절에서 다음 두 가지에 주목하십시오.

하나님의 아들들이 아직 나타나지 않았다

하나는 하나님의 아들들이 아직 나타나지 않았다는 것입니다. 피조물은 하나님의 아들들이 나타나기를 고대하고 있습니다. 이것이 의미하는 바는, 하나님의 영광에 참예할 때 우리가 갖게 될 모습이 지금은 '숨겨져' 있다는 것입니다. 현재 우리는 다른 사람들처럼 나약하고 불완전해 보입니다. 다른 사람들처럼 고난도 받습니다. 영광의 날은 아직 오지 않았습니다.

피조물이 간절히 그 날을 기다린다

19절에서 주목해야 할 다른 하나는 피조물이(즉 나무와 풀과 구름과 호수와 양과 소와 말과 사자와 원숭이, 달, 별들이) 하나님의 자녀들이 본래 그들의 영광스런 모습으로 나타날 그 날을 간절히 기다리고 있다는 것입니다. 피조물은 마치 연극이 시작하기 전에 관중석에 앉아서 "엄마, 언제 시작해요? 이제 시작해요?"라고 계속 묻는 어린아이와 같습니다.

바울은 왜 이런 식으로 피조물이 간절한 기대 또는 갈망을 느낀다고 말할 수 있는 것일까요? 바울은 20절에서 이에 답합니다. "피조물이 허무한 데 굴복하는 것은 자기 뜻이 아니요 오직 굴복하게 하시는 이로 말미암음이라."

피조물의 허무함과 소망

피조물에게는 두 가지가 주어졌습니다. 하나는 허무함입니다. "피조물이 다 허무한 데 굴복"하였습니다. 온 피조물에게 좌절과 고통과 불완전함이 있습니다.

또 하나는 소망입니다. 허무함은 "소망 가운데 굴복하게 하시는 이로 말미암은 것"입니다. 좌절, 고통, 불완전함이 최종 목적이 아닙니다. 그것들은 일시적입니다. 하나님은 피조물을 허무한 데 굴복하게 하셨지만, "소망 가운데" 그렇게 하셨습니다! 즉, 하나님은 소망에 넘치는 목적을 가지고 피조물을 허무함이라는 저주 아래 두셨다는 말입니다. 따라서 피조물의 허무함에는 소망이 넘치는 하나님의 목적이 담겨 있다는 의미에서, 바울은 피조물이 간절한 열망을 품고 있다고 말할 수 있습니다.

몇 주 전에 주방 창문으로 앙상한 오동나무 가지를 보다가 이렇게 말한 것이 기억납니다. "앙상한 오동나무가 따스하고 밝은 봄날을 간절히 기다리고 있구나." 하나님은 겨울에 오동나무를 이파리 한 장 없이 앙상하게 만드셨지만, 봄을 기다리는 소망을 가지고 그렇게 하셨습니다. 그래서 봄은 매년 우리가 용기를 잃지 않도록 영원한 소망을 일깨워 주는 역할을 한다고 생각합니다. 언젠가는 영원한 봄이 올 것입니다.

피조물이 소망하는 것

그런 다음 21절에서는 피조물의 소망이 "썩어짐의 종노릇한 데서 해방되어 하나님의 자녀들의 영광의 자유[또는 '하나님의 자녀들의 영광스러운 자유']에 이르는 것"이라고 말합니다. 다른 말로 하면, 하나님이 피조물에게 주신 소망은 바로 피조물이 하나님의 자녀들의 영광의 자유에 참여하거나 함께하는 것입니다. 자녀들이 영광을 받을 때,

피조물 전체가 그 영광을 상속받게 될 것입니다.

"온유한 자는 복이 있나니 그들이 땅을 기업으로 받을 것임이요." 그리고 하나님은 자녀들의 기업이 허무한 것이 아닌 영광스러운 것이 되도록 하십니다. 하나님의 자녀들이 그들의 유산을 받을 날이 올 때 온 피조물은 영광스러워질 것입니다.

이제 본문에 나타난 사고를 역방향으로 훑어보면서 정리하겠습니다. 21절은 모든 피조물이 언젠가 하나님의 자녀들의 영광을 공유하게 될 것이라고 말합니다. 그래서 20절은 현재 피조물이 갖는 허무함은 막다른 골목이 아니고 피조물은 소망으로 차 있다고 말합니다. 또 그런 이유로 19절은 피조물이 마치 가장행렬이 시작되기를 간절히 기다리며 발끝을 세우고 기웃거리는 어린아이와 같다고 말합니다. 그러므로 18절은 우리가 현재의 고난은 다가올 영광에 비하면 아무것도 아니라고 용기를 낼 수 있다고 말합니다.

현 세대에 대한 냉혹한 진리

이제 이 모든 것을 알게 되었으니, 우리가 살고 있는 현 세대에 대한 냉혹한 진리를 들을 준비가 되었습니다. 22-23절에서 바울은 이렇게 말합니다. "피조물이 다 이제까지 함께 탄식하며 함께 고통을 겪고 있는 것을 우리가 아느니라. 그뿐 아니라 또한 우리 곧 성령의 처음 익은 열매를 받은 우리까지도 속으로 탄식하여 양자 될 것 곧 우리 몸의 속량을 기다리느니라."

여기서 말하는 냉혹한 진리는, 이 세대가 지속되는 한 그리스도인을 포함한 모든 피조물은 구속받지 못한 몸의 속박 아래에서 신음할 것이라는 사실입니다. 다시 말하면, 우리 몸의 속량(23절)은 아직 현재적인 실재가 아니라는 것입니다. 기다려야 합니다. 그때까지 우리는 신음합니다. 지치고 아프고 용기를 잃습니다.

피조물의 모든 허무함은 믿지 않는 세상을 공격할 뿐 아니라, 성령이 내주하시는 우리들도 공격합니다. "우리 곧 성령의 처음 익은 열매를 받은 우리까지도 속으로 탄식하여 양자 될 것 곧 우리 몸의 속량을 기다리느니라."

이 말은 이 세대에서는 성령께서 구원받지 못한 몸의 모든 신음을 완벽하게 해결해 주시지 않는다는 의미입니다. 성령은 구원의 첫 열매이자 보증이고 계약금입니다. 하지만 이 세대에서 성령은 모든 고통과 고난과 좌절을 없애 주시지 않습니다.

반대로, 그분은 소망의 영이십니다. 24-25절 말씀입니다. "우리가 소망으로 구원을 얻었으매 보이는 소망이 소망이 아니니 보는 것을 누가 바라리요. 만일 우리가 보지 못하는 것을 바라면 참음으로 기다릴지니라."

우리는 인내가 성령의 열매임을 압니다. 그리고 인내가 소망의 열매임을 압니다. 그러므로 성령의 역사는 우리가 고난 '중에서도' 계속해서 소망하도록 영감을 주십니다. 성령께서는 현재의 고난이 장차 하나님의 자녀들에게 나타날 영광에 비하면 아무것도 아님을 기억하고 느끼게 하셔서 끝까지 인내하도록 도우십니다.

속량 받은 몸에 대한 소망

따라서 오늘은 우리가 갖는 소망의 한 가지 측면, 즉 우리 몸이 구속받을 것이고 더 이상 고통이 없는 그 날이 올 것이라는 이 한 가지만 생각해 보고 싶습니다.

너무 육체적인 소망이 아닌가

그리스도인으로서 우리가 갖는 이 소망에 대해 묵상하다가 한 가지 위험이 도사리고 있음을 보았습니다. 우리 몸이 구속받아 고통과 고난과 장애와 신음으로부터 자유로워지는 것을 소망하다 보면, 우리 자신이 소망의 중심에 서는 위험이 생겨나지 않을까요? 하나님이 우리 소망의 중심이 되셔야 하는데, 육신의 안위를 가장 소망하는 위험에 빠지지는 않을까요?

이 위험은 매우 실제적입니다. 하나님에게는 관심이 없으면서 지옥에서 육체적으로 고통당하는 것이 두렵고, 천국에서 육체적으로 편안하고 싶어서 기독교 신앙을 받아들인(적어도 겉으로는) 사람들이 많기 때문입니다. 하나님이 천국에 안 계셔도, 육체적으로 편안하고 즐길 수만 있다면 그들에게는 아무 문제가 없습니다. 그들의 소망의 중심에 하나님은 없습니다. 그들은 자신이 하나님나라를 보게 될 거라고 스스로를 속이고 있습니다.

그렇다면 우리는 몸의 속량에 소망을 두어야 합니까? 아니면 그것은 너무 육체적인 소망입니까? 몸의 속량을 소망하면서도 소망의 중심에 하나님을 두는 게 가능할까요?

우리에게 몸이 주어진 이유

이 문제를 깊이 생각하다 보니 한 가지 기본적인 질문이 생각났습니다. 먼저 우리는 왜 몸을 갖고 있는 걸까요? 왜 하나님은 우리를 그저 영적인 존재로 창조하지 않으셨을까요? 하나님은 왜 물리적이고, 물질적인 세상을 창조하셨고 그다음엔 그 안에 육체를 가진 인간을 창조하셨을까요? 이 질문에 답할 수 있다면, 왜 하나님께서 우리 몸을 구원하시려고 하는지 그리고 우리는 왜 하나님이 그렇게 하시기를 소망해야 하는지 말할 수 있을 것입니다.

따라서 이렇게 질문해 보겠습니다. 신약성경에서 우리가 왜 육신을 입고 있는지 답해 주는 부분이 있습니까? 하나님이 우리를 육체를 입은 존재로 창조하신 목적은 무엇일까요? 몇 구절을 살펴보면서 신약성경이 이에 대해 어떤 식으로 답하는지 알아보겠습니다.

고린도전서 6장 13절입니다. "몸은 음란을 위하여 있지 않고 오직 주를 위하여 있으며." 우리가 몸을 입은 이유가 무엇이든 간에 우선은 '주를 위해서'라고 답할 수 있습니다. 우리는 '하나님을 위해서' 영으로뿐 아니라 육신으로도 존재합니다. 어떤 의미에서 그렇습니까? 고린도전서 6장 19-20절 말씀입니다. "너희 몸은 너희가 하나님께로부터 받은 바 너희 가운데 계신 성령의 전인 줄을 알지 못하느냐 너희는 너희 자신의 것이 아니라 값으로 산 것이 되었으니 그런즉 너희 몸으로 하나님께 영광을 돌리라."

그렇다면 어떻게 몸이 "주를 위한 것"이 되었습니까? 우리 몸은 태초에 창조되었고, 지금은 죄에게서 값을 지불하고 다시 산 것이 되어 성령의 특별한 처소가 되었으며, 하나님의 영광을 드러내는 도구가 되었다는 의미에서 그렇습니다.

바울은 빌립보서 1장 20절에서 자신의 직접적인 경험을 통해 이에 대해 구체적인 예를 보여 줍니다. 바울은 고문당하고 죽을 위기에 처했습니다. 그때 그는 이렇게 말합니다. “나의 간절한 기대와 소망을 따라 아무 일에든지 부끄러워하지 아니하고 지금도 전과 같이 온전히 담대하여 살든지 죽든지 ‘내 몸’에서 그리스도가 존귀하게 되게 하려 하나니.”

따라서 우리가 육신을 가진 이유는 그리스도가 존귀하게 되고 하나님이 그 안에서 영광을 받으시기 위해서입니다. 어떤 의미에서 우리 몸은 하나님을 찬양하기 위해 만들어진 악기와 같습니다. 또는 하나님의 목적을 위해 일하도록 고안된 연장과도 같습니다. 또는 하나님을 위한 싸움에 대비해 준비된 무기와 같습니다.

이와 비슷한 내용을 담고 있는 로마서 12장 1절을 보겠습니다. “그러므로 형제들아 내가 하나님의 모든 자비하심으로 너희를 권하노니 ‘너희 몸’을 하나님이 기뻐하시는 거룩한 산 제물로 드리라. 이는 너희가 드릴 영적 예배니라.”

여기서 우리 몸은 예배에서 하나님께 드리는 제물로 묘사되고 있습니다. 따라서 우리가 몸을 입은 이유는 몸이 없는 영혼이었다면 할 수 없었던 방법으로 하나님을 예배하기 위해서입니다.

로마서 6장 13절도 한 번 보십시오. “또한 너희 지체를 불의의 무기로 죄에게 내주지 말고 오직 너희 자신을 죽은 자 가운데서 다시 살아난 자 같이 하나님께 드리며 너희 지체를 의의 무기로 하나님께 드리라.” 여기서 우리가 몸을 가진 이유는, 몸이 없는 영이었다면 가능하지 않았을 여러 방법으로 하나님께 순종하기 위해서임을 알 수 있습니다. 몸이 있기 때문에 우리의 순종과 예배는 가시적이고 실질적인 예배가 됩니다.

육신이 없이 영만 있었다 해도 예배할 수 있고 천국에 있는 천사들처럼 순종할 수 있었을 것입니다. 하지만 하나님은 자신의 영광을 드러내기를 간절히 열망하셨기에 전에는 존재하지 않았던 현실적 차원, 즉 물리적이고 물질적인 우주를 생각해 내셨습니다. 그리고 그것을 창조하셨고 그 안에 물리적인 육신을 가진 인간을 두셔서 더욱 다양한 방법으로 하나님의 다함없는 풍성한 영광을 드러내고 모든 피조물이 그것을 즐거워하도록 하셨습니다. 그래서 바울은 우리 몸으로 인해 더 많은 방법으로 하나님께 예배하고 순종할 수 있다고 말합니다.

앞서 제기했던 질문, 즉 왜 인간은 육신을 가지고 있는가와 왜 하나님은 인간을 그저 영적인 존재로 창조하지 않으셨는가에 대한 답은 이것입니다. 우리가 몸을 가진 것은 주를 위해서입니다. "몸은 오직 주를 위하여 있으며!" 하나님은 여러 가지 다양한 방법으로 당신의 의와 영광을 드러내시는 데 열정적이고 창조적으로 일하시기 때문에 우리가 이처럼 몸을 갖게 된 것입니다.

우리는 몸의 속량을 소망해야 하는가?

로마서 8장 23절로 돌아와서, 본래 질문인 '우리는 몸의 속량을 소망해야 하는가?'에 대해 살펴보겠습니다. "우리 곧 성령의 처음 익은 열매를 받은 우리까지도 속으로 탄식하여 양자 될 것 곧 우리 몸의 속량을 기다리느니라. 우리가 소망으로 구원을 얻었으매."

바울은 우리에게 몸의 속량을 소망하라고 가르칩니다. 몸이 다

치지 않기를 원하는 것은 괜찮다고 말합니다. 휠체어에서 일어나기를 원하고, 목발을 던져 버리고, 각종 관절염 약, 진통제를 끊고 싶다고 해도 좋습니다. 20대처럼 보고 들을 수 있기를 원해도 괜찮습니다. 아름답고, 잘생기고, 에너지가 넘치고, 강하게 되길 원해도 좋습니다.

이것은 영광이 탄식의 자리를 대신할 때 우리 몸이 속량을 얻는다는 약속입니다. 이 약속은 적어도 세 가지 부분으로 나누어 볼 수 있습니다.

1. 모든 고통과 질병과 기형과 장애가 사라질 것입니다.

2. 모든 죄가(많은 경우 몸을 통해 짓게 되는) 사라질 것입니다.

3. 우리 몸이 없어져서 그렇게 되는 것이 아니라, 우리 몸이 신비롭고 놀라운 영적인 방법으로 새롭고 영광스러운 몸으로 변화되어 그렇게 될 것입니다. 이 새 몸은 만지고 냄새 맡고 맛보고 듣고 볼 수 있는 몸입니다.

그렇다면 몸의 속량을 소망하는 것이 어쩌면 너무나 물질적인 소망은 아닙니까? 몸의 속량을 소망하면서도 하나님을 소망의 중심에 두는 것이 가능할까요?

성경적인 답은 '그럴 수 있다'입니다. 우리는 몸의 속량을 소망해야 합니다. "우리가 소망으로 구원을 얻었으매." 인내를 가지고 몸의 속량을 기다립시다. 그리고 몸의 속량을 소망하면서 하나님을 중심에 둘 수 있는 것도 맞습니다. 하나님이 우리를 육신을 입은 존재로 창조하신 이유가 새롭고 기대하지 못했던 방법으로 하나님을 예배하고 순종하도록 하기 위해서임을 이미 살펴본 바 있습니다.

부활에서 기대하는 것

어린아이들과 아직도 어린아이처럼 세상을 느끼는 분들께 몇 말씀을 드리며 설교를 마치려고 합니다. 저는 어렸을 때는 천국에 대해 기뻐하는 것이 어려웠습니다. 천국하면, 재미있는 이 멋진 세상을 떠나 단조롭고 지루한 곳으로 가는 것처럼 여겨졌기 때문입니다.

이것은 주로 제 잘못이었음이 분명합니다. 어떤 희생을 치르더라도 예수님과 함께 있고 싶을 만큼 그분을 사랑하지 않은 것이니까요. 하지만 성경이 부활에 대해 말하는 내용을 더 잘 알았더라면 많이 달랐을 것입니다. 그래서 우리는 부활에 대해 무엇을 기대해야 하는지 더 잘 알아야 합니다.

우리를 향한 하나님의 마지막 목적은 우리 영혼이 하늘에 있는 유령의 집 같은 곳에서 몸도 없이 떠다니는 것이 아닙니다. 그분의 목적은 우리의 몸을 다시 살려서 새롭고 아름답고 건강하고 강하게 하는 것입니다. 그분의 마지막 목적은 천국에서 영원을 보내도록 우리를 이 땅에서 데려가는 것이 아니라, 새 하늘과 새 땅을 만들어서 우리가 그곳에서 영원히 행복하게 사는 것입니다.

그리고 우리가 영원히 살게 될 새 땅이 현재의 땅과 완전히 다른 것이라면, 하나님은 왜 굳이 우리 몸을 다시 살리시는 번거로움을 감수하시겠습니까? 우리가 완전히 다른 세상에서 살게 된다면 그냥 완전히 다른 몸을 만드시는 것이 더 낫지 않을까요? 그러므로 새 땅은 완전히 다른 세상이 아니라는 것이 답입니다. 부활할 때 새롭게 되는 것은 우리의 옛 몸이고, 예수님이 다시 오실 때 새롭게 되는 것은 우리의 옛 땅입니다.

그러므로 진실로 예수님을 구원자로 믿고 주님으로 따른다면, 이 땅에 살면서 누리던 좋은 것과 행복은 하나도 잃지 않을 것이라고 저는 확신합니다. 나쁜 것들은 다 사라질 테지만, 모든 좋고 행복한 경험들은 새 땅에서 영원히 간직될 것입니다.

우리는 상상할 수 있는 최고의 몸을 갖게 될 것이고, 놀고, 등산하고, 수영하고, 달리고, 뛰고, 스키 타고, 롤러스케이트를 타고, 스케이트보드를 타고, 자전거를 타고, 하이킹을 하고, 공중제비를 하게 될 것입니다. 우리가 가장 행복할 때 하던 모든 것을 하게 될 것입니다.

그러니 죽음 이후 미래에 대해 생각할 때, 또한 예수님이 다시 오신 후에 영원히 하게 될 일을 생각할 때마다 이것들을 기억하십시오. 이것들이 우리를 정말 행복하게 만드는 이유, 다시는 슬퍼하지 않을 이유는, 뛰고 오르고 수영하고 달리고 점프하고 자전거 타고 하이킹하고 공중제비하는 이 모든 활동을 통해 우리의 몸을 하나님께 복종하고 그분의 위대하고 놀라운 이름을 찬양하는 데 사용할 것이기 때문입니다. 하나님이 우리 삶의 중심에 계실 것이고, 이것이 우리가 다시는 슬퍼하지 않게 될 이유입니다.

지금이라도 우리 몸을 하나님께 드릴 산 제물로 사용하고 하나님의 영광을 위한 의의 병기로 내어놓아 그 위대한 때를 미리 준비하는 것이 당연하지 않겠습니까?

25장

죽을 때 우리는 새 땅에서 영화로우며 자유롭게 된다

로마서 8:18-25

생각하건대 현재의 고난은 장차 우리에게 나타날 영광과 비교할 수 없도다. 피조물이 고대하는 바는 하나님의 아들들이 나타나는 것이니 피조물이 허무한 데 굴복하는 것은 자기 뜻이 아니요 오직 굴복하게 하시는 이로 말미암음이라. 그 바라는 것은 피조물도 썩어짐의 종노릇한 데서 해방되어 하나님의 자녀들의 영광의 자유에 이르는 것이니라. 피조물이 다 이제까지 함께 탄식하며 함께 고통을 겪고 있는 것을 우리가 아느니라. 그뿐 아니라 또한 우리 곧 성령의 처음 익은 열매를 받은 우리까지도 속으로 탄식하여 양자 될 것 곧 우리 몸의 속량을 기다리느니라. 우리가 소망으로 구원을 얻었으매 보이는 소망이 소망이 아니니 보는 것을 누가 바라리요. 만일 우리가 보지 못하는 것을 바라면 참음으로 기다릴지니라. _롬 8:18-25

우리가 죽을 때 무슨 일이 일어날지 하나님이 보여 주신 이유

우리가 죽을 때 무슨 일이 일어날지를 하나님께서 성경을 통해 보여 주신 이유는, 그래야 우리가 두려움 없이 소망과 확신과 기대를 품고 살 수 있기 때문입니다. 그렇게 두려움이 사라지고 하나님 안에서 소망이 넘치면 삶이 달라집니다. 하나님 안에 있는 보물이 죄의 덧없는 유혹보다 훨씬 귀중하다는 것을 삶으로 드러내게 됩니다.

하나님의 영광을 바라며 즐거워할 때(롬 5:2) 우리는 잠시 누리는 죄악의 즐거움에 굴복하지 않게 됩니다. 이런저런 것들을 제일 많이 소유한 사람이 최고라고 속삭이는 음성에 더 이상 현혹되지 않습니다. 이 땅에 보화를 쌓는 일에 온 힘을 쏟지 않습니다. 사라져 버릴 업적과 관계를 최고로 치지 않습니다. 이생에서 누리지 못한 것에(결혼, 부, 건강, 명성) 연연해 하지 않습니다.

대신 온 우주의 주인이자 통치자가 우리를 사랑하시고 우리에게 영광을 예비해 놓으셨고 우리를 영원한 나라로 이끄시려고 공의롭게 일하신다는 확신 가운데 즐거워합니다. 하나님께서 우리 필요를 채우시기 위해 사시는 것처럼 우리도 다른 사람의 필요를 채우며 살아갑니다. 원수를 사랑하고 선한 일을 행하고 우리를 저주하는 자를 축복하고 우리를 멸시하는 자를 위해 기도합니다. 왜냐하면 하늘에서 우리 상급이 크기 때문이고 악을 악으로 갚으며 느끼는 시시한 기쁨에 종노릇하지 않기 때문입니다.

이 모든 것은 흔들림 없는 소망에서 흘러나옵니다. 죽을 때 무슨 일이 일어날지에 대한 진리를 알 때(그것을 믿을 때) 그 진리가 우리를 자유케 합니다. 죄가 주는 짧고 얄팍하고 어리석고 자살행위와 같은 즐거움에서 자유하게 됩니다.

제가 소망에 대한 설교를 하는 것은 우리가 하나님의 영광을 위해 자유롭게 살아가도록 하기 위함입니다. 오늘 말씀에서는, 우리의 마지막이자 영원한 상태에 대해 말하고자 합니다. 모든 것이 어디서 끝나게 될까요? 오늘 본문인 로마서 8장을 보기에 앞서 다른 성경 구절에서 이에 대한 답을 찾아보고, 이 답에서 문제가 되는 부분을 말씀드리겠습니다.

먼저 요한계시록 21장 1-4절까지 말씀을 보겠습니다. 요한은 새 땅이 있을 것이고(말하자면 하늘이 내려올 것이고) 하나님은 새 땅에서 사람들 가운데 영원히 거하신다고 말합니다.

"또 내가 새 하늘과 새 땅을 보니 처음 하늘과 처음 땅이 없어졌고 바다도 다시 있지 않더라. 또 내가 보매 거룩한 성 새 예루살렘이 하나님께로부터 하늘에서 내려오니 그 준비한 것이 신부가 남편을 위하여 단장한 것 같더라. 내가 들으니 보좌에서 큰 음성이 나서 이르되 보라 하나님의 장막이 사람들과 함께 있으매 하나님이 그들과 함께 계시리니 그들은 하나님의 백성이 되고 하나님은 친히 그들과 함께 계셔서 모든 눈물을 그 눈에서 닦아 주시니 다시는 사망이 없고 애통하는 것이나 곡하는 것이나 아픈 것이 다시 있지 아니하리니 처음 것들이 다 지나갔음이러라."

다가올 새 땅의 아름다움과 그곳에서 하나님의 백성이 죽음도 없이 고통도 눈물도 없이 아름답게 살아갈 모습을 그리고 있습니다. 그리고 무엇보다 하나님께서 멀리 계시지 않고 우리 가운데 장막을 치시고 영원히 거하신다는 점이 가장 좋습니다.

"처음 하늘과 처음 땅이 없어졌고"

사도 요한이 1절에서 "처음 하늘과 처음 땅이 없어졌고"라고 말할 때, 우리가 지금 살고 있는 땅과 하늘이 완전히 사라지고 하나님이 완전히 새롭게 창조하시는 다른 곳에서 시작하신다는 의미일까요?(마 24:35 비교)

이것은 전에 부활에 대해 다루면서 했던 질문과 같습니다. 그때는, 하나님께서 우리 현재 몸을 다시 살리실 것인지 아니면 지금과 완전히 다른 몸을 새로 창조하셔서 시작하실 것인지를 질문했습니다. 저는 지금의 몸과 부활 때의 몸이 연속성이 있다고 주장했습니다. 땅에 대해서도 제 주장은 같습니다.

현재의 하늘과 땅의 운명

그렇다면 요한이 "처음 하늘과 처음 땅이 없어졌고"라고 한 것은 무슨 의미일까요? 베드로는 이와 비슷한 말을 하는데, 좀 더 사실적입니다. 베드로후서 3장 10-13절에서 그는 현재의 땅과 하늘이 "없어지는" 모습을 언급합니다.

"그러나 주의 날이 도둑 같이 오리니 그 날에는 하늘이 큰 소리로 떠나가고 물질이 뜨거운 불에 풀어지고 땅과 그 중에 있는 모든 일이 드러나리로다. 이 모든 것이 이렇게 풀어지리니 너희가 어떠한 사람이 되어야 마땅하냐 거룩한 행실과 경건함으로 하나님의 날이 임하기를 바라보고 간절히 사모하라. 그 날에 하늘이 불에 타서 풀어지고 물질이 뜨거운 불에 녹아지려니와 우리는 그의 약속대로 의가 있는 곳인 새 하늘과 새 땅을 바라보도다."

베드로는 우리가 소망하는 영원의 최종적인 상태는 의가 거하는 새 하늘과 새 땅이라고 말합니다. 요한계시록 21장에서 요한이 말한 것과 같습니다. 베드로는 또한 하늘이 떠나간다고(10절) 말합니다. 그리고 더 나아가 세 번씩이나 현재 세상이 파괴될 것이라고 합니다. 10절에서 "물질이 뜨거운 불에 풀어지고"라고 했고, 11절에서는 "이 모든 것이 이렇게 풀어지리니"라고 했으며, 12절에서는 "하늘이 불에 타서 풀어지고 물질이 뜨거운 불에 녹아지려니와"라고 말했습니다.

따라서 질문은, 이것이 우리가 살고 있는 이 땅과 하늘이 완전히 없어질 거라는 의미인가입니다. 그렇게 되면 하나님은 완전히 새롭게 창조하셔서 시작하실까요?

'풀어진다'와 '없어진다'는 의미

먼저, 요한계시록 21장 1절과 베드로후서 3장 10절에서 현재 땅과 하늘이 "없어질 것"이라고 말할 때, 이것은 그것들의 존재가 사라진다는 의미가 아니라, 현재의 상태가 없어지고 어떤 변화가 생길 거라는 의미입니다. "애벌레가 죽고 나비가 나타난다"고 말하는 것과 같습니다. 애벌레는 진짜 사라졌지만, 애벌레와 나비는 실제로 연속성이 있고 연관되어 있습니다. 또는 "올챙이는 사라지고 개구리가 나타난다"고도 말할 수 있습니다.

베드로후서 3장에서 이 하늘과 땅이 "풀어진다"(destroyed)고 말할 때, 이것은 완전히 "소멸되는 것"을 의미하지 않습니다. "홍수로 많은 농장이 파괴되었다"고 말하는 것과 같습니다. 우리가 이렇게 말할 때 농장들이 존재 자체가 없어졌다는 의미로 말한 것이 아닙니다. 세인트 헬렌 산의 주변 경관이 파괴되었다고 말하는 것과 같습니다.

지금 그곳에 가서 새로워진 주변 경관을 보는 사람들은 "파괴되었다"는 말이 존재 자체가 사라졌다는 의미가 아님을 압니다.

따라서 베드로가 베드로후서 3장에서 의미했던 것은, 이 세대가 끝날 때에 지금껏 우리가 알던 방식으로 이 세대와 세상이 존재하지 않게 만들 그런 대격변의 사건들이 있을 거라는 의미입니다. 존재 자체가 사라지는 것이 아니라 악한 것을 닦아 내어, 말하자면, 불로 정결하게 하여 영원히 끝나지 않을 영광과 의와 평화의 시대에 걸맞게 준비될 거라는 의미입니다. 아마 이런 의미일 것입니다. 하지만 정말 그런 걸까요?

로마서 8장: 새로워진 피조물에 대한 네 가지 증거

이 질문을 마음에 품고 로마서 8장의 오늘 본문을 다시 한 번 읽어 보겠습니다. 오늘 본문 속에는 우리가 알고 있는 피조세계와 우리가 살고 있는 땅이 존재 자체가 사라지는 것이 아니라 우리의 영원한 즐거움을 위해 새로워질 것이라고 생각할 만한 근거가 적어도 네 가지 나옵니다.

1. 하나님은 소망하면서 피조물을 허무한 데 굴복하게 하셨다

로마서 8장 19-20절에서 바울은 "피조물이 고대하는 바는 하나님의 아들들이 나타나는 것이니 피조물이 허무한 데 굴복하는 것은 자기 뜻이 아니요 오직 굴복하게 하시는 이로 말미암음이라. 그 바라는 것은"이라고 말합니다.

19절에서 바울은 피조물(하늘과 땅)이 고대하고 간절히 바라는 것이 있다고 말합니다. 피조물로 하여금 뭔가 좋은 일이 생길 거라고 기대하게 만드는 일이 오고 있습니다. 그런 다음 20절에서는 피조물이 왜 그러한 기대감에 부풀어 있는지 이유를 부분적으로 말합니다. 즉, 피조물의 허무함(부패함과 재앙, 질병과 고통)은 하나님이 피조물에게 일시적으로 내린 저주이고 그렇게 하신 이유는 더 큰 소망이 다가오고 있기 때문이라는 것입니다. "피조물이 허무한 데 굴복하는 것은 자기 뜻이 아니요 오직 굴복하게 하시는 이로 말미암음이라 그 바라는 것은." 하나님은 피조물이 허무하게 끝나도록 저주하지 않으셨습니다. 그들에게 허무함을 판결했지만 "소망을 가지고" 그렇게 하셨습니다.

이 말은 피조물이 존재하지 않게 된다는 것이 아니라 회복된다는 의미입니다.

2. 피조물은 부패함에서 자유로워질 것이다

피조물이 존재하지 않게 될 거라고 생각해서는 안 되는 두 번째 이유는 21절에 나옵니다(소망의 내용). "피조물도 썩어짐의 종노릇한 데서 해방되어 하나님의 자녀들의 영광의 자유에 이르는 것이니라."

피조물은 소멸되도록 운명 지어져 있지 않습니다. 피조물은 해방될 것입니다. "부패함의 종노릇" 하는 데서 자유로워질 것입니다. 하나님은 소망 가운데 그것을 허무함에 굴복하게 하셨습니다. 이 말씀은 '풀어진다', '없어진다'와 같은 표현이 이 땅과 하늘이 아예 존재하지 않게 된다는 의미가 아님을 분명히 합니다. 바울은 그것들이 부패함에서 자유로워질 거라고 확고하게 말합니다. 허무함은 파괴될 것입니다. 정결케 하고 자유케 하는 하나님의 심판의 불로 부패함에 매이는 일 따위는 소멸될 것입니다. 하지만 땅은 남을 것이고, 더 이상의 부패함은 없을 것입니다. 더 이상 허무함이 없을 것입니다. 더 이상 눈물도 죽음도 고통도 없습니다.

3. 피조물이 해산의 고통을 겪고 있다

현 피조세계의 존재가 완전히 사라질 것이라는 의견에 대해 반박하는 바울의 세 번째 주장은 22절에 나옵니다. "모든 피조물이 이제까지 함께 신음하며, 함께 해산의 고통을 겪고 있다는 것을, 우리는 압니다"(새번역).

여기서 바울은 피조물의 대격변이 임신 마지막 단계에 겪는 진통의 아픔과 같다는 말을 하고 있습니다. 다른 말로 하면, 피조물을 대신하는 것이 아니라, 피조물로부터 뭔가 탄생할 것이라는 말입니다. 피조물은 존재 자체가 사라지는 것이 아니라 완전히 새롭게 재창조될 것입니다. 이 땅은 해산하는 어미처럼 불과 지진과 화산과 역병과 기아라는 대격변을 통과하여 새로운 땅을 낳을 것입니다.

예수님도 마태복음 24장 7-8절에서 "민족이 민족을, 나라가 나라를 대적하여 일어나겠고 곳곳에 기근과 지진이 있으리니 이 모든 것은 재난의 시작이니라"고 말씀하시면서 해산의 고통이라는 같은 비유를 사용하셨습니다.

이 땅은 의가 거하고 하나님이 그 백성들 가운데서 통치하시는 새로운 땅을 해산하려는 엄마와 같습니다.

4. 우리 몸의 속량

바울은 23절에서 이 땅이 사라지는 것이 아님을 마지막으로 증거합니다. "그뿐 아니라 또한 우리 곧 성령의 처음 익은 열매를 받은 우리까지도 속으로 탄식하여 양자 될 것 곧 우리 몸의 속량을 기다리느니라."

이것이 너무나 중요한 이유는 바울이 우리 몸의 속량(즉, 일생 신음한 다음에 우리 몸이 부활하고 회복한다는 것)을 창조세계의 회복과 연결시키기 때문입니다. 우리 몸은 현재 이 창조세계의 한 부분입니다. 우리 몸에 일어날 일이 곧 창조세계에게 일어날 일입니다. 그리고 우리 몸은 소멸되지 않고 속량을 받습니다. "우리는 몸의 속량을 기다립니다." 우리 몸은 버려질 것이 아니라 구원받고, 새로워질 것입니다. 그리고 땅과 하늘도 그렇게 될 것입니다.

우리의 마지막 처소: 새로워진 이 땅

따라서 제 결론은 우리의 마지막 처소는 새 땅, 즉 새로워진 이 땅이라는 것입니다.

마태복음 19장 28절에서 예수님은 그것을 "세상이 새롭게 되어 인자가 자기 영광의 보좌에 앉을 때"라고 부르십니다. 피조물은 "다시 태어날" 것입니다. 사도행전 3장 21절에서 베드로는 그것을 "하나님이 영원 전부터 거룩한 선지자들의 입을 통하여 말씀하신 바 만물을 회복하실 때"라고 부릅니다.

그리고 예언자들은 새 땅에 대해 무어라 말했습니까? 이사야 11장 6-9절에 한 가지 예가 나옵니다.

그 때에 이리가 어린 양과 함께 살며 표범이 어린 염소와 함께 누우며 송아지와 어린 사자와 살진 짐승이 함께 있어 어린 아이에게 끌리며 암소와 곰이 함께 먹으며 그것들의 새끼가 함께 엎드리며 사자가 소처럼 풀을 먹을 것이며 젖 먹는 아이가 독사의 구멍에서 장난하며 젖 뗀 어린 아이가 독사의 굴에 손을 넣을 것이라. 내 거룩한 산 모든 곳에서 해 됨도 없고 상함도 없을 것이니 이는 물이 바다를 덮음 같이 여호와를 아는 지식이 세상에 충만할 것임이니라(사 65:25; 미 4:3 참조).

따라서 우리에게 알려진 역사는 하나님이 그 중심에 서시는 것으로 끝나게 될 것입니다. 그분의 영광이 너무 밝아서 해와 달이 필요 없어질 것입니다(계 21:23). 또한 땅 위에 하나님의 영광을 아는 지식이 거대한 바다처럼 넘칠 것입니다. 그러한 지식을 거부하여 피조물에게 저주가 임했듯이, 그 지식이 회복되면 피조물에게 복이 내릴 것이고 동물들은 저주에서 풀려나 주님의 아름다움을 드러낼 것입니다.

26장

성령도 우리 연약함을 도우시나니 (1)

로마서 8:25-27

만일 우리가 보지 못하는 것을 바라면 참음으로 기다릴지니라. 이와 같이 성령도 우리의 연약함을 도우시나니 우리는 마땅히 기도할 바를 알지 못하나 오직 성령이 말할 수 없는 탄식으로 우리를 위하여 친히 간구하시느니라. 마음을 살피시는 이가 성령의 생각을 아시나니 이는 성령이 하나님의 뜻대로 성도를 위하여 간구하심이니라. _롬 8:25-27

오직 한분 진짜 하나님이 계시며, 그 하나님 안에 세 위격(아버지 하나님, 아들 하나님, 성령 하나님)이 있다고 주장하는 종교는 세계에서 기독교밖에 없습니다. 이것을 삼위일체 교리라고 합니다. 교회가 이 삼위일체 교리를 받아들인 것은 성경에 "한분 하나님은 신적 본성에 있어서는 세 분이 동등하나 위격으로는 구분된다"라는 표현이 있기 때문이 아닙니다. 성경에는 이런 표현이 없습니다. 오히려 교회가 이 교리를 받아들인 이유는 성경이 세 분 하나님이 아닌 한 분 하나님을 확고하게 말하면서도, 아버지와 아들과 성령 하나님을 드러내고 있고, 또 구분된 인격체로서 드러나기 때문입니다.

이것이 잘 이해가 되지 않는다면 이 점을 명심하십시오. 우리는 피조물로서 우리 창조주가 어떤 분이신지 또는 어떤 모습을 하고 있어야 하는지 요구할 위치에 있지 않다는 것입니다. 하나님은 모든 것이 있기 전에 계셨고 어느 순간 존재하게 된 것이 아니라 늘 존재하셨습니다. 그러므로 아무도 하나님을 그분의 모습으로 만들 수 없었고, 하나님이 그러한 분이신 것에 대한 이유는 없습니다.

그분은 그저 스스로 계시는 자입니다. 그것이 그분의 이름입니다. "나는 스스로 있는 자이니라"(출 3:14). 우리가 할 일은 하나님 안에서 무엇이 가능하고 무엇이 가능하지 않은지를 말하는 것이 아니라, 그저 그분이 누구시고 우리가 누구인지를 배우며 우리 삶을 그분의 실존(의지)에 맞게 만들어 가는 것입니다. 우리가 그분의 방식에 맞추는 것입니다. 그분이 우리 방식에 또는 우리가 그분의 방식이라고 생각하는 것에 맞추는 것이 아닙니다.

삼위일체에서 세 번째 위격이신 성령이 가장 온전하게 드러난 곳 중 하나가 로마서 8장입니다. 오늘은 로마서 8장 26-27절에 집중해서 성령의 역사를 살펴보겠지만, 그 전에 로마서 8장 전체에서 드러난 성령의 역사를 한 번 훑어보는 것도 도움이 될 것입니다. 오늘 본문에서는 성령이 그저 아버지 하나님의 어떤 힘이나 능력이 아닌, 아버지 하나님과 함께 그리고 아버지 하나님과 관계되어 일하시는 분으로 드러납니다.

먼저 성령께서 우리를 위해 하시는 일을 요약해 보겠습니다. 제가 이렇게 하는 목적은 우리로 하여금 성령을 사랑하게 하려는 것입니다. 예수님은 가장 첫째 되고 중요한 계명이 온 존재로 하나님을 사랑하는 것이라고 말씀하셨습니다. 성령은 하나님이십니다. 그러므로 우리는 성령을 한 인격체로서 사랑해야 합니다. 어떤 힘이나 능력으로가 아닌 우리를 생각하고 우리를 향해 감정을 갖고 있고 우리를 위해 일하시는 한 인격체로서 말입니다. 그리고 이제 곧 살펴보겠지만, 성령님은 우리를 위해 기도하는 분이십니다.

- 4절에 따르면 성령은 우리가 율법의 요구를 이룰 수 있도록 도우십니다.
- 6절에 따르면 성령은 생명과 평화를 줍니다.
- 11절에 따르면 하나님은 우리 안에 거하시는 성령님으로 인해 우리를 죽은 자 가운데서 다시 살리실 것입니다.
- 13절에 따르면 성령은 우리가 몸의 행실을 죽일 수 있도록 도우십니다.
- 14절에 따르면 하나님의 자녀들은 성령의 인도를 받습니다.
- 15-16절에 따르면 성령은 우리 안에서 자신이 하나님의 자녀임을 증언하고, 우리에게 구원의 확신을 줍니다.
- 23절에 따르면 성령은 우리가 마지막에 받을 구속을 미리 맛보게 하고 그것을 보증해 주십니다.

또한 이제 26-27절에서는 성령이 우리가 어떻게 기도해야 할지 모를 때 우리를 돕는다고 말합니다. 오늘 아침은 이에 대해 살펴보려고 합니다.

이와 같이 성령도 우리의 연약함을 도우시나니 우리는 마땅히 기도할 바를 알지 못하나 오직 성령이 말할 수 없는 탄식으로 우리를 위하여 친히 간구하시느니라. 마음을 살피시는 이가 성령의 생각을 아시나니 이는 성령이 하나님의 뜻대로 성도를 위하여 간구하심이니라.

26절 처음에 나오는 "이와 같이"라는 말은, 바울이 지금까지 말한 것을 통해 우리를 도왔던 것처럼, 이제 성령 자신도 우리를 도우신다는 사실을 설명함으로써 좀 더 도움을 주겠다는 의미입니다. 바울은 지금까지는 왜 우리의 고통이 그리스도를 위해 견딜 만한 것인지를 자세히 설명하면서 우리의 이해를 도왔습니다. 18-25절의 말씀은 허무함과 부패와 탄식과 죽음 가운데서도 우리가 소망을 잃지 말아야 할 이유에 대해 말하고 있습니다. 바울은 "이와 같이"(이와 같은 방식으로) 성령께서 우리 연약함을 돕는다고 말합니다.

그래서 저는 오늘 본문에 답이 있다고 생각하는 세 가지 질문을 해보고 싶습니다. 1) 성령께서는 우리를 위해 '무엇을' 기도하십니까? 2) 성령께서는 우리를 위해 '어떻게' 기도하십니까? 3) 성령께서는 '왜' 우리를 위해 기도하십니까? 오늘은 첫 번째 질문에 대해서만 답하고, 나머지 두 가지는 다음 주에 답하겠습니다.

성령께서 우리를 위해 무엇을 기도하실까?

먼저 성령께서 우리를 위해 기도하는 것이 곧 그분이 우리를 돕는 방식이라는 점에 주목하십시오. "이와 같이 성령도 우리의 연약함을 도우시나니 우리는 마땅히 기도할 바를 알지 못하나 '오직 성령이' 말할 수 없는 탄식으로 '우리를 위하여 친히 간구하시느니라.'"

이처럼 성령께서 우리를 위해 간구하실 때 무엇을 간구할까요? 본문은 이 질문에 대한 답을 세 가지 방식으로 전합니다.

1) 성령은 마땅히 구해야 하지만 우리가 알지 못하는 것들을 구한다고 말합니다. 26절입니다. "우리는 마땅히 기도할 바를 알지 못하나." 2) 성령은 우리가 연약해서 구할 바를 모르고 있는 것들을 구한다고 말합니다. 역시 26절입니다. "성령도 우리의 연약함을 도우시나니." 3) 성령은 하나님의 뜻에 맞는 것들을 구하신다고 말합니다. 27절 하반절입니다. "성령이 하나님의 뜻대로 성도를 위하여 간구하심이니라."

이제 이 세 가지가 함축하는 바를 생각해 보겠습니다. 우리가 무엇을 구해야 할지 알지 못할 때 성령께서 바로 그것을 위해 기도한다고 말하지만, 여기에는 많은 것들이 제외됩니다. 우리가 잊지 말고 직접 구해야 할 것들이 분명 있습니다. 우리는 거룩함과 믿음과 소망과 즐거움과 성령의 모든 열매들을 위해 기도해야 하고, 우리가 만족시키지 못하지만 성경에 나오는 모든 다른 계명들을 위해 기도해야 함을 분명히 알고 있습니다. 하나님이 우리에게 명령하신 것들을 위해 기도해야 한다는 사실은 의심할 여지가 없습니다. 하나님이 우리에게 계시하신 뜻이 무엇인지도 의문의 여지가 없습니다. 하나님이 성경을 통해 우리가 무엇을 추구해야 할지 분명히 말씀하셨다면(사랑이나 믿음이나 의나 거룩함, 그리고 용기와 같이), 우리는 그것을 위해 기도해야 한다는 것을 잘 압니다.

우리가 구할 바를 알지 못하는 것

하지만 오늘 본문은 성령이 우리가 구할 바를 '알지 못할' 때 우리를 위해 기도하심으로 우리를 돕는다고 말합니다. 그때가 언제입니까? 우리가 구할 바를 알지 못한다는데, 어떤 것들입니까? 우리가 확신하지 못하는 것은 무엇입니까? 여기서 26절의 '연약함'이라는 단어가 중요한데, 바로 앞서 말했던 상황을 의미합니다.

바울은 "이와 같이 성령도 우리의 '연약함'을 도우시나니"라고 말합니다. 무엇을 기도해야 할지 확실하지 않은 것은 우리의 '연약함' 때문입니다. 신약에 나오는 '연약함'이라는 단어는 우리의 제한된 인간 본성(롬 6:19)으로 인한 연약함 또는 질병(눅 5:15)이나 대적(고후 12:9-10)으로 인한 연약함일 수 있습니다.

하지만 로마서 8장 18-25절의 문맥을 고려해 보십시오. 특히 23절입니다. "그뿐 아니라 또한 우리 곧 성령의 처음 익은 열매를 받은 우리까지도 속으로 탄식하여 양자 될 것 곧 우리 몸의 속량을 기다리느니라." 여기서 나타난 문맥은 세상에는 부패와 허무함과 비참함의 탄식이 있다는 것입니다. 아직 구속받지 못한 몸에서 나오는 탄식입니다. 10절에서 바울은 우리 몸이 죽은 것과 같다고 말했습니다. 11절에서는 성령이 우리 죽을 몸을 언젠가 죽은 자 가운데서 다시 살리실 거라고 말했습니다. 하지만 지금은 우리 몸이 타락의 저주 아래서 신음합니다(20절).

그래서 18절부터 25절에서 바울은 성도들이 지금은 탄식하지만 몸의 속량을 기다림으로 소망을 놓치지 말아야 한다고 격려하고 있습니다. 그런 다음 26절에서 "이와 같이 '성령도' 우리의 연약함을 도우시나니"라고 말합니다. 저는 지금까지 놀라운 미래에 대한 약속으로 여러분의 연약함을 도왔습니다. 이와 같이 성령께서도 우리의 연약함을 도우십니다. 어떤 연약함입니까? 제가 지금까지 말씀드렸던, 천국 가는 길에 만나게 되는 질병과 허무함과 좌절과 부패와 삶의 비극이라는 연약함입니다.

그렇다면 이런 연약함으로 인해 구할 바를 알지 못한다는 것은 무엇을 말할까요? 제가 생각하는 답은 이렇습니다. 우리가 아프고 고생하는 것에 대해 하나님이 가지신 비밀스런 뜻을 우리는 알지 못합니다. 낫게 해달라고 기도해야 할지 견딜 힘을 달라고 기도해야 할지 우리는 모릅니다. 물론, 둘 다 옳은 기도이고, 둘 중 어느 쪽으로 기도하든 잘못은 아닙니다. 하지만 우리는 더 큰 확신을 가지고 기도하기 원하고, 이렇게 아프고 손해를 보고 감옥에 갇힌 것에 대해 하나님이 어떻게 인도하실지 확신하지 못하는 것에 대해 괴로워합니다. 우리는 알지 못합니다.

바울의 인생에서 이런 경우를 몇 번 볼 수 있습니다. 고린도후서 12장에 나오는 바울이 가진 육체의 가시를 생각해 보십시오. 바울은 그 가시를 없애 달라고 세 번이나 간구했습니다. 그리고 결국 예수님은 그것을 없애는 것이 자신의 뜻이 아니라고 말씀하십니다. 분명히 그 경험을 통해 바울은 모든 질병과 고통과 고난과 옥에 갇힌 것들에 대해 하나님의 뜻이 무엇인지 확신할 수 없게 되었을 것입니다. 질병이 낫는 것이 하나님의 뜻일까요? 아닐까요? 놓임을 받는 것이 하나님의 뜻일까요? 아닐까요?

그리고 바울이 로마에서 갇혔을 때 그는 어떻게 기도해야 할지 (적어도 처음에는) 확신하지 못하는 것 같았습니다. 죽음에서 놓여 생명을 얻고 사역을 계속하도록 기도해야 하나 아니면 용감하게 죽기를 구해야 하나 망설이는 것처럼 보입니다. 빌립보서 1장 22-24절에서 바울은 이렇게 말합니다. "그러나 만일 육신으로 사는 이것이 내 일의 열매일진대 '무엇을 택해야 할는지 나는 알지 못하노라.' 내가 그 둘 사이에 끼었으니 차라리 세상을 떠나서 그리스도와 함께 있는 것이 훨씬 더 좋은 일이라. 그렇게 하고 싶으나 내가 육신으로 있는 것이 너희를 위하여 더 유익하리라."

이 문제는 고통스럽지만 오늘날 수많은 그리스도인들이 직면한 문제이기도 합니다. 또한 다가올 세대에 그리스도인이 되고 선교사로 헌신할 사람들이 많이 고민하게 될 문제입니다. 지금도 아픈 사람들이 많습니다. 또한 지금도 세계 곳곳에서 위험에 처한 선교사들이 있고, 세월이 갈수록 더 많아질 것입니다. 그때 그들은 "우리가 어떻게 기도해야 할까?"라고 질문하게 됩니다. 안전하게 피할 수 있기를 기도해야 합니까? 아니면 머물기로 결단하고 보호해 주실 것을 기도해야 합니까? 아니면 머물면서 고통을 감내하고 죽기까지 용기를 달라고 기도해야 합니까?

어떤 위험을 감수해야 하는가?

고난과 순교와 위험을 무릅쓰는 것에 대해 말씀드릴 때면 사람들은 제게 늘 이 질문을 합니다. 하나님은 우리에게 위험을 감수하라고 하십니다. 성경에 확실히 나와 있습니다(눅 21:16). 하지만 어떤 위험을 감수해야 합니까? 언제 우리 생명과 우리 가족의 생명을 걸어야 하며, 또 그렇게 하지 않아야 할 때는 언제입니까?

약 300년 전에 『천로역정』을 쓴 존 번연은 양심을 지키기 위해 12년이나 감옥에 있었습니다. 복음을 전하지 않겠다고 하면 감옥에서 나올 수 있었습니다. 그에게는 아내와 네 명의 어린 자녀가 있었고 그 중 한 명은 눈이 보이지 않았습니다. 이것이 쉬운 결정이었을까요? 양심을 위해 감옥에 머무는 것이 나을까요? 아니면 나와서 가족을 돌보는 것이 나을까요?

우리도 이와 비슷한 결정들에(비록 다 위험한 것은 아닐지라도) 직면할 것입니다. '이 위험을 무릅써야 하나 그렇게까지 안 해도 될까? 나 자신과 가족과 사업과 교회와 여러 가지 것들이 위험에 빠질 수도 있는데 어떻게 해야 하나?'

번연은 『고통받는 자들에게 주는 조언』(*Advice to Sufferers*)이라는 책을 썼습니다. 여기서 그는 우리가 직면하는 위험 또는 그리스도를 위해 당하는 위험이 갖는 복잡성과 불확실성에 대해 말합니다. 그는 이렇게 질문합니다. "이 위험을 벗어나려고 애써야 할까요?" 그리고 이 질문에 이렇게 대답합니다.

> 마음에 주시는 대로 행동하십시오. 도망가라는 마음을 주시면 도망가십시오. 견디라는 마음을 주시면 견디십시오. 진리를 거부하는 것이 아니라면 어떤 것이든 좋습니다. 도망가는 사람은 그렇게 해도 된다는 허락을 받았습니다. 견디는 사람은 견디라는 허락을 받은 것입니다. 물론, 같은 사람이 도망가기도 하고 견딜 수도 있습니다. 하나님이 그 사람에게 주신 소명이 그렇다면 말입니다. 모세는 도망갔습니다(출 2:15). 모세

는 견뎠습니다(히 11:27). 다윗은 도망갔습니다(삼상 19:12). 다윗은 견뎠습니다(삼상 24:8). 예레미야는 도망가기도 하고(렘 37:11-12), 견디기도 했습니다(렘 38:17). 그리스도는 물러나시거나(눅 19:10), 견디기도 하셨습니다(요 18:1-8). 바울은 도망갔습니다(고후 11:33). 그리고 또 견뎠습니다(행 20:22-23). … 보시다시피 이런 일들 속에 규칙은 없습니다. 그 사람 자신이 현재 가진 힘을 가늠해 보고, 또 도망갈지 견딜지에 대해 마음이 움직이는 것에 따라 가장 잘 선택할 수 있습니다. … 두려워서 도망가지는 마십시오. 도망가는 것이 하나님의 뜻이기에 도망가십시오. 하나님의 섭리로 도망갈 문이 열리고, 하나님의 말씀이 보증하실 때 그리하십시오(마 10:23).

바울의 요지는, 그리스도를 높이고 싶은 열망이 있는데 어떻게 해야 그리스도가 가장 높아질지 불확실할 때 성령께서 우리를 위해 기도하고 그렇게 되도록 해주신다는 것입니다. 이 말씀이 어떻게 우리에게 격려가 될까요? 바울이 "이와 같이 성령도 우리 연약함을 도우시나니"라고 했는데, 성령은 어떻게 우리를 도우실까요?

본문이 주는 다섯 가지 격려

우리가 그리스도를 신뢰하고 삶 속에서 그분의 이름이 높아지기를 간절히 바란다면, 오늘 본문을 통해 적어도 다섯 가지 방법으로 힘을 얻을 수 있습니다. 이 말씀을 드리며 설교를 마칠까 합니다.

1. 모든 방면에서 하나님의 뜻을 다 알 수는 없다는 사실에서 용기를 얻으십시오. 물론 우리를 향한 하나님의 드러난 뜻은 언제나 믿

음과 소망과 사랑과 정결입니다. 하지만 하나님께서 질병이나 고통이나 감옥에서 우리를 구해 주실 거라 믿어야 할지, 아니면 우리가 그 상황에서 죽음을 잘 맞이할 수 있도록 그분을 신뢰해야 할지 늘 알지는 못합니다. 그리고 오늘 본문은 몰라도 괜찮다고 말합니다. 그것을 잘 아시는 분이 있습니다. 그분이 우리가 마땅히 구할 바를 구하고 계십니다. 이미 지고 있는 짐에 하나님의 뜻을 알지 못한다는 걱정까지 더하지 마십시오.

2. 뭐가 뭔지 알지 못해서 탄식할 때 우리는 방치되고 있는 게 아닙니다. 우리를 이해하시는 분이 있다는 사실에서 용기를 얻으십시오. 우리의 마음을 살피시는 하나님은 우리 마음속 거룩한 탄식에서 말보다 더 깊은 의미를 발견하십니다. 바로 성령이 우리를 대신하여 친히 중보하십니다.

3. 우리를 향한 하나님의 역사는 내가 이해할 수 있고 말로 표현할 수 있는 수준에 제한받지 않는다는 사실에서 용기를 내십시오. 하나님은 내가 구하거나 생각하는 모든 것에 넘치도록 행하실 수 있는 분임을 기뻐하십시오(엡 3:20). 우리의 생각은, 특히 스트레스를 심하게 받거나 신음할 때조차, 하나님의 일하심을 제한하지 못합니다. 또한 우리의 모든 지각을 뛰어넘는 하나님의 평강이 있음을 기뻐하십시오(빌 4:7). 하나님은 우리의 제한적인 생각에 결코 제한 받으시는 분이 아닙니다.

4. 우리가 약하고 아프고 상실하고 고난당하고 위험에 처했을 때 하나님의 영은 우리를 위해 기도하시지, 우리를 대적하지 않는다는 사실에서 용기를 얻으십시오. 31절에서 바울은 기뻐 외치고 있습니다. "하나님이 우리를 '위하시면' 누가 우리를 대적하리요?" 이는 26절에 나오는 "우리를 위해" 일하시는 성령님의 위대한 사역 안에 포함되는 것입니다. 성령은 우리를 '위해' 중보하시지 우리를 대적하지 않으십니다. 우리가 그리스도에게 붙어 있고, 불확실하고 고통스런 상황 속에서 그분이 높임받기를 간절히 탄식할 때, 성령은 그런 우리를 도우실 뿐 결코 대적하지 않으신다는 사실에 용기를 내십시오.

5. 마지막으로, 아버지 하나님은 성령의 기도를 들으신다는 사실에서 용기를 얻으십시오. 이 기도는 우리를 '위한' 기도입니다. 그리고 이 기도는 늘 상달됩니다! 항상 응답을 받습니다. 하나님은 하나님의 기도를 거절하지 않으십니다.

27장

성령도 우리 연약함을 도우시나니 (2)

로마서 8:25-27

만일 우리가 보지 못하는 것을 바라면 참음으로 기다릴지니라. 이와 같이 성령도 우리의 연약함을 도우시나니 우리는 마땅히 기도할 바를 알지 못하나 오직 성령이 말할 수 없는 탄식으로 우리를 위하여 친히 간구하시느니라. 마음을 살피시는 이가 성령의 생각을 아시나니 이는 성령이 하나님의 뜻대로 성도를 위하여 간구하심이니라. _롬 8:25-27

오늘 또다시 로마서 8장 26-27절을 집중적으로 살펴보겠습니다. 이 본문은, 우리가 연약하여 마땅히 기도할 바를 알지 못하기 때문에 하나님의 영이 우리를 도우시고, 또한 말 없는 탄식으로 우리를 위해 중보하신다고 말합니다. 그리고 우리 마음을 살피시는 아버지 하나님은 성령이 하나님의 뜻에 따라 우리를 위해 기도하시기 때문에 성령의 마음을 아신다고 말합니다. 즉, 아버지 하나님은 언제나 성령의 기도에 응답하십니다.

지난주에 우리는 세 가지 질문을 했습니다. 1) 성령께서는 우리를 위해 '무엇을' 기도하십니까? 2) 성령께서는 우리를 위해 '어떻게' 기도하십니까? 3) 성령께서는 '왜' 우리를 위해 기도하십니까?

성령이 우리를 위해 무엇을 기도하는가

지난주에는 이 첫 번째 질문에만 답을 했습니다. 성령이 우리를 위해 기도하는 것은, 우리가 연약하여 어떤 것이 하나님의 구체적인 뜻인지 알지 못할 때 하나님이 우리 삶 속에서 그리스도가 가장 높아질 수 있는 결정과 환경을 허락하시도록 구하는 것입니다. 26절에 나오는 '연약함'은 18절과 25절에서 살펴본 고통과 부패와 허무함과 탄식과 같은 것이라고 말씀드렸습니다. 다른 말로 하면, 질병과 재난과 무산된 계획, 박해를 당할 때 우리는 위험을 벗어나도록 기도해야 할지 견디게 해달라고 기도해야 할지, 병이 낫게 해달라고 기도해야 할지 병을 견디게 해달라고 기도해야 할지, 위험을 무릅쓰게 해달라고 기도해야 할지 안전하게 해달라고 기도해야 할지 당황합니다.

우리는 모릅니다. 우리가 아는 것은, 바울이 빌립보서 1장 20절에서 말했던 것처럼, 죽든지 살든지 내 몸에서 그리스도가 높아지기를 원하는 것입니다. 이것이 바로 '성도'(그리스도인)의 모습이고, 27절 말씀에 따르면 성령은 바로 이런 사람들을 위해 기도하십니다. 즉 이것이 아버지께 성령이 구하는 것입니다. 하지만 성령은 아버지의 뜻을 알고 계시기에, 그리스도를 가장 높이게 될 구체적인 결정과 환경을 허락해 달라고 구합니다.

각종 질병과 고통으로 씨름하고 있다면 우리도 이 말씀과 무관하지 않습니다. 또한 그리스도인이 되기 위해 더 많은 대가를 치르게 될 때는 더욱 상관있는 일이 될 것입니다. 몇몇 선교사들에게는 지금 당장 닥친 시급한 문제입니다. 선교사가 인도를 떠나야 할까요? 기독교에 대해 적대감을 가진 다른 나라들에서는 또 어떻습니까? 예를 들어, 지난주에 우리 교회에 온 이메일 일부를 소개하겠습니다.

> 압수된 우리 책들은 체제 전복적인 내용이 있는지 면밀히 조사를 받고 있습니다. 한편 우리는 우리 모임을 다시 공개적으로 갖겠다는 뜻을 담은 통지서를 당국에 제출했습니다. 우리 변호사가 통지서를 제출하러 갔더니, 그가 와서 그것들을 저주하면 받아주겠다는 말을 들었다고 합니다. 우리에 대한 당국자들의 태도가 이렇습니다. 우리가 더 지혜롭게 행동하도록 기도해 주십시오. 지금은 이 통지서를 제출하기에 가장 적합한 때가 아닌지도 모르겠습니다. … 지역의 형제자매들 중에서 누가 우리와 함께 견뎌 줄 수 있을지 앉아서 곰곰이 생각해 보니 현재 체포되어도 괜찮겠다 싶은 사람은 한 명도 없었습니다. 체포되어도 '좋을' 시기가 있을까요? 아마 그렇지는 않을 것입니다. 하지만 문제를 더 악화시키는 상황들은 있는 것 같습니다. 일을 어떻게 진행해야 할지 하나님으로부터 들어야겠습니다. …

그렇습니다. 주님으로부터 듣거나 온전한 지혜를 은혜로 얻는 것이 가장 도움이 될 것입니다. 또한 그것을 위해 기도하는 것은 분명히 옳은 일입니다. 이런 상황은 우리가 "어떻게 기도해야 할지 몰라" 그저 우리 연약함으로 인해 탄식하는 그런 순간들 중 하나입니다. 하지만 하나님은 그분의 뜻을 분별하는 믿음이 없다고 우리를 정죄하지도, 비난하지도 않으시니 정말 감사하지 않습니까?

바울은 이런 우리를 격려하고 돕고자 합니다. 뭘 알아야 할지도 모르고, 하나님의 뜻을 확신하여 구체적으로 기도하지 못할 때에도 용기를 잃어서는 안 됩니다. 대신 하나님께서 이 일 가운데 목적하신 바가 있고 우리 연약함을 도우실 것임을 신뢰해야 합니다. 성령께서 우리를 위해 기도하십니다.

성령께서 우리를 위해 어떻게 기도하시는가

이제 지난주에 드렸던 두 번째 질문을 보겠습니다. 성령께서 우리를 위해 어떻게 기도하십니까?

26절 마지막 부분에서 바울은 "성령이 말할 수 없는 탄식으로 우리를 위하여 친히 간구하시느니라"고 말합니다. "말할 수 없는 탄식으로"란 무슨 뜻입니까? 문자 그대로 하면, "말 없는 탄식으로"입니다. 이 말은 무엇을 언급하는 것일까요? 우리의 탄식을 말하는 것일까요? 아니면 우리가 아닌 성령의 탄식을 언급한 것일까요? 아니면 제3의 다른 해석이 가능할까요? 제가 주장하고 싶은 바는, 이 탄식은 우리의 탄식이면서 동시에 성령의 탄식이라는 것입니다. 왜냐하면 성령께서 우리 안에 그러한 탄식을 불어넣으시고 그런 방향으로 인도하시기 때문입니다.

제가 왜 이렇게 생각하는지 또 왜 이것이 중요한지 말씀드리겠습니다. 성령께서 우리에게 필요한 것을 아버지 하나님께 그저 전달만 하신다면, 굳이 말없는 탄식을 할 필요가 있을까요? 성령님은 우리를 위해 무엇을 구해야 하는지 정확하게 알고 계십니다. 성령님의 마음에는 조금의 혼란도 없고, 아버지께 전달하는 방법에 대해서도 결코 당황할 것이 없습니다. 따라서 이 탄식이 우리의 탄식이 아니라 성령께서 아버지를 향해 내뱉는 탄식이라는 주장은 설득력이 없습니다.

제가 이렇게 생각하는 두 번째 이유는, 이 탄식을 들으시고 이해하시고 응답하시는 그분이 27절에서는 '우리 마음'을 살피신다고 말하고 있기 때문입니다. 이는 그 탄식이 우리 마음에도 있음을 보여주는 증거입니다. 우리 마음에 탄식이 있고, 하나님은 우리 마음에서 그 탄식을 들으십니다. "성령이 말할 수 없는 탄식으로 우리를 위하여 친히 간구하시느니라. 마음을 살피시는 이가 성령의 생각을 아시나니." 다른 말로 하면, 성령께서는 자신의 탄식을 하늘에 계신 아버지께 곧장 보내지는 않으신다는 말입니다. 성령은 그 탄식을 우리 마음에 두십니다. 그 탄식이 경험되는 곳은 우리 마음입니다. 이를 통해 그 탄식이 그저 성령만의 탄식이 아니라 우리의 탄식이기도 하다는 사실을 알게 됩니다.

세 번째, 문맥상으로 볼 때 탄식은 타락한 세상의 특징으로, 성령은 타락하지 않았기 때문에 피조물과 성도들처럼 탄식할 필요가 없기 때문입니다. 22절에서 바울은 "피조물이 다 이제까지 함께 '탄식하며' 함께 고통을 겪고" 있다고 말합니다. 그리고 23절에서 "그뿐 아니라 또한 우리 곧 성령의 처음 익은 열매를 받은 우리까지도 속으로 탄식"한다고 말합니다. 그러므로 탄식은 타락한 이 세상이 갖는 연약함, 허무함, 고통, 부패로 인해 생겨나는 것입니다. 따라서 26절에서 말하는 탄식도 이러한 연약함과 타락함의 결과라는 말이 됩니다. 그러므로 이 구절에서의 탄식은 성령이 불어넣으시고 이끄신, 우리의 탄식입니다.

네 번째 주장은 15-16절에 나오는 성령의 증언에서 그 근거를 찾을 수 있습니다. "너희는 다시 무서워하는 종의 영을 받지 아니하고 양자의 영을 받았으므로 우리가 아빠 아버지라고 부르짖느니라. 성령이 친히 우리의 영과 더불어 우리가 하나님의 자녀인 것을 증언하시나니." 여기서 누가 "아빠 아버지"라고 말합니까? 바로 우리입니다. 하지만 우리만이 아닙니다. 이것은 또한 성령의 증언입니다. 하나님이 우리 아버지라는, 진심에서 우러나온 이러한 외침은 성령에 의해 영감을 받고 이끌림을 받은 것입니다. 이것은 그분의 증언입니다!

따라서 여기서 26절에 나오는 성령의 탄식과 유사성을 발견하게 됩니다. 성령은 그 증언하시던 방식과 같은 방식으로 탄식하십니다. 성령이 그 탄식을 불어넣으십니다. 또한 성령이 그 증언을 불어넣으십니다. 탄식은 성령의 탄식이고, 증언도 그분의 증언입니다. 우리는 그러한 성령의 증언을 우리 안에서 "아빠 아버지!"라는 진심 어리며 진정한 외침으로 경험합니다. 또한 우리 안에서 그리스도의 영광을 구하는 탄식이 북받쳐 오르면서 성령의 탄식을 경험하게 됩니다. 하지만 어떻게 그렇게 되는지 우리는 알지 못합니다.

따라서 성령이 우리를 위해 어떻게 기도하는가에 대한 제 답은, 성령께서 우리 마음 안에 탄식이 생겨나도록 강력하게 역사하심으로 그렇게 한다는 것입니다. 즉, 그분의 탄식이 우리의 탄식으로 경험되게 하십니다.

여기에는 두 가지 기반이 있어야 합니다. 하나는 우리 삶에서 그리스도가 가장 높아지기를 간절히 열망하고 마음 아파하는 것이고, 두 번째는 어떻게 해야 그렇게 할 수 있는지 알지 못하는 우리 연약함입니다. 그래서 우리는 어떻게 기도해야 하는지는 확실히 알지 못하지만, 그리스도가 우리를 통해 가장 영광받으시기를 원한다는 것만큼은 확실히 압니다.

하나님 아버지는 우리 마음을 살피시고 이 탄식을 들으십니다. 그분은 우리 안에 있는 그리스도가 가장 높아지기를 바라는 염원을 들으시고, 어떤 결정과 환경이 가장 정확한 방법으로 예수님에게 최고의 영광을 가져올지에 대한 성령의 명확한 뜻을 들으십니다.

이것이 매우 중요한 이유 중 하나는, 가장 깊이 좌절하는 순간에 우리에게서 나오는 탄식이 바로 하나님의 성령께서 우리를 위해(우리를 배척하는 것이 아닌) 행하신 일임을 의미하기 때문입니다. 바울은 지금 우리가 이 세상에서 당하는 고난과 허무함과 부패와 탄식을 이겨 내도록 돕고 있음을 기억하십시오. 이것이 본문의 요지입니다! 그리고 바울은 이 세상에서 우리가 가질 수밖에 없는 연약함으로 인해 우리는 늘 하나님의 뜻이 무엇인지, 어떻게 기도해야 하는지 모르는 부분이 있을 수밖에 없음을 말하며 우리를 격려하고 있습니다. 물론 우리는 하나님의 뜻이 무엇인지 알려고 최선을 다해야 합니다(롬 12:1-2; 엡 5:17). 하지만 우리가 언제나 그것을 알 수 있고 오류 없이 그렇게 할 수 있다고 기대해서는 안 됩니다. 우리는 연약하고 악합니다. 바울은 이런 상황에서도 하나님이 우리를 어떻게 위하시는지 우리가 이해하도록 돕고 있습니다.

성령께서는 왜 이런 방식으로 우리를 위해 기도하시는가

이제 마지막 질문이 남았습니다. 성령께서는 왜 이런 방식으로 우리를 위해 기도하실까요? 하나님께서 하나님 뜻에 따라 하나님께 기도한다는 것은 참 이상하게 들릴 수 있다고 말씀드린 적이 있습니다. 아버지 하나님은 성령께서 그것을 해달라고 구하기 전에 그분의 뜻을 알고 계시지 않겠습니까?

이에 대한 답은 훨씬 더 거대한 질문에 속하는 것입니다. 왜 하나님은 기도와 같은 것들이 있도록 하셨을까요? 왜 하나님은 당신이 만든 유한한 피조물의 기도에 응답하며 일하시는 방식으로 세상을 만드셨을까요? 이에 대한 답으로 다섯 가지를 제시하려고 합니다. 하나님의 목적을 더 많이 알게 된다면 더욱 기도에 열심을 내게 될 것이고, 하나님이 왜 그렇게 하시는지 알기 때문에 하나님께 더 많은 영광을 드리게 되리라 생각합니다.

하나님은 그 은혜의 풍성한 영광을 드러내기 위해 우주와 그 안에 있는 모든 것을 창조하셨다

이사야 43장 6-7절입니다. "내 아들들을 먼 곳에서 이끌며 내 딸들을 땅 끝에서 오게 하며 내 이름으로 불려지는 모든 자 곧 내가 내 영광을 위하여 창조한 자를 오게 하라. 그를 내가 지었고 그를 내가 만들었느니라."

에베소서 1장 6절, 12절, 14절 말씀입니다. "그의 은혜의 영광을 찬송하게 하려는 것이라. … 그의 영광의 찬송이 되게 하려 하심이라. … 그의 영광을 찬송하게 하려 하심이라."

로마서 9장 23절입니다. "또한 영광받기로 예비하신 바 긍휼의 그릇에 대하여 그 영광의 풍성함을 알게 하고자 하셨을지라도…"

그러므로 모든 사람은 하나님의 은혜의 영광이 드러나는 방식으로 행동해야 한다

마태복음 5장 16절입니다. "이같이 너희 빛이 사람 앞에 비치게 하여 그들로 너희 착한 행실을 보고 하늘에 계신 너희 아버지께 영광을 돌리게 하라."

고린도전서 10장 31절입니다. "그런즉 너희가 먹든지 마시든지 무엇을 하든지 다 하나님의 영광을 위하여 하라."

하나님의 백성이 의식적으로 뚜렷하게 하나님의 은혜와 능력에 의지하여 순종하고 섬길 때 하나님이 가장 영광을 받으신다

베드로전서 4장 11절입니다. "만일 누가 말하려면 하나님의 말씀을 하는 것 같이 하고 누가 봉사하려면 하나님이 공급하시는 힘으로 하는 것 같이 하라. 이는 범사에 예수 그리스도로 말미암아 하나님이 영광을 받으시게 하려 함이니 그에게 영광과 권능이 세세에 무궁하도록 있느니라. 아멘."

데살로니가후서 1장 11-12절 말씀입니다. "이러므로 우리도 항상 너희를 위하여 기도함은 우리 하나님이 너희를 그 부르심에 합당한 자로 여기시고 모든 선을 기뻐함과 믿음의 역사를 능력으로 이루게 하시고 우리 하나님과 주 예수 그리스도의 은혜대로 우리 주 예수의 이름이 너희 가운데서 영광을 받으시고 너희도 그 안에서 영광을 받게 하려 함이라."

하나님의 도움을 구하며 기도하는 것은 하나님의 백성이 하나님의 은혜와 능력에 의존하는 한 방법이다

기도는 우리가 모든 것에 대해 하나님께 의존하고 있음을 늘 상기시키고 보여 주기 때문에, 우리가 기도를 통해 도움을 받을 때 하나님은 영광을 받으십니다.

시편 50편 15절 말씀입니다. "환난 날에 나를 부르라. 내가 너를 건지리니 네가 나를 영화롭게 하리로다."

요한복음 14장 13절 말씀입니다. "너희가 내 이름으로 무엇을 구하든지 내가 행하리니 이는 아버지로 하여금 아들로 말미암아 영광을 받으시게 하려 함이라."

성령께서 우리 마음 안에 탄식을 불어넣으시고 이끄실 때, 우주의 궁극적인 목적이 이루어진다

성령 하나님이 우리 안에 탄식을 생겨나게 하심으로 하나님께서 영광을 받으십니다. 아버지 하나님은 성령이 구하는 것을 들으시고 행하시는 분이기 때문에 영광을 받으십니다. 성자 하나님이 죄인들을 위해 그들이 받는 모든 축복을 값을 지불하고 사셨기에 하나님이 영광을 받으십니다. 우리 마음은 하나님이 직접 일하시는 무대가 되고 우리는 하나님의 은혜로운 개입을 알고 경험하면서 의식적으로 그분께 감사와 찬양을 드릴 수 있기 때문에 하나님이 영광을 받으십니다.

결론

고통과 부패와 질병과 허무함, 박해, 실패한 계획 또는 갈팡질팡하는 결정 때문에 자신이 너무 나약하다고 느낄 때, 마치 하나님이 나에게 화를 내신다고 느끼거나 무엇을 하고 어떻게 기도해야 할지 알지 못하는 무능함 때문에 하나님이 나에게 화가 나신 것으로 생각하고 좌절하지 마십시오. 바로 그 순간에, 그리스도의 영광을 바라는 탄식으로 우리의 마음이 말할 수 없는 탄식을 하고 있는 것입니다. 그리고 하나님의 성령께서 구체적인 일들에 있어 우리를 위해 중보하신다는 것을 믿으십시오. 그분을 신뢰하십시오. 그분이 우리를 위해 기도하고 있기 때문에 하나님 아버지는 가장 좋은 방법으로 그리스도가 가장 영광을 받으시도록 결정하게 하시고 환경을 허락하실 것입니다. 우리가 알지 못하여 탄식하는 가운데 말입니다.

우리 하나님은 얼마나 은혜로우시고 자비가 풍성하신지요! 하나님은 우리의 연약함에 대비해 모든 것을 계획해 놓으셨고 어떤 것도 그분의 사랑에서 우리를 갈라놓을 수 없습니다!

28장

모든 것이 선을 이룬다 (1)

로마서 8:28-32

우리가 알거니와 하나님을 사랑하는 자 곧 그의 뜻대로 부르심을 입은 자들에게는 모든 것이 합력하여 선을 이루느니라. 하나님이 미리 아신 자들을 또한 그 아들의 형상을 본받게 하기 위하여 미리 정하셨으니 이는 그로 많은 형제 중에서 맏아들이 되게 하려 하심이니라. 또 미리 정하신 그들을 또한 부르시고 부르신 그들을 또한 의롭다 하시고 의롭다 하신 그들을 또한 영화롭게 하셨느니라. 그런즉 이 일에 대하여 우리가 무슨 말 하리요 만일 하나님이 우리를 위하시면 누가 우리를 대적하리요. 자기 아들을 아끼지 아니하시고 우리 모든 사람을 위하여 내주신 이가 어찌 그 아들과 함께 모든 것을 우리에게 주시지 아니하겠느냐. _롬 8:28-32

오늘은 성경에서 가장 압도적이고 가장 사랑받는 약속 중 하나인 로마서 8장 28절, "우리가 알거니와 하나님을 사랑하는 자 곧 그의 뜻대로 부르심을 입은 자들에게는 모든 것이 합력하여 선을 이루느니라"는 약속을 살펴보려고 합니다. 이 말씀이야말로 너무나 억울해 보이고 고통스럽고 악해 보이는 경험들을 통과하면서도 사람들로 하여금 하나님을 신뢰하도록 돕는 구절일 것입니다. 사람들은 "모든 것"이라는 말씀을 붙들고, 이 끔찍하고 말도 안돼 보이는 일도 나의 유익을 위한 일로 판명될 거라고 믿습니다.

몇 년 전 저는 우리 베들레헴 교회 아이들에게 이렇게 고백하라고 가르쳤습니다. "일이 뜻한 대로 풀리지 않을 때 하나님은 늘 그것들을 선하게 바꾸십니다."

그리스도인들은 지금 경험하는 슬픔과 고통과 실망과 상실이 조만간 합력하여 선을 이룰 것을 믿습니다. 28절에 대해 성경 번역본마다 조금 차이가 있음을 저도 압니다. 하지만 심각한 차이는 아니라고 생각합니다. NASB 성경에서는 하나님을 동사의 주어로 하고 있고 "모든 것"을 직접 목적어로 하고 있습니다. "하나님이 모든 것을 합력하여 선을 이루도록 만드신다"고 해석할 수 있습니다. NIV 성경도 하나님을 주어로 하지만 "모든 것"을 목적어가 아닌 하나님이 행하시는 일의 범주로 보고 있습니다. "하나님은 모든 것 안에서 선을 위해 일하신다"고 해석할 수 있습니다. 킹제임스 성경과 ESV 성경은 "모든 것"을 주어로 하고 있습니다. "모든 것이 선을 위해 합력한다"고 해석합니다. 헬라어 의미로 보면 이 모든 번역이 가능합니다. 그리고 결국에는 이 번역들은 다른 말을 하는 것이 아닙니다. 킹제임스 성경에서 "모든 것이 선을 위해 합력한다"고 할 때, 모든 것이 자기들 스스로 또는 어떤 운명의 힘으로 움직인다는 그런 의미가 아닙니다. 하나님이 모든 것이 선을 위해 합력하도록 만드신다는 의미입니다.

따라서 위의 세 가지 번역본 모두 '하나님'이 행하시는 주체이시고 그분이 행하시는 것은 '선'이며 그분이 선을 이루는 것은 "모든 것"을 통해서입니다. 바울은 모든 것이 선하다고 말하지 않습니다. 바울은 모든 것이 하나님에 의해 선한 것으로 변한다고 말합니다.

다음 주에 이웃들이 지켜보는 가운데 주차장에서 열린 예배를 드릴 때, 이 약속이 의미하는 성경적이고, 역사적이고, 개인적인 예들을 말씀드리려고 합니다. 어떻게 모든 것이 선을 위해 일하게 될까요? 지금 선을 이룰까요? 아니면 나중에 선을 이룰까요? 어떤 종류의 선일까요? 이에 대해서는 다음 주에 살펴보겠습니다.

하지만 오늘은 이 약속 자체보다는, 이 약속이 주는 유익을 받는 사람이 되려면 어떻게 해야 하는지에 초점을 맞춰보려고 합니다. 오늘은 이렇게 질문해 보겠습니다. '그 약속이 나를 위한 것임을 어떻게 알 수 있습니까?' 그리고 다음 주에는 이렇게 물을 것입니다. '이 말씀이 실제로 나에게 약속하는 것은 무엇입니까?'

이 약속은 모든 사람을 위한 것이 아니다

따라서 오늘 제일 먼저 봐야 할 것은, 모든 사람에게 모든 것이 선을 이루는 것은 아니라는 점입니다. 하나님이 모든 것을 선하게 바꾸실 거라는 약속은 모든 사람에게 해당하지 않습니다. 이 약속의 수혜자가 되려면 두 가지가 필요합니다. 하나는 하나님을 사랑해야 한다는 것이고, 두 번째는 그분의 뜻에 따라 부름받은 사람이어야 한다는 것입니다. "우리가 알거니와 (1) 하나님을 사랑하는 자 곧 (2) 그의 뜻대로 부르심을 입은 자들에게는 모든 것이 합력하여 선을 이루느니라." 오늘은 첫 번째 것만 다루고 두 번째는 나중에 다루겠습니다.

결과적으로 바울은 하나님을 사랑하지 않으면 이 약속을 주장할 수 없다고 말합니다. 하나님의 뜻대로 부르심을 입은 자가 아니라면 이 약속을 주장할 수 없습니다. 또는 다른 식으로 말하면, 하나님을 사랑하지 않고 그분의 뜻대로 부르심을 입지 않은 자들에게는 최종적인 낙관주의가 어리석은 생각이고 그들과는 아무 상관없는 허언이라는 말입니다. 하나님을 사랑하지 않고 그분의 뜻대로 부르심을 입지 않은 자들에게는 비관주의가 딱 맞는 마음 상태입니다. 모든 일들은 그들의 선을 위해 일하지 않고 오히려 해가 될 것입니다.

로마서 2장 5절은 이런 사람의 경험이 그의 미래에 어떻게 영향을 미치는지에 대해 이렇게 말합니다. "다만 네 고집과 회개하지 아니한 마음을 따라 진노의 날 곧 하나님의 의로우신 심판이 나타나는 그 날에 임할 진노를 네게 쌓는도다." 다른 말로 하면, 이 사람이 매일 하는 경험들은 선으로 바뀌지 않습니다. 오히려 진노로 바뀝니다. 그가 지금 하나님께 감사하지 않는 또는 경배의 수단으로 삼지 않는 현재의 일들이 언젠가 그를 정죄할 것입니다.

하나님의 도우심을 신뢰하지 않은 채 지금 당하는 고통스런 일들은 마지막 날에 받을 진노를 쌓을 것입니다. 이 사람은 이 세상에서 가난한 사람으로 보일 수도 있고 부자로 보일 수도 있습니다. 하지만 하나님을 사랑하지 않고 그 뜻대로 부르심을 입은 사람이 아니라면, 그가 하는 모든 경험은 선으로 이끌지 않고 영원한 비극으로 이끌 것입니다.

이 약속이 어떻게 우리 것이 되는가

우리는 그런 사람이 되고 싶지 않습니다. 이 약속이 우리 것이기를 원합니다. 모든 것이 저주가 아닌 우리의 선을 위해 합력하고 있다고 확신하기를 원합니다. 그렇다면 우리는 어떤 사람이어야 합니까? 이에 대해 한 주에 하나씩 살펴보겠습니다.

먼저, 바울은 하나님을 사랑하는 사람이어야 한다고 말합니다. 원어 성경에는 이 내용이 28절의 제일 처음에 나옵니다. "하나님을 사랑하는 자들에게는 모든 것이 합력하여 선을 이루는 것을 우리가 아노라." 여기서 하나님을 사랑한다는 것은 무슨 의미일까요?

먼저, 하나님을 사랑했다 안했다 하는 것을 의미하지 않습니다. 하나님을 사랑할 때 나쁜 경험을 하면 그것은 선으로 바뀌고, 하나님을 사랑하지 않을 때 나쁜 경험을 하면 그것은 나쁜 것으로 바뀐다는 의미가 아닙니다. "하나님을 사랑하는 자들"은 28절에 "그의 뜻대로 부르심을 입은 자들"이라는 표현으로 구체적으로 설명되고 있습니다. 그리고 이 부르심(이에 대해서는 나중에 말할 것입니다)은 반복해서 일어나는 것이 아닙니다. 이것은 하나님께서 우리를 죽음에서 생명으로, 어둠에서 빛으로, 사탄의 세력에서 하나님께로, 하나님을 향한 적대감에서 하나님을 향한 사랑으로 사실상 단 한 번 부르시는 부름입니다.

사랑과 믿음으로의 부르심은 딱 한 번 있는 것이기 때문에 하나님을 향한 사랑은 늘 진짜로 부름받은 사람의 표시가 됩니다. 물론, 하나님을 향한 우리 사랑은 때로는 강렬하지만 때로는 약하기도 합니다. 우리가 맺는 모든 사랑의 관계와 같습니다. 하지만 부름받은 사람들을 규정하는 것은 그들 안에 있는 하나님을 향한 사랑입니다. 강도가 강하든 약하든 하나님을 향한 사랑은 우리 마음의 지속적인 상태입니다.

그래서 바울은 어느 때는(하나님을 향한 사랑이 강할 때) 모든 것이 그리스도인을 위해 선을 이루고 어느 때는(하나님을 향한 사랑이 약할 때) 모든 것이 그리스도인을 위해 선을 이루지 않는다고 말하지 않습니다. 그리스도인, 즉 하나님께 부름받고 그 마음이 구속을 받아 하나님을 향한 적대감에서 하나님을 향한 사랑으로 바뀐 사람들에게는 모든 것이 합력하여 언제나 선을 이룬다고 말합니다.

하나님을 향한 사랑이 '아닌' 것

그렇다면 하나님을 사랑한다는 것은 무슨 뜻일까요? 우리가 여기에 속하는지는 어떻게 알 수 있습니까? 이에 대해 가장 명확하게 답하는 최선의 방법은 무엇이 하나님을 향한 사랑이 '아닌지'를 알아보는 거라 생각합니다. 적어도 이 세 가지는 하나님을 향한 사랑의 본질이 아닙니다.

첫째로, 하나님을 사랑하는 것은 그분의 필요를 채우는 것이 아닙니다. 사람을 사랑하는 방식과 하나님을 사랑하는 방식은 다릅니다. 사도행전 17장 25절에서 바울은 이렇게 말했습니다. "또 무엇이 부족한 것처럼 사람의 손으로 섬김을 받으시는 것이 아니니 이는 만민에게 생명과 호흡과 만물을 친히 주시는 이심이라." 하나님은 우리와 전적으로 다른 분입니다. 그분은 모든 것의 원천이고 아무것도 부족하지 않습니다. 그분은 도움을 받을 수도 없고 더 나아질 수도 없습니다. 하나님께는 바뀌어야 할 결점도 없고 공급받아야 할 결핍도 없으십니다. 우리는 하나님의 필요를 채우는 방법으로 그분을 사랑할 수 없습니다. 그분은 아무런 도움이 필요 없습니다. 그러므로 그분을 향한 우리 사랑의 본질은 '받는' 경험이어야 합니다. 그리고 우리가 기뻐하는 대상으로부터 받는 핵심적인 즐거움은 바로 '기쁨'으로 나타납니다.

여기서 두 번째로 하나님을 향한 사랑이 '아닌' 것으로 연결됩니다. 하나님을 사랑하는 것은 본질상 그분의 '선물'(용서, 칭의, 지옥을 벗어난 것, 고통 없는 삶으로 부활하는 것과 같은 선물)을 사랑하는 것이 아닙니다. 정말로 우리가 하나님을 사랑한다면 이 선물들을 소중히 여기고 그에 대해 감사하는 이유가, 그것들이 없었더라면 하나님을 만날 수 없었기 때문일 것입니다.

하지만 하나님을 사랑하는 것은 그분이 주신 선물들 안에 드러난 하나님 자신을 소중히 여기는 것이고 그 선물들을 능가하는 하나님 자신을 소중히 여기는 것입니다. 그분이 주신 선물들은 우리를 하나님께로 인도하고 우리에게 하나님을 더욱 드러낸다는 차원에서 소중합니다. 하나님을 사랑할 때, 하나님의 선물이 아닌 하나님이 모든 애정(affections)의 중심이 되십니다.

'애정'이라는 단어에서 세 번째로 하나님을 향한 사랑이 '아닌' 것이 무엇인지로 이어집니다. 하나님을 사랑하는 것의 본질은 하나님을 사랑하기 때문에 행하게 되는 일들이 '아닙니다.' 하나님을 향한 사랑으로 열방 가운데 그분의 영광을 선포하기 위해 우리는 부모를 떠나고 모든 것을 버릴 수도 있습니다. 하지만 부모를 떠나고 모든 것을 버린 것이 사랑의 핵심은 아닙니다. 그것들은 사랑의 열매입니다. 예수님은 이렇게 말씀하셨습니다. "나를 사랑한다면 내 계명을 지킬 것이다." 이것은 그분의 계명을 지키는 것이 사랑이라는 의미가 아닙니다. 사랑은 계명을 지키도록 촉발시키는 일종의 마음의 상태라는 의미입니다.

요한복음 21장 15-17절에서 예수님은 시몬 베드로에게 "네가 나를 사랑하느냐?"라고 세 번 물으시면서 이러한 관계를 보여 주십니다. 베드로가 "네 그렇습니다"라고 하자, 예수님은 "좋다. 그 말은 네가 내 계명을 지키겠다는 의미가 분명하구나. 내 계명을 지킨다는 것은 사랑한다는 의미이기 때문이다"라고 하지 않으십니다.

예수님은 이렇게 말씀하십니다. "내 양을 먹이라." 다른 말로 하면, 네가 나를 사랑한다면 그것을 행동으로 보이라는 의미입니다. 내 양을 사랑하고 그들을 먹이라는 것입니다. 양을 먹이는 것은 예수님을 사랑하는 마음 상태에서 자연스럽게 맺히는 열매입니다.

다른 말로 하면, 하나님을 향한 사랑은, 그 마음으로 어떤 행동을 하기 전에, 먼저 마음으로 하나님을 소중히 여기는 것이라는 말씀입니다. 이것은 내적이며 영적인 감정을 포함합니다. 이것은 본질적으로는, 신중하게 내린 선택이나 행동을 뜻하지 않습니다. 오히려 이것은 하나님의 완전하심이(특히 그리스도 안에서 드러난) 우리 마음에 반사되는 것과 더욱 흡사합니다. 만일 사랑의 행위를 사랑의 본질과 동일시한다면, 위선자들을 양산하게 될 것입니다. 행동을 흉내 내고 하나님을 사랑한다고 주장하지만 그들의 마음은 하나님과 거리가 먼 그런 사람들 말입니다. 하나님을 향한 사랑을 그분이 주신 선물들을 사랑하는 것과 동일시한다면, 위선자들을 양산하게 될 것입니다. 용서받고 의롭다 칭함을 받고 지옥에서 구원받고 천국을 향하게 된 것에 대해 매우 기뻐하지만 하나님 자신에 대해서는 기뻐하지 않는 그런 사람들 말입니다. 그들은 하나님을 사랑하지 않습니다. 그들은 그저 나쁜 죄의식을 원하지 않고 지옥에 가고 싶지 않을 뿐입니다.

하나님을 향한 사랑의 진수

따라서 하나님을 향한 사랑이 무엇인지 분명하게 규정하는 것은 너무나 중요하다는 생각이 듭니다. 우리가 하나님을 사랑하는지 아는 데 도움이 될 만한 단어들을 몇 가지 소개해 보겠습니다.

하나님을 사랑하는 것은 그분이 주신 선물들보다 하나님 자신을 '갈망하는'(desiring) 것입니다.

하나님을 사랑하는 것은 그분이 주신 선물들보다 하나님 자신을 가장 '소중히 여기는'(treasuring) 것입니다.

하나님을 향한 사랑은 그분이 주신 선물들보다 하나님 안에서 더욱 '기뻐하는'(delighting) 것입니다.

하나님을 향한 사랑은 그분이 주신 선물들보다 하나님 안에서 더욱 '만족하는'(being satisfied) 것을 말합니다.

하나님을 향한 사랑은 그분이 주신 선물들보다 하나님 자신을 더욱 '마음에 품는'(cherishing) 것입니다.

하나님을 향한 사랑은 그분이 주신 선물들보다 하나님 자신을 더욱 '맛보는'(savoring) 것입니다.

하나님을 향한 사랑은 하나님이 주신 선물들보다 하나님을 '가치 있게 여기고'(valuing) 하나님을 '최고로 여기고'(prizing) 하나님을 '존중하고'(revering) 하나님을 '경외하는'(admiring) 것입니다.

이런 단어들이야말로 특별히 복음을 통해 그리스도 안에서 드러난 하나님의 영광에 대해 우리 마음이 표출하는 핵심적인 반응을 잘 포착하고 있습니다. 하나님께서 그리스도 안에서 우리를 위해 예비한 모든 것들에 대해 우리 마음이 드러내는 기쁨의 반응입니다.

로마서 8장 28절에 담긴 딜레마

우리는 이런 식으로 하나님을 사랑합니까? 로마서 8장 28절이 어떤 사람들에게는 이러지도 저러지도 못하는 모순을 불러일으킨다는 점을 설명하면서, 우리가 이런 사랑을 할 수 있도록 돕고자 합니다.

로마서 8장 28절의 약속을 알지만 정작 자신은 이 축복에서 제외되었다고 느낀다고 합시다. 어떤 이는 이렇게 말합니다. "이 약속이 나에게 적용되어야만 내가 하나님을 사랑할 수 있어." 하지만 이것은 맞는 말이 아닙니다. 하나님을 사랑하지 않는다면 이 약속은 그와 아무 상관이 없기 때문입니다. 그래서 이런 말이 나옵니다. "이 약속이 나에게 적용되어야만 내가 하나님을 사랑할 수 있을 거야. 그런데 내가 하나님을 사랑해야만 이 약속이 나에게 적용될 수 있다니…. 이건 딜레마야."

이것은 하나님에 대한 사랑이란 본질적으로 그분이 주신 축복에 대해 감사하는 것이라고 생각하는 사람들이 많이들 걸리는 덫입니다. 그들은 이렇게 말합니다. "하나님이 나에게 충분히 잘해 주시면 하나님을 사랑할 거야. 왜냐하면 하나님을 향한 사랑은 본질적으로 그분의 선물을 받은 데에 대한 응답이니까." 하나님을 향한 사랑을 이런 식으로 생각하고 있다면 누구라도 이 덫에서 벗어날 길이 없습니다. '이 약속이 나에게 해당되어야 나는 그에 대한 반응으로 하나님을 사랑할 수 있다'는 생각과 '하지만 이 약속이 나에게 해당되려면 하나님을 사랑해야 한다'는 생각이 필연적으로 모순을 일으키기 때문입니다.

이 덫에서 벗어나기 위해서는(지금 당장 그렇게 하길 원합니다) 그 약속을 통해 먼저 하나님 자신을 바라보아야 합니다. 그 약속을 자기에게 적용시키기 전에 그분의 약속을 통해 하나님을 바라보아야 합니다.

역사를 통해 하나님께서 자신을 드러내신 모든 것을 먼저 바라보십시오. 특히 예수 그리스도와 그분이 이 땅에 오시기 전에 가졌던 그 영광과 그분이 자신을 희생하여 이 땅에 오시고 종이 되시고 고난을 받으신 그 영광을 바라보십시오. 전적으로 자격 없는 죄인들을 위해 지신 십자가에 뒤섞여 있는 하나님의 자비와 진노와 공의를 바라보십시오. 예수님을 죽은 자 가운데서 일으키실 때 드러난 하나님의 능력과 의를 바라보십시오. 성령께서 죄인들에게 성실하게 새 언약을 주시고 약속을 지키시는 것을 바라보십시오. 하나님을 무시하며 대적하던 사람들이 겸손하게 하나님을 사랑하는 사람들로 변화되기까지, 하나님의 은혜가 승리하신 것을 바라보십시오.

이 모든 방식으로 하나님을 바라보십시오. 우리를 목적 있는 존재로 만드신 하나님을 바라보십시오. 우리 모든 갈망의 성취가 되시는 분을 바라보십시오. 우주에서 가장 만족을 주는 보화가 되시는 분을 바라보십시오. 그리고 그렇게 하여 그분의 영광과 그분의 가치를 보고 그분을 가장 소중히 여길 때, 그 약속은 우리의 것이 될 것입니다. 우리가 그렇게 하나님을 사랑하기에 모든 것이 합력하여 선을 이룰 것입니다.

이렇게 말하는 분도 있을 것입니다. "존 목사님, 전 하나님을 보고 싶지 않은데요. 전 그냥 집에 가서 TV나 볼래요. 그냥 친구들과 있고 싶어요. 하나님을 보고 싶은 마음이 전혀 없어요."

저는 이렇게 대답하겠습니다. "위험에 처한 죄인들이여, 아직 일말의 두려움이 남아 있다면, 열정이 조금이라도 남아 있다면 신명기 30장 6절의 약속을 기도로 바꿔 따라해 보십시오. '네 하나님 여호와께서 네 마음과 네 자손의 마음에 할례를 베푸사 너로 마음을 다하며 뜻을 다하여 네 하나님 여호와를 사랑하게 하사 너로 생명을 얻게 하실 것이며.'"

29장

모든 것이 선을 이룬다 (2)

로마서 8:28-32

우리가 알거니와 하나님을 사랑하는 자 곧 그의 뜻대로 부르심을 입은 자들에게는 모든 것이 합력하여 선을 이루느니라. 하나님이 미리 아신 자들을 또한 그 아들의 형상을 본받게 하기 위하여 미리 정하셨으니 이는 그로 많은 형제 중에서 맏아들이 되게 하려 하심이니라. 또 미리 정하신 그들을 또한 부르시고 부르신 그들을 또한 의롭다 하시고 의롭다 하신 그들을 또한 영화롭게 하셨느니라. 그런즉 이 일에 대하여 우리가 무슨 말 하리요 만일 하나님이 우리를 위하시면 누가 우리를 대적하리요. 자기 아들을 아끼지 아니하시고 우리 모든 사람을 위하여 내주신 이가 어찌 그 아들과 함께 모든 것을 우리에게 주시지 아니하겠느냐. _롬 8:28-32

우리 교회 건물 측면에 걸린 현수막에는 "만일 하나님이 우리를 위하시면 누가 우리를 대적하리요?"라는 로마서 8장 31절 말씀이 적혀 있습니다. 그렇다면 이 질문에 대한 답은 무엇입니까? 주의하셔야 합니다. 36절을 주목하십시오. "우리가 종일 주를 위하여 죽임을 당하게 되며 도살당할 양 같이 여김을 받았나이다." 우리를 죽이는 자들은 우리를 대적하는 자들일 것입니다. 우리를 도살하는 자들은 우리를 대적하는 자들을 말합니다.

마틴 번햄을 대적한 사람이 있었는가

금요일에는 마틴 번햄의 장례식이 캔자스에서 있었습니다. 그는 아부 사야프 그룹(Abu Sayyaf Group, 필리핀 남부에서 활동하는 이슬람 분파 중에서 규모는 작지만 가장 과격한 단체—옮긴이)에게 1년간 포로로 잡혀 있다가 7월에 무차별 총격으로 순교한 선교사였습니다. 필리핀으로 돌아가 체포되기 직전인, 2001년 5월 23일, 로즈 힐 바이블 교회에서 그가 마지막으로 한 말이 장례식 순서지에 인쇄되어 있었습니다. "저는 선교사로 부름받지 않았습니다. 저는 필리핀으로 부름받지 않았습니다. 저는 그저 그리스도를 따르도록 부름받았습니다. 그리고 저는 지금 그 일을 하고 있습니다."

그렇습니다. 마틴 번햄과 우리는 예수님이 하신 이 말씀을 알고 있습니다. "누구든지 나를 따라오려거든 자기를 부인하고 자기 십자가를 지고 나를 따를 것이니라. 누구든지 제 목숨을 구원하고자 하면 잃을 것이요 누구든지 나를 위하여 제 목숨을 잃으면 찾으리라"(마 16:24-25). 마틴 번햄은 그리스도를 따르다가 목숨을 잃었습니다. 그래서 그는 목숨을 찾았습니다.

놀랄 일이 아닙니다. 바울도 그런 일이 일어날 거라고 말했습니다. 베드로도 그렇게 될 거라고 말했습니다. 예수님도 그런 일이 일어날 거라고 말씀하셨습니다. "너희에게 손을 대어 박해하며 … 내가 너희의 모든 대적이 능히 대항하거나 변박할 수 없는 구변과 지혜를 너희에게 주리라. … 너희 중의 몇을 죽이게 하겠고 또 너희가 내 이름으로 말미암아 모든 사람에게 미움을 받을 것이나 너희 머리털 하나도 상하지 아니하리라"(눅 21:12-18).

말씀대로 우리는 미움을 받을 것입니다. 죽임을 당할 것입니다. 그러나 머리털 하나도 상하지 않는다고 했습니다! 따라서 하나님이 마틴 번햄을 위하셨다면, 그를 대적할 자가 있었을까요? 물론 있었습니다. 하지만 최종적으로 성공하지는 못했습니다. 그들은 그를 죽였습니다. 하지만 그는 머리털 하나도 상하지 않을 것입니다.

"모든 것" 안에는 "나쁜 것"도 포함된다

따라서 로마서 8장 28절에서 "우리가 알거니와 하나님을 사랑하는 자 곧 그의 뜻대로 부르심을 입은 자들에게는 모든 것이 합력하여 선을 이루느니라"고 할 때, 우리는 그 모든 것에 좋은 것들만 포함되기를 바랍니다. 하지만 여기서 말하는 것은 '모든 좋은' 것들이 아닙니다. 말 그대로 '모든 것', 모든 나쁜 것도 포함하는 모든 것입니다.

사실, 로마서 8장 28절 전후 맥락은 고통스럽습니다. 그래서 로마서 8장 28절이 이 자리에 있는 것입니다. 이 구절 전후로는 이 땅에서 그리스도인으로 살아간다는 것이 암울하게 표현되어 있어서 우리에게 격려와 소망이 필요했습니다.

17절은 그리스도와 함께 고난을 받는다면 그분과 함께 영광을 얻을 것이라고 말합니다. 18절은 현재의 고난이 다가올 영광에 비하면 아무것도 아니라고 말합니다. 20절은 우리를 포함한 피조물이 허무함에 굴복하고 있다고 말합니다. 21절은 피조물이 썩어짐의 종노릇하고 있다고 말합니다. 23절은 성령충만한 그리스도인들까지도 타락한 피조물과 함께 탄식하며 양자 될 것 곧 연약하고 아프고 죽어가는 우리 몸의 속량을 기다린다고 말합니다. 24절은 우리가 "소망으로" 구원을 받았기 때문에 소망을 볼 수 없고, 보이는 소망은 소망이 아니라고 말합니다. 그래서 우리가 받는 구원의 대부분은 눈에 보이지 않고 여전히 미래의 일이라고 말합니다. 우리는 분명 탄식합니다. 그런 다음 35절에서는 믿는 자에게도 환난이나 곤고나 박해나 기근이나 적신이나 위험이나 칼이 있다고 말합니다.

그리고 이 모든 것 중간에서, 우리에게 힘과 소망과 용기를 주기 위해, 28절은 이 모든 것이 사실이라고 말하면서 또한 "우리가 알거니와 하나님을 사랑하는 자 곧 그의 뜻대로 부르심을 입은 자들에게는 모든 것[이 모든 고통과 허무함과 썩어짐의 종노릇함과 탄식과 환난과 곤고와 박해와 기근과 적신과 위험과 칼]이 합력하여 선을" 이룬다고 말합니다.

따라서 우리 건물 벽에 걸린 로마서 8장 31절의 질문에 대한 답은, "많은 대적이 있을 것이다"입니다. 그렇습니다. 많은 대적과 장애물과 비참함과 곤고와 반대와 무의미한 정체 상태로 보이는 일들과 실패와 모든 형태의 허무함이 우리를 둘러 쌀 것입니다. 하지만 '없다'도 답입니다. 그리스도 안에 있는 하나님의 주권적인 사랑 때문에 우리는 이 모든 것 안에서 승리자 이상입니다. 어떤 것도 궁극적으로 우리를 대적하는 일에 성공하지 못합니다.

우리가 예수 그리스도의 복음 안에서 하나님의 부르심을 듣고, 예수 그리스도를 통해 그분을 사랑함으로 하나님께 나아가, 그리스도의 죽음으로 인해 하나님께서 죄를 사하셨음을 믿고 하나님으로부터 오직 믿음으로 얻는 칭의라는 공짜 선물을 받는다면, 그렇다면 모든 것(가장 행복한 것부터 가장 고통스럽고 아프고 쓰라린 것까지)이 합력하여 선을 이룰 것입니다. 하나님은 그분의 전능하신 지혜와 능력을 우리를 위해 사용하실 것입니다. 그리고 하나님이 우리를 위하신다면, 아무도 우리를 대적하는 일에 성공할 수 없습니다.

성경과 역사를 통해 하나님의 사람들은 로마서 8장 28절의 진리를 계속해서 증언하고 있습니다. 몇 가지 예를 살펴보면서, 고난의 물결이 우리를 덮치고 안전과 평안이라는 문을 벗어나 예수님을 따를 때 하나님께서 우리 발을 굳건한 반석 위에 세워 주시길 기도합시다.

요셉

우리가 가장 잘 아는 예로 구약에 나오는 요셉의 이야기가 있습니다. 요셉은 언젠가 형들을 다스리게 될 거라는 꿈을 꾸었다는 이유로 형들에게 미움을 받았습니다. 그들은 요셉을 구덩이에 던진 후 이집트에 노예로 팔아 버렸습니다. 그리고 아버지에게는 요셉의 외투를 보여 주며 사나운 짐승이 요셉을 죽였다고 거짓말을 했습니다. 그 후 요셉은 보디발의 집에서 잘 지내는 듯했지만, 보디발의 아내는 요셉이 자신을 강간하려 했다고 거짓 고소를 했습니다. 그래서 요셉은 감옥에 갇혔습니다. 그리고 거기서도 간수가 요셉을 신뢰하여 얼마간은 일이 순조롭게 흘러가는 듯 보였습니다. 하지만 바로의 술 맡은 관원이 감옥에서 꺼내 줄지도 모른다는 요셉의 소망은 그가 2년 동안 요셉을 잊고 지내면서 산산조각 나고 말았습니다.

요셉이나 그의 불쌍한 아버지에게는 합력하여 지속적으로 선을 이루는 일이 전혀 없어 보이는 시간이 거의 17년이나 흘러갔습니다. 그 후 드디어 요셉은 바로의 꿈을 해석하게 되고 바로가 상으로 그를 총리로 삼아 다가올 7년의 기근을 대비해 그 땅의 모든 곡식을 책임지게 합니다. 그 기근으로 가나안에 있던 요셉의 가족들도 위기를 겪으면서, 요셉을 미워하여 그를 죽이려 했던 형들이 이집트로 오게 되었습니다. 그들을 도와줄 사람이 누구입니까? 바로 그들의 동생 요셉이었습니다. 하지만 그들은 요셉을 알아보지 못했습니다. 이 이야기의 핵심 요지가 성경에는 세 군데에 기록되어 있습니다.

하나는 창세기 45장 7절입니다. "하나님이 큰 구원으로 당신들의 생명을 보존하고 당신들의 후손을 세상에 두시려고 나를 당신들보다 먼저 보내셨나니." '보내셨나니'라는 말에 주목하십시오. 시편 105편 16-17절에도 이 말이 다시 나옵니다. "그가 또 그 땅에 기근이 들게 하사 그들이 의지하고 있는 양식을 다 끊으셨도다. 그가 한 사람을 앞서 '보내셨음이여' 요셉이 종으로 팔렸도다." '보내셨다'는 이 단어가 이 이야기의 중심 본문인 창세기 50장 20절을 해석하는 데 아주 중요합니다. "당신들은 나를 해하려 하였으나 하나님은 그것을 선으로 바꾸사 오늘과 같이 많은 백성의 생명을 구원하게 하시려 하셨나니."

이 말씀은 로마서 8장 28절의 구약 버전에 해당합니다. 모든 것이 하나님의 백성을 위해 합력하여 선을 이룹니다. 요셉과 그의 아버지 야곱에게 행해진 모든 악한 일들까지 포함하는 모든 것입니다. 하지만 위에 말씀드린 세 구절이 "모든 것"에 대해 말하는 방식에 주의를 기울여 보십시오. 이것들은 하나님께서 합력하여 선을 이루도록 '의도하셨던'(meant) 것들입니다. 하나님은 아무 계획이나 목적 없이 악한 일들이 벌어지는 것을 그냥 지켜보지 않으셨고 그것들로부터 선을 이끌어 내셨습니다.

요셉의 형들이 악한 목적으로 그것을 의도했던(계획하고 목적했던) 것처럼 하나님도 선을 위해 그것을 '의도'(목적, 계획)하셨습니다. 창세기 45장 7절과 시편 105편 17절에 나오는 '보내셨다'는 단어가 중요하다고 말씀드린 이유도 이 때문입니다. 형들이 요셉을 노예로 판 것은 하나님이 구원을 위해 "보내신 것"이었습니다. 하나님은 모든 것에서 그저 선을 끌어내시기만 하는 것이 아닙니다. 하나님은 우리 유익을 위해 우리에게 일어나는 일들을 정하시고, 그분의 목적에 따라 실수 없이 그것에서 선을 이끌어 내십니다. 하나님은 그의 형들을 구원하시기 위해 요셉을 "보내십니다." 비록 이 보내심에는 형들의 죄가 포함되지만 말입니다.

그리스도의 십자가

우리를 구원하기 위해 예수님을 죽음으로 보내시면서 하나님께서 우리를 위해 행하신 일을 보여 주는 것이 그리스도의 십자가입니다. 사도행전 4장 27-28절에서 제자들은 이렇게 기도합니다. "과연 헤롯과 본디오 빌라도는 이방인과 이스라엘 백성과 합세하여 하나님께서 기름 부으신 거룩한 종 예수를 거슬러 하나님의 권능과 뜻대로 이루려고 예정하신 그것을 행하려고 이 성에 모였나이다." 다른 말로 하면, 비록 예수님이 십자가에 달리신 것에는 헤롯과 빌라도, 이방인과 이스라엘 백성들의 죄도 포함되지만, 그럼에도 불구하고 그것은 하나님의 보내심이었다는 말입니다. 그들은 악한 의도로 그것을 계획했지만, 하나님은 선을 위해 그것을 작정하셨습니다.

하나님이 하신 일은 십자가의 악과 고통, 그리고 요셉이 노예가 된 일에서 단순히 선을 끌어내신 것 정도가 아니었습니다. 하나님은 우리 유익을 위해 그것을 계획하셨습니다. 하나님은 계획하고 목적을 두시고 모든 것이 합력하여 선을 이루게 하십니다.

만일 "하나님은 우리 삶에 일어나는 특정한 악한 일들을 계획하지는 않으시고 그 일이 일어났을 때 선용하시는 분"이라고 믿는 사람이라면, 그렇게[악까지도 사용하셔서 하나님의 계획을 이루신다는] 생각하는 것이 우리 소망에 무슨 보탬이 되는지 궁금할 것입니다.

여기에는 이런 대답이 가능합니다. 하나님은 악이 발생하지 않게 하려고 모든 사건을 사용하시는 그런 일은 하지 않으신다고 말한다면, 하나님이 우리 유익을 위해 악 자체도 사용하실 수 있다는 것이 나에게 무슨 소망이 되겠습니까? 하나님의 목적이 이미 우리를 덮친 악이 오기 전에 좌절되었다면, 악을 선하게 바꾸시려는 그분의 목적도 좌절되지 않으리라는 법이 어디 있습니까? 따라서 하나님께서 요셉을 '보내셨고' 그리스도를 '보내셨고' 이스라엘과 교회를 구원으로 이끈 사건들을 '계획하셨다'고 말함으로 우리가 얻는 것은 첫째로, 성경이 말한 바를 정확하게 확신하게 되고, 둘째로, 하나님은 모든 것을 통해 선을 이루실 거라는 약속 아래에 하나님의 주권이라는 견고한 기반을 놓게 됩니다. 하나님은 과거를 온전히 주관하셨습니다. 마찬가지로 미래에도 우리를 위해 온전히 주관하실 것입니다.

욥

구약에 나오는 또 다른 예는 욥입니다. 욥에게 얼마나 끔찍한 일들이 일어났는지 기억하실 것입니다. 재산을 잃었고, 자녀를 잃었고, 건강을 잃었습니다. 비록 그의 삶에 일어난 모든 비극의 배후는 사탄이었지만, 욥은 매번 하나님의 주권적인 손길을 인정했습니다. 그리고 욥기 마지막 장에서 저자는 그의 가족과 친구들이 모여 "'여호와께서 그에게 내리신 모든 재앙에' 관하여 그를 위하여 슬퍼하며 위로[했다]"(욥 42:11)고 말합니다. 따라서 욥과 욥기 저자의 관점은 하나님께서 욥의 비극을 통해 선을 이끌어 내셨을 뿐 아니라 하나님이 욥의 비극을 '계획하셨다'는 것입니다.

왜 그렇습니까? 야고보서 5장 11절에서 이에 대한 권위 있는 대답을 찾을 수 있습니다. "너희가 욥의 인내를 들었고 '주께서 주신 결말'(τὸ τέλος Κυρίου)을 보았거니와 주는 가장 자비하시고 긍휼히 여기시는 이시니라." 즉 야고보 사도는 하나님이 응답만 하신 것이 아니라 이 모든 일을 계획하셨다고 확신합니다. 그리고 로마서 8장 28절의 말씀처럼, 하나님이 목적하신 것은 욥의 선입니다. 욥의 모든 고통과 상실 속에서 하나님이 목적하신 것은 자비와 긍휼이었습니다. 하나님은 욥의 선을 위해 이 모든 것을 계획하셨고, 목적하셨고, 일하셨습니다.

에스더

또 다른 예는 에스더입니다. 아름답고 어린 유대 소녀가 부정한 이교도인 이방 왕의 궁전으로 들어가도록 강요받은 것은 쉬운 일이 아니었습니다. 어떤 의미에서는 비극이었습니다. 왜 이런 일이 일어났습니까? 왜 하나님께서 이런 일을 허락하셨습니까? 유대인들이 하만의 사악한 계획으로 몰살당할 위기에 처했을 때 모르드개가 그 답을 줍니다. 하나님은 요셉을 통해 그 백성에게 행하셨던 일을 에스더를 통해 그 백성에게 똑같이 행하셨습니다. 모르드개는 에스더에게 이렇게 전하고 있습니다. "네가 왕후의 자리를 얻은 것이 이때를 위함이 아닌지 누가 알겠느냐"(에 4:14).

하나님은 아십니다. 그리고 이제 우리도 압니다. 왜냐하면 우리는 그 이야기의 끝을 알기 때문입니다. 에스더는 모든 수치와 부정함을 감내하며 하나님의 백성들을 구하기 위해 왕궁에 들어갔습니다. 하나님은 그 백성을 위해 모든 것이 합력하여 선을 이루게 하십니다.

요나

어린아이들도 이해할 수 있는 예를 하나 더 들겠습니다. 구약에서 가장 인기 있는 이야기입니다. 요나는 니느웨로 가지 않으려고 다른 배를 탔다가 배가 풍랑을 만나자 자신의 잘못을 인정합니다. 그러자 사람들은 그를 바다로 던졌습니다. 그리고 그때 정말 끔찍한 일이 일어났습니다. 큰 물고기가 와서 그를 삼켜 버렸습니다. 정말 끔찍한 일입니다. 하지만 하나님은 그 끔찍한 일 속에 선한 목적을 갖고 계시지 않았습니까? 맞습니다. 물고기에게 잡아먹히는 끔찍한 경험은 사실 믿지 않는 니느웨 사람들을 구원하시려는, 하나님이 정하신 방법이었습니다.

바울

바울의 몸에 있었던 가시는 어떻습니까? 바울은 그것 때문에 고통스러워서 하나님께 없애 달라고 간구했습니다. 하지만 예수님으로부터 받은 답은 이것이었습니다. "내 은혜가 네게 족하도다. 이는 내 능력이 약한 데서 온전하여짐이라." 다른 말로 하면, "바울아, 이 '사탄의 사자' 안에 내가 가진 계획이 있단다. 너의 유익과 나의 영광을 위해서다"라고 하신 것입니다. 모든 것이, 육신의 가시조차도 합력하여 선을 이룹니다.

또 바울이 옥에 갇혔던 것은 어떻습니까? 바울은 자신이 로마 감옥에 갇혔던 것을 이렇게 설명합니다. "형제들아 내가 당한 일이 도리어 복음 전파에 진전이 된 줄을 너희가 알기를 원하노라. 이러므로 나의 매임이 그리스도 안에서 모든 시위대 안과 그 밖의 모든 사람에게 나타났으니 형제 중 다수가 나의 매임으로 말미암아 주 안에서 신뢰함으로 겁 없이 하나님의 말씀을 더욱 담대히 전하게 되었느니라"(빌 1:12-14). 이처럼 감옥에 갇히는 것도 포함하여, 모든 것이 우리 유익과 하나님의 영광을 위해 합력합니다.

이것이 우리에게 미치는 영향

이렇게 질문하면서 말씀을 마칠까 합니다. "이것이 우리에게 어떤 영향을 줍니까?" 예수님을 믿지 않는 분이라면, 이로 인해 그분을 믿게 되기를 기도합니다. 하나님이 우리를 대적하지 않고 위하게 하시는 일은 너무나 중요합니다. 우리 건물에 걸린 현수막 문구를 기억하십시오. "하나님이 우리를 위하시면 누가 우리를 대적하리요?" 그리스도를 믿는 것이 하나님을 우리 편이 되게 하는 유일한 방법입니다. 하나님은 예수님을 믿는 모든 사람을 위하십니다. 하나님은 자신의 아들을 믿는 사람의 선을 위해 모든 것을 행하십니다.

믿는 분이라면, 이 로마서 8장 28절이 전하는 진리를 듣고도 사탄을 향해 수동적으로 대응하거나 악에 대해 체념하거나 우리나라의 소비주의와 물질주의를 무심한 태도로 대하는 일이 없기를 바랍니다.

로마서 8장 28절에서 우리가 들어야 할 말은 바로 싸우라는 외침입니다. 모든 것이 나의 유익을 위해 합력한다면, 그리스도로 인해 내가 궁극적으로 패하는 일 따위는 없습니다. 따라서 이것은 모든 사람의 기쁨을 위해, 모든 일 안에서 하나님의 높으심을 드러내기 위해, 위험을 감수하라는 그분의 부르심입니다. 이것은 어려운 곳으로 가라는 부르심이고, 사랑 때문에 힘든 일을 하라는 부르심입니다. 이것은 그리스도의 나라를 위해 자신을 드리라는 부르심입니다. 이것은 세상이 보기에 과격하고 미친 일들을 하라는 부르심입니다. 『세계기도정보』를 펼쳐 세상의 필요를 읽어 보십시오. 그런 다음 편안함을 구하지 말고, 그 필요를 채우기 위해 자신의 인생을 어떻게 투자할지 꿈꾸십시오.

로마서 8장 28절은 어떤 대가를 치르더라도 사랑을 실천하며 예수님을 따르라는 나팔소리입니다. 우리가 어떤 대가를 치르든 그것은 우리 유익을 위해 작용할 것입니다.

30장

모든 것이 선을 이룬다 (3)

로마서 8:28-32

우리가 알거니와 하나님을 사랑하는 자 곧 그의 뜻대로 부르심을 입은 자들에게는 모든 것이 합력하여 선을 이루느니라. 하나님이 미리 아신 자들을 또한 그 아들의 형상을 본받게 하기 위하여 미리 정하셨으니 이는 그로 많은 형제 중에서 맏아들이 되게 하려 하심이니라. 또 미리 정하신 그들을 또한 부르시고 부르신 그들을 또한 의롭다 하시고 의롭다 하신 그들을 또한 영화롭게 하셨느니라. 그런즉 이 일에 대하여 우리가 무슨 말 하리요 만일 하나님이 우리를 위하시면 누가 우리를 대적하리요. 자기 아들을 아끼지 아니하시고 우리 모든 사람을 위하여 내주신 이가 어찌 그 아들과 함께 모든 것을 우리에게 주시지 아니하겠느냐. _롬 8:28-32

하나님을 사랑하고 그의 뜻대로 부르심을 입은 사람들에게는 모든 것이 합력하여 선을 이룬다는 28절의 약속은 너무나 압도적이고 믿기 힘들 정도로 굉장하며 너무나 중요합니다. 따라서 바울은 우리 삶의 모든 상황이 그것과는 정반대를 말하는 것처럼 보일 때에도 이 약속을 든든히 붙잡고 우리가 그것을 믿을 수 있도록 도와주어야 한다는 것을 알았습니다. 사실, 8장의 나머지 부분은 이것을 위한 바울의 노력이라고 볼 수 있습니다. 하나님을 사랑하고 그의 뜻대로 부르심을 입은 자들에게는 모든 것이 합력하여 선을 이룬다는 것을 우리가 믿고 이해하도록 돕는 말씀들입니다.

믿는 자와 믿지 않는 자에게 주는 메시지

이것은 믿는 자들에게 주는 메시지입니다. 그리고 모든 메시지는 또한 믿지 않는 자들을 위한 것이기도 합니다. 믿는 자들을 위해서는 그 믿음을 흔들림 없는 반석 위에 놓는 것이 목표이고, 믿지 않는 자들을 위해서는 그 약속을 믿게 하는 것이 목표입니다.

믿는 자들을 위해서는, 그 진리로 인해 우리가 선교와 복음, 사랑하는 사람들이 처한 모든 어려움을 위해 위험을 무릅쓰고 동참하는 것이 목표이고, 믿지 않는 분들을 위해서는, 그들도 이 일에 관심을 갖게 하는 것이 목표입니다. 이는 우리 영혼을 온전히 만족시키고 우리를 만드신 분을 영화롭게 하는 유일한 삶으로서, 사랑을 위해 위험을 무릅쓰고, 그리스도를 따르는 길을 가게 합니다.

지난 두 번의 설교 복습

2주 전에는 "하나님을 사랑하는 자들"에 대해 말씀드렸습니다. "하나님을 사랑하는 자 … 모든 것이 합력하여 선을 이루느니라." 하나님을 사랑하지 않는다면, 우리는 이 약속에 의지할 수 없습니다. 그리고 하나님을 사랑하는 것이 무엇인지에 대해서도 말씀을 나누었습니다.

지난주에는 "모든 것이 합력하여 선을 이룬다"는 약속 자체를 집중적으로 살펴보았습니다. 약속의 대상은 그저 일부가 아니라 모든 것이라고 강조했습니다. 여기에는 쉽고 좋은 것들뿐 아니라 어렵고 나쁜 것들도 포함됩니다. 1990년에 사망한 기독 언론인 말콤 머거리지는 고통 없는 세상에 대한 꿈에서 깨어나기에 충분히 오래 살았기에, 이 시대에 진지하게 성경을 믿는 모든 그리스도인들을 대변하고 있습니다. 그는 이렇게 말했습니다.

> 일반적인 예상과는 달리, 저는 특히 황량했고 고통스러워 보였던 때를 돌아보며 특별한 만족감을 느꼈습니다. 제가 이 땅에서 75년을 살면서 배운 전부는, 저라는 존재를 진실로 발전시키고 더욱 성숙하게 했던 것은 행복을 통해서가 아니라 고통을 통해서였다는 사실입니다. 이것만은 분명히 말씀드릴 수 있습니다. 만일 어떤 마약이나 일종의 주문 같은 것이 있어서 이 땅에서 살면서 경험하는 고통을 없애 버린다면, 그 결과 인생은 즐길 만한 것이 아니라 참을 수 없을 정도로 진부하고 하찮은 것이 되고 말 것입니다. 이것이 그리스도의 십자가가 우리에게 말해 주는 의미입니다. 저를 그리스도에게로 불가항력적으로 이끌었던 것은 다름 아닌 바로 십자가였습니다.

그래서 기도하기는, 이제 이 본문을 세 번째로 살펴보면서 그 안에서 우리가 그리스도의 십자가를 발견하고 그분에게로 이끌려서, 죄인들을 구원하기 위해 그분이 당하신 고난에 동참하게 되기를 바랍니다.

그분의 뜻대로 부름을 받다

28절에서 세 번째로 살펴볼 부분은 "그의 뜻대로 부르심을 입은 자들"입니다. "하나님을 사랑하는 자 곧 '그의 뜻대로 부르심을 입은 자들에게는' 모든 것이 합력하여 선을 이루느니라." 이 약속은 모든 사람에게 해당되지 않습니다. 하나님을 사랑하고 하나님의 뜻에 따라 부르심을 받은 사람들에게만 해당되는 약속입니다. 이 약속이 우리에게 적용되기 위해서는 이 두 가지에 해당해야 합니다.

그리고 이것은 두 종류의 사람이 아닙니다. 두 가지 사실에 해당되는 한 종류의 사람입니다. 즉 하나님을 사랑하고, 동시에 그분의 뜻에 따라 부르심도 입은 사람들입니다. 바울은 왜 둘 중 하나만 말하지 않고 이 둘을 모두 말했을까요? 제 생각은 이렇습니다.

만일 바울이 하나님을 사랑하는 사람들에게는 모든 것이 합력하여 선을 이룬다고 했다면, 매우 설득력이 약한(기반이 약한) 약속처럼 들렸을 것입니다. 사랑은 우리 마음 안에 있는 경험입니다. 그리고 우리 마음은 쉽게 변하고 변수도 많으며 쉽사리 약해집니다. 이런 위대한 약속을 이렇게 깨지기 쉬운 인간의 경험에 좌우하도록 둔다는 것은 마치 마시멜로 위에 산을 놓는 격이 될 것입니다.

그래서 바울은 이 약속이 우리의 나약한 마음에 기반하고 있을 뿐 아니라 하나님의 부르심과 뜻에 기반하고 있다고 말합니다. "그의 뜻대로 부르심을 입은 자들에게는 모든 것이 합력하여 선을 이루느니라." 여기서 우리의 경험이 아닌 하나님의 일하심이 개입합니다. 우리의 의식 수준이 아닌 하나님의 부르심에 그 뿌리를 내립니다. 이것은 견고합니다. 이것은 신적입니다. 이것은 강력하고 깊고 강합니다.

만일 바울이 "그의 뜻대로 부르심을 입은 자들에게는 모든 것이 합력하여 선을 이룬다"고만 말했다면 어떠했을까요? 그러면 아마 이렇게 질문하게 될 것입니다. "내가 부름받았는지 어떻게 알지?" 하나님께서 이 위대하고 강력하고 멋진 일, 즉 우리를 부르신 일을 정말로 행하셨다는 어떤 표시를 요구할 것입니다.

그래서 바울은 두 가지를 다 말합니다. 바울은 그 약속을 확고하게 해주는 객관적이고 견고한 하나님의 신적 역사를 말합니다. 그것이 바로 '하나님께서 우리를 그분의 뜻에 따라 부르셨다'는 말입니다. 그리고 하나님이 우리를 부르셨을 때 우리 안에 일어난 일을 말하면서 우리로 하여금 그 일이 실제로 일어났음을 알게 해줍니다. 바로 우리가 하나님을 사랑하고 그분이 예수 그리스도 안에서 우리를 위해 예비한 모든 것을 사랑하는 것입니다.

따라서 이 약속이 우리 것이 되기 위해서는 이 두 가지 모두 우리에게 해당되어야 합니다. 우리 사랑은 주관적이고, 하나님의 부르심은 객관적입니다. 우리 사랑은 우리 행위이고, 하나님의 부르심은 그분의 행위입니다. 우리 사랑은 결과이고 하나님의 사랑은 원인입니다.

다른 말로 하면, 그 뜻대로 부르시는 하나님의 부르심은 바울이 로마서 8장에서 이 약속이 무너지지 않고 믿을 만한 것이 되게 하려고 제시한 거대하고 깊고 흔들림 없는 기반의 일부입니다. 여기서는 우리가 핵심이 아닙니다. 하나님이 중심이십니다. 그분의 일하심으로 인해 이 약속이 우리에게 적용될 것입니다. 이것이 없으면 이 약속은 우리 것이 될 수 없습니다. 우리의 사랑은 깨지기 쉽고 너무나 불확실하기 때문입니다. 하지만 하나님의 부르심은 깨지지도 않고 불확실하지도 않습니다. 또한 이 하나님의 부르심이 우리의 사랑을 생겨나게 만들고 또한 계속해서 유지되게 만들어서 로마서 8장 28절의 약속은 영원히 우리의 것이 됩니다.

따라서 우리가 이 약속을 영원히 누리도록 보증하는 이 부르심에 대해 성경이 말씀하는 바를 한 번 살펴보겠습니다. 이 부르심에 있어 가장 중요한 점들은 아래의 두 질문으로 요약해 볼 수 있습니다. 1) 부르심을 받을 때 무슨 일이 일어납니까? 2) 이 부르심이 장기간에 걸쳐 우리에게 주는 효과는 무엇입니까?

부르심을 받을 때 일어나는 일

하나님은 우리를 예수 그리스도의 복음을 접하게 하시고 그런 다음 우리의 죽은 마음이 살아나 그 복음을 거부할 수 없는 진실하고 아름다운 소리로 듣게 하심으로써 한 사람을 그리스도에게로 부르십니다.

하나님의 전능한 부르심과 제가 그분을 대신해서 부르는 것은 같지 않습니다. 설교는, 여러분이 복음을 진실하고 아름다운 소리로 듣고 그리스도를 가장 소중한 보물로 받아들이게 하려는 저의 부름입니다. 하지만 이런 경우에는 모든 사람이 바울이 28절에서 그 단어를 사용하는 방식으로 "부름을 받지" 않습니다.

저의 부름은 '일반적'입니다. 하지만 하나님의 부르심은, 저의 부름 안에서 또 그 부름을 통해, '구체적'입니다.

저의 부름은 희망을 '제시'할 뿐입니다. 하지만 하나님의 부르심은, 저의 부름 안에서 또 그 부름을 통해, 희망을 '창조'하십니다.

저의 부름은 생명을 '제시'합니다. 하지만 하나님의 부르심은, 제가 하는 부름 안에서 또 그 부름을 통해, 생명을 '제공'하십니다.

제 부름은 하나님을 사랑하라고 '명령'합니다. 반면 하나님의 부르심은, 저의 부름 안에서 또 그 부름을 통해, 그 명령한 것을 '허락'하십니다.

성경 어디에서 이것을 볼 수 있습니까? 여러 군데에 있습니다(고전 1:22-24; 딤후 1:9 등등). 하지만 지금 이것을 따로 다루지는 않겠습니다. 28절 다음의 두 구절이 가장 중요합니다.

29절부터는 부르심을 입은 자들에게 모든 것이 합력하여 선을 이룬다는 것에 대해 우리가 확신할 수 있는 근거 또는 이유를 말합니다. "하나님이 '미리 아신' 자들을 또한 그 아들의 형상을 본받게 하기 위하여 '미리 정하셨으니' 이는 그로 많은 형제 중에서 맏아들이 되게 하려 하심이니라. 또 '미리 정하신' 그들을 또한 '부르시고' 부르신 그들을 또한 '의롭다 하시고' 의롭다 하신 그들을 또한 '영화롭게' 하셨기" 때문입니다.

'부름받은 자들'에게 왜 모든 것이 합력하여 선을 이루는지 그 이유를 말하고 있습니다. 바울이 뭐라고 말합니까? 부름받은 자들에게 모든 것이 합력하여 선을 이루는 것은, 부름받은 자들은 이것을 위해 '미리 정해진' 사람들이기 때문이라고 말합니다. 그러므로 이것은 확실합니다. 바울은 특히 29절에서 그들이 예수님을 본받도록 미리 정해졌다고 말하고, 30절 끝에서는 "영화로워지도록" 미리 정해졌다고 말합니다. 다른 말로 하면, 미리 정하심이 우리의 부르심을 뒷받침하고 그것을 확실한 것으로 만듭니다. 하나님이 미리 정하신 것은 반드시 일어납니다. 그것이 하나님이 하셨다는 의미입니다.

이런 이유로 바울은 28절에서 "그의 뜻대로"라는 말을 덧붙였습니다. "'그의 뜻대로' 부르심을 입은 자들에게는 모든 것이 합력하여 선을 이루느니라." 하나님의 부르심은 뜻 없이 오지 않습니다. 또한 하나님의 뜻은 "미리 정하셨다"는 말 속에 드러나 있습니다. 하나님은 우리가 예수님처럼 되고 예수님을 우리의 강하고 사랑하는 만형이 되도록 미리 정하셨습니다. 그리고 그런 다음 우리를 '부르심'으로써 그 미리 정하신 것이 이루어지도록 하셨습니다. 30절 앞부분입니다. "또 미리 정하신 그들을 또한 부르시고."

그다음도 계속 읽어 보겠습니다. 30절입니다. "… 부르신 그들을 또한 의롭다 하시고 의롭다 하신 그들을 또한 영화롭게 하셨느니라." 다른 말로 하면, 모든 부름받은 자들이 의롭다 함을 얻고, 의롭다 함을 얻은 모든 자들은 영화로워진다는 말입니다. 이것은 하나님께서 무슨 일이 일어나도록 미리 정하시면 그 일은 일어나기 때문에 그렇습니다. 그리고 하나님은 우리가 최종적으로 그리스도의 형상으로 변하고 그리스도와 연합하도록 미리 정하셨습니다. 즉 우리가 영화로워지도록 미리 정하셨습니다. 그래서 하나님은 우리를 부르시고 그런 다음 우리를 의롭다 하시고, 그런 다음 영화롭게 하심으로써 자신이 정하신 것이 실현되도록 일을 진행시키십니다.

우리는 여기서 무엇을 배웁니까? 하나님의 부르심은, 하나님에 대한 불신과 적대감이라는 영적 죽음의 상태에서 우리를 건져내어 그리스도를 믿고 하나님을 사랑하는 영적 생명으로 옮기시려는 하나님의 주권적인 행동이라는 것을 배우게 됩니다. 우리가 이것을 아는 것은 '모든' 부름받은 자들이 의롭다 여겨지기 때문입니다.

하지만 믿는 자들만이 의롭다 함을 받습니다. 따라서 하나님의 부르심은 부르심 받은 자들에게 믿음을 보장합니다. 하나님의 부르심은 효력이 있습니다. 하나님의 부르심은 믿음과 사랑의 효과를 보증합니다. 예수님이 죽은 나사로에게 "나사로야 나오라"(요 11:43)고 부르신 것처럼, 하나님의 부르심은 그분의 전능하고 창조적인 말씀입니다. 그 부르심으로 생명이 창조되었고 나사로가 무덤에서 나왔습니다.

고린도전서 1장 22-24절 말씀은 하나님의 이러한 효력 있는 부르심에 대해 전하는 중요한 본문입니다. "유대인은 표적을 구하고 헬라인은 지혜를 찾으나 우리는 십자가에 못 박힌 그리스도를 전하니 유대인에게는 거리끼는 것이요 이방인에게는 미련한 것이로되[다른 말로 하면, 모든 사람이 설교를 듣게 되면 일반적인 의미에서 부르심을 받는 것이지만, 이것은 로마서 8장 28절이나 여기서 의미하는 '부르심'이 아닙니다] 오직 부르심을 받은 자들에게는 유대인이나 헬라인이나 그리스도는 하나님의 능력이요 하나님의 지혜니라."

유대인과 이방인 중 일부는 바울이 설교할 때 '부르심'을 받았습니다. 그리고 그들이 부르심을 받을 때에는 십자가에 못 박힌 그리스도를 더 이상 거리끼거나 미련한 것으로 보지 않고 하나님의 힘과 지혜로 보게 됩니다. 제가 앞에서 하나님의 부르심은 복음을 통해 오고, 하나님께 적대적인 죽은 마음이 살아나게 하여 십자가에 못 박히셨다가 다시 살아나신 그리스도의 복음을 거부할 수 없는 진실하고 아름다운 소식으로 듣게 된다고 말씀드렸는데, 이와 같은 의미입니다.

우리에게 이런 일이 일어나면, 모든 것이 합력하여 우리를 위해 선을 이룹니다. 그리고 모든 것이 우리를 위해 선을 이루는 일을 막을 수 있는 것은 아무것도 없습니다. 왜냐하면 하나님께서 전능한 능력으로 우리를 죽은 자 가운데서 불러내는 일을 주도하셨듯이, 우리를 영적으로 계속해서 살아 있게 하시고 또한 결국에는 그리스도의 임재 앞에서도 영화로워지도록 주도하실 것이기 때문입니다. 우리가 그러한 상태가 되도록 모든 것이 우리를 위해 작용할 것입니다.

여기서 마지막 질문으로 이어집니다.

이 부르심이 가져 오는 장기적인 효과

그 효과는 부르심을 받은 모든 사람이 절대적이고 영원한 안전을 얻는 것입니다. 30절에서 확인할 수 있습니다. "또 미리 정하신 그들을 또한 '부르시고' 부르신 그들을 또한 의롭다 하시고 의롭다 하신 그들을 또한 영화롭게 하셨느니라." 모든 부름받은 자들은 의롭다 함을 받고, 모든 의롭다 함을 받은 자들은 영화로워질 것입니다. 낙오되는 사람은 없습니다. 이런 이유에서 하나님의 뜻에 따라 부르심을 받은 자들에게는 모든 것이 합력하여 선을 이룬다고 말하는 것입니다. 하나님의 뜻은, 하나님이 주도하시는 전능한 은혜와 능력으로 우리를 철저히 구원하시는 것입니다.

하지만 어떤 분들은 두려워하며 '만일 제가 포기하면 어떻게 되지요? 믿지 않게 되면 어떻게 되지요? 하나님을 향한 사랑이 식고 사그라들면 어떻게 하지요?'라고 질문할지도 모릅니다. 부르심을 입은 사람들에게는 '그런 일이 일어나지 않는다'가 정답입니다. 믿음이 실패하고 사랑이 식어도 문제가 되지 않기 때문은 아닙니다. 그 이유는 부르신 하나님이 지켜 주실 것이기 때문입니다! 그분의 전적인 은혜로 우리를 부르셨던 하나님은(갈 1:6, 15; 딤후 1:9)은 그와 똑같은 전적인 은혜로 우리가 계속해서 믿고 사랑하도록 지키실 것입니다.

하나님의 부르심과 지키심 사이의 관계에 대한 성경 말씀을 잘 들어 보십시오.

유다서 1장 1절입니다. "예수 그리스도의 종이요 야고보의 형제인 유다는 부르심을 받은 자 곧 하나님 아버지 안에서 사랑을 얻고 예수 그리스도를 위하여 '지키심을 받은'(kept) 자들에게 편지하노라."

고린도전서 1장 8-9절입니다. "주께서 너희를 우리 주 예수 그리스도의 날에 책망할 것이 없는 자로 '끝까지 견고하게' 하시리라. 너희를 불러 그의 아들 예수 그리스도 우리 주와 더불어 교제하게 하시는 하나님은 미쁘시도다."

다른 말로 하면, 하나님이 우리를 부르셨기 때문에 하나님이 끝까지 우리를 지키실 거라는 말입니다. '하나님의 미쁘심'이 의미하는 바가 그것입니다. 하나님은 우리를 구원하기 위해 그분의 뜻에 따라 우리를 부르셨고 하나님은 언제나 뜻하신 바를 행하십니다. 이것이 그분의 미쁘심입니다.

데살로니가전서 5장 23-24절 말씀입니다. "평강의 하나님이 친히 너희를 온전히 거룩하게 하시고 또 너희의 온 영과 혼과 몸이 우리 주 예수 그리스도께서 강림하실 때에 흠 없게 '보전되기'(kept)를 원하노라. 너희를 '부르시는' 이는 미쁘시니 그가 또한 이루시리라."

하나님은 미쁘십니다. 그러므로 그분이 부르셨다면 또한 그분이 지키실 것입니다.

지금까지 우리는 로마서 8장 28절의 약속을 떠받치고 있는 기반의 중요성과 장엄함에 대해 살펴보았습니다. 그 기반은 단순히 하나님을 향한 우리의 사랑만이 아닙니다. 하나님의 영원한 뜻이고, 하나님의 미리 정하심이고, 하나님의 효력 있는 부르심이고, 하나님의 의롭게 여기심이고, 하나님의 영화롭게 하심, 이 모두가 확실합니다.

모든 것이 우리에게 유익이 되도록 분명히 합력할 것인데, 하나님을 계속해서 사랑할 도덕적 힘이 우리에게 있기 때문이 아니라 우리를 부르신 분이 신실하시고 우리 안에서 하나님을 계속해서 사랑하도록 일하실 것이기 때문입니다.

따라서 지난주에 드렸던 말씀으로 오늘도 말씀을 맺으려고 합니다. 복음전도와 선교와 공의와 사랑을 위해 위험을 무릅쓰십시오. 왜냐하면 그 대가가 무엇이든, 합력하여 우리를 위해 선을 이룰 것이기 때문입니다. 우리를 부르신 분은 신실하십니다. 그분이 그렇게 하실 것입니다.

참고할 말씀들

하나님의 부르심과 하나님의 뜻에 대해 더 많은 통찰력을 얻고 싶으면 다음의 말씀들을 참고하십시오.

'부르심'이라는 단어를 사용한 구절들

디모데후서 1장 9절. "하나님이 우리를 구원하사 거룩하신 소명으로 부르심은 우리의 행위대로 하심이 아니요 오직 자기의 뜻과 영원 전부터 그리스도 예수 안에서 우리에게 주신 은혜대로 하심이라."

로마서 9장 11절. "그 자식들이 아직 나지도 아니하고 무슨 선이나 악을 행하지 아니한 때에 택하심을 따라 되는 하나님의 뜻이 행위로 말미암지 않고 오직 부르시는 이로 말미암아 서게 하려 하사."

로마서 9장 23-26절. "또한 영광받기로 예비하신 바 긍휼의 그릇에 대하여 그 영광의 풍성함을 알게 하고자 하셨을지라도 무슨 말을 하리요 이 그릇은 우리니 곧 유대인 중에서뿐 아니라 이방인 중에서도 부르신 자니라. 호세아의 글에도 이르기를 내가 내 백성 아닌 자를 내 백성이라, 사랑하지 아니한 자를 사랑한 자라 부르리라. 너희는 내 백성이 아니라 한 그 곳에서 그들이 살아 계신 하나님의 아들이라 일컬음을 받으리라 함과 같으니라."

고린도전서 7장 18, 21절. "할례자로서 부르심을 받은 자가 있느냐 무할례자가 되지 말며 무할례자로 부르심을 받은 자가 있느냐 할례를 받지 말라. … 네가 종으로 있을 때에 부르심을 받았느냐 염려하지 말라. 그러나 네가 자유롭게 될 수 있거든 그것을 이용하라."

데살로니가전서 2장 12절. "이는 너희를 부르사 자기 나라와 영광에 이르게 하시는 하나님께 합당히 행하게 하려 함이라."

디모데전서 6장 12절. "믿음의 선한 싸움을 싸우라. 영생을 취하라. 이를 위하여 네가 부르심을 받았고 많은 증인 앞에서 선한 증언을 하였도다."

'뜻'이라는 단어를 사용한 구절들

로마서 9장 11절. "그 자식들이 아직 나지도 아니하고 무슨 선이나 악을 행하지 아니한 때에 택하심을 따라 되는 하나님의 뜻(purpose)이 행위로 말미암지 않고 오직 부르시는 이로 말미암아 서게 하려 하사."

에베소서 1장 11절. "모든 일을 그의 뜻의 결정대로 일하시는 이의 계획을 따라 우리가 예정을 입어 그 안에서 기업이 되었으니."

에베소서 3장 11절. "곧 영원부터 우리 주 그리스도 예수 안에서 예정하신 뜻대로 하신 것이라."

디모데후서 1장 9절. "하나님이 우리를 구원하사 거룩하신 소명으로 부르심은 우리의 행위대로 하심이 아니요 오직 자기의 뜻과 영원 전부터 그리스도 예수 안에서 우리에게 주신 은혜대로 하심이라."

31장

미리 아시고 정하시며 그리스도를 본받게 하심

로마서 8:28-30

우리가 알거니와 하나님을 사랑하는 자 곧 그의 뜻대로 부르심을 입은 자들에게는 모든 것이 합력하여 선을 이루느니라. 하나님이 미리 아신 자들을 또한 그 아들의 형상을 본받게 하기 위하여 미리 정하셨으니 이는 그로 많은 형제 중에서 맏아들이 되게 하려 하심이니라. 또 미리 정하신 그들을 또한 부르시고 부르신 그들을 또한 의롭다 하시고 의롭다 하신 그들을 또한 영화롭게 하셨느니라. _롬 8:28-30

로마서 8장 28절의 장엄한 내용("우리가 알거니와 하나님을 사랑하는 자 곧 그의 뜻대로 부르심을 입은 자들에게는 모든 것이 합력하여 선을 이루느니라")에 대해 이미 세 번의 메시지를 전했습니다. 그리고 로마서 8장 28절이 바울의 로마서 8장 18절의 주장("생각하건대 현재의 고난은 장차 우리에게 나타날 영광과 비교할 수 없도다")의 일부분이라고 이미 말했습니다. 다시 말하면, 모든 것, 심지어 고난까지도 합력하여 우리에게 선을 이루기 때문에 우리는 우리의 모든 고난들을 참고 인내할 수 있는 것입니다.

이제 "왜냐하면"을 의미하는 "for"로 시작하는 29절로 가보겠습니다(한글 성경에는 생략되어 있음—옮긴이). 28절의 약속을 지지해 주는 기둥 같은 사실들(약속을 지지하고 붙들어 주는 진리와 사실)로 이동하겠습니다. 이는 28절에 나온 약속의 거대한 토대가 되는 진리라는 뜻입니다.

바울은 말합니다. (쓰디쓴 일과 달콤한 일을 포함한) 모든 일이 합력하여 우리의 선을 이루는데(28절), "[왜냐하면](for) 하나님이 미리 아신 자들을 또한 그 아들의 형상을 본받게 하기 위하여 미리 정하셨으니 이는 그로 많은 형제 중에서 맏아들이 되게 하려" 하실 목적이 있기 때문입니다.

여기에는 하나님의 세 가지 위대한 역사, 즉 미리 아심, 미리 정하심, 그 아들의 형상을 본받게 하심이 기록되어 있습니다. 이 세 가지 하나님의 행위가 여기에 기록되어 있는 이유는 무엇일까요? 모든 일들이 우리의 선을 위하여 합력하며, 현재의 고난은 장차 우리에게 나타날 영광과 비교할 수 없다(8:17)는 것을 우리가 더 확신할 수 있도록 이렇게 하신 것입니다.

하나님께서 우리를 미리 아시고, 미리 정하시고, 그리스도를 본받게 하고 계시므로, 우리에게는 모든 일이 합력하여 선을 이룰 것을 압니다. 이 중 두 가지(미리 아심, 미리 정하심)는 과거에 속하고 한 가지(그리스도의 형상을 본받게 하심)는 현재와 미래에 속합니다.

이것이 나와는 별 상관없는 일이라고 생각할지도 모르겠습니다.

아마 다음과 같은 두 가지 이유 때문일 것입니다.

첫째, '창세 전'처럼 오래전에 일어난 하나님의 미리 아심이나 미리 정하심에 관한 결정 같은 일들에 별로 관심이 없는 경우입니다. 그들은 이렇게 생각합니다. "나와 상관있는 것은 지금이야. 나는 예정론 같은 교리 논쟁에는 관여하고 싶지 않아."

둘째, 그리스도에 대해 매력을 느끼지 못하는 경우입니다. 그들은 솔직히 그리스도를 본받을 이유를 찾지 못합니다. 가령 이렇게 말합니다. "나는 그리스도를 본받고 싶지 않아. 우선, 그리스도는 섹스를 한 적이 없고, 그보다 더한 것은 지독하게 심각해서 재미라곤 없는 분 같아. 게다가 자기 주장을 굽히지 않다가 죽임을 당하기까지 했잖아. 그리스도를 본받을 때 모든 것이 합력하여 선을 이루는 것을 확신시켜 준다 해도, 나는 별로 흥미가 안 가."

이 두 가지 심적 장애물에 대해 살펴보겠습니다.

"나는 과거에 내려진 결정 같은 것엔 관심 없어"

오늘 아침에 어떤 사람이 갑자기 다가와서 "당신에게 백만 달러를 주겠습니다"라고 말한다면, 우리는 당연히 수상쩍어 하면서 의심하게 될 겁니다. 하지만 그들이 오래되고 주름 잡힌 종이 한 장을 꺼내서는 그것을 가리키면서 "나의 부자 아버지가 몇 개월 전에 돌아가셨는데 그의 유언장에 의하면 유산 중 일부인 백만 달러를 당신에게 주도록 되어 있습니다"라고 한다면 어떨까요? 그 경우에도 이렇게 말하겠습니까? "난 과거에 내려진 결정 같은 것엔 관심 없어요. 나에게 상관있는 것은 지금 현재예요. 특히 유언장과 같은 오래된

문서는 그 의미 관계를 명확히 하는 게 보통 어려운 일이 아니죠. 그니까 백만 달러에 대해서는 그냥 잊어버립시다"라고 하시겠습니까? 단언컨대, 하나님께서 미리 아시고 미리 정하셨다는 진실에 대해 아는 것은 백만 달러를 상속받는 것보다 지금 우리의 삶에서 만 배나 더 의미가 있습니다.

"나는 그리스도처럼 되고 싶지 않아"

"나는 솔직히 그리스도를 본받고 싶지 않아요"라고 말한다면, 그리스도를 닮는다는 것에 대하여 잘못 오해하고 있을 뿐만 아니라 너무 좁게 이해하고 있어서일 것입니다. 죽을 때는 어떻습니까? 죽을 때 그리스도처럼 되고 싶습니까? 아버지로부터 외면 받고 우주의 심판자에게 거부당하고 영원한 형벌에 처하게 되기를 원합니까, 아니면 죽은 자 가운데서 일어나 사랑받고 받아들여지기를 원합니까? 그리스도처럼 다시 살아나길 원합니까, 아니면 죽음 가운데 머물다가 멸망하기를 바랍니까? 이것은 하찮은 질문이 아닙니다. 이 메시지에 귀를 기울이기 바랍니다.

먼저 오래전 과거에 하나님께서 하신 두 가지 일들에는 무엇이 있는지 보고, 하나님이 현재 그리고 미래에 하실 일들을 살펴보도록 하겠습니다.

"하나님이 미리 아신 자들을"

29절입니다. "하나님이 미리 아신 자들을 또한 그 아들의 형상을 본받게 하기 위하여 미리 정하셨으니." "미리 아셨다"는 말은 어떤 의미일까요? 어떤 사람들은 하나님께서 단지 누가 믿을 것인지 미리 내다보시고, 그들이 그리스도를 닮도록 하나님이 미리 정하셨다는 식으로 해석합니다. 그러나 이러한 해석은 사실이 아닌 두 가지를 가정하고 있습니다.

하나는 하나님께서 미리 내다보신 믿음이라는 것이 궁극적으로 그리고 결정적으로 하나님의 행위가 아니라 우리의 행위라고 가정합니다. 다시 말하면, 이러한 해석의 핵심은 하나님께서 우리의 믿음을 일으키시는 것이 아니고, 단지 우리가 원인이 되어 일으킨 믿음을 가만히 미리 보시기만 한다는 것입니다.

이것은 성경이 가르치는 바가 아닙니다. 오늘 본문의 문맥뿐만 아니라 다른 어떤 곳에서도 이런 사실을 가르치지 않습니다(빌 1:29; 엡 2:8-9; 딤후 2:24-26; 마 16:17). 바울이 로마서 8장 30절에서, "또 미리 정하신 그들을 또한 부르시고 부르신 그들을 또한 의롭다 하시고 의롭다 하신 그들을 또한 영화롭게 하셨느니라"라고 할 때는, '모든' 부르심 받은 자들이 의롭다 함을 받았다는 것을 의미합니다. 의롭다 함을 얻기 위해 우리는 믿어야 합니다(롬 5:1). 따라서 바울은 부르심을 입은 자는 누구나 믿고 의롭다 함을 받는다고 말하는 것입니다.

그렇다면 어떻게 그는 모든 부르심을 입은 자들이 믿는다고 말하는 것일까요? 28절의 "부르심을 입은"에 대하여 강해할 때 말씀드렸듯이, 여기서 부르셨다는 것은 하나님은 자신이 요구하시는 바를 직접 불러일으키는 능력 있는 분으로서 그렇게 하셨다는 의미이기 때문입니다. 이것은 유효한 부르심입니다. 이것은 명령하는 것을 창조하시는 하나님의 부르심입니다. 이것은 "나사로야, 나오너라!"라고 말하여 죽은 자가 살아나게 하는 것과 동일한 부르심입니다.

따라서 칭의를 위하여 믿는 것은 우리가 우리 마음대로 하는 무언가가 아니라는 것이 핵심입니다. 하나님이 우리로 하여금 가능하게 하십니다. 하나님이 우리에게 능력을 주시는 것입니다. 물론 우리가 해야 합니다. 믿는다는 것은 우리가 해야 하는 일입니다. 하지만 우리가 하는 것은 하나님의 선물입니다. 그러므로 우리가 믿었다는 사실 때문에 궁극적인 칭찬을 받지 않습니다. 저는 이에 대하여 하나님께 감사드립니다. 우리는 처음부터 끝까지 주권적 은혜에 의하여 구원받습니다.

따라서 로마서 8장 29절이 "하나님이 미리 아셨다"고 말할 때, 모든 사람들 중 누가 그들 스스로의 능력으로 믿게 될 것인지 하나님이 내다보신 것을 의미한다고 말하는 것은 잘못입니다. 하나님은 우리에게 믿을 수 있는 능력까지 주시는 분입니다. 그러므로 먼 미래에 우리가 복음을 받아들이는지 배척하는지 단지 미리 보시는 것보다 훨씬 더 많은 일들이 일어납니다.

여기 이 관점에 대한 또 다른 잘못된 가정이 있습니다. 이 가정에 따르면, "미리 아심"은 그 의미가 구약과 신약의 여러 구절들 안에 담겨 있어 이 본문에 더 일관성 있는 의미를 제공하지 못한다고 말합니다.

제가 지금 소개하는 "알다"(know)라는 단어가 사용된 경우들을 보면서 이들이 각각 무엇을 의미하는지 자문해 보십시오. 창세기 18장 19절에서 하나님께서는 아브라함에게 말하십니다, "내가 그로 그 자식과 권속에게 명하여 여호와의 도를 지켜 의와 공도를 행하게 하려고 그를 택하였나니(known) 이는 나 여호와가 아브라함에게 대하여 말한 일을 이루려 함이니라." 많은 영어 성경은 이 부분을 "내가 그를 택하였다"고 번역하고 있습니다.

아모스 3장 2절에서 하나님은 이스라엘 백성들에게 말씀하시길, "내가 땅의 모든 족속 가운데 너희만을 알았나니(known) 그러므로 내가 너희 모든 죄악을 너희에게 보응하리라 하셨나니." 하나님은 모든 족속들에 '대하여' 아시나 오직 이스라엘만을 '택하셨습니다.'

마태복음 7장 23절에서 예수님은 심판 날에 위선자들에게 이렇게 말씀하십니다. "내가 너희를 도무지 알지(knew) 못하니 불법을 행하는 자들아 내게서 떠나가라 하리라."

시편 1장 6절에서는, "무릇 의인들의 길은 여호와께서 인정하시나(knows), 악인들의 길은 망하리로다"고 노래합니다. 하나님은 악인들의 길에 대해서도 아십니다. 하지만 의인들의 길에 대해서는 그 길을 인정하고 찬성하며 사랑하신다는 의미에서 하나님은 아십니다.

호세아 13장 5절에서 하나님은 이스라엘에게 "내가 광야 마른 땅에서 너를 알았거늘(knew)"이라고 하셨습니다. 이는 곤경을 살피시고 보살피셨다는 의미입니다.

창세기 4장 1절에서는, "아담이 그의 아내 하와와 동침하매(knew) 하와가 임신하여 가인을 낳[았다]"고 합니다. 즉, 아담은 하와를 자신의 것으로 만들었고, 그녀를 친밀히 알았고 그녀를 사랑했습니다.

이 모든 구절들 때문에 저는 존 스토트와 존 머레이가 이렇게 말한 것이 정확히 바른 설명이라고 생각합니다. "'안다' …는 '사랑한다'와 실제적으로 동일한 의미로 사용된다. … '미리 아신 자들'…이란 그러므로 '그가 미리 사랑하신 자들'과 실질적으로 같은 말이다." 따라서, 미리 아심은 "주권적이고 구별하는 사랑"입니다. 이는 자신의 애정을 어떤 대상에 고정시키고 선택한다는 것과 실질적으로 같은 의미입니다.

따라서 로마서 8장 29절에 나오는 하나님의 첫 번째 행동은 그분이 자신의 백성을 미리 아신다는 것입니다. 그들을 선택하고 그들을 사랑하고 그들을 돌보신다는 의미에서 말입니다. 바울은 이에 대하여 뒤에서 '택하심'(choosing, election)이라는 단어를 사용합니다(롬 8:33; 9:11; 11:5,7).

우리가 부르심을 받아서 하나님을 사랑한다면 모든 것이 합력하여 선을 이룰 것입니다. 왜냐하면 29절에서 말씀하듯이, 이 세상의 기초가 서기 전부터 하나님은 우리를 아셨고, 택하셨고, 사랑하셨기 때문입니다(엡 1:4, 딤후 1:9; 벧전 1:20; 계 13:8; 17:8).

"미리 정하셨으니"

모든 것이 합력하여 선을 이룬다는 약속을 기둥처럼 지지하고 있는 하나님의 두 번째 행동은 그의 예정하심입니다. "하나님이 미리 아신 자들을 또한 그 아들의 형상을 본받게 하기 위하여 미리 정하셨으니." 이 구절은 우리가 존재하기도 전에 우리를 자신의 것으로 선택하셨고, 그의 사랑을 우리에게 고정하셨으며, 우리를 돌아보셨고, 우리에게 무슨 일이 일어날지를 결정하셨다, 즉 우리가 그의 아들의 형상을 본받도록 결정하셨다는 의미입니다.

미리 정했다는 것은 우리의 운명을 미리 결정하셨다 또는 명하셨다는 것을 의미합니다. 그리고 이 구절이 로마서 8장 28절의 약속을 지지하는 거대한 토대가 되는 이유는 하나님을 사랑하는 자, 즉 하나님의 뜻대로 부르심을 입은 자는 예수님처럼 되도록, 그리스도의 형상을 본받도록 운명지어졌기 때문입니다.

우리는 존재하기도 전에 선택되었고 사랑받았기 때문에 모든 것이 우리의 선을 위하여 합력합니다. 그리고 하나님의 선택과 사랑이 표현되는 방법으로 우리를 위하여 형언할 수 없는 위대한 미래가 펼쳐지도록, 즉 우리가 그리스도처럼 되도록 명하셨습니다. 모든 것은 합력하여 선을 이루는데 그 이유는 모든 것은 우리가 예수님처럼 되도록 작용하고 있기 때문입니다. 이를 위해 우리는 사랑받았고 이를 위해 예정되었습니다.

이것은 친구 아버지의 유언장 안에 있던 백만 달러짜리 문구와 같습니다. 법적으로 파기할 수 없는 그런 문구가 지상에서 상속인의 부를 보장하는 것처럼, 하나님의 파기할 수 없는 미리 아심과 미리 정하심은 우리의 영광과 영원한 기쁨을 보장합니다.

"그 아들의 형상을 본받게 하기 위하여"

아들의 형상을 본받는 것과 관련해, 가능한 반박 의견에 대해 생각해 보겠습니다. 가령 이런 의견들입니다. "예수님처럼 된다는 것이 그다지 기쁜 일은 아냐. 그분처럼 된다고 해도 현재 당하는 모든 고난이 장차 올 영광과 비교해 아무것도 아니라고 할 수도 없고." 그래서 우리는 29절에 언급된 하나님의 마지막 행동에 집중해야 합니다. 하나님은 "이는 그로 많은 형제 중에서 맏아들이 되게 하려 … 그 아들의 형상을 본받게" 하셨습니다.

이에 대해서는 두 가지 이유로 다음 주에 설교하도록 하겠습니다. 첫째, 오늘은 이것까지 다룰 충분한 시간이 없습니다. 둘째, 29절의 그리스도를 닮는 것과 30절의 영화는 매우 긴밀하게 연결되어 있어서, 이들은 다음 주 메시지의 대부분을 차지할 것입니다.

이제 그리스도를 닮는 것과 오늘의 본문에 대해 몇 마디를 더 하면서 설교를 마치겠습니다. 우리의 마음이 그리스도의 마음을 닮을 때까지는 본문의 가르침이 필시 위로가 아니라 갈등을 일으킬 것입니다. 본문이 기록된 의도는 그리스도를 사랑하며 영광을 위하여 택함받고 예정된 (우리 같은) 사람들을 위로하고 힘을 북돋워 주는 것이며, 우리 삶 속에 있는 최고의 것들과 최악의 것들이 우리의 선을 위하여 역사한다는 확신을 주기 위한 것입니다. 하지만 하나님께서 우리에게 어느 정도 그리스도의 마음과 영을 허락하실 때만 그런 효과를 얻을 수 있습니다.

제가 이렇게 말하는 이유는 꾸짖거나 정죄하기 위함이 아닙니다. 오히려 그 반대입니다. 행동으로 예수님을 닮는다는 것이 잘못된 행위와의 일생이 걸린 전쟁이고, 감정에 있어 예수님을 닮는다는 것이 잘못된 느낌과의 일생이 걸린 전쟁인 것과 마찬가지로, 지식에 있어 예수님 닮는 것도 잘못된 생각과의 일생이 걸린 전쟁입니다. 따라서 어떤 사람이 성경의 어려운 가르침으로 인하여 비틀거려도 저는 놀라지 않습니다. 그리스도를 닮는 것은 행위든 감정이든 지식이든 단번에 오는 것이 아니기 때문입니다.

따라서 서로를 위해 기도합시다. 우리가 그리스도를 닮은 것으로 그리스도께서 모든 면에서 높임을 받으시고, 하나님의 선택과 예정하심 덕분에 모든 것이 우리의 선을 위해 합력한다는 거대한 확신을 즐거워할 수 있도록 기도합시다.

혹시 이 자리에, 나는 과연 택함받고 예정되고 부르심을 입은 자인가 궁금해하면서 앉아 있는 분들이 계시다면, 이를 알 수 있는 방법이 있습니다. 여러분은 예수님을 보되, 다른 어떤 것보다 사모할 분으로 보고 있고, 여러분 자신의 죄에서 구원하기 충분한 분으로 보고 있으며, 여러분의 마음에 영원한 만족을 주시는 분으로 바라봅니까? 이것이 하나님 자녀의 표식입니다. 아들이 있는 자에게는 생명이 있습니다(요일 5:12). 그분을 영접한 많은 이들에게, 바로 그들에게 하나님은 하나님의 자녀가 되는 권세를 주셨습니다(요 1:12). 그분을 영접하십시오!

32장

영화: 그리스도의 탁월하심을 닮아가는 것

로마서 8:28-30

우리가 알거니와 하나님을 사랑하는 자 곧 그의 뜻대로 부르심을 입은 자들에게는 모든 것이 합력하여 선을 이루느니라. 하나님이 미리 아신 자들을 또한 그 아들의 형상을 본받게 하기 위하여 미리 정하셨으니 이는 그로 많은 형제 중에서 맏아들이 되게 하려 하심이니라. 또 미리 정하신 그들을 또한 부르시고 부르신 그들을 또한 의롭다 하시고 의롭다 하신 그들을 또한 영화롭게 하셨느니라. _롬 8:28-30

29절은 "왜냐하면"이라는 접속사(for, because)로 시작되는데(개역개정판 성경에는 생략되어 있음—옮긴이), 이 말이 함축하는 바를 한 가지 생각해 보겠습니다. 이 말은, 29절과 그다음 구절들은 28절이 말하는 약속에 대한 뒷받침 또는 주장, 근거, 토대, 기초가 된다는 의미입니다. 다른 말로 하면, 바울이 29절을 쓴 것은 28절의 약속에 대해 더욱 확신을 주고 싶었기 때문입니다. 이 약속에 따르면, 하나님은 이렇게 말씀하시는 것과 같습니다.

너희의 삶에 일어나는 모든 어려운 일들이 합력하여 선을 이룰 거라고 약속한다. '왜냐하면' 내가 너희를 미리 알았고 미리 정했고 불렀고 의롭다 여겼고 영화롭게 했기 때문이다. 그러니 힘을 내어 위험을 무릅쓰고 도움이 필요한 어려운 곳으로 가서 사랑을 실천해라. 그래서 너희가 재산이나 공권력, 경보 시스템 또는 좋은 이웃이나 언제든 받을 수 있는 의료 서비스를 신뢰하는 것이 아니라 나와 나의 약속을 신뢰한다는 것을 세상에 보여 주어라.

권위로 밀어붙이지 않고 근거를 대는 이유

하지만 여기서 이런 질문을 할 수 있습니다. 하나님은 거짓말을 하지 않으시고 또 28절에서 모든 것이 합력하여 선을 이룰 거라고 확실히 약속하셨다면, 어떻게 이 약속에 대한 우리 믿음이 29-30절에서 제시된 근거에 의해 더 강해질 수 있단 말입니까? 하나님이 약속하셨습니다. 그분은 하나님이시기에 오류가 없으며 절대 자신의 약속을 어기지 않습니다. 그러니 하나님이 그렇다고 말씀하셨으면 그냥 믿으면 되는 것 아닙니까? 바울은 왜 여기에 어떤 논거를 대는 것일까요? 하나님이 말씀하신 것에 대해 논거를 대면 우리 확신이 더 강해질 수 있는 것입니까?

여기 답하기에 앞서, 먼저 이 질문의 의미부터 분명히 알아야 합니다. 이 질문은 사실 우리가 왜 지금처럼 성경과 같은 책을 가져야 하는가라는 의문과도 같습니다. 하나님은 우리에게 자신의 성품과 속성에 대해 몇 가지 알려 주시고 지켜야 할 계명 몇 가지만 주실 수도 있었습니다. 그렇게 했으면 분명 훨씬 간단했을 것입니다. 하지만 하나님은 그렇게 하는 대신 길게 복잡한 논거와 설명과 증명(예를 들어 로마서와 같은)을 해주셨습니다. 복음서에서 하나님은 우리에게 예수님이 행하신 일들에 대한 이야기와 예수님의 가르침, 그리고 우리의 생각을 자극하는 여러 가지 비유들을 주셨습니다. 구약에는 이스라엘의 역사를 광범위하게 개관하고 있고, 세상의 기원을 설명하며, 시편 기자들의 내적인 삶들도 들여다보고, 선지자들의 강력한 환상과 설교들도 제공하며, 잠언들도 있습니다.

세상에서 하나님이 일하시는 방법에 대해 왜 이렇게 넘치도록 다양하게 보여 주시는 것일까요? 이 질문은 "왜 바울은 로마서 8장 28절의 약속을 29-30절에 나오는 근거로 뒷받침하는가?"와 동일한 질문입니다. 하나님께서 우리를 위해 행하겠다고 약속하신 것을 말한 후, 그냥 그 약속을 믿음으로 붙들라 하고 끝내지 않은 이유는 무엇일까요?

믿음은 빛의 계시에 대한 반응이다

이 질문에 대한 답은(제일 중요한 부분입니다), 믿음은 어둠 속에서 도약하는 뭔가가 아니라 빛의 계시(the Revelation of Light)에 대한 반응이라는 것입니다. 만일 믿음이 그저 권위 자체에만 의거했다면, 성경은 지금처럼 기록되지 않았을 것이고 구속 역사 또한 그렇게 계획되지 않았을 것입니다. 믿음은 단순히 권위 자체에만 근거하는 것이 아닙니다(이는 마치 "하나님이 28절을 말씀하셨으니 그냥 믿어. 그것으로 끝! 다른 근거는 필요 없어! 따지지 마!"라고 말하는 것과 같습니다). 믿음은 권위 자체에 대한 반응이 아닙니다. 믿음은 빛의 계시에 대한 반응입니다.

물리적인 빛이 아니라 영적인 빛입니다.

고린도후서 4장 4-6절을 찾아서 이 점을 확인하고 오늘 본문을 더욱 깊이 파고들어 보겠습니다. 고린도후서 말씀에서 바울이 말하는 것은 그리스도의 복음이 이 영적인 빛의 계시라는 것입니다. 바울은 이것을 두 가지로 부르는데, 하나는 4절에 또 하나는 6절에 나옵니다.

4절입니다. "이 세상의 신[제 생각엔 사탄입니다]이 믿지 아니하는 자들의 마음을 혼미하게 하여 '그리스도의 영광의 복음의 광채'가 비치지 못하게[they might not see, 영어 성경에는 '보지 못하게 한다'고 표현되어 있음—옮긴이] 함이니." 따라서 구원받기 위해서는 "보는 것"이 필요합니다. 바울이 고린도후서 5장 7절에서 "우리가 믿음으로 행하고 보는 것으로 행하지 아니함이로라"고 말할 때, 그가 의미한 것은 고린도후서 4장 4절에 나오는 영적으로 보는 것이 아니라 육체적으로 보는 것입니다. 구원받기 위해 우리가 봐야 할 빛은 "하나님의 형상이신 그리스도의 영광의 복음의 광채"입니다.

복음이 전파될 때 우리는 그 안에서 그리스도를 '영광스러운 존재'로, 하나님 자신의 형상으로서 볼 수 있어야 합니다. 이것이 바로 사복음서가 "그리스도는 영광스럽고 그리스도는 하나님이시다"라는 식으로 한두 문장으로 되어 있지 않은 이유이기도 합니다. 물론 이 말은 맞는 말입니다! 하지만 이 그리스도를 믿는 믿음은 권위 자체에 대한 반응이거나 어둠 속에서 도약하는 그런 것이 아닙니다. 믿음은 그리스도의 인격과 사역 속에 드러난 영광의 빛에 대한 반응입니다. 그러므로 그리스도의 인격과 사역이 사복음서와 사도행전과 서신서와 계시록에 넘치도록 드러나 있는 것입니다.

바울이 5절에서 "우리는 우리를 전파하는 것이 아니라 오직 그리스도 예수의 주 되신 것과 또 예수를 위하여 우리가 너희의 종 된 것을 전파함이라"고 말한 이유도 이것입니다. 우리를 전파하는 것은 여러분이 그리스도를 보는 데 도움이 되지 않습니다. 그리스도를 주로 전파하고 우리 자신을 낮은 종의 자리에 놓을 때, 여러분은 그리스도의 영광을 보게 될 것이고 그래서 믿음의 확실한 기반을 갖게 될 것입니다.

그런 다음 바울은 4절에서 말한 그 영적인 빛을 6절에서 다른 방식으로 설명합니다. "어두운 데에 빛이 비치라 말씀하셨던 그 하나님께서 '예수 그리스도의 얼굴에 있는 하나님의 영광을 아는 빛'을 우리 마음에 비추셨느니라." 이것은 4절에서 말한 빛과 같은 빛이지만 표현이 다릅니다. 4절에 따르면 우리는 "하나님의 형상이신 그리스도의 영광"을 보아야 합니다. 그리고 6절에 따르면, 우리는 "그리스도의 얼굴에 있는 하나님의 영광"을 보아야 합니다. "하나님의 영광"이 "그리스도의 영광"이고 "하나님의 형상"은 "그리스도의 얼굴"(그리스도의 성품, 인격, 본성을 아우르는 총체적인 모습을 의미합니다)에 있습니다.

요점은 이것입니다. 믿음은 어둠 속에서 도약하는 것이 아닙니다. 위에서 언급한 모든 구절들은 빛을 언급합니다. 믿음은 하나님이 역사 속에서 그리스도 안에, 특히 복음 안에 스스로를 계시한 빛에 대한 반응입니다. 그러므로 사람들에게 믿음을 갖게 하고 우리 자신의 믿음을 지속하고 강하게 하려면, 우리는 그리스도가 행동하신 방식,

그분이 하신 일, 그분이 하신 말씀, 그분이 어떻게 생각하셨는지, 그분이 어떻게 말씀하셨는지, 그분이 어떻게 고난을 받으셨는지, 이 모든 것이 어떻게 하나님의 계획을 이루어 갔는지 알아야 합니다(26절에 나오는 "알다"와 "하나님의 영광을 아는 빛"을 주목하십시오). 이것이 우리가 볼 수 있는 방식으로 그리스도의 영광이 빛나는 것입니다. 그리고 이것을 봄으로써 믿음이 생겨나고 또한 유지되고 강해집니다.

로마서 8장 29절과의 연관성

여기에 로마서 8장 29절과의 연관성이 있습니다. 바울은 우리가 로마서 8장 28절의 약속을(하나님이 우리를 위해 모든 것이 선을 이루도록 하실 것이라는) 믿어 담대하고, 위험을 무릅쓰고, 사랑을 실천하고, 희생하는 그리스도인이 되기를 원합니다.

하지만 바울은 믿음이 단순히 말의 권위에서 나오는 것이 아님을 알고 있습니다. 믿음은 하나님의 영광이 드러날 때 그에 대한 반응으로 생깁니다. 그래서 바울은 29-30절에서 여러 가지 방식으로 하나님을 우리에게 보여 줍니다. 바울은 영원에서 영원으로 이어지는 놀라운 하나님의 주권적인 구원의 역사를 어렴풋이 보여 줍니다. 하나님의 구원은 영원 전에 미리 아시고, 미리 사랑하시고, 미리 선택하신 것에서 시작되어 영원한 미래에 그 백성들을 궁극적으로 영화롭게 하시는 데까지 이어집니다. 29절에서 그리스도 안에 있는 하나님의 영광스런 역사를 보는 것은 그저 부수적인 정보가 아닙니다. 그것은 하나님이 누구시고, 어떻게 일하시고, 어떻게 사랑하시고, 구원하시고, 지키시는지에 대한 계시입니다. 그것들의 요지는 그리스도 안에 있는 하나님의 영광을 아는 빛을 드러내는 것입니다. 그것이 없었다면 로마서 8장 28절의 약속을 믿는 믿음을 중요하게 만들 수 없었을 것입니다. 그러니 로마서 8장 29-30절의 행동들 안에 드러난 하나님의 영광에 시선을 고정시키십시오.

다음주에 31절로 가기 전에, 29-30절에 드러난 이 계시에 대해 오늘 아침 다루고 싶은 질문이 두 가지 더 있습니다. 하나는 미리 아심부터 영화까지 이어지는 연결고리에서 왜 '성화'가 언급되지 않았는가입니다. 그리고 다른 하나는 29절에서 바울은 왜 우리가 미리 예정된 목적이 하나님 아들의 형상을 닮기 위해서 뿐 아니라 "많은 형제 중에서 맏아들이 되게 하려"는 것이라고 하는지에 대해서입니다.

연결고리에서 성화는 언급되지 않은 이유

먼저, 연결고리가 나오는 이 구절들에서 '성화'는 어디쯤에 해당됩니까? '성화'가 무엇인지 기억하실 것입니다. 6장의 주제였습니다. 6장 22절 말씀을 기억해 보십시오. "그러나 이제는 너희가 죄로부터 해방되고 하나님께 종이 되어 '거룩함에 이르는'(sanctification) 열매를 맺었으니 그 마지막은 영생이라." 따라서 성화는 우리가 점점 거룩해져서 영생에 이르는 점진적인 과정입니다.

로마서 8장 29-30절에 나오는 끊어질 수 없는 이 연결고리에서 왜 성화가 언급되지 않았을까요? 바울은 이 연결고리에서 다섯 가지를 언급합니다. "하나님이 1) 미리 아신 자들을 또한 그 아들의 형상을 본받게 하기 위하여 미리 정하셨으니 이는 그로 많은 형제 중에서 맏아들이 되게 하려 하심이니라 또 2) 미리 정하신 그들을 또한 부르시고 3) 부르신 그들을 또한 의롭다 하시고 4) 의롭다 하신 그들을 또한 5) 영화롭게 하셨느니라."

왜 바울은 "의롭다 하신 그들을 또한 성화시키시고, 성화시킨 그들을 또한 영화롭게 하셨느니라"고 말하지 않았을까요?

이것이 문제가 되는 이유는, 누군가는 "글쎄요, 성화라는 말이 이 고리에 없는 걸 보니 성화는 다른 요소들처럼 천국 가는 데 꼭 필요한 것이 아니거나 다른 요소들처럼 하나님의 일이 아닌 거겠지요"라고 말할 수 있기 때문입니다. 두 가지 의견 모두 치명적인 실수입니다. 성화는 천국 가는 데 꼭 필요합니다. 그래서 로마서 6장 22절에서는 성화의 결과가 영생이라고 말하기까지 합니다(히 12:14; 갈 5:21; 고전 6:9 참조). 그리고 성화는 실제로 하나님께서 우리 안에서 일하시는 것이기 때문에 우리 자신에게 의존하지 않게 만든다는 점에서 더욱 중요합니다. 성화는 우리가 전적으로 하나님께 의존하게 만듭니다.

예를 들어, 바울은 빌립보서 1장 6절에서 이렇게 말합니다. "너희 안에서 착한 일을 시작하신 이가 그리스도 예수의 날까지 이루실 줄을 우리는 확신하노라." 또 고린도전서 15장 10절에서는 이렇게 말합니다. "그러나 내가 나 된 것은 하나님의 은혜로 된 것이니 내게 주신 그의 은혜가 헛되지 아니하여 내가 모든 사도보다 더 많이 수고하였으나 내가 한 것이 아니요 오직 나와 함께 하신 하나님의 은혜로라."

따라서 성화는 꼭 필요한 것이고 하나님이 하시는 일입니다. 그렇다면 왜 칭의와 영화 사이에 성화가 언급되지 않은 것일까요? 제 생각에는 바울이 성화를 영화 안에 포함시켜 생각했기 때문인 것 같습니다. 즉, 실제로 바울은 성화를 그 연결고리에 포함시키고 있습니다. 제가 이렇게 생각하는 성경적 근거는 무엇일까요?

고린도후서 3장 18절에서 그 근거를 찾을 수 있습니다. 바울은 여기서 우리가 어떻게 그리스도처럼 변해 가는지, 즉 어떻게 성화되는지에 대해 말합니다. 그리스도를 바라볼 때 우리는 성화됩니다. 앞에서 말했던 영적인 빛을 봄으로써 그렇게 된다는 말입니다(문맥에 주의를 기울이십시오!). 바울은 이렇게 말합니다. "우리가 다 수건을 벗은 얼굴로 거울을 보는 것 같이 주의 영광을 보매 그와 같은 형상으로 변화하여 영광에서 영광에 이르니 곧 주의 영으로 말미암음이니라."

이제 이 구절에서 우리에게 상관있는 것은 '영광'이라는 단어입니다. 우리가 점차적으로 그리스도를 닮아가는 것은 "영광에서 영광으로" 옮겨가는 것이라고 바울은 말합니다. 그리고 이것은 하나님으로부터 오는 것이라고 바울은 말합니다. 이것은 본질적으로 하나님의 역사입니다. 따라서 바울이 생각하기에 영화되는 것은 우리가 새 몸을 입게 되는 부활의 마지막 단계에 궁극적으로 변화되는 것일 뿐 아니라 그 목표를 향해 영적으로 도덕적으로 움직여 가는 과정도 포함됩니다.

따라서 로마서 8장 30절에서 "의롭다 하신 그들을 또한 영화롭게 하셨느니라"고 말하면서 바울이 생각한 것은 하나님께서는 의롭다 하신 자들이 한 단계 한 단계 영광을 향해 나아가다가(성화) 마지막에는 그리스도의 몸처럼(히 12:23; 빌 3:21) 새롭고 영광스러운 몸을 입은 완벽한 상태가 되도록 확실히 일하신다는 것입니다. 따라서 우리의 점진적인 성화(예수님을 닮아가는 것)는 선택받고, 예정되고 부르심을 받고, 칭의를 얻고, 마지막으로 영화로워질 것과 마찬가지로 하나님에 의해 분명히 확실하게 계획되었고 실행될 것입니다.

그리스도가 "많은 형제 중에서 맏아들"이 되는 목표가 왜 필요한가

이로써 자연스럽게 마지막 질문으로 이어집니다. 29절은 분명히 우리의 예정된 목적이 그리스도를 닮는 것이라고 말합니다. 따라서 성화는 여기 29절에도 있습니다. "하나님이 미리 아신 자들을 또한 '그 아들의 형상을 본받게 하기 위하여' 미리 정하셨으니 이는 그로 많은 형제 중에서 맏아들이 되게 하려 하심이니라." 따라서 거룩함, 성화, 예수님을 닮아가는 것은 영원 전부터 우리의 삶을 향한 하나님의 목적입니다. 예정하심은 바로 그리스도를 닮아가도록 예정하셨다는 의미입니다. 우리는 이 일에 진력해야 합니다. 예수님처럼 되도록 기도하고 공부하고 싸우고 고난받고 믿으십시오.

이제 제 질문은, 왜 바울이 이 말씀에 이어서 "그로 많은 형제 중에서 맏아들이 되게 하려 하심이니라"고 말했는가입니다. 이에 대해서는 골로새서 1장 18절이 답을 줍니다. "그는 몸인 교회의 머리시라. 그가 근본이시요 죽은 자들 가운데서 '먼저 나신 이'(πρωτότοκος, 로마서 8장 29절과 같은 단어)시니 이는 친히 만물의 으뜸이 되려 하심이요." 그리스도는 죽으셨다가 많은 형제 중에서 맏아들로서 죽은 자 가운데서 다시 살아나셨기 때문에, 형제들과 다른 사람들은 예수님을 탁월하고 우월하고 영광스러운 위대한 존재로 보며 즐거워하게 될 것입니다.

다른 말로 하면, 그리스도를 닮아야 하는 우리 운명은 다름 아닌 그분의 탁월하심을 알고 맛보도록 준비된다는 것입니다. 그분을 알고, 보고, 사랑하고, 존경하고, 소중히 여기기 위해 우리에게 그분의 성품과 그분을 닮은 점이 있어야 합니다. "그로 많은 형제 중에서 맏아들이 되게 하려 하심이니라"는 말을 덧붙임으로써, 바울은 그리스도가 언제나 늘 우리보다 탁월하시다는 것과 그분과 함께하고 그분을 영원히 즐거워하기 위해 우리는 반드시 거룩해져야 한다는 점을 설명하고 있습니다.

스스로 점검해 보기

29절의 이 마지막 표현이 없다면, 우리는 성화를 너무나 쉽게 인간 중심적인 관점으로만 보게 될 것입니다. 즉, 우리를 성화시키고 우리가 그리스도를 닮아가는 것이 최종 목적이라고 생각하게 됩니다. 이것도 물론 목표입니다. 하지만 이것이 궁극적인 목표는 아닙니다. 그리스도가 높아지시는 것이 궁극적인 목표입니다.

스스로에게 몇 가지 질문을 던져 보시기 바랍니다. 우리는 자신의 영광을 구하고 있습니까 아니면 그리스도의 영광을 구하고 있습니까? 우리가 구하는 그리스도의 성품을 몇 가지 예로 들어 보겠습니다.

- 나는 그리스도처럼 강해져서 강한 사람으로 존경받기를 원하는가? 아니면 그리스도처럼 강해져서, 우주에서 가장 강한 분이신 그리스도를 앙망하는 것을 방해하고 그보다 덜 중요한 즐거움에 안주하도록 유혹

하는 모든 대적을 물리칠 수 있기를 원하는가?

- 나는 그리스도처럼 지혜로워져서 내가 지혜로운 사람으로 존경받기를 원하는가? 아니면 그 지혜로 진실로 모든 것을 만족시키는 지혜로운 분이신 그분을 분별하고 앙망할 수 있기를 원하는가?
- 나는 그리스도처럼 거룩해져서 내가 거룩하다고 존경받기를 원하는가? 아니면 거룩해져서, 그리스도의 거룩함을 보고 음미하지 못하게 방해하는 모든 불경건한 것들로부터 자유롭기를 원하는가?
- 나는 그리스도처럼 사랑이 넘치는 사람이 되어 내가 사랑을 실천하는 사람으로 존경받기를 원하는가? 아니면 이 사랑으로 고난 중에서도 모든 것을 만족케 하는 그리스도의 사랑을 다른 사람들에게 전하는 것을 즐거워하겠는가?

이 구절들에 나오는 모든 것(우리를 선택하시고, 예정하시고, 부르시고, 의롭다 하시고, 성화시키시고, 영광으로 인도하시는 모든 하나님의 일)은 하나님에 의해 계획되었습니다. 그리고 그 목적은 우리를 중요한 존재로 만들기 위해서가 아니라 우리를 자유롭게 하여 영원히 그리스도를 가장 존귀히 여기도록 하기 위해서입니다.

따라서 여러분에게 호소합니다. 그리스도의 영광에 집중하고 그것을 가장 사랑하십시오. 그러면 그분의 형상으로 영광에서 영광으로 변화될 것입니다. 또한 우리가 창조된 목적인 그리스도를 높이는 일을 가장 즐거워하게 될 것입니다.

33장

자기 아들을 아끼지 아니하신 하나님

로마서 8:28-32

우리가 알거니와 하나님을 사랑하는 자 곧 그의 뜻대로 부르심을 입은 자들에게는 모든 것이 합력하여 선을 이루느니라. 하나님이 미리 아신 자들을 또한 그 아들의 형상을 본받게 하기 위하여 미리 정하셨으니 이는 그로 많은 형제 중에서 맏아들이 되게 하려 하심이니라. 또 미리 정하신 그들을 또한 부르시고 부르신 그들을 또한 의롭다 하시고 의롭다 하신 그들을 또한 영화롭게 하셨느니라. 그런즉 이 일에 대하여 우리가 무슨 말 하리요 만일 하나님이 우리를 위하시면 누가 우리를 대적하리요. 자기 아들을 아끼지 아니하시고 우리 모든 사람을 위하여 내주신 이가 어찌 그 아들과 함께 모든 것을 우리에게 주시지 아니하겠느냐. _롬 8:28-32

어떤 진리는 우리가 할말을 잃게 만듭니다. 로마서 8장 28-30절에서 바울이 그랬습니다. 모든 것이 합력하여 선을 이룹니다. 하나님이 그렇게 하십니다. 왜냐하면, 하나님은는우리를 미리 아셨으며, 그리스도의 영광을 알고 함께하도록 미리 정하셨으며, 죄와 허물로 죽어 있을 때 부르셨으며, 오직 믿음으로 말미암아 그의 은혜로써 값없이 의롭다 하셨으며, 이제 다시 오실 때까지 조금씩 우리를 영화롭게 하실 것이기 때문입니다. 그래서 결국에는 그리스도의 영광스러운 부활체와 같은 몸을 입게 하실 것입니다.

이러한 사실은 바울로 하여금 거의 말을 잃게 만들었습니다. 그래서 그는 "이 일에 대하여 우리가 무슨 말 하리요?"라고 말하는 것입니다. 저는 바울의 이 말 속에서 두 가지 사실을 발견합니다. "이 위대한 일들을 제대로 표현할 적합한 말은 찾기 어렵다"는 것이 그 한 가지요, "그래도 이 위대한 일들을 표현하기 위한 다른 말들을 찾아야 한다"는 것이 다른 하나입니다.

바울이 "이 일에 대하여 우리가 무슨 말 하리요?"라고 말할 때, 그는 '우리는 이 일을 다른 방식으로 다시 말해야 한다'는 답을 염두에 두고 있습니다. 그리고 그는 그렇게 합니다. "만일 하나님이 우리를 위하시면 누가 우리를 대적하리요?" 그가 줄곧 말해 왔던 내용이지만 이를 다르게 말하고 싶었습니다.

우리도 그래야 합니다. 영광스러운 복음을 자녀, 부모, 또는 친구에게 여러 번 나누었다면 이제는 그것을 다시 말하되 다른 방식으로도 해야 합니다. 사랑하는 이들에게 또 다른 이메일을 보내고, 또 다른 편지를 쓰고, 또 다른 교훈을 가르치고, 또 다른 시를 쓰고, 또 다른 노래를 불러서, 그리스도의 영광에 관한 또 다른 말을 들려주어야 합니다. "이 일에 대하여 우리가 무슨 말 하리요?" 우리는 그것들을 다른 방법으로 말해야 합니다. 죽을 때까지 그리고 영원까지 거듭해서 그렇게 할 것입니다. 그분의 영광을 또 다른 방식으로 진술하는 것은 언제나 그럴 만한 가치가 있는 일입니다.

하나님이 우리를 위하시면

바울은 31절에서 어떻게 말합니까? "그런즉 이 일에 대하여 우리가 무슨 말 하리요 만일 하나님이 우리를 위하시면 누가 우리를 대적하리요." 그는 앞에서 말했던 내용을 다시 요약하고 있습니다. "하나님이 우리를 위하시면 누가 대적하겠습니까!" 하나님은 사랑 안에서 우리를 미리 아셨으며, 아들이 되게 미리 정하셨으며, 죽음에서 우리를 부르셨으며, 우리가 의롭다고 선언하셨으며, 그리스도의 위대하고 기쁜 날까지 우리 안에서 역사하셔서 영광에서 영광으로 이르게 하십니다. 이러한 사실을 다른 말로 표현한다면 어떻게 말할 수 있을까요? 이렇게 말할 수 있을 것입니다. "하나님이 우리를 위하신다."

오! "우리를 위하신다"는 이 말씀은 얼마나 소중한 말인가요. 반대로 "하나님이 우리를 대적하신다"는 말은 가장 두려운 말입니다. 무한히 강력한 진노가 우리를 대적한다면, 차라리 소멸되어 버리는 것이 달콤한 은혜의 선물일 것입니다. 그래서 어떤 이들은 심판에 의하여 영혼이 소멸한다고 주장합니다. 이들은 영원한 지옥의 형벌을 부인하는 것이지요. 이런 자들의 주장은 과녁에서 멀리 빗나갔습니다. 하나님의 진노 아래에서 소멸되는 것은 심판이 아닙니다. 그것은 오히려 구출이자 구조입니다(계 6:16). 절대로 절대로 어떠한 인간도 소멸되지 않습니다. 우리를 대적하는 하나님과 함께 영원히 살든지 우리를 위하시는 하나님과 함께 영원히 살든지 둘 중에 하나입니다. 그리고 그리스도 안에 있는 사람은 모두 말로 형언할 수 없는 기쁨을 안고 "하나님은 우리를 위하신다"고 말해도 좋습니다. 그분은 우리 편이십니다.

이제 그리스도 예수 안에 있는 자에게는 결코 정죄함이 없습니다(롬 8:1). 하나님은 전적으로 우리를 위하시며, 결코 우리를 적대하시지 않습니다. 우리의 질병은 결코 정죄하는 심판의 판단에서 비롯되는 것이 아닙니다. 교통사고가 나든지 심지어 가전제품이 고장 나는 경우도 하나님의 벌이 아닙니다. 우리의 결혼 생활에 어려움이 있더라도 결코 하나님의 진노의 표징이 아닙니다. 우리가 실직하는 것도 죄에 대한 벌이 아닙니다. 말 안 듣는 아이가 있다 해도 그것은 하나님의 심판의 채찍이 아닙니다. 우리가 그리스도 안에 있다면, 결코 그럴 수 없습니다. 만사에 있어서, 하나님은 우리를 위하시며, 우리를 대적하시지 않습니다. 형통할 때나 고통스러울 때나 하나님은 우리를 위하십니다.

누가 우리를 대적하리요

다른 말로 하면, "누가 우리를 대적하리요?"라고 말할 수 있습니다. 우리는 아직 31절에 머물러 있습니다. "만일 하나님이 우리를 위하시면 누가 우리를 대적하리요?" 바울이 이 질문을 할 때 그가 예상한 답은 "아무도 우리를 대적할 수 없다"입니다. 아무도 우리를 대적할 수 없다는 말은 무슨 의미를 담고 있을까요? 35절에 의하면, 환난이나 곤고나 박해나 기근이나 적신이나 위험이나 칼 등의 위해가 가해질 수도 있습니다. 36절에 의하면, 그리스도인은 종일 주를 위하여 죽임을 당하며 도살당할 양 같이 여김을 받았다고 합니다. 그렇다면, "누가 우리를 대적하리요?"는 무슨 뜻일까요? 이것은 제 생각에, 아무도 우리를 대적하는 일에 성공할 수 없다는 뜻입니다.

마귀와 악한 사람들은 우리를 아프게 만들 수도 있고, 우리의 차를 훔쳐 갈 수도 있고, 결혼 생활에 갈등의 씨앗을 뿌릴 수도 있고, 직장을 빼앗을 수도 있고, 아이를 빼앗아 갈 수도 있습니다. 하지만 28절에 의하면, 하나님은 모든 것을 합력하여 선을 이루십니다. 모든 것이 합력하여 선을 이룬다면, 적의 의도는 전복되고 우리를 대적하고자 하는 적의 목적은 뒤집어져서, 반대로 그리스도를 높이고, 영혼을 거룩하게 하고, 믿음을 깊게 하는 유익을 가져다주게 됩니다. 고통스럽지만 결국 유익을 낳게 될 것입니다. 하나님이 우리를 위하신다면, 이 일들을 아끼지 아니하실 것입니다. 그리고 적들이 악을 꾀할 때, 하나님은 선을 계획하십니다(창 50:20, 45:7). 우리를 대적하는 것들이 오히려 우리를 위하도록 하나님은 만드십니다. 아무도 우리를 대적하는 일에 성공할 수 없습니다.

이러한 사실이 우리 삶 속에 얼마나 큰 영향을 미쳐야 마땅한지요! 우리는 세상과 같아서는 안 됩니다. 세상은 질병과 도난맞는 것과 테러와 실직과 기타 수많은 것들을 두려워하기 때문에 그들의 생활양식을 그에 맞게 선택합니다. 하지만 예수님을 따르는 제자들에게는, 주님께서 "이방인들은 이것들을 구하나, 너희는 먼저 그의 나라를 구하라!"고 말씀하십니다(마 6:32-33). 하나님은 우리에게 우리가 필요한 것을 주십니다. 그리고 하나님나라 사역을 하는 도중에 잃거나 부족해지는 것은 우리의 선을 위하여 역사할 것이고 백 배나 되어 다시 우리에게 돌아올 것입니다.

따라서 기니의 칸칸에서든, 터키의 이스탄불에서든, 인도네시아의 테르나테에서든, 미네소타의 미네아폴리스에서든, 우리를 대적하는 자 앞에서 복음을 말하십시오. 생명을 빼앗으려는 사람들에게 이렇게 말하십시오. "당신은 당신의 일을 하십시오. 하지만 결국 당신이 하는 모든 말과 모든 위해는 단지 나의 믿음을 순수하게 할 뿐이며, 나의 상급을 크게 할 것이며, 나를 부활하신 예수 그리스도와 함께 하는 낙원으로 데려가 줄 것입니다."

오! 하나님께서 우리를 위하시고 아무도 우리를 대적할 수 없다는 것을 참으로 믿는다면 우리가 얼마나 달라지게 될지요.

천국의 견고한 논리

그러면 우리가 이에 대하여 무엇을 말하겠습니까? 사도 바울은 이에 대하여 무슨 말을 더했습니까? 그는 또 다른 방식으로 이를 표현합니다. 32절에서 그는, 아무도 성공적으로 우리를 대적할 수 없다고 약속할 뿐만 아니라, 하나님의 완전하고 흘러넘치며 끝없이 계속되는 관대한 은혜를 약속하고 있습니다. 그리고 이 모든 관대한 은혜는 죄인을 위한 그의 아들의 죽음이라는 반석 같은 단단한 기초 위에 서 있습니다. "자기 아들을 아끼지 아니하시고 우리 모든 사람을 위하여 내주신 이가 어찌 그 아들과 함께 모든 것을 우리에게 주시지 아니하겠느냐."

저는 이를 "천국의 견고한 논리"라고 부르겠습니다. 여기서 사용되는 논리는 더 큰 것에서 더 작은 것을 끌어내는 논증입니다. 어려운 것에서 쉬운 것을 끌어내는 것이라고도 할 수 있습니다. 또는 거의 극복할 수 없는 장애물에서 쉽게 극복할 수 있는 장애물을 끌어내고 있습니다. 하나님이 그의 아들을 아끼지 아니하시고, 고문과 조롱과 죄를 감당하는 죽음에 내어 주셨습니다(이것은 더 큰 것이고, 더 어려운 것이고, 우리 구원에 있어 거의 극복할 수 없는 장애물입니다). 이 일을 하셨다면, 더 작은 것, 더 쉬운 것은 틀림없이 해주실 것입니다. 즉, 그리스도께서 우리를 위하여 피로 사신 모든 것(만물)을 우리에게 값없이 주실 것입니다.

그의 아들

위 말씀의 각 부분들을 나누어 세밀히 살펴봅시다. 먼저, "그의 아들"이라는 부분입니다. 예수 그리스도는 하나님이 이 땅에서 찾아내서 그의 아들로 입양한 사람이 아닙니다. 예수 그리스도는 선재하시고, 실로 영원히 존재하시고, 성부와 함께 영원하시고, 창조되지 않으셨으며, 그 안에 신성의 모든 충만이 거하시는 분으로서 아버지의 신적 형상이십니다(골 2:9). 로마서 8장 3절에서 하나님이 그의 아들을 죄 있는 육신의 모양으로 보내셨다는 것을 기억합시다. 다시 말하면, 아들께서는 인간의 육신을 취하시기 전에 존재하셨습니다. 이분은 선지자 정도가 아닙니다. 이분은 성자 하나님이십니다.

32절에서 "자기"(His own) 아들이라고 부를 때, 이 말씀의 뜻은 다른 이는 없고, 그는 아버지에게 무한히 소중하시다는 뜻입니다. 예수님이 지상에 계실 때, 하나님은 적어도 두 번 이에 대해 말씀하셨습니다. "이는 내 사랑하는 아들이요"(마 3:7, 17:5). 골로새서 1장 13절에서 바울은 그를 "사랑의 아들"이라고 부릅니다. 예수님께서 말씀하신 농부와 포도원 비유를 봅시다. 포도원 소출을 받으러 보낸 주인의 하인들은 얻어맞고 죽임을 당했습니다. 그 때 예수님이 말씀하시길, "이제 한 사람이 남았으니 곧 그가 사랑하는 아들이라"(막 12:6) 고 하십니다. 아버지에게는 한 아들이 있습니다. 그는 깊이 사랑받는 아들입니다. 그리고 아버지는 그를 보내셨습니다.

저에게는 아들 넷이 있습니다. 아들에 대한 아버지의 사랑과 똑같은 사랑은 없습니다. 오해하지 마십시오. 저는 제 아내를 사랑합니다. 제 딸을 사랑합니다. 제 아버지와 제 동료 스태프들도 사랑하고 여러분도 사랑합니다. 아들들에 대한 아버지로서의 사랑이 다른 사랑보다 더 낫다고 말하는 것이 아닙니다. 제 말의 뜻인즉, 그 사랑은 다르다는 것입니다. 다른 사랑도 마찬가지입니다만 제가 말하려는 점은 아들에 대한 아버지의 사랑은 여느 사랑과 다르다는 것입니다.

32절의 요지는, 독생자를 향한 하나님의 이 사랑은 그분과 우리의 구원 사이에 놓여 있는, 마치 에베레스트 산처럼 거대한 장애물이었다는 점입니다. 거의 극복할 수 없는 거대한 장애물이었습니다. 하나님은 그의 아들과의 유대를 너무나 소중히 여기십니다. 그런데 이를 극복하고 아들을 내어 주실 수 있었을까요? 배신과, 조롱과, 채찍질과, 침 뱉음과, 고문과, 십자가에 못 박힘과, 칼로 옆구리를 찔림에 내어 주실 수 있었을까요? 하나님은 진정 사랑의 아들을 내어 주고자 하셨습니까? 만일 그렇다면, 하나님이 추구하시는 목적은 결코 중단되지 않을 것입니다. 그러한 장애도 극복하셨다면, 그 밖에 어떤 장애를 극복하지 못하시겠습니까?

하나님은 그런 큰 장애를 극복하고 사랑의 아들을 내어 주셨습니다. 바울 사도는 이를 부정적으로, 한편으로는 긍정적으로 진술합니다. "자기 아들을 아끼지 아니하시고 내어 주신." 자기 아들을 아끼지 아니하셨다는 말씀 속에서, 우리는 이것이 얼마나 어려운 일인지 듣게 됩니다. 하나님은 독생하신 아들의 고통과 수치를 기뻐하지 않으셨습니다. 하나님의 아들께서 그렇게 취급당하시는 것은 무한히 끔찍한 일입니다. 죄는 그 시간에 최악의 지점에 도달하고 있었습니다. 죄가 무엇인지 분명히 드러난 것입니다. 죄란 하나님에 대한 공격이라는 것이 명백히 드러났습니다. 우리의 모든 죄는 하나님에 대한 공격입니다. 하나님을 거부하는 것입니다. 그분의 권리와 그분의 진리와 그분의 아름다움에 대한 공격입니다. 하지만 하나님은 그분의 아들을 아끼지 않으시고 그러한 취급을 받게 하셨습니다.

내어 주심

"그의 아들을 내어 주신" 것입니다. 이것을 놓치지 마십시오. 우주 안의 거의 모든 중요하고 소중한 것이 여기 이 순간에 만나고 있습니다. 인간에 대한 신적 사랑과 죄에 대한 신적 증오가 여기에서 만나고 있습니다. 절대적인 신적 주권과 무한히 중한 인간의 도덕적 책임이 여기에서 만나고 있습니다. 무한한 신적 지혜와 능력이 여기서 만나고 있습니다. 즉, 하나님께서 그의 아들을 죽음에 내어 주신 그 때 그 순간에 말입니다.

성경은 가룟 유다가 예수님을 팔 것이라고 기록하고 있습니다(막 3:19). 그리고 빌라도가 예수님을 십자가에 못 박히게 넘겨주었다고 기록하고 있으며(막 15:15), 헤롯과 이스라엘 백성과 이방인들이 그를 넘겨주었다고 기록합니다(행 4:27, 28). 예수님이 스스로 목숨을 버린다는 구절도 있습니다(요 10:17, 19:30).

하지만 바울은 여기 32절에서 궁극적인 것을 말하고 있습니다. 인간을 구원하는 모든 과정에는, 심지어 구원의 기저와 이면에, 하나님이 그의 아들을 죽음에 내어 주셨다는 사실이 핵심으로 자리하고 있습니다. "그가 하나님께서 정하신 뜻과 미리 아신 대로 내준 바 되었거늘 너희가 법 없는 자들의 손을 빌려 못 박아 죽였으나"(행 2:23). 가룟 유다와 빌라도와 헤롯과 이스라엘 군중들과 이방인 군사들과 우리의 죄와 예수님의 양 같은 순종 안에는, 하나님이 그의 아들을 내주셨다는 사실이 바탕에 깔려 있습니다. 이보다 더 위대한 일은 없었습니다.

이것이 사실이라면, 무슨 말을 하리요

이에 대하여 무슨 말을 하겠습니까? 이렇게 말할 수 있을 것입니다. "천국의 논리가 견고해진다!" 하나님이 자기 아들마저 내어 주셨다면… 그렇다면 하나님은 아들과 함께 다른 모든 것을 우리에게 거저 주실 것입니다. 만일 하나님이 그의 아들을 아끼지 아니하셨다면, 그분는 그 어떤 좋은 다른 것도 아끼지 않으실 것입니다.

이는 시편 84편 11절, "여호와 하나님은 해요 방패이시라. 여호와께서 은혜와 영화를 주시며 정직하게 행하는 자에게 좋은 것을 아끼지 아니하실 것임이니이다"는 말씀의 결정적인 성취입니다. 이는 고린도전서 3장 21-23절, "그런즉 누구든지 사람을 자랑하지 말라. 만물이 다 너희 것임이라. 바울이나 아볼로나 게바나 세계나 생명이나 사망이나 지금 것이나 장래 것이나 다 너희의 것이요 너희는 그리스도의 것이요 그리스도는 하나님의 것이니라"는 말씀으로 주시는 약속에 대한 근거입니다. 이는 에베소서 1장 3절, "찬송하리로다. 하나님 곧 우리 주 예수 그리스도의 아버지께서 그리스도 안에서 하늘에 속한 모든 신령한 복을 우리에게 주시되"라는 약속의 말씀을 인친 것입니다. 이는 "그러므로 염려하여 이르기를 무엇을 먹을까 무엇을 마실까 무엇을 입을까 하지 말라. 이는 다 이방인들이 구하는 것이라. 너희 하늘 아버지께서 이 모든 것이 너희에게 있어야 할 줄을 아시느니라. 그런즉 너희는 먼저 그의 나라와 그의 의를 구하라. 그리하면 이 모든 것을 너희에게 더하시리라"(마 6:31-33)라는 예수님의 말씀을 보증하는 것입니다.

하나님이 그의 아들을 아끼지 아니하시고 우리를 위하여 내주셨다면, 그분는 우리에게 아들과 함께 모든 것을 주실 것입니다. 정말 그럴까요? 모든 것이라고요? "환난이나 곤고나 박해나 기근이나 적신이나 위험이나 칼"은 어떻습니까(롬 8:35)? 그 답은 350년 전 존 플라벨이 한 장엄한 말에 포함되어 있습니다.

> 자기 아들을 아끼지 아니하시고 우리 모든 사람을 위하여 내주신 이가 어찌 그 아들과 함께 모든 것을 우리에게 주시지 아니하겠느냐"(롬 8:32). 이렇게까지 하신 하나님이 영적인 것이든 이 땅에서 필요로 하는 일시적인 것이든 그의 백성에게 주시지 않는 것을 상상할 수 있습니까? 이렇게까지 하신 하나님이 그들을 유효하게 부르시고, 값없이 의롭다 하시고, 완전히 성화시키시고, 영원히 영화시키시지 않을 수 있을까요? 어떻게 하나님이 그들을 입히시지 않고, 먹이시지 않고, 보호하고 구출하시지 않을 수 있나요? 확실히 하나님이 그의 아들을 아끼지 아니하시고

매 맞음과 눈물과 신음과 한숨과 비참함을 겪게 하셨다면, 그 후 자기 백성들에게 어떤 긍휼이든, 어떤 위로든, 어떤 특권이든, 그것이 영적인 것이든 이 땅의 필요든, 그들에게 좋은 것을 주시지 않는다는 것은 상상할 수도 없습니다.

하나님은 항상 우리에게 좋은 것을 행하십니다. 하나님이 그의 독생하신 아들을 우리를 위하여 내어주셨다고 믿는다면, 하나님이 우리에게 좋은 것을 행하시리라는 것 또한 우리가 믿을 수 있습니다. 그리고 그리스도인의 삶이란 모든 것이 그 믿음의 열매입니다. 그리스도를 바라보십시오. 하나님의 사랑을 바라보십시오. 사랑 안에서 사십시오. 그리고 더 이상 두려움 속에서 살지 마십시오.

34장

그의 뜻대로 부르심을 입다

로마서 8:28-30

우리가 알거니와 하나님을 사랑하는 자 곧 그의 뜻대로 부르심을 입은 자들에게는 모든 것이 합력하여 선을 이루느니라. 하나님이 미리 아신 자들을 또한 그 아들의 형상을 본받게 하기 위하여 미리 정하셨으니 이는 그로 많은 형제 중에서 맏아들이 되게 하려 하심이니라. 또 미리 정하신 그들을 또한 부르시고 부르신 그들을 또한 의롭다 하시고 의롭다 하신 그들을 또한 영화롭게 하셨느니라. _롬 8:28-30

신자의 확실한 소망

로마서 8장은 신약에서 가장 잔혹한 장 가운데 하나입니다. 35절과 36절 말씀에 주목해 보십시오. "누가 우리를 그리스도의 사랑에서 끊으리요 환난이나 곤고나 박해나 기근이나 적신이나 위험이나 칼이랴 기록된 바 우리가 종일 주를 위하여 죽임을 당하게 되며 도살 당할 양 같이 여김을 받았나이다 함과 같으니라."

하지만 바울은 그리스도인의 삶에 나타나는 이러한 잔혹한 장면

위에 큰 빨간색 붓으로 소망이라는 단어를 휘갈겨 쓰고 있습니다. 예를 들어 37절에서 바울은 이렇게 말합니다. "그러나 이 모든 일에 우리를 사랑하시는 이로 말미암아 우리가 넉넉히 이기느니라." 그냥 이기는 것이 아니라 넉넉히 이깁니다! 환난, 곤고, 박해, 기근, 적신, 위험, 칼은 단순히 패배당하는 것으로 그치지 않습니다. 패하는 것 이상의 역할을 합니다. 그것들은 우리의 유익을 위해 사용됩니다.

번역의 차이

이것이 언제나 사랑받는 28절의 의미입니다. "우리가 알거니와 하나님을 사랑하는 자 곧 그의 뜻대로 부르심을 입은 자들에게는 모든 것이 합력하여 선을 이루느니라." 성경 번역본마다 약간씩 차이가 있습니다. NASB는 "하나님은 하나님을 사랑하는 자 곧 그의 뜻대로 부르심을 입은 자들에게 모든 것이 합력하여 선을 이루게 하신다"고 말합니다. 또한 킹제임스성경(KSV)은 "모든 것이 하나님을 사랑하는 자 곧 그의 뜻대로 부르심을 입은 자들에게 선을 이루도록 합력한다"고 말합니다.

연구해 보면 킹제임스 성경이 바울의 원래 말을 가장 충실하게 옮겨 놓았음을 알게 됩니다. 하지만 두 성경의 차이는 그리 크지 않아서 굳이 염두에 두지 않으셔도 됩니다. 모든 성경 번역본이 기본적으로 말하는 바는, 하나님이 이 세상을 온전히 책임지고 계시기에 그리스도인들에게 일어나는 모든 일은 그들에게 유익을 주도록 되어 있다는 것입니다. 환난, 곤고, 박해, 기근, 적신, 위험, 칼은 하나님을 사랑하는 자들의 유익을 위해 합력합니다.

따라서 신자들의 확실한 소망은 곤고나 위험이나 배고픔이나 죽음을 피하는 것이 아니라 전능하신 하나님께서 우리의 모든 고통을 우리에게 유익을 주시려는 그분의 자비의 도구로 사용하실 거라는 기대입니다. 요셉은 자신을 노예로 팔았던 형들에게 이렇게 말합니다. "당신들은 나를 해하려 하였으나 하나님은 그것을 선으로 바꾸셨습니다." 하나님을 사랑하는 자들이 당하는 모든 고통도 이와 같습니다. 하나님은 그것을 선으로 바꾸십니다!

큰 건물일수록 기반도 크다

여기서 서쪽으로 여섯 블록 떨어진 7번 가에 새 건물을 지으려고 땅을 파고 있습니다. 거대한 기계식 굴착기가 중앙에 자리 잡고 땅을 파서 덤프트럭에 흙을 실어 나릅니다. 파낸 구멍이 아마 5~6층 깊이는 되는 것 같습니다. 이것을 볼 때 어떤 추론이 가능합니까? 기반을 깊이 파는 것을 보면 뭔가 큰 건물이 들어선다는 것을 알 수 있습니다. 건물이 크면 기반도 커야 합니다.

로마서 8장 28절이라는 건물

약속을 건축물이라 생각할 때, 로마서 8장 28절보다 더 큰 건물은 없습니다. 이 구조는 정말 어마어마하게 규모가 큽니다. 거대합니다. 무한히 지혜로우시고, 무한히 강력하신 하나님께서 모든 것이 그 백성에게 유익하도록 만들겠다고 약속하십니다! "모든 것"은 그야말로 모든 것을 의미합니다. 좋은 것들만이 아니라, 환난, 곤고, 위험, 죽음 같은 나쁜 것들도 말입니다.

이 거대한 약속 안에 산다면, 우리의 삶은 거대한 바위 위에 세워진 요새처럼 견고합니다. 로마서 8장 28절의 성벽 안에 머물면 어떤 것도 우리를 흔들지 못합니다. 로마서 8장 28절 밖에는 혼돈과 걱정과 두려움, 불확실함이 가득합니다. 그곳의 집은 짚으로 만들어졌고(치명적인 약물들), 지붕은 양철이고(은퇴 설계들), 벽은 골판지로 제작되었습니다(로마서 8장 28절을 대체하는 수천 가지 다른 것들).

하지만 사랑의 문을 통과해 일단 로마서 8장 28절이라는 거대하고 튼튼한 성채로 들어서면, 모든 것이 바뀝니다. 우리의 삶은 안전해지고 깊어지고 자유로워집니다. 더 이상 어떤 것에도 흔들리지 않습니다. 전능하신 하나님께서 우리의 유익을 위해 우리가 겪는 모든 고통과 즐거움을 주관하신다는 확신은 우리의 삶에 최고의 안식과 안정과 소망과 힘을 제공합니다. 세상에 있는 어떤 약속도 로마서 8장 28절의 높이와 넓이와 무게를 능가하지 못합니다.

로마서 8장 28절의 기반

그러므로 이 거대한 건축물의 기반은 그 무엇보다 깊고 든든합니다. 앞으로 4주 동안 이에 대해 다룰 것입니다. 29절은 28절의 이유를 말합니다(영어 성경에서는 "왜냐하면"(for)이라는 접속사로 시작함—옮긴이). 즉 로마서 8장 28절이라는 이 거대한 건축물의 기반, 근거, 기초를 이제 말하겠다는 의미입니다. 훌륭한 약속을 떠받치기 위해 훌륭한 기반이 있어야 하는 것은 당연합니다.

이 부분을 강해하면서 제 목표는 로마서 8장 28절의 약속을 떠받치고 있는 기반으로 안내하는 것입니다. 이를 통해 우리가 이 약속을 더욱 확실히 믿을 수 있기를 기도합니다. 또한 우리의 삶이 더 안정되고 깊어지고 자유로워지고 소망과 기쁨에 넘침으로 세상을 향해 하나님이 세상을 다스리심을 증거할 수 있기를 기도합니다. 믿음은 들음에서 나고, 들음은 하나님의 말씀에서 납니다. 우리는 이 믿음이 강해지길 갈망합니다. 그러므로 하나님의 말씀에 온 신경을 집중합시다.

이 약속의 깊은 기반

28절을 자세히 보면, 하나의 약속(모든 것이 합력하여 선을 이룬다)과 그 약속의 수혜자에 대한 두 가지 설명(하나님을 사랑하는 자, 그의 뜻대로 부르심을 입은 자)이 있습니다. 약속의 수혜자를 말하면서, 바울은 우리가 29절과 30절에서 깊이 다루게 될 약속의 깊은 기반에 대해 요약하여 조금 보여 줍니다.

구체적으로 말해서, 바울이 "하나님의 뜻대로 부르심을 입은 자들"이 약속의 수혜자라고 말할 때 그는 29-30절을 미리 보여 주는 셈입니다. 29절에서는 "하나님의 뜻"을 풀어서 설명합니다("하나님이 미리 아신 자들을 또한 그 아들의 형상을 본받게 하기 위하여 미리 정하셨으니 이는 그로 많은 형제 중에서 맏아들이 되게 하려 하심이니라"). 그리고 30절은 28절에 나오는 "부르심"이 함축하는 의미들을 보여 줍니다("또 미리 정하신 그들을 또한 부르시고 부르신 그들을 또한 의롭다 하시고 의롭다 하신 그들을 또한 영화롭게 하셨느니라").

따라서 제 계획은 로마서 8장 28절과 그 기반을 요약하여 살펴보고, 다음 세 번은 29-30절에 대해 살펴보려고 합니다.

약속의 수혜자들

28절에서 시작된 질문은 누가 이 위대한 약속의 수혜자인가 하는 것입니다. 삶에서 당하는 모든 고통이 실제로는 그들에게 유익을 주시려는 전능하신 하나님의 지혜롭고 선한 치료 요법이 되는 그런 사람들은 누구입니까?

두 가지 표현

이에 대해 바울은 두 가지로 답합니다. 또는 한 가지 답을 두 가지 측면에서 말한다고 할 수 있습니다. 먼저 그들이 하나님을 향해 무엇을 하느냐에 의해, 두 번째는 하나님이 그들에게 무엇을 하셨는가에 의해 약속의 수혜자가 어떤 이들인지 규정됩니다.

먼저 "하나님을 사랑하는 자들"에게는 모든 것이 합력하여 선을 이룹니다. 이 약속의 수혜자들은 하나님을 사랑하는 사람들입니다. 하나님을 사랑하는 것은 가장 첫째 되고 중요한 계명입니다. 하나님을 사랑하는 자들에게 그분이 예비하신 것은, 아무도 본 적이 없고 들어본 적 없으며 감히 상상도 할 수 없는 그런 것들입니다.

그런 다음, 두 번째로, 바울은 이 약속의 수혜자들을 "그의 뜻대로 부르심을 입은 자들"이라고 표현합니다. 하나님을 사랑하는 것 말고도, 이 약속의 수혜자들을 "그의 뜻대로 부르심을 입은 자들"이라고 말하는 것에는 어떤 의미가 있습니까? 이 질문에 답하기 위해, 바울이 쓴 성경 중에서 하나님의 부르심을 언급한 두 구절과 그분의 뜻을 언급한 두 구절을 찾아보겠습니다.

"부르심을 입었다"는 의미

30절은 28절에 나오는 "부르심을 입다"의 의미를 알려 줍니다. 바울은 이렇게 말합니다. "또 미리 정하신 그들을 또한 부르시고 부르신 그들을 또한 의롭다 하시고 의롭다 하신 그들을 또한 영화롭게 하셨느니라." 이 구절에서 우리가 알 수 있는 것은 하나님께서는 부르신 모든 사람을 의롭다 하신다는 것입니다. 하나님은 그들이 무죄라고 선언하십니다. 그들을 용서하십니다. 그들은 의롭다 여겨지고 그분의 자녀가 됩니다. "부르신 그들을 또한 의롭다" 하셨습니다.

부르심을 입은 자들은 의롭다 여겨진다

이 구절에서 언급된 부르심은 복음이 선포될 때 모든 사람에게 전해지는 일반적인 부르심이 아닙니다. 만일 그랬다면, 복음을 듣는 모든 사람이 의롭다 함을 얻어야 할 것입니다. 30절 말씀은 "부르신 그들을 또한 의롭다 하시고"라고 말합니다. TV를 통해 빌리 그레이엄 목사님이 그리스도께로 부르는 소리를 듣는 모든 사람이 로마서 8장 30절의 의미로 부름을 받은 것이라면 그들도 모두 의롭다 함을 얻어야 합니다. "부르신 그들을 또한 의롭다 하시기" 때문입니다.

하지만 바울은 이런 일반적인 의미의 부름을 받은 모든 사람이 의롭다 함을 받는 것은 아니라고 분명히 가르칩니다. "우리는 믿음으로 의롭다 하심을 받습니다"(롬 5:1). 이런 일반적인 의미로 부름을 받은 사람 모두가 믿음을 갖는 것은 아닙니다. 따라서 모두 의롭다 함을 받지는 않습니다. 그런데 바울은 로마서 8장 30절에서 "부르심을 입은 자들이 의롭다 함을 얻는다"고 말합니다.

그리스도는 부르심을 입은 자들에게 어떤 존재인가

바울은 고린도전서 1장 23-24절에서 우리를 위해 입장을 분명히 밝힙니다. "우리는 십자가에 못 박힌 그리스도를 전하니 유대인에게는 거리끼는 것이요 이방인에게는 미련한 것이로되 오직 부르심을 받은 자들에게는 유대인이나 헬라인이나 그리스도는 하나님의 능력이요 하나님의 지혜니라." 바울이 그리스도를 유대인과 이방인에게 차별 없이 전하고 있다는 점에 주목하십시오. 그런 의미에서 모두가 부르심을 받습니다. 하지만 이것은 바울이 사용한 부르심이라는 단어의 의미는 아닙니다. 바울은 일반적인 부르심을 듣는 사람들 중에서 "부르심을 입는" 사람들이 있다고 말합니다. 그리고 이렇게 더 좁은 의미에서 부르심을 입는 사람들은 그리스도를 거리끼는 것이나 미련한 것으로 여기지 않습니다. 오히려 그들은 그분을 하나님의 능력과 하나님의 지혜로 여깁니다. 24절입니다. "오직 부르심을 받은 자들에게는 유대인이나 헬라인이나 그리스도는 하나님의 능력이요 하나님의 지혜니라."

효력 있는 하나님의 부르심

그래서 바울은, 복음이 전파될 때 하나님은 어떤 사람들을 더욱 강력하게 부르셔서 예수 그리스도에 대한 그들의 마음과 생각을 바꾸셔서 믿음과 사랑으로 받아들이게 만드신다고 가르칩니다. 바로 이런 이유에서 바울은 로마서 8장 30절에서 칭의는 믿음으로만 얻어지는 것임에도 불구하고 "부르심을 입은 자들은 의로워진다"고 말합니다. 하나님의 부르심이 믿음을 가져옵니다. 하나님이 부르시면 소경의 눈이 열려 예수님이 하나님의 지혜요 능력임을 보게 됩니다.

바울이 생각하는 하나님의 부르심은 "멍멍아, 이리 온!" 하며 애완동물을 부르는 것과 같지 않습니다. 멍멍이는 올 수도 있고 오지 않을 수도 있습니다. 오히려 하나님의 부르심은 예수님이 죽은 나사로를 부르신 것과 같습니다. "나사로야, 나오너라!" 그 부르심에는 명령한 것을 이루어지게 하는 능력이 있습니다. 반드시 효력을 발생시키는 부르심입니다. 그래서 바울은 로마서 8장 30절에서 "부르신 그들을 또한 의롭다 하시고"라고 말할 수 있었습니다. 그들이 의롭다 함을 얻을 것이 확실한 이유는 인간을 의롭게 만드는 믿음이 효력 있는 하나님의 부르심에 의해 생겨난다는 사실에 근거합니다.

그러므로 로마서 8장 28절이 "하나님을 사랑하는 자 곧 그의 뜻대로 부르심을 입은 자들에게는 모든 것이 합력하여 선을 이루느니라"고 말할 때, 이것이 의미하는 것은 이 위대한 약속의 수혜자들은 한때는 하나님을 사랑하지 않았지만 지금은 하나님께서 친히 그들을 어둠에서 빛으로, 불신에서 믿음으로, 죽음에서 생명으로 결정적으로 불러내셨고 그들 안에 자신을 향한 사랑을 심으셨기 때문에 하나님을 정말로 사랑하게 된 사람들이라는 것입니다.

반드시 효력을 발생시키는 이러한 하나님의 부르심은 신명기 30장 6절 약속에 대한 새로운 언약의 성취입니다. "네 하나님 여호와께서 네 마음과 네 자손의 마음에 할례를 베푸사 너로 마음을 다하며 뜻을 다하여 네 하나님 여호와를 사랑하게 하사 너로 생명을 얻게 하실 것이며."

부르심을 입은 자들에게 너무나 확실한 로마서 8장 28절

로마서 8장 28절의 약속을 받는 자들이 그 약속을 하나님께서 반드시 성취하시리라고 확신할 수 있는 이유는, 하나님이 직접 그들을 그 언약으로 부르셨고 그 언약에 맞는 자격을 갖추게 하셨기 때문입니다. 이것은 하나님이 어떤 잔치 자리를 마련하신 후 모두를 초대하면서 "관계자 앞"이라고 주소를 적어 단체 메일을 보내는 그런 차원이 아닙니다. 오히려 하나님이 친히 차를 몰고 우리 집에 와서는 집으로 들어가서 우리를 직접 데리고 나온 후에 차에 태우고 로마서 8장 28절의 잔치 자리로 이끌어 그 자리에 걸맞는 사랑의 옷을 입히고 자기 아들의 오른편에 앉히는 것과도 같습니다. 이렇듯 하나님이 주도적으로 우리 인생을 이끄신다면, 모두 자비로 인도하실 것이고, 모든 것이 합력하여 선을 이루게 하실 것을 더욱 확신할 수 있지 않겠습니까?

하나님의 주권적이고 반드시 효력을 발생시키는 이 부르심을 받아들이지 않는다면, 이렇듯 깊고 놀라운 약속을 우리 스스로 거부하는 꼴이 됩니다. 어느 것과도 비교할 수 없는 이 놀라운 약속을 받아들인다는 것이 무엇을 의미하는지 알 때, 우리는 그리스도인으로서 힘 있게 살아갈 수 있습니다.

그런데 반드시 효력을 발생시키는 하나님의 부르심에 의해 우리가 그 약속의 수혜자가 되었다는 것으로는 우리에게 확신을 주기 충분치 않다는 듯, 바울은 "그의 뜻대로"라는 말을 덧붙입니다. 하나님을 사랑하고, 그의 뜻대로 부르심을 입은 자들에게는 모든 것이 합력하여 선을 이룹니다.

바울은 왜 "그의 뜻대로"라는 말을 덧붙이는가

바울이 "그의 뜻대로"라는 말을 덧붙인 이유는 무엇일까요? 하나님의 부르심은 우리의 목적이 아닌 하나님의 목적에서 비롯된 것임을 더욱 분명하고 강력하게 말하기 위해서라고 생각합니다. 하나님의 부르심은 우리가 하려고 계획했던 어떤 일에 대한 반응이 아닙니다. 하나님에게는 부르신 자들을 위한 나름대로의 높고 거룩한 목적이 있고, 하나님의 부르심은 우리의 목적이 아닌 하나님의 목적에 부합합니다. 하나님께서 직접 차를 몰고 와서 우리를 태우고 로마서 8장 28절의 잔치 자리로 데려가신 것은, 그것이 우리가 세운 구원의 목적에 부합하기 때문이 아니라 하나님이 세우신 구원의 목적에 부합하기 때문입니다. 만일 우리가 우리를 구원하고자 목적을 세우기를 하나님이 기다리셔야 했다면, 우리는 지금도 집에서 TV나 보고 있었을 것입니다.

진정한 이스라엘과 진정한 아브라함의 자녀

"그의 뜻대로"라는 이 짧은 표현에 담긴 힘을 제대로 보려면, 이 말이 사용된 다른 본문인 로마서 9장 11절로 가야 합니다. 문맥으로 볼 때, 바울은 모든 이스라엘 백성이 진정한 이스라엘이 아니고(6절), 아브라함으로부터 나왔다고 모든 사람이 아브라함의 자손이 아니라고(7절) 말하고 있습니다. 그리고 진정한 이스라엘이 되거나 진정한 아브라함의 자녀가 되게 하는 차이는, 사람의 것이 아닌 하나님의 목적과 부르심에 있다고 말합니다. 10절부터 12절 말씀을 보십시오.

"그뿐 아니라 또한 리브가가 우리 조상 이삭 한 사람으로 말미암아 임신하였는데 그 자식들이 아직 나지도 아니하고 무슨 선이나 악을 행하지 아니한 때에 택하심을 따라 되는 하나님의 뜻이 행위로 말미암지 않고 오직 부르시는 이로 말미암아 서게 하려 하사 리브가에게 이르시되 큰 자가 어린 자를 섬기리라 하셨나니."

위 말씀은 야곱과 에서(리브가의 쌍둥이 아들)의 예를 통해 하나님의 부르심의 속성을 보여 주고 있습니다. 야곱과 에서는 같은 태에 있었습니다. 그들은 아버지도 같습니다. 무슨 선이나 악을 행하지도 않았습니다. 그런데 하나님은 에서가 아닌 야곱을 사랑하셨습니다. 왜 그렇습니까? 왜 하나님은 한 사람은 부르시고 다른 한 사람은 부르지 않으실 정당한 근거를 발견하기 위해 그들이 장성할 때까지 기다리지 않으셨을까요? 왜 하나님은 그들이 태어나기도 전에 그분의 선택을 보여 주셨을까요?

11절이 이에 대한 답을 주는데, 로마서 8장 28절의 바로 그 단어를 사용합니다. "택하심을 따라 되는 하나님의 '뜻'이 행위로 말미암지 않고 오직 '부르시는' 이로 말미암아 서게 하려 하사."

택하심을 따라 되는 하나님의 뜻

모든 인간적인 차이점과는 상관없이 이루어지는 하나님의 무조건적인 '부르심'이 바로 하나님께서 택하심을 따라 되는 그분의 뜻을 유지하는 수단입니다. 하나님이 사람들의 차이와 상관없이 그들을 부르지 않으시고, 대신 그들의 차이점에 의거해 부르셨다면, 택하심을 따라 되는 하나님의 뜻은 실패로 돌아갔을 것입니다.

하나님은 선거구를 돌아다니며 자신을 뽑아달라고 외치는 정치판의 선거 후보자처럼 되었을 것입니다. 하나님이 제안을 하고 사람은 거절하는 식이 되었을 것입니다. 하나님 선거구의 크기와 구성원은 결국 사람의 투표로 결정되었을 것입니다. 그리스도인의 선교가 성공하고 모든 방언과 민족과 백성과 나라에서 회심자들이 나올 가능성은 전적으로 사람의 투표에 달렸을 것입니다.

하지만 사도 바울은 하나님이 그런 분이 아님을 압니다. 바울은 하나님이 야곱과 에서가 태어나기도 전에 에서가 아닌 야곱을 택하심으로, 택하심을 따라 되는 하나님의 뜻이 야곱과 에서의 행동이 아닌 자신의 부름(택하심을 따라 되는 그분의 뜻에 맞는 부름)에 근거하여 서도록 하셨습니다.

요약

그렇다면 로마서 8장 28절의 기반은 무엇입니까? 하나님을 사랑하는 사람들은 환난과 곤고와 기근과 적신과 위험과 칼이 사실상 그들을 위해 합력하여 선을 이룰 것이라는 확신을 어디서 발견합니까?

하나님을 사랑하는 사람들은 또한 하나님에 의해 부름을 받은 사람들이라는 것이 답입니다. 그리고 이러한 부르심은 하나님을 향한 우리의 헌신처럼 흔들리고 불확실한 어떤 것이 아닌 택하심이라는 하나님의 영원한 뜻(하나님은 그 택하심으로 우리 행동과는 상관없이 우리를 사랑하십니다)에만 근거한다는 것이 답입니다.

우리 삶에서 생겨나는 모든 어려움과 행복이 우리 유익을 위해 작용할 거라는 확신은 성경에 그렇게 약속되어 있다는 사실에 근거할 뿐 아니라, 하나님이 영원 전부터 그분의 자비하심으로 우리를 선택하셔서 그분의 잔치를 즐기게 하셨고 하나님을 사랑하는 마음을 가진 존재로 우리를 부르심으로써 우리가 선택받았다는 증거를 주셨다는 사실에 근거합니다. 정말 그렇지 않습니까?

하나님을 사랑하는 자
곧 그의 뜻대로 부르심을 입은 자들에게는
모든 것이 합력하여 선을 이루느니라. 아멘.

35장

미리 아신 자들을 미리 정하셨으니

로마서 8:28-30

우리가 알거니와 하나님을 사랑하는 자 곧 그의 뜻대로 부르심을 입은 자들에게는 모든 것이 합력하여 선을 이루느니라. 하나님이 미리 아신 자들을 또한 그 아들의 형상을 본받게 하기 위하여 미리 정하셨으니 이는 그로 많은 형제 중에서 맏아들이 되게 하려 하심이니라. 또 미리 정하신 그들을 또한 부르시고 부르신 그들을 또한 의롭다 하시고 의롭다 하신 그들을 또한 영화롭게 하셨느니라. _롬 8:28-30

로마서 8장 29절을 이루는 네 부분

오늘은 로마서 8장 29절의 네 부분을 살펴보려고 합니다.

1. 28절과의 연결 부분. "하나님이 미리 아신 자들을…."

2. 하나님의 미리 아심의 의미. "하나님이 미리 아신 자들을 또한 … 미리 정하셨으니…."

3. 우리 유익을 위한 미리 정하심의 목적. "… 그 아들의 형상을 본받게 하기 위하여…."

4. 그리스도의 영광을 위한 미리 정하심의 목적. "… 이는 그로 많은 형제 중에서 맏아들이 되게 하려 하심이니라."

1. 28절과의 연결 부분

"왜냐하면"(for)이라는 말로 시작한 것은 29-30절이 28절의 기반임을 보여 줍니다. 29-30절은 하나님의 뜻대로 부르심을 입은 자들에게는 모든 것이 합력하여 선을 이룰 것을 우리가 어떻게 알 수 있는지 말해 줍니다.

29-30절은 28절에서 "그의 뜻대로 부르심을 입은"이라는 말이 함축하는 바를 풀어서 보여 주고 있습니다.

29절은 그 목적을, 30절은 그 부르심을 보여 줍니다.

이 약속에 대해 이렇게 깊은 기반을 제공하는 것이 바울에게 왜 중요합니까? 네 가지 이유가 있습니다.

1.1. 가장 자유로운 사람들이 되기 위해

로마서 8장 28절 말씀만큼 수세기에 걸쳐 하나님의 백성들에게 큰 위안과 힘을 준 약속도 없습니다. 우리가 내면 가장 깊은 곳으로부터 이 약속이 사실임을 확신할 수 있다면 우리는 세상에서 가장 자유로운 사람들이 될 것입니다. 그 소망이 주는 자유함 가운데 우리는 서로를 사랑할 수 있고 어두운 세상에서 밝게 빛날 수 있을 것입니다.

소망은 세상에서 가장 실제적인 힘입니다. 소망은 좌절과 침체, 조바심, 걱정, 자살을 극복합니다. 소망은 늘 해오던 일과 오래된 결혼 생활, 빛바랜 우정, 힘을 잃은 교회들에 생명을 불어넣습니다. 소망은 미래를 열고 비전과 꿈과 계획과 기도를 초청합니다. 소망은 정욕과 욕심과 헛된 야망을 이깁니다. 이것들은 사람들이 삶에서 뭔가 정말로 중요하고 아름답고 만족을 주는 것을 잃었을 때 일시적으로 대체되는 것들이기 때문입니다.

그래서 바울은 모든 약속 가운데 제일 위대한 이 약속을 위해 조금의 머뭇거림도 없이 깊이 있는 기반을 제공합니다. 바로 로마서 8장 29-30절이 그 기반입니다. 선택하심, 예정하심, 효력 있는 부르심, 칭의, 영화라는 위대한 교리들이 그 기반을 이루는 기둥들입니다. 이것들을 알고 사랑하는 것이 중요한 이유는 이것들이 우리가 누리는 모든 언약의 축복들의 기반이기 때문입니다.

1.2. 하나님에 대해 곡해하고 좁게 생각하는 것을 피하기 위해

하지만 더 중요한 이유는, 우리가 이런 은혜의 교리를 모르면 하나님을 보는 우리 시야가 좁아지고 왜곡될 것이기 때문입니다. 하나님에 대한 우리의 비전이 작아지고 왜곡될 때, 모든 삶을 하나님과 연관 지어 보려는 시도는 불가능해집니다. 그래서 현대의 문화적이고 지적인 삶 속에 있으면서 그곳을 전능하신 하나님의 영역으로 선포하고 모든 진리를 주장하는 대신, 우리가 만든 작은 하나님을 종교라는 하부문화에만 제한시키고 맙니다.

1.3. 예배에서 사소한 일에 집착하는 것을 막기 위해

또한 우리가 하나님이 선택하시고 예정하시고 부르시고 의롭다 하시고 영화롭게 하신 것을 모르고 그 하나님을 사랑하지 않을 때, 심지어 교회에서도 예배는 사소한 것들로 인해 문제를 안게 됩니다. 이것이 오늘날 예배에서 경외감이 사라진 원인을 가장 잘 설명하는 말 아닐까요? 진실 되고 강력한 예배가 사라진 것과, 하나님의 권세와 능력과 자유 앞에서 아무 말도 할 수 없었던 경외감을 잃어버린 것은 서로 연결되어 있습니다.

1.4. 하나님의 말씀이기 때문

그밖에도 왜 이것이 중요한지에 대한 이유는 끝없이 많습니다. 결론적으로, 이것이 하나님의 말씀이기 때문이라고 말하면 충분할 것 같습니다.

2. 하나님이 미리 아셨다는 의미

29절 상반절입니다. "미리 아신 자들을."

2.1. 두 가지 가능성

하나님은 어떤 의미에서는 모든 것과 모든 사람을 미리 알고 계십니다(사 46:10). 하지만 모두가 그 아들을 닮아가도록 예정되지는 않았습니다. 따라서 "미리 아심"은 어떤 의미에서 자격 조건이 부여되어야 합니다. 왜냐하면 바울이 "미리 아신 자들을 또한 미리 정하셨으니"라고 말하기 때문입니다. 따라서 하나님의 미리 아심에 대해 자격 조건을 부여하거나 제한을 두는 두 가지 방식이 있습니다.

2.1.1. "예수님을 믿게 될 것이다"와 같은 말을 덧붙여서 "미리 아

신 자들은 예수님을 믿게 될 것이고, 또한 그 아들의 형상을 본받도록 미리 정하셨다"고 말할 수 있습니다. 다른 말로 하면, 구원을 행하실 때도 사람에게 있는 자기 결정력을 지켜 주시기 위해, 하나님은 어떤 사람들이 자기 결정력을 통해 얻게 될 믿음을 미리 보시고 그 믿음을 근거로만 예정하신다는 것입니다.

2.1.2. 덧붙이는 것 없이, "미리 아셨다"는 말을 성경에 나오는 특별한 앎, 즉 택하고 인정하고 호의를 품는 것을 의미하는 그런 앎을 가리키는 말로 해석하는 것입니다. 다른 말로 하면, 하나님의 미리 아심을 그분의 택하심과 실제적으로 같은 말로 해석하라는 것입니다.

2.2. 두 번째 견해(2.1.2)를 옹호하는 주장들

2.2.1. 이 문장을 잘 이해하기 위해 다른 말을 덧붙일 수도 있겠지만, 이 구절의 의미가 다른 말을 덧붙이지 않고도 문맥상 확실하고 일관성이 있다면 굳이 그렇게 할 필요는 없을 것 같습니다. 본문은 간단하게 "미리 아신 자들을 미리 정하셨다"고 말하면서 미리 아신다는 말 속에 나름대로의 제한이 있음을 보여 줍니다. 성경의 다른 곳이나 특히 바울의 글에서 "안다는 것"이 나름대로의 제한적 의미를 담고 있음을 밝혀낼 수 있다면 굳이 다른 말을 덧붙일 필요가 없을 것입니다(2.2.3. 참조).

2.2.2. 구원에 있어서 사람이 갖는 자기 결정력을 지키고 싶은 소망은 30절에서 허물어집니다. 30절은 "부르신 그들을 또한 의롭다 하셨다"고 말합니다. 이전에 다루었던 내용을 기억해 보십시오. 부름

받은 사람 전부가 의롭다 함을 받는다면, 또 칭의가 오직 믿음으로 되는 것이라면, 그렇다면 그 부르심은 믿음을 담보해야 합니다. 왜냐하면 믿음이 칭의를 담보하기 때문입니다. 하지만 하나님의 부르심이 믿음을 가져온다면, 사람에게 구원을 가져오는 것은 사람의 자기 결정력이 아닙니다.

그러므로 비록 하나님이 미리 보신(foresaw) 믿음에 근거해서 미리 정하셨다 할지라도, 하나님께서는 그 믿음을 친히 만드시고자(create) 했습니다. 따라서 미리 알려진 믿음(foreknown faith)이라고 생각할 만한 모든 동기가 무너지고 맙니다(사람이 믿음을 선택하는 것이 아니라, 먼저 하나님이 믿음을 주시고 그 믿음에 근거해서 사람을 선택하신다는 의미—편집주). 따라서 하나님이 효력 있게 부르셔서 믿음을 갖게 할 사람을 선택하시는(또는 고르시는) 것은 전적으로 하나님의 자유이고 권리입니다. 왜냐하면 하나님이 친히 만드신(creates) 믿음에 근거해서 누군가를 예정하는 것과 선택하심에 근거해서 예정하는 것은 동일한 말이기 때문입니다.

2.2.3. "알다", "미리 알다"라는 말은 일반적으로 "선택하다", "호의를 갖다", "인정하다"를 의미합니다. 그러므로 하나님이 미리 아신 사람들의 의미를 제한하기 위해 굳이 다른 말을 덧붙일 필요가 없습니다. 왜냐하면 그 단어 자체가 일정한 사람들, 즉 하나님이 택하시거나 호의를 가진 사람들로 제한되기 때문입니다. "안다"라는 말이 이런 의미를 갖고 있음을 보여 주는 몇 가지 성경구절이 있습니다.

로마서 11장 1-2절입니다. "그러므로 내가 말하노니 하나님이 자기 백성을 버리셨느냐 그럴 수 없느니라. 나도 이스라엘인이요 아브라함의 씨에서 난 자요 베냐민 지파라. 하나님이 그 미리 아신 자기 백성을 버리지 아니하셨나니."

아모스 3장 1-2절 말씀입니다. "이스라엘 자손들아 여호와께서 너희에 대하여 이르시는 이 말씀을 들으라. 애굽 땅에서 인도하여 올리신 모든 족속에 대하여 이르시기를 내가 땅의 모든 족속 가운데 너희만을 알았나니 그러므로 내가 너희 모든 죄악을 너희에게 보응하리라 하셨나니."

창세기 18장 17-19절입니다. "여호와께서 이르시되 내가 하려는 것을 아브라함에게 숨기겠느냐 … 내가 그로 그 자식과 … 여호와의 도를 지켜 … 그를 택하였나니[문자 그대로 하면, '알았나니'] 이는 나 여호와가 아브라함에게 대하여 말한 일을 이루려 함이니라."

호세아 13장 4-5절입니다. "그러나 애굽 땅에 있을 때부터 나는 네 하나님 여호와라. 나 밖에 네가 다른 신을 알지 말 것이라. 나 외에는 구원자가 없느니라. 내가 광야 마른 땅에서 너를 알았거늘."

시편 1편 6절입니다. "무릇 의인들의 길은 여호와께서 인정하시나[아시나] 악인들의 길은 망하리로다."

마태복음 7장 23절입니다. "그 때에 내가 그들에게 밝히 말하되 내가 너희를 도무지 알지 못하니 불법을 행하는 자들아 내게서 떠나가라 하리라."

고린도전서 8장 3절입니다. "또 누구든지 하나님을 사랑하면 그 사람은 하나님도 알아주시느니라."

갈라디아서 4장 8-9절입니다. "그러나 너희가 그 때에는 하나님을 알지 못하여 본질상 하나님이 아닌 자들에게 종노릇하였더니 이제는 너희가 하나님을 알 뿐 아니라 더욱이 하나님이 아신 바 되었거늘 어찌하여 다시 약하고 천박한 초등학문으로 돌아가서 다시 그들에게 종노릇하려 하느냐."

디모데후서 2장 16-19절입니다. "망령되고 헛된 말을 버리라. 그들은 경건하지 아니함에 점점 나아가나니 그들의 말은 악성 종양이 퍼져 나감과 같은데 그 중에 후메내오와 빌레도가 있느니라. 진리에 관하여는 그들이 그릇되었도다. 부활이 이미 지나갔다 함으로 어떤 사람들의 믿음을 무너뜨리느니라. 그러나 하나님의 견고한 터는 섰으니 인침이 있어 일렀으되 주께서 자기 백성을 아신다 하며 또 주의 이름을 부르는 자마다 불의에서 떠날지어다 하였느니라."

결론

"미리 아신 자들을 또한 미리 정하셨으니"라는 말씀은 하나님께서 그 백성들의 운명을 정하신 것은 하나님의 미리 선택하심에 의거한 것이고, 이 선택하심은 우리가 가진 자기 결정력으로 만들어 낼 수 있는 어떤 미리 보여진 믿음(foreseen faith)에 근거한 것이 아니라는 의미입니다. 구원 계획에는 인간의 자기 결정이라는 구속력이 포함되어 있지 않습니다.

3. 우리에게 유익하도록 미리 정하신 목적

여기서 미리 정하심은 누가 구원받을 것인지 선택했다는 의미가 아닙니다. 선택받은 자들에게 정해진 운명을 가리키는 말입니다. 먼저, 하나님은 선택하십니다. 즉, 아무 조건 없이 그분이 호의를 베풀 자들에게 호의를 베푸십니다. 그런 다음 그들에게 영원히 영광을 누리도록 운명을 정하십니다.

바울은 "미리 아신 자들" 또는 "선택받은 자들"이 받을 운명을 두 부분으로 언급합니다. 하나는 우리 유익과 관련이 있습니다. 다른 하나는 그리스도의 영광과 관련이 있습니다.

먼저, 우리 유익과 관련하여 미리 정하신 목적을 보겠습니다. "하나님이 미리 아신 자들을 또한 그 아들의 형상을 본받게 하기 위하여 미리 정하셨으니."

우리가 그리스도를 닮아가는 것에 대해 말하는 다른 성경구절들을 보면, 부활 때 얻게 될 마지막 영광스러운 상태뿐 아니라 그 영광으로 가는 도중에 도덕적으로 변화되어 가는 과정도 포함하고 있습니다.

빌립보서 3장 20-21절입니다. "그러나 우리의 시민권은 하늘에 있는지라. 거기로부터 구원하는 자 곧 주 예수 그리스도를 기다리노니 그는 만물을 자기에게 복종하게 하실 수 있는 자의 역사로 우리의 낮은 몸을 자기 영광의 몸의 형체와 같이 '변하게'(σύμμορφον) 하시리라"(로마서 8장 29절에 나오는 σύμμορφος라는 단어가 신약에서는 유일하게 여기서 한 번 더 나옵니다).

고린도전서 15장 42-49절입니다. "죽은 자의 부활도 그와 같으니 썩을 것으로 심고 썩지 아니할 것으로 다시 살아나며 욕된 것으로 심고 영광스러운 것으로 다시 살아나며 … 우리가 흙에 속한 자의 형상을 입은 것 같이 또한 하늘에 속한 이의 형상을 입으리라."

빌립보서 3장 10절입니다. "내가 그리스도와 그 부활의 권능과 그 고난에 참여함을 알고자 하여 그의 죽으심을 본받아."

고린도후서 3장 18절입니다. "우리가 다 수건을 벗은 얼굴로 거울을 보는 것 같이 주의 영광을 보매 그와 같은 형상으로 변화하여 영광에서 영광에 이르니 곧 주의 영으로 말미암음이니라."

결론

우리 유익과 관련하여 미리 정하신 목적은 우리로 하여금 도덕적으로는 흠 없는 의를 얻고, 육체적으로는 그리스도의 몸과 같이 영광스런 부활의 몸을 얻어 부활하신 그리스도의 영광을 공유하게 하는 것입니다. 이 운명은 30절에 나오는 "영화로워지는 것"("의롭다 하신 그들을 또한 영화롭게 하셨느니라")입니다. 그리고 모든 하나님의 백성은 지금 이 과정을 거치고 있습니다. 복음 안에서 그리스도의 얼굴을 바라보며 성령의 능력으로 조금씩 영화로워지고 있습니다.

4. 그리스도의 영광을 위해 미리 정하신 목적

하나님께서 미리 예정하신 구원의 궁극적인 목적은 인간 차원에서 끝나지 않습니다. 그 목적은 하나님의 아들에게서 달성됩니다. 그분의 영광이 우리의 영광보다 앞섭니다. 탁월하신 그리스도의 영광이 미리 예정하심의 궁극적인 목적입니다.

"하나님이 미리 아신 자들을 또한 그 아들의 형상을 본받게 하기 위하여 미리 정하셨으니 이는 그로 많은 형제 중에서 맏아들이 되게 하려 하심이니라."

하나님은 우리가 그 아들의 위대하심을 공유하도록 정하셔서 그 아들이 가장 위대하게 높아지도록 하셨습니다.

하나님은 우리가 그리스도의 영광을 함께하도록 운명 지으셨는데, 아들의 영광이 그분의 형상을 닮은 수많은 사람들을 통해 더욱 극대화되도록 하기 위해서입니다.

하나님은 셀 수 없이 많은 구원받은 자들(하나님의 자녀들)을 만드셔서 그리스도가 그들 가운데서 높아지고 찬양받고 영광받으시게 하셨습니다.

결론

미리 정하심에 담긴 말로 다할 수 없는 신비는, 그것이 하나님이 하나님 되시기 위해 그리고 우리가 행복해지기 위해 반드시 와야 할 결말, 즉 자기 백성들의 영화를 통해 그리스도의 탁월한 영화로움이 드러나는 것을 목표로 하고 그것을 확실히 보증한다는 데에 있습니다.

36장

미리 정하신 그들을 또한 부르시고 (1)

로마서 8:28-30

우리가 알거니와 하나님을 사랑하는 자 곧 그의 뜻대로 부르심을 입은 자들에게는 모든 것이 합력하여 선을 이루느니라. 하나님이 미리 아신 자들을 또한 그 아들의 형상을 본받게 하기 위하여 미리 정하셨으니 이는 그로 많은 형제 중에서 맏아들이 되게 하려 하심이니라. 또 미리 정하신 그들을 또한 부르시고 부르신 그들을 또한 의롭다 하시고 의롭다 하신 그들을 또한 영화롭게 하셨느니라. _롬 8:28-30

하나님의 백성들이 자기 높임과 자기 합리화, 자기 보존이라는 충동에서 해방되어 다른 사람들의 영원한 유익을 위해 살게 될 때, 그때 우리는 세상의 빛과 소금이 되고 사람들은 우리를 통해 하나님이 어떤 분이신지를 보고 그분께 영광을 돌리게 됩니다(마 5:14-16). 그러므로 이 세상에서 우리를 향한 하나님의 목적이 달성되려면(즉 사랑의 삶을 통해 그분의 영광이 드러나려면), 자신을 높일 구실을 주고, 자신을 정당화하고, 자신의 태도와 마음가짐과 실적과 행운을 고수하게 만드는 교만과 불안을 이길 무기를 찾아야만 합니다.

교만과 불안에 대항하는 우리의 무기

하나님이 자기 백성들의 손에 쥐어 주신 무기는 로마서 8장 28절의 약속입니다. "우리가 알거니와 하나님을 사랑하는 자 곧 그의 뜻대로 부르심을 입은 자들에게는 모든 것이 합력하여 선을 이루느니라." 전능하신 하나님께서 나에게 일어나는 모든 일들을 나에게 유익이 되게 만드신다는 진심 어린 확신이 자기 높임과 자기 합리화와 자기 보존의 뿌리를 자르는 칼입니다. "만일 하나님이 우리를 위하시면 누가 우리를 대적하리요?"라는 31절의 말씀처럼 말입니다.

하나님께서 그분의 주권적인 의지에 따른 순전한 은혜로 우리 편이 되시고 고통과 기쁨이 모두 합력하여 선을 이루게 하신다면, 어떤 대적도 우리를 이길 수 없습니다.

그렇다면 우리는 왜 자신을 높입니까? 왜 자신을 합리화합니까? 왜 지금 자신의 모습을 그렇게 보존하려고 조바심을 냅니까? 우주를 다스리시는 주님께서 우리를 위해 일하겠다고 맹세하셨다면, 왜 다른 사람이 어떻게 생각할까를 걱정합니까? 왜 우리는 자신의 안락함과 안전함을 찾는 데 사로잡혀 있습니까? 우리의 아버지는 우리에게 필요한 것을 아시고 모든 것이 우리에게 유익이 되도록 하십니다. 자기 높임과 자기 합리화와 자기 보존을 그분의 주권적 손길에 맡겨 놓고 자유 안에서 다른 사람들을 위해 사십시오.

하나님의 선택을 받은 백성이 태어나서 죽을 때까지 로마서 8장 28절 말씀을 진심으로 믿는다면, 그들은 세상에서 가장 자유롭고 가장 강하며 가장 관대한 사람으로 살아갈 수 있습니다. 로마서 8장 28절의 약속이 일상에서 그토록 강력한 영향을 미칠 수 있다면, 28절의 기반이 무엇인지 아는 일은 무척 중요해집니다. 로마서 8장 29-30절이 그 기반입니다. 이 말씀들을 더 잘 이해하고 더 깊이 믿을 때, 8장 28절의 약속을 더욱 확신하게 됩니다. 그리고 그렇게 될 때 우리는 더욱 강하고 사랑이 많은 사람들, 즉 하나님께 영광을 돌리는 사람들이 될 것입니다.

하나님의 부르심과 미리 정하심

오늘 우리가 주목할 부분은 30절 앞부분입니다. "미리 정하신 그들을 또한 부르시고." 지난 주일에는 '부르심'과 '미리 정하심'의 의미에 초점을 맞추었습니다. 오늘은 이 둘 사이의 연관성에 집중하겠습니다. 하지만 먼저 지난번의 결론을 다시 요약해 보겠습니다.

그의 뜻대로 부르심을 입다

로마서 8장 28절은 "그의 뜻대로 부르심을 입은" 자들에게는 모든 것이 합력하여 선을 이룬다고 말합니다. 부르심을 입는다는 것은 무슨 의미입니까? 이것은 대적하는 우리 마음을 하나님이 이기시고 우리를 그리스도께로 이끄셔서 이전에는 돌 같이 굳어 있던 그곳에 믿음과 사랑이 생겨나게 하신다는 의미입니다. 그 부르심은 효력을 발생시킵니다. 명령한 것을 생겨나게 하시는 부르심입니다. "멍멍아! 이리 오렴!" 하고 부르는 것과는 다릅니다. "나사로야, 나오너라!" 또는 "빛이 있으라!"와 같은 부르심입니다. 이러한 부르심은 성령의 능력으로 하나님의 말씀을 전할 때 일어납니다. 이 부르심은 모든 저항을 이기고 의롭다 하시는 믿음을 만들어 냅니다.

이것이 진리임을 증명하는 중요한 증거 하나가 여기 30절에 있는 문장입니다. "부르신 그들을 또한 의롭다 하시고." 믿음을 가진 사람들만 의롭다 함을 받습니다. 그런데 바울은 부르심을 입은 자들이 의롭다 여김을 받는다고 말합니다. 따라서 그 부르심은 어떤 의미에서 믿음을 보장한다고 말할 수 있습니다. 실제로 그렇습니다! 그 부르심이 믿음을 낳습니다. 그러므로 부르심을 입은 모든 자들은 정말로 의롭다 여김을 받습니다.

미리 정하심을 근거로 부르심을 입다

지난주에 다루었던 또 다른 내용인데, 이 부르심은 우리가 행한 어떤 일에 대한 응답은 여하튼 아니었다는 것입니다. 28절은 우리가 "그의 뜻대로" 부르심을 입었다고 말합니다. 그분의 목적과 계획이 우리를 부르신 근거이지, 우리의 목적과 계획에 따른 것이 아닙니다. 이 목적은 29절에 나와 있습니다. 우리를 부르신 것이 우리를 미리 정하신 데 근거한다고 말하는 30절의 시작 부분을 주목해 보십시오. "미리 정하신 그들을 또한 부르시고." 따라서 28절에서 "하나님의 뜻대로 부르심을 입은"이라는 말은 30절에서 하나님이 미리 정하심을 근거로 부르셨다는 말과 실제로 같은 말입니다. 그분의 미리 정하심과 그분의 뜻은 같은 의미입니다.

그리고 그것이 의미하는 바는 29절에 들어 있습니다. "하나님이 미리 아신 자들을 또한 그 아들의 형상을 본받게 하기 위하여 미리 정하셨으니 이는 그로 많은 형제 중에서 맏아들이 되게 하려 하심이니라." 우리가 미리 정해진 목적은 높으신 하나님의 아들의 영광을 함께 나누기 위해서입니다. 이 목적 또는 미리 정하심은 결국 미리 아시는(foreknowing) 행동으로 거슬러 올라갑니다. "미리 아신 자들을 또한 미리 정하셨으니."

미리 정하심의 근거가 되는 것

그리고 지난주일 저녁에는, 이러한 미리 정하심이란 하나님이 우리가 자기 결정력으로 갖게 될 믿음을 미리 아시고 그것을 근거로 미리 정하신다는 의미가 아니라고 했습니다. 이런 식의 해석에는 어떻게든 인간 의지라는 자기 결정력을 담보하려는 의도가 있습니다. 하지만 이미 살펴보았듯이, 믿음은 인간의 자기 결정이라는 행위가 아닌 하나님의 부르심에 의해 생겨납니다.

대신, 하나님이 미리 아신다는 것은 호의를 갖거나 인정하거나 선택한다는 의미임을 보여 주는 다른 성경구절들이 많이 있음을 보았습니다. 따라서 29절의 의미는 "하나님께서 자유롭게 선택하신 자들 혹은 하나님께서 자유롭게 호의를 보이신 자들을 또한 그의 아들처럼 되도록 미리 정하셨고, 또한 미리 정하신 자들을 부르셨다"는 것입니다. 따라서 하나님의 부르심은 하나님의 미리 정하시는 행동에 근거하고, 또한 미리 정하심은 우리에게 있는 어떤 차이들에 전혀 상관없이 하나님이 하신 선택 또는 선별에 근거합니다.

그 약속을 단단히 확신할 수 있는 근거

지난주 설교의 실질적 결론은 다음과 같습니다. 만일 우리가 개인적으로 소유한 장점이나 남들과 다른 차이점에도 불구하고 그것과 상관없이 이 세상이 만들어지기 전부터 하나님이 우리를 선택하셨고, 우리에게 영광스러운 그리스도의 형상을 닮을 운명을 정해 주셨으며, 그 목적을 이루기 위해 우리에게 그리스도를 향한 믿음과 하나님을 향한 사랑이 생겨나게 하는 방법으로 부르셨고, 그리하여 우리가 로마서 8장 28절의 약속을 받을 자격을 갖추게 하셨다면, 이 약속이 그저 우리의 의지나 결정 같은 흔들리고 불확실한 것에 달려 있을 때보다 약속에 대한 확신이 더욱 크지 않겠습니까? "그의 뜻대로 부르심을 입었다"는 사실이야말로 로마서 8장 28절의 약속이 실제로 우리 것임을 확신할 수 있는 확실한 근거입니다.

미리 정하심에 근거한 부르심

오늘은 우리를 부르신 것이 하나님의 미리 정하심에 근거한다는 진리를 깊이 살펴보고자 합니다. 30절 말씀입니다. "미리 정하신 그들을 또한 부르시고." 우리의 부르심, 우리의 회개, 거듭남, 믿음이라는 선물은 우리의 자기 결정력이 아닌 하나님의 영원한 선택하심과 미리 정하심에 근거합니다.

같은 것을 말하는 다른 신약 말씀들

이 진리를 곱씹기 위해 같은 진리를 전하는 신약의 다른 본문들을 살펴보려고 합니다. 그렇게 하면 로마서 8장 28절을 확신할 수 있는 근거가 하나님의 말씀 속에 얼마나 광범위하게 퍼져있는지 볼 수 있을 것입니다.

로마서 11장 4-8절

바울 당시의 어떤 사람들은 하나님이 자기 백성을 버리셨다고 생각했습니다. 바울은 이를 떠올리며, 엘리야도 자신만이 유일하게 남은 진정한 신앙인이라고 생각했던 사실을 언급합니다. 이런 그에게 하나님이 주신 대답이 무엇인가요?

"내가 나를 위하여 바알에게 무릎을 꿇지 아니한 사람 칠천 명을 남겨 두었다 하셨으니 그런즉 이와 같이 지금도 은혜로 택하심을 따라 남은 자가 있느니라. 만일 은혜로 된 것이면 행위로 말미암지 않음이니 그렇지 않으면 은혜가 은혜 되지 못하느니라. 그런즉 어떠하냐? 이스라엘이 구하는 그것을 얻지 못하고 오직 택하심을 입은 자가 얻었고 그 남은 자들은 우둔하여졌느니라. 기록된 바, '하나님이 오늘까지 그들에게 혼미한 심령과 보지 못할 눈과 듣지 못할 귀를 주셨다 함'과 같으니라."

하나님이 엘리야 시대에 자신을 위하여 진정한 신앙인들을 남겨 두신 것 같이 바울 시대에도 그렇게 하셨음에 주목하십시오. 그리고 바울은 그것을 "은혜로 택하심을 따라" 남은 자라고 부릅니다. 믿고, 다시 태어나고, 변화되고, 부르심을 입은 신앙인들이 있다는 사실은 은혜로운 택하심이라는 행동과 부합합니다. 믿는 자들이 남은 근거는 그분의 택하심입니다. 그 반대가 아닙니다. 하나님의 택하심이 마치 미리 알려진 믿음(foreknown faith)에 근거를 두고 있는 것처럼, 그렇게 믿는 자들을 택하셨다는 말이 아닙니다. 그렇지 않습니다. 5절 말씀입니다. "지금도 은혜로 택하심을 따라 남은 자가 있느니라." 진정한 신자들을 남게 한 그 부르심은 하나님이 택하시는 목적과 부합합니다. "미리 정하신 그들을 또한 부르시고."

디모데후서 1장 8-9절

"그러므로 너는 내가 우리 주를 증언함과 또는 주를 위하여 갇힌 자 된 나를 부끄러워하지 말고 오직 하나님의 능력을 따라 복음과 함께 고난을 받으라. 하나님이 우리를 구원하사 거룩하신 소명으로 부르심은 우리의 행위대로 하심이 아니요 오직 자기의 뜻과 영원 전부터 그리스도 예수 안에서 우리에게 주신 은혜대로 하심이라."

바울은 그 부르심이 우리 행위로 인함이 아니라고 다시 한 번 말합니다. 그 부르심은 하나님의 뜻 때문입니다. 9절 말씀입니다. "하나님이 우리를 구원하사 거룩하신 소명으로 부르심은 우리의 행위대로 하심이 아니요 오직 '자기의 뜻'과 영원 전부터 그리스도 예수 안에서 우리에게 주신 은혜대로 하심이라."

우리를 부르심은 그분의 뜻에 따른 것입니다, 우리 뜻에 따른 것이 아닙니다. 그리고 이 하나님의 뜻이라는 은혜는 "영원 전부터 그리스도 안에서 우리에게 주어"졌습니다. 우리를 부르심은 하나님의 영원한 택하심에 근거합니다. "미리 정하신 그들을 또한 부르시고."

데살로니가후서 2장 13절

"주께서 사랑하시는 형제들아 우리가 항상 너희에 관하여 마땅히 하나님께 감사할 것은 하나님이 처음부터 너희를 택하사 성령의 거룩하게 하심과 진리를 믿음으로 구원을 받게 하심이니."

하나님이 그들의 믿음을 미리 아시고 그들을 택하셨다는 의미가 아닙니다. 그 반대입니다. 하나님은 성령의 역사와 믿음으로 말미암아 구원을 받게 할 목적으로 그들을 택하셨습니다. 사람의 자기 결정에 따른 믿음이 하나님의 선택을 가져오지 않습니다. 그 반대입니다. 선택하심이 믿음을 불러일으킵니다. "미리 정하신 그들을 또한 부르시고."

에베소서 2장 4-6절

"긍휼이 풍성하신 하나님이 우리를 사랑하신 그 큰 사랑을 인하여 허물로 죽은 우리를 그리스도와 함께 살리셨고 (너희는 은혜로 구원을 받은 것이라) 또 함께 일으키사 그리스도 예수 안에서 함께 하늘에 앉히시니."

이 본문에서 택하심과 미리 정하심을 어디서 볼 수 있느냐고 말할지 모르겠습니다. '사랑'이라는 단어에서 볼 수 있습니다. 그러나 또 이런 질문을 하겠지요. "하나님은 모든 사람을 사랑하시지 않나요?" 하나님은 모든 사람을 같은 방식으로 사랑하지 않으신다는 것이 답입니다. 여기서 언급된 사랑은 하나님이 생명과 호흡과 해와 비를 주시는 것 같은 보편적인 사랑이 아닙니다. 이 사랑은 그보다 훨씬 특별한 사랑입니다.

바울은 하나님께서 이 사랑으로 우리가 죽었을 때에 살아나게 하셨다고 말합니다. 만일 하나님이 이 사랑으로 모든 사람을 사랑하셨다면, 모든 사람이 그리스도 안에서 살아 났을 것이고 모든 사람이 구원받았을 것입니다.

하지만 바울이 예수 그리스도 안에서 자신을 향한 하나님의 사랑을 자랑했을 때는, 모든 사람이 그리스도에게 나아올 수 있도록 구원을 '주신다'는 사실을 자랑한 게 아니었습니다. 그는 하나님이 자신을 그리스도에게 이끄셨다는 보다 깊고 놀라운 진리를 자랑했습니다. 예전에 그는 죄로 인해 죽었으나 지금은 살아 있습니다. 이 기적의 원천이 바로 하나님의 사랑입니다. 그리고 하나님은 이렇게 되살아나는 기적을 모든 사람에게 행하시지는 않기 때문에, 이것은 선택적인 사랑입니다. 따라서 선택하심이라는 의미가 이 구절 안에 실제로 들어 있는 것이고, 그 선택하심이 우리의 회심과 거듭남, 믿음의 근거입니다. "미리 정하신 그들을 또한 부르시고."

고린도전서 1장 26-30절

"형제들아 너희를 부르심을 보라. 육체를 따라 지혜로운 자가 많지 아니하며 능한 자가 많지 아니하며 문벌 좋은 자가 많지 아니하도다. 그러나 하나님께서 세상의 미련한 것들을 택하사 지혜 있는 자들을 부끄럽게 하려 하시고 세상의 약한 것들을 택하사 강한 것들을 부끄럽게 하려 하시며 하나님께서 세상의 천한 것들과 멸시 받는 것들과 없는 것들을 택하사 있는 것들을 폐하려 하시나니 이는 아무 육체도 하나님 앞에서 자랑하지 못하게 하려 하심이라. 너희는 하나님으로부터 나서 그리스도 예수 안에 있고[문자 그대로 해석하면, "너희는 예수 그리스도 안에서 그분의 것이고"라는 의미이고, NASB 성경은 "

하나님의 일하심으로 너희는 그리스도 예수 안에 있다"고 말합니다], 예수는 하나님으로부터 나와서 우리에게 지혜와 의로움과 거룩함과 구원함이 되셨으니 기록된 바, 자랑하는 자는 주 안에서 자랑하라 함과 같게 하려 함이라."

자신의 부르심을 생각해 보십시오. 우리가 고린도에 있다 하고 어떤 사람들이 그리스도인이 되었는지를 한 번 보십시오. 진짜 믿음으로 부름을 받은 사람들은 누구입니까? 무엇이 보입니까? 지혜 있는 자나 능한 자나 문벌 좋은 자는 많지 않았습니다. 왜 그렇습니까? 고린도에서 누가 구원받을지 선택하는 분은 하나님이시기 때문이고, 하나님은 모든 자기 높임의 뿌리를 자르는 방식으로 선택하시기 때문입니다. 바울은 세 번씩이나 "하나님이 선택하셨다"고 말합니다. 하나님은 구원이라는 중대사를 사람들의 자기 결정력에 맡기지 않으십니다. 그렇게 되면 교회 구성원을 우리가 결정하고 우리가 자랑할 거리를 갖게 되기 때문입니다.

30절은 문자 그대로, "너희는 하나님으로부터 나서 그리스도 예수 안에 있고"라고 말합니다. 우리가 스스로 그리스도 예수 안으로 들어가지 않았습니다. 하나님이 우리 안에 역사하셔서 우리가 믿음으로 그리스도와 하나가 된 것입니다. 왜 그렇습니까? 그래야 누구도 하나님 앞에서 자랑할 수 없기 때문입니다. 그러니 자랑할 분들은 주 안에서 자랑하십시오! 하나님은 고린도에서 어떤 사람들을 선택하셨습니다. 그리고 이러한 선택에 근거해서 부르셨습니다. 즉, 사람들을 그리스도에게 접붙이셨습니다. "미리 정하신 그들을 또한 부르시고."

사도행전 13장 47-48절

바울은 비시디아 안디옥의 회당에서 설교하고 있었습니다. 설교가 끝나자, 누가는 사도 바울과 신학적으로 동일한 견해를 갖고 있음을 보여 주는 언급을 합니다. 바울은 다음의 말씀으로 그의 설교를 끝맺습니다.

"주께서 이같이 우리에게 명하시되 내가 너를 이방의 빛으로 삼아 너로 땅 끝까지 구원하게 하리라 하셨느니라 하니, 이방인들이 듣고 기뻐하여 하나님의 말씀을 찬송하며 영생을 주시기로 작정된 자는 다 믿더라."

이것은 로마서 8장 30절과 사실상 같은 말입니다. "미리 정하신 자들을 또한 부르시고"라는 구절의 의미는 "영생을 주시기로 작정된 자는 다 믿더라"와 동일한 말입니다. 바울의 예정 교리는 그가 전방 선교를 하는 데 조금도 걸림돌이 되지 않았습니다. 반대로, 하나님은 복음 전파를 통해 열방 중에서 많은 사람들을 효력 있게 부르신다는 사실을 통해 선교 사역에 더욱 박차를 가했습니다(행 18:10). 하나님은 미리 정하신 자들을 반드시 부르십니다. 바로 여기에 모든 선교 사업의 소망과 확신이 있습니다.

요한복음 8장 46-47절, 10장 25-27절

예수님은 요한복음에서 반복해서 왜 어떤 사람은 자신을 믿고 어떤 사람은 믿지 않는지 질문하십니다. 그리고 그것은 인간이 가진 자기 결정력 때문이라고 하지 않으십니다. 예수님은 뭔가 더 깊은 것으로 계속해서 거슬러 올라가십니다.

"너희 중에 누가 나를 죄로 책잡겠느냐? 내가 진리를 말하는데도 어찌하여 나를 믿지 아니하느냐? 하나님께 속한 자는 하나님의 말씀을 듣나니 너희가 듣지 아니함은 하나님께 속하지 아니하였음이로다"(8:46-47).

사람이 하나님의 말씀을 듣고 믿을지의 여부는 더 깊은 차원에 속한 이유에 달려 있습니다. 즉 그가 하나님께 속한 사람인가 아닌가에 달려 있습니다. 하나님께 선택받은 사람인가 아닌가에 달려 있습니다. 그 사람은 하나님께 속한 사람입니까? 하나님께 부르심을 입었습니까? "하나님께 속한" 자들은 기꺼이 말씀을 듣고자 할 것입니다. 영생을 얻기로 정해진 자들은 다 믿습니다. "미리 정하신 그들을 또한 부르시고."

"내가 내 아버지의 이름으로 행하는 일들이 나를 증거하는 것이거늘 너희가 내 양이 아니므로 믿지 아니하는도다. 내 양은 내 음성을 들으며 나는 그들을 알며 그들은 나를 따르느니라"(10:25-27).

"너희가 내 양이 아니므로 믿지 아니하는도다." '너희가 믿지 않기 때문에 내 양이 아니다'라고 하지 않았음을 기억하십시오. 우리가 예수님의 양인 것은 우리 믿음 때문이 아닙니다. 우리가 예수님의 양임을 증명하기 위해 믿어야 합니다. 그리고 만일 우리가 끝까지 믿기를 거부한다면, 우리는 확실히 예수님의 양이 아닙니다. 그렇다고 우리 믿음이 우리를 예수님의 양이 되게 하지는 않습니다. 하나님이 영원 전부터 그리스도 예수 안에서 우리에게 주신 은혜로 택하셔서 우리를 예수님의 양으로 만드셨습니다. 그리고 양들은 복음을 들으면, 믿습니다. 양이 되기로 미리 정하신 그들을 또한 하나님께서 실제로 믿게 하시려고 부르셨습니다!

결론

따라서 제가 내린 결론은, 로마서 8장 30절의 진리를 뒷받침하는 기반이 신약성경 전반에 걸쳐 광범위하게 존재한다는 것입니다. 즉 하나님의 부르심은 그분의 미리 정하심에 근거하고 이러한 미리 정하심은 우리 안에 있는 어떤 것, 이를테면 사람으로서 우리가 갖는 가치(그렇다면 '사람'이라면 모두 자격이 있겠지요)나 우리 믿음(이는 하나님의 선물입니다)에 근거하지 않는다는 진리입니다. 우리가 받은 선택은 무조건적입니다. 우리가 받은 미리 정하심은 무조건적입니다. 그리고 우리가 받은 효력 있는 부르심도 무조건적입니다. 미리 아신 자들을 또한 미리 정하셨고, 미리 정하신 그들을 또한 부르셨습니다.

여덟 가지 함축적인 의미

1. 대중적인 철학 대(對) 성경적인 교리

우리는 대중적인 철학적 사고와 성경적인 교리 사이에서 선택을 해야 합니다. 대중 철학은 우리가 내린 선택에 책임을 지기 위해서는 궁극적으로 우리에게 자기 결정력이 있어야 한다고 말합니다. 반면 성경은 우리에게는 궁극적인 자기 결정력이 없고, 그럼에도 자기의 선택에 대해 책임을 져야 한다고 많은 곳에서 분명히 말합니다.

인간의 철학을 따르겠습니까 아니면 성경을 따르겠습니까? 선대로부터 물려받은 여러 관념들을 성경의 판단에 맡길 수 있을 만큼 충분히 성경을 확신합니까? 아니면 계속해서 성경이 우리의 관념에 굴복하도록 하시겠습니까?

무조건적인 선택과 주권적 은혜의 교리를 받아들인 우리에게 쏟아지는 비판 중 하나는 우리가 논리에 사로잡히고 타협하지 않는 합리주의에 휩쓸려 성경에서 가르치지 않는 하나님에 대해 말한다는 것입니다. 어쩌면 우리 중에 몇몇은 실제로 그럴 수도 있습니다.

하지만 제 경험으로는 그 반대의 경우가 더 많은 것 같습니다. 최근에 한 친구에게 사도행전 13장 48절 "영생을 주시기로 작정된 자는 다 믿더라"는 말씀을 어떻게 해석하는지 물었습니다. 그 친구는 이렇게 대답했습니다. "사람들에게 궁극적으로 스스로 결정하는 능력이 있다고 가르치는 다른 모든 성경구절들에 비추어서 그 문구를 해석한다네." 그래서 제가 또 물었습니다. "예를 들면 어떤 구절 말인가? 그런 본문을 예를 들어 줄 수 있겠나?" 그러자 그는 이렇게 대답했습니다. "글쎄, 딱히 없긴 한데…, 그래도 모든 곳에 함축되어 있지 않겠나?"

그와 짧은 대화를 나누면서 분명히 알 수 있었던 것은, 그 친구는 사람이 자기 결정력 없이는 책임을 질 수 없다는 가정 또는 전제를 갖고 있었고, 그래서 성경에서 책임지는 것을 볼 때마다 인간의 궁극적인 자기 결정력이 있다고 보았다는 사실입니다. 하지만 이 친구는 어디서 이런 가정, 이런 전제를 가져온 것일까요? 물론 성경으로부터는 아닙니다. 그는 (타락한) 인류의 통념으로부터 그런 가정을 얻었습니다. 누가 철학과 논리에 사로잡혀 있는 걸까요?

우리는 중대한 선택을 해야 합니다. 우리 사고방식으로는 이상하게 느껴지는 것들을 가르치는 성경을 따르시겠습니까? 아니면 우리가 선대로부터 물려받은 관념들을 성경 본문에 적용하며 "이럴 리가 없어. 내 가정과 맞지 않아"라고 말하시겠습니까?

2. 자랑과 교만과 자기 신뢰를 뿌리 뽑는다

하나님의 무조건적 선택과 미리 정하심과 효력 있는 부르심이라는 교리는 모든 자랑과 교만, 자기 신뢰를 근절합니다. "자랑을 근절하기 위해 인간의 궁극적인 자기 결정력을 버릴 필요는 없습니다. 우리는, 사람이 구원을 얻기 위해서는 공적을 쌓는 일이 아니라 믿음이 필요하다는 주장을 하면 됩니다"라고 말하는 신학자들과 여러 번 논쟁한 적이 있습니다. 그들은 로마서 3장 27절을 근거로 믿음이 자랑을 없앤다고 주장합니다. 그렇게 하면 믿음이 자랑과 교만과 자기 신뢰를 뿌리 뽑기 위한 선물이라고 말할 필요가 없다는 것입니다.

이에 대한 제 답변은 두 가지입니다. 첫째, 저는 논리적 결론을 통해 교만을 버리기 위한 선물로써 믿음을 제시하는 것이 아닙니다. 성경 해석을 통해 그렇게 느낍니다. 신약성경은 우리가 죄로 인해 죽었고, 효력 있게(effectually) 부름을 받아야 한다고 가르칩니다. 누군가 구원받으려면 명하신 믿음 또한 있어야 합니다. 교만을 없애는 좋은 방법이라서 일부러 이런 생각을 끌어내는 것이 아닙니다. 이것은 성경의 가르침입니다. 그리고 실제로 교만을 극복하는 데 도움을 줍니다.

둘째로, 신약성경이 말하는 진정한 믿음이 자랑을 온전히 배제하는 이유는, 하나님께서 십자가를 통해 구원을 온전히 준비하셨을 뿐 아니라 그 구원을 우리 마음에 적용시키셨음을 믿는 믿음이기 때문입니다. 다른 말로 하면, 믿음이 있다는 것은 "나는 그리스도를 믿기로 선택했다"고 말하는 것으로 그치지 않습니다. 오히려 "하나님 아버지께서 나를 그리스도께로 이끄셨고 나에게 그리스도를 신뢰할 의지를 주셨음을 믿기로 선택했다"고도 말하는 것입니다(요 6:44, 65). 또 다른 방식으로 말하자면, 믿음은 성경의 일부가 아니라 전체를 신뢰하는 것입니다. 믿음은 우리가 스스로 할 수 없었던 것(믿으려는 의지를 포함해서)을 하나님께서 우리를 위해 행하신다고 믿는다는 점에서 모든 자랑과 교만과 자기 의존을 온전히 제거합니다. 믿음은 구원의 일부가 아니라 구원의 모든 것을 신뢰합니다. 또한 믿음에는 우리에게 믿음을 생기게 하는 효력 있는 부르심도 포함됩니다. 물에 빠졌는데 하나님의 아들이 튜브를 던져 주어서 그 튜브를 붙잡고 헤엄쳐서 육지로 올라왔다면, 우리는 그분께 감사할 것입니다. 그 튜브는 공이 없습니다.

그러나 이번에는 우리가 그분의 평생 원수였고 어쩌다 호수에 빠져 죽을 뻔했는데, 그분이 우리를 발견해서 육지로 끌어올리고 오랜 시간 애를 써서 살려 놓은 후, 그분은 그만 지쳐서 우리 옆에 쓰러져 죽었다고 가정해 봅시다. 그리고 우리가 그 주검 앞에서 하염없이 눈물을 흘리며 앉아 있을 때 이런 소리가 들립니다. "이는 내 사랑하는 아들이다. 그로 인해 나는 기뻐한다. 일어나라, 내 아들아!" 그러자 그분이 일어나 서시더니 이제까지 느껴본 것 중 가장 깊은 애정을 담아 바라보시며 우리 손을 잡고선, 부드럽고 강하게 일으켜 세우시며 말씀하신다고 합시다. "나를 따라오라. 그러면 평생에 모든 것이 합력하여 선을 이루게 해주겠다."

자, 우리는 어떻게 구원받았다고 생각합니까? 삶에서 접하는 많은 어려움들은 자신이 어떻게 구원받았는지를 모르는 데서(또는 아직 구원받지 못해서) 기인하는 것 아닐까요?

3. 겸손과 온유와 오래 참음의 성품을 생겨나게 한다

하나님의 주권적 은혜라는 교리는 겸손과 온유와 오래 참는 품성을 낳습니다. 에베소서 4장 1-2절 말씀입니다. "너희가 부르심을 받은 일에 합당하게 행하여 모든 겸손과 온유로 하고 오래 참음으로 사랑 가운데서 서로 용납하고." 지극히 높으신 부르심이 지극히 낮은 겸손을 낳는 이유는 하나님이 우리 안에 있는 어떤 것 때문에 우리를 그분의 왕국으로 부르신 것이 아니기 때문입니다.

우리가 믿거나 어떤 것을 하기 전에 먼저 하나님께서 우리를 구원하기로 선택하셨음을 확신한다면, 다른 사람에게 자랑하려는 경향이 뿌리째 잘려 나갈 것입니다. 바울은 말합니다. "네게 있는 것 중에 받지 아니한 것이 무엇이냐? 네가 받았은즉 어찌하여 받지 아니한 것 같이 자랑하느냐?"(고전 4:7)

만일 부모가 아이들의 상대적 가치에 따라, 또는 아이들이 자기 결정력으로 내린 결정에 따라 선물을 선택한다면, 크리스마스에 로켓 두 개를 선물 받은 아이는 로켓 한 개를 받은 형제에게 자랑할 수 있습니다. 그러나 그 선택이 아이들의 가치와는 상관없이 이루어졌고, 아이들이 이해할 수 있는 수준보다 훨씬 높고 지혜롭고 훌륭한 목적을 위해 결정된 것이라면, 다른 형제에게 자랑할 수 없습니다.

세상에서 사람을 가장 겸손하게 만드는 방법은 절대적인 자비로 그 사람을 대하는 것입니다.

4. 새 언약의 완성

하나님의 주권적 은혜라는 교리가 맞는다면, 그의 법을 우리 마음에 새기고(렘 31:33), 우리로 그분의 율례를 행하게 하며(겔 36:27), 그렇게 해서 우리로 그 아들의 형상을 본받게 하겠다는(롬 8:29) 새 언약은 정말로 우리 안에 이루어질 수 있습니다. 하지만 만일 하나님께서 우리에게 자기 결정력이라는 궁극적인 힘을 남겨 두셨다면, 언젠가는 진정으로 순종하는 사람들을 남기실 거라는 그분의 약속은 이루어질 수 없습니다.

세상 모든 사람에게 실제로 최종적인 자기 결정력이 있어서 그것을 하나님을 대적하는 데 사용한다면, 하나님도 그것에 대해 어찌할 수 없을 것입니다. 순종의 새 마음을 가진 백성을 남기시겠다는 하나님의 약속이 보장받는 유일한 방법은, 하나님이 사람들의 죄악된 자기 결정력을 이기시고 그들에게 새 마음을 주시어 하나님의 길을 걷게 하신다고 말하는 것입니다. 그리고 하나님의 무조건적인 선택에 근거를 둔 하나님의 효력 있는 부르심이라는 교리도 그분이 우리를 위해 그 새 언약을 이루실 것을 확신하는 근거가 됩니다. "내가 그들에게 한 마음과 한 길을 주어 자기들과 자기 후손의 복을 위하여 항상 나를 경외하게 하고"(렘 32:39).

5. 지상명령의 완수

뿐만 아니라, 언젠가는 모든 족속과 방언과 민족과 나라로부터 믿는 자들이 나아와 하나님을 찬양하게 되리라는 선교적 약속도, 구원이 인간의 자기 결정력에 달려 있다고 하면 보장을 받을 수 없습니다. 이 땅의 모든 민족으로부터 효력 있게 부르실 이들을 선택할 권리와 능력이 하나님께 있다는 사실이야말로 지상명령이 인간의 완악한 마음으로 인해 좌절되지 않을 것임을 확신할 수 있는 확고한 토대입니다. 은혜의 교리는 세계복음전도가 어려움을 겪고 있는 곳에서 하나님의 다이너마이트가 됩니다.

6. 진정한 안전을 강화한다

구원에 있어 하나님의 주권은 믿는 자들의 진정한 안전을 강화합니다. 하나님이 우리를 영원 전부터 선택하셨고 그 아들의 영광을 함께하도록 미리 정하셨으며, 그런 다음 기적적인 방법으로 죽음에서 생명으로 불러내 그리스도를 믿게 하셨음을 믿는다면, 하나님이 우리를 위하신다는 것과 오래전에 계획하셨던 구원 사역을 완성하실 것을 분명히 확신할 수 있습니다.

그러나 하나님이 특별한 구별 없이 일반적인 구원의 방법을 세우셨고, 우리가 이 구원 계획의 일부가 될지 말지는 최종적으로 우리의 자기 결정력에 달려 있다고 믿는다면, 우리의 안전은 훨씬 더 부실한 토대 위에 놓이게 됩니다. 저는 오히려, 제가 영생을 받는 것은 그분이 직접 영원 전부터 저에게 그 아들의 영광을 나누어 주기로 결정하셨기 때문이고, 제가 이것을 믿을 수 있는 것도 그분이 저를 향한 그 목적을 완성하기 위해 노력하셨기 때문이라고 하나님이 말씀해 주시는 것이 너무나 감사합니다. 이보다 더 안전한 것이 어디 있겠습니까!

7. 실패할 수 없는, 필수불가결한 사역

이 사역은 필수불가결하고 실패할 수 없습니다. 바울은 디모데후서 2장 10절에서 이렇게 말합니다. "그러므로 내가 택함받은 자들을 위하여 모든 것을 참음은 그들도 그리스도 예수 안에 있는 구원을 영원한 영광과 함께 받게 하려 함이라."

택함받은 자들은 틀림없이 구원을 얻습니다. "선택함을 입은 자들을 미리 정하시고, 미리 정하신 그들을 부르시고, 부르신 그들을 의롭다 하시고, 의롭다 하신 그들을 영화롭게 하셨느니라." 그 누구도 택하신 자들을 미혹할 수 없습니다(마 24:24). 그러므로 이 사역은 실패할 수 없습니다.

그럼에도 불구하고, 하나님은 선택받는 자들이 오류와 불신에 빠지지 않고 구원받는 방법으로 말씀과 기도의 사역을 정하셨습니다. 그래서 바울은 택함받은 자들이 구원을 얻도록 모든 것을 참는다고 말합니다. 바울의 사역은 말씀을 통해 선택받은 자들이 믿음을 지킬 수 있도록 하나님이 정하신 방법입니다. 선택받은 자들을 대상으로 사역하는 것은 필수불가결합니다. 그것은 선택받은 자들이 끝까지 인내할 수 있도록 하나님이 작정하신 수단입니다. 또한 그 사역은 실패할 수 없습니다. 양들은 언제나 진짜 목자의 목소리를 듣고 반응합니다.

8. 은혜의 참뜻을 알아 하나님께 영광을 돌린다

하나님의 무조건적 선택과 미리 정하심과 효력 있는 부르심의 교리를 마음에 품지 않고서는, 은혜의 의미를 진정으로 알 수 없고 그래서 하나님이 마땅히 받으셔야 할 영광을 드릴 수가 없습니다.

우리가 그것을 "주권적인 은혜"라고 부르는 것은, 은혜는 단순히 구원에 대한 제안이 아니라 구원하는 능력이기 때문입니다. 바울은 에베소서 2장 5절에서 이를 분명히 밝힙니다. "허물로 죽은 우리를 그리스도와 함께 살리셨고 (너희는 은혜로 구원을 받은 것이라) 또 함께 일으키사 그리스도 예수 안에서 함께 하늘에 앉히시니." 바울이 괄호 안에 있는 문장을 첨가시킨 이유는, 은혜는 죽은 자를 살리는 능력이고 그래서 우리가 받기에는 전적으로 과분한 것임을 가르치기 위해서입니다.

구원에 있어서 우리에게 최종적으로 결정권이나 발언권이 있다는 주장을 내려놓지 않는 한, 은혜의 경이로움을 온전히 느끼지 못합니다. 우리는 너무나 무력해서 하나님께서 모든 것을 하셔야 한다는 것을 알기 전까지는, 우리 삶을 온전히 주관하시는 하나님의 주권을 경험하지도 못하며 따라서 우리가 받는 구원에 대해 그분께 영광을 돌릴 수도 없습니다.

헤롯의 죽음이 주는 교훈

누가는 사도행전에서 헤롯에 대한 이야기를 들려줍니다. 어느 날 헤롯이 왕복을 입고 단상에 앉아 두로와 시돈에서 온 사람들에게 연설합니다. 백성들은 헤롯을 기쁘게 하려고 "이것은 신의 소리요 사람의 소리가 아니라"고 큰소리로 외칩니다. 그리고 누가는 이렇게 말합니다. "헤롯이 영광을 하나님께로 돌리지 아니하므로 주의 사자가 곧 치니 벌레에게 먹혀 죽으니라"(행 12:23).

여기서 제 질문은 이것입니다. 탁월한 연설 같은 작은 은사(선물)에 대해서 하나님께 영광을 돌리지 않은 사람에게 하나님의 진노가 내렸다면, 믿음과 같이 훨씬 더 큰 은사(선물)에 대해 하나님께 영광을 돌리지 않은 사람들에게는 얼마나 더 큰 위험이 도사리고 있겠습니까?

37장

미리 정하신 그들을 또한 부르시고 (2)

로마서 8:28-30

우리가 알거니와 하나님을 사랑하는 자 곧 그의 뜻대로 부르심을 입은 자들에게는 모든 것이 합력하여 선을 이루느니라. 하나님이 미리 아신 자들을 또한 그 아들의 형상을 본받게 하기 위하여 미리 정하셨으니 이는 그로 많은 형제 중에서 맏아들이 되게 하려 하심이니라. 또 미리 정하신 그들을 또한 부르시고 부르신 그들을 또한 의롭다 하시고 의롭다 하신 그들을 또한 영화롭게 하셨느니라. _롬 8:28-30

1. 질문하는 방법

1.1. 천사가 전하는 이상한 소식에 반응하는 사가랴의 답변(눅 1:18, "내가 이것을 어떻게 알리요 내가 늙고 아내도 나이가 많으니이다")과 마리아의 답변(눅 1:34, "나는 남자를 알지 못하니 어찌 이 일이 있으리이까")을 비교해 보십시오.

사가랴는 천사의 말을 의심하면서 더 많은 증거를 요구했습니다. 마리아는 그 말을 사실로 받아들이고 어떻게 그런 일이 일어날지 알고 싶은 마음을 단순히 표현했습니다.

천사는 사가랴가 말을 하지 못하게 했습니다. 그러나 마리아에게는 어느 정도 답변을 해주었습니다(눅 1:35, 37, "성령이 네게 임하시고… 대저 하나님의 모든 말씀은 능하지 못하심이 없느니라").

1.2. 로마서 9장 19-20절을 보십시오.

"혹 네가 내게 말하기를 그러면 하나님이 어찌하여 허물하시느냐 누가 그 뜻을 대적하느냐 하리니 이 사람아 네가 누구이기에 감히 하나님께 반문하느냐 지음을 받은 물건이 지은 자에게 어찌 나를 이같이 만들었느냐 말하겠느냐? 토기장이가 진흙 한 덩어리에 대한 권한이 없느냐?"

'반문'은 어떻게 이런 일이 있을 수 있는지 겸손히 묻는 것이 아닙니다. 오히려 하나님의 신비한 역사에 대해 불순종하는 태도로 반응하는 것입니다. 이사야 45장 9절에 나오는 '분투'와 같은 말입니다. 누가복음 14장 6절에도 같은 말이 나오는데, 이를 통해 보면 반박을 목적으로 되묻는 의도가 있음을 알 수 있습니다.

그러므로 하나님의 구원 방식에 대해 할 수 있는 한 많이 알고 싶어 하는 것은 좋고 옳은 일이고, 난해한 성경구절의 의미를 겸손히 질문하는 것은 잘못이 아닙니다. 잘못된 것은 그렇게 쓰여 있음에도 불구하고 믿지 않겠다고 하나님께 최후통첩을 하는 태도입니다. 태도가 가장 중요합니다.

1.3. 바라기는 이제는 '성경이 구원에 있어서 하나님의 주권을 가르치는가?'라는 질문을 넘어서서, 모든 성경이 어떻게 서로 조화를 이루고 있는지와 같은, 평생에 걸쳐 풀어야 할 질문을 했으면 합니

다. 우리 모두는 이 질문을 풀고 있고, 이것은 예수님이 오실 때까지 계속될 것입니다. 성경이 주권적 은혜를 가르치고 있음을 더 이상 의심하지는 않지만 어떻게 이런 일들이 일어날 수 있는지 여전히 알고 싶은 사람들은 사뭇 다른 분위기로 말씀을 대합니다.

1.4. 디모데후서 3장 7절에 나오는 "항상 배우나 끝내 진리의 지식에 이를 수 없는" 사람들이 되지 않도록 조심하십시오. 답을 찾으면 즐거워하십시오. 고상하게만 보이려고 끊임없이 애쓰는 회의론자가 되지는 마십시오. 그렇게 보이고 싶어서 이미 확실해진 답들을 영원히 거부하지 마십시오.

1.5. 항상 혼란스러워 하는 질문자가 되느니 차라리 이러한 것들에 관하여 다른 사람을 가르칠 수 있도록 애쓰십시오.

1.6. "내가 말하는 것을 생각해 보라. 주께서 범사에 네게 총명을 주시리라"(딤후 2:7). 생각하십시오! 생각하십시오! 생각하십시오! 생각하십시오! 생각하십시오!

1.7. "너희 중에 누구든지 지혜가 부족하거든, 하나님께 구하라"(약 1:5). 기도하십시오! 기도하십시오! 기도하십시오! 기도하십시오! 기도하십시오!

1.8. 지금은 거울로 보는 것 같이 희미하나(고전 13:12) 점차 밝히 보게 되리라는 것을 기억하십시오. 하나님을 의심하고 싶어질 때 성경을 벗어나지 않도록 조심하십시오. "세상을 심판하시는 이가 정의를 행하실 것이 아니니이까!"(창 18:25)

2. 하나님의 미리 정하심과 불신앙에 대한 그분의 슬픔

하나님이 어떤 사람들은 믿음이라는 수단으로 효력 있게 부르시면서 또 어떤 이들은 제외시키고 죄와 정죄 속에 남겨 두신다고 할 때, 에스겔 18장 32절은 어떻게 해석해야 할까요? "주 여호와의 말씀이니라. 죽을 자가 죽는 것도 내가 기뻐하지 아니하노니 너희는 스스로 돌이키고 살지니라."

하나님이 악한 자들의 죽음을 기뻐하지 않으시고, 실제로 예루살렘의 불신자들을 보고 슬퍼 우셨다면(마 23:37; 눅 13:34; 19:41-42), 왜 하나님은 모든 사람들을 효력 있게 부르시지 않으실까요? 또는 돌려 말해서, 만일 하나님이 불신자를 보고 슬퍼 우셨다면, 하나님이 친히 창세 전에 누가 믿고 누가 안 믿을지 선택하셨다는 것을 어떻게 확신할 수 있을까요?

2.1. 먼저, 예수님께서는 마태복음과 누가복음에서도 그분의 눈물을 의아하게 보이게 만드는 일들을 말씀하셨습니다. 지금 저는 예수님께 어떤 이상한 교리를 끼워 맞추려는 것이 아닙니다.

2.1.1. 마태복음 11장 25-27절. 예수님은 하나님이 이스라엘의 어떤 지혜로운 자들에게는 그분의 뜻을 숨기셨음을 기뻐하시는 것처럼 보입니다.

2.1.2. 마태복음 15장 13절. "심은 것마다 내 하늘 아버지께서 심으시지 않은 것은 뽑힐 것이니."

2.1.3. 마태복음 16장 17절. 베드로에게 그리스도의 진정한 의미를 알게 하신 분은 하나님이시라고 예수님은 말합니다.

2.1.4. 마태복음 22장 14절. "청함을 받은 자는 많되 택함을 입은 자는 적으니라."

2.1.5. 마태복음 24장 24절. 그분은 거짓 선지자들에게 미혹될 수 없는 선택받은 자들에 대해 언급합니다.

2.1.6. 누가복음 19장 41-42절. 예수님이 울고 계신 바로 그 대목에서 예수님은 "지금 네 눈에 숨겨졌도다"라고 말씀하십니다. 18장 34절과 9장 45절에서도 이렇게 말씀하십니다.

2.1.7. 마태복음(13:10-17)과 누가복음(8:9-10) 둘 다 비유의 목적은 예수님 사명의 진리를 감추기 위해서라고 가르쳤습니다.

2.1.8. 신명기 28장 63절은 이렇게 전합니다, "여호와께서 너희에게 선을 행하시고 너희를 번성하게 하시기를 기뻐하시던 것 같이 이제는 여호와께서 너희를 망하게 하시며 멸하시기를 기뻐하시리니." 이것은 분명 에스겔 18장 32절 말씀과 정반대의 말씀입니다. 하나님은, 어떤 의미에서 보면 또는 어떤 상황에서는, 사악한 자들의 죽음을 기뻐하십니다!

우리는 이 모든 것에 대해 질문을 외면하지 않습니다. 한편으로는 예루살렘의 불신자들과 악한 자들의 죽음을 슬퍼하면서, 동시에 그들에게 구원의 진리를 감추고 그들의 심판을 기뻐하는 일은 도무지 가능하지 않다며 성급한 결론을 내려서는 안 된다고 말씀드리는 것입니다. 하나님과 그분의 아들 안에 있는 복잡하고도 깊은 마음을 이해하도록 스스로를 준비시켜야 합니다.

2.2. 둘째, 다른 상황에서는 금지하는 것을 어떤 상황에서는 허락

할 능력이 하나님께 있음을 생각해야 합니다.

2.2.1. 예를 들어, 하나님이 그 아들의 죽음을 의도하셨습니다(사 53:10, 행 2:23, 4:27-28). 하지만 예수님이 죽임당한다는 것은 끔찍한 죄였습니다. 하나님은 이 일이 일어나는 것을 기뻐하셨을까요, 아닐까요? 그 사건을 하나님의 지혜롭고 거룩한 목적 완수를 위한 구속 행위로 보셨다면 기뻐하셨을 것입니다. 하지만 바리새인들과 빌라도와 헤롯의 의도 속에 있던 죄의 행위로 보셨다면 기뻐하지 않으셨을 것입니다.

이 사례를 통해 내릴 수 있는 결론은, 하나님의 뜻은 단순하지 않다는 것입니다. 하나님은 어떤 의미에서는 어떤 것을 뜻하실 수도 있고, 다른 의미에서는 그것을 뜻하지 않으실 수도 있습니다. 하나님이 어떤 일을 뜻하셨다거나 뜻하지 않으셨다는 말을 읽을 때, 또는 하나님이 어떤 일을 기뻐하신다거나 기뻐하지 않으신다는 말을 읽을 때, 우리는 그분이 뜻하시거나 기뻐하신다는 단순한 표현이 언제나 전체 이야기를 보여 주는 것은 아님을 늘 인정할 준비가 되어 있어야 합니다.

2.2.2. 예를 들어, 에스겔 18장과 신명기 28장을 보십시오. 이것을 단순히 모순이라고 말해야 할까요? 아니면 한편으로는 하나님이 악인의 심판을 기뻐하시지만(그들의 죄악의 크기만큼 심판을 받았고, 하나님의 공의와 영광이 지켜졌으며, 이를 통해 다음 세대에게도 유익이 되었다는 점에서), 다른 한편으로는 악한 자의 죽음을 기뻐하지 않으신다(하나님을 찬양할 잠재력을 가진 하나님 형상을 닮은 피조물이 죽었고 사탄의 책략이 성공했다는 점에서)고 말해서는 안 될까요?

2.2.3. 예수님이 예루살렘을 보시고 슬피 우신 것도 비슷한 경우입니다. 한편으로, 예수님은 예루살렘 사람들의 죄와, 하나님 아버지의 이름이 불명예를 입은 것과, 그들이 하나님의 말씀을 먼저 받아 엄청나게 유리한 위치에 있었음에도 불구하고 생명을 잃었다는 것에 대해 슬퍼하십니다. 그러나 또 한편으로는, 이스라엘 백성에게 일시적인 고난을 주고, 그들로 보지 못하게 하시는 하나님의 계획에 진심어린 동조를 보냅니다. 예수님은 심지어 "성령 안에서 기뻐하며 천지의 주재이신 아버지여 이것을 지혜롭고 슬기 있는 자들에게는 숨기시고 어린 아이들에게는 나타내심을 감사하나이다. 옳소이다. 이렇게 된 것이 아버지의 뜻이니이다"라고까지 말씀하십니다. 예수님이 슬퍼하시는지 기뻐하시는지는 보는 시각에 달려 있습니다. 또는 예수님이 사물의 보편성을 보시는지 아니면 죄와 죽음의 좁은 속성을 보시느냐에 달려 있습니다.

2.2.4. 따라서 모든 사람이 구원받기를 기꺼이 원하시고 갈망하시는 하나님을 묘사하는 성경 속 수많은 본문들을 무시하거나 그 의미를 희석시키지 말아야 합니다. 그 말씀들을 그대로 인정해야 하고, 사실상 하나님의 눈물과 갈망에 우리도 동참해야 합니다. 그러나 그렇게 되려면, 무한하신 하나님의 생각과 감정은 우리가 처음 생각했던 것보다 훨씬 복잡하다는 점과 하나님은 그 선하시고 지혜로운 목적을 위해 그분이 싫어하는 일도(죄 없는 그분의 아들의 죽음과 같은) 일어나도록 작정하실 수 있는 분임을 깨달아야 합니다.

2.2.5. 디모데전서 2장 4절과 베드로후서 3장 9절 말씀도 문맥상 다른 해결책이 제시되지 않는 한(저는 그렇다고 생각합니다), 이와 같은

방식으로 이해해야 합니다.

2.2.5.1. 디모데전서 2장 4절. "하나님은 모든 사람이 구원을 받으며 진리를 아는 데에 이르기를 원하시느니라."

모든 가능성을 고려할 때, "모든 사람"은 개인적이고 보편적인 의미로 사용된 것이 아닙니다. "내가 첫째로 권하노니 모든 사람을 위하여 간구…하되 임금들과 높은 지위에 있는 모든 사람을 위하여 하라"는 1절 말씀에서도 그런 의미가 아니기 때문입니다. "모든 사람"은 모든 사회계층, 모든 그룹의 사람들을 일컫는 말로 보입니다. 각계각층의 사람들 말입니다. 따라서 요지는 하나님은 구원하실 때 어떤 특정 계층의 사람을 배제하지 않으신다는 의미입니다.

또한 디모데후서 2장 25절에 "진리의 지식"이라는 표현이 나오는데, 문맥상 하나님은 회개와 진리의 지식을 주시는 분임을 알 수 있습니다.

그런데 만일 "모든 사람"이 모든 개개인을 의미한다면, 왜 모든 사람이 구원받지 못하는지를 질문해야 합니다. 인간에게 최종적인 자기 결정력이 있기 때문이라고 말하는 신학도 있습니다. 또 어떤 신학은 하나님이 어떤 사람을 선택과 효력 있는 부르심에서 누락시키는 것은 다른 차원의 문제라고 말합니다.

그러나 유의하십시오. 전자의 신학이 실제로 의미하는 바는 하나님이 실제로는 또 다른 의지를 갖고 계셨다는 뜻이기 때문입니다. 많은 사람이 멸망에 이를 것을 아시면서도, 하나님은 이 세상에게 자기 결정력을 허락하셨다는 말이 됩니다. 즉, 하나님은 사람들을 하나도 잃지 않는 것보다는 자신이 원하는 특정한 세상을 계획하셨다는 뜻입니다.

저도 이렇게 생각합니다, 하나님은 한 사람도 잃지 않기를 의도하는 대신, 경건하지 않은 자들에게 내린 심판을 통해 자신의 능력과 진노를 드러냄으로써 자신의 영광이 드러나는 그런 세상을 의도하셨습니다. 한 사람도 잃지 않는 세상 대신 그분의 영광을 높이는 세상을 하나님은 원하신다는 말씀입니다. 또 다른 관점을 보더라도 하나님은 한 사람도 잃지 않는 세상 대신 자기 결정력을 가진 인간들이 있는 세상을 선호하신다고 말합니다.

따라서 두 관점을 요약하자면 이렇습니다. "하나님은 모든 사람이 구원받기 원하신다"는 말의 진정한 의미를 살펴보면, 한 사람 한 사람의 개인적인 의무나 운명을 고려할 때는 구원 자체가 옳고 아름다운 일이지만, 하나님은 보다 높은 뜻을 가지고 계시기 때문에 모든 사람을 구원하기로 작정하시지는 않는다는 말이 됩니다. 그렇다면 우리의 답변이 어느 쪽이든 그것은 부분적인 것이 됩니다. 이 가운데 어느 것이 성경적인 대답일까요?

2.2.5.2. 베드로후서 3장 9절. "주의 약속은 어떤 이들이 더디다고 생각하는 것 같이 더딘 것이 아니라 오직 주께서는 너희를 대하여 오래 참으사 아무도 멸망하지 아니하고 다 회개하기에 이르기를 원하시느니라."

디모데전서 2장 4절과 마찬가지로, 이번 구절도 문맥을 보면 이러한 하나님의 소망을 적용하는 범위를 제한합니다. 이번 경우에는 교회로 제한하거나, 또는 택함받은 자들로 제한하고 있습니다. '너희'라는 단어에 주목해 보십시오. "하나님은 너희를 대하여 오래 참으사 아무도 멸망하지 아니하길 원하시느니라."

다시 말하면, 하나님은 세상에 충분한 시간을 주어 모든 선택받은 자들이 회개하고 구원받는 것을 목표로 하십니다. 14절은 이를 확실하게 보여 줍니다. 베드로는 "사랑하는" 자들이라고 호칭하며 말합니다. "그러므로 사랑하는 자들아 너희가 이것을 바라보나니 주 앞에서 점도 없고 흠도 없이 평강 가운데서 나타나기를 힘쓰라. 또 우리 주의 오래 참으심이 구원이 될 줄로 여기라." 즉, 하나님은 "사랑하는" 자들 모두가 회개하고 구원받기를 원하시기 때문에 참으시고 역사를 종결시키지 않으십니다.

2.3. 하나님은 왜 모든 사람을 선택하여 효력 있게 부르시지 않는가에 대한 질문은 로마서 9장 22-23절과 11장 30-32절을 참고하십시오.

3. 기도와 복음전도

만일 하나님이 무조건적으로 선택하시고, 그 선택하신 자들을 미리 정하시고, 미리 정하신 자들을 효력 있게 부르신다면, 기도와 복음전도는 왜 필요한 것입니까?

3.1. 기도

3.1.1. 에스겔 36장 9-10절과 36장 37절을 비교해 보십시오. 한편으로는 이스라엘 족속의 번성을 약속하십니다. 그리고 다른 한편으로는 이스라엘 집이 하나님께 '구하도록' 계획하십니다. 다른 말로 하

면, 하나님은 기도를 통해 자신의 약속이 이루어지기를 원하신다는 말입니다.

3.1.2. 하나님은 기도에 응답하기를 원하신다고 말하고, 또 한편으로는 하나님은 세상이 생기기 전에 이미 일어날 일을 다 계획해 놓으셨다고 말하는 것은 논리적으로 모순되지 않습니다. 그분이 뜻하신 것을 일어나게 하는 수단으로 미리 정하신 것들 중 하나가 바로 기도이기 때문입니다. 하나님은 기도를 통해 역사하기 원하십니다. 그러면 우리가 하나님께 의존적인 존재이고 하나님은 이 세상에 적극적으로 개입하시는 분임을 우리가 더욱 잘 인식할 수 있기 때문입니다(요 14:13, "이는 아버지로 하여금 아들로 말미암아 영광을 받으시게 하려 함이라").

3.1.3. 만일 하나님께 효력 있게 부르실 권리와 능력이 없다면, 믿지 않는 친구와 기족들을 위해 무엇을 구하시겠습니까? 전적인 은혜를 믿지 않으면서 어떻게 기도할 수 있겠습니까?

3.1.4. 친구의 신앙 회복이나 회심과 같은 문제를 위해 계속해서 기도해야 한다고 느낀다면 하나님이 뭔가 특별한 일을 하고 계신다는 좋은 징조입니다. 하나님의 위대한 역사 앞에는 대개 기도 운동이 선행됩니다. 많은 숫자가 모여 하나님께 조르면 그렇게 된다는 말이 아닙니다. 하나님은 기도를 통해 우리가 그분의 역사를 은혜의 선물로 보도록 준비시키십니다. 또한 간절히 구하게 하심으로 그 선물에 더욱 감사할 수 있게 하십니다.

3.2. 복음전도

구원받을 사람들이 이미 정해져 있고 미리 예정된 사람은 한 사람도 잃지 않는다면 왜 굳이 선교를 해야 할까요?

3.2.1. 하나님이 우리에게 선교를 명령하셨기에(마 28:18-20), 어떤 철학적 논리도 우리를 저지해서는 안 됩니다.

3.2.2. 하나님은 선택받은 자들이 복음 전파를 통해 효력 있게 부름받도록 정하셨습니다. 복음 전파 없이는 이런 일이 일어날 수 없습니다(살전 1:4-5; 고전 1:23-24; 롬 1:16; 10:14-17; 행 26:16-18; 13:48; 요 17:20 등).

3.2.3. 택함을 입은 사람들이 미혹되는 일은 불가능합니다(마 24:24). 그럼에도 불구하고, 우리가 복음전도를 하지 않기 때문에 또는 우리가 기도하지 않기 때문에, 사람들은 미혹됩니다. 복음을 전파하고 기도했다면, 하나님이 사람들을 구원하시기로 계획하셨다는 증거를 줄 수 있었을 것입니다. 세계에 복음전도와 기도가 급증하는 것은 하나님이 곧 위대한 수확을 하실 거라는 징조입니다.

3.2.4. 우리는 하나님의 구원하시는 은혜를 전하는 통로로서 하나님에 의해 권한을 위임받았다는 사실에 놀라고 기뻐해야 합니다. 하나님이 미리 정하셨기 때문에 복음 전도를 하지 않겠다는 것은, 만일 하나님이 침대에서 나오도록 미리 정하셨다면 하나님이 나오게 하실 거라고 말하며 계속 침대에 머무는 것과 같습니다.

3.2.5. 하나님의 영원한 선택에 근거한 하나님의 효력 있는 부르심은 선교를 더욱 장려합니다(행 18:10; 요 10:16; 11:52; 17:20).

4. 결론

주권적 은혜를 말하는 교리들은 성경에서 마주치는 여러 문제들로 인해 전복되지 않습니다. 그것들은 견고히 서 있고 우리가 가진 가장 깊은 소망의 귀한 토대입니다.

4.1. 이 교리들은 우리가 불가능하다고 보는 것을 하나님은 하실 수 있고 실제로 하실 것이라는 메시지를 전하기에 우리의 기도생활에 소망을 줍니다.

4.2 이 교리들은 복음전도에도 소망을 주는데, 하나님은 우리가 계속해서 선교할 수 있도록 힘을 주실 뿐 아니라 모든 방언과 족속과 민족과 나라에서 택하신 자들을 효력 있게 불러내실 것이기 때문입니다.

4.3. 이 교리들은, 하나님을 향해 또한 인간을 향해 가질 수 있는 모든 자랑과 교만과 자기 신뢰를 근절하고, 내가 그 자리에 선택을 받았기에 구원받을 수 있었다는 감격을 계속해서 느끼도록 우리를 겸손케 합니다.

4.4. 이 교리들은 새 언약의 약속(우리에게 새 마음을 주시고, 우리 마음에 그분의 율법을 새기고, 그분의 율법대로 행하고 그분을 평생 사랑하고 경외하게 하시는)을 완성하시는 하나님의 권리와 능력을 보장합니다.

4.5. 이 교리들은, 하나님이 마음속에 특정한 사람을 품지 않으시고 단순히 일반적인 방식으로 구원을 계획하셨으며 누가 이 구원을 받게 될지는 우리에게 맡기셨다고 믿을 때는 누리지 못할 깊은 안정감을 줍니다.

4.6. 이 교리들은 선교 사역이 필수 불가결하고 절대 실패할 수 없

음을 보장합니다(딤후 2:10).

4.7. 이 교리들은 은혜의 본질을 드러내고, 은혜가 없을 때 우리가 얼마나 커다란 곤경에 처할지 보여 줍니다. 그래서 하나님이 모든 영광을 받으시고 우리는 그 어느 때보다도 그분을 찬양하고 사랑하게 됩니다.

38장

부르신 그들을 또한 의롭다 하시고 (1)

로마서 8:28-30

우리가 알거니와 하나님을 사랑하는 자 곧 그의 뜻대로 부르심을 입은 자들에게는 모든 것이 합력하여 선을 이루느니라. 하나님이 미리 아신 자들을 또한 그 아들의 형상을 본받게 하기 위하여 미리 정하셨으니 이는 그로 많은 형제 중에서 맏아들이 되게 하려 하심이니라. 또 미리 정하신 그들을 또한 부르시고 부르신 그들을 또한 의롭다 하시고 의롭다 하신 그들을 또한 영화롭게 하셨느니라. _롬 8:28-30

사랑을 얻기 위한 전략

교회에 한 자매를 사랑하는 남자 청년이 있다고 생각해 보십시오. 그런데 그 자매는 그런 청년이 있다는 사실조차 모릅니다. 그래서 청년은 자매의 관심과 애정을 이끌어 내기 위해 전략을 세우고 결국에는 결혼에 성공하기를 바랍니다.

청년은 먼저 자매와 같은 소그룹에 들어가서 자매의 생일을 알아내고, 자매의 식성과 그들이 함께 아는 친구들이 누구인지 정보를 얻어 내는 것으로 계획을 실행에 옮깁니다. 청년은 자매가 갖고 싶어 했던 선물을 사고, 특별한 식당을 예약하고, 저녁 식사에는 자매의 친구들을 초대해서 음식 값을 다 지불하고, 자매의 룸메이트에게 적당한 때에 자매를 식당으로 데려오도록 다 짜놓습니다.

모든 일이 딱딱 맞아들어 갑니다. 자매는 시켜놓은 음식도 마음에 들어 하고 친구들과 선물도 다 마음에 들어 합니다. 식사가 끝나자 자매는 모두에게 이런 선물을 해줘서 고맙다고 말합니다. 물론 이 모든 것을 계획한 청년도 포함해서 말입니다. 그런 다음 자매는 자리를 떠납니다.

그런데 그게 다입니다. 자매는 어떻게 이런 파티가 준비되었는지 또는 누가 이 모든 것을 준비했는지 물어보지 않았습니다. 그간 몇 달에 걸쳐 청년이 노력하고 창의성을 발휘하고 애정을 다해 준비한 수고는 그가 준비한 선물과 음식과 즐거움에 완전히 가려 버립니다.

약속은 원하면서 계획은 무시하는 것

로마서 8장 28절 말씀은 좋아하면서 로마서 8장 29절과 30절 말씀에 관심이 없다면 우리의 행동도 바로 위와 같습니다. 모든 것이 합력하여 선을 이룰 거라는 약속을 좋아하십니까? 그러면서도 영원 전부터 그 약속이 만들어지기까지 계획하고 수고하고 애정을 기울인 모든 과정에 대해서는 별 관심이 없습니까?

주방장이신 하나님으로부터 자신이 좋아하는 영적 음식을 받는 것이 얼마나 좋습니까? 하지만 그분이 함께 식탁에 앉아 자신의 요리법을 즐거이 이야기할라치면 양해를 구하고 볼일을 보러 가버리는 것은 아닌지요?

형제자매 여러분, 우리는 이런 사람들이 아니길 바랍니다. 만일 그렇다면 로마서 8장 28절은 그저 신기루에 지나지 않습니다. 그 약속은 "하나님을 사랑하는 자들"에게 주어진 것이지 단순히 선물이 아니기 때문입니다. 그리고 우리가 하나님을 사랑한다면, 하나님이 우리 식탁에 앉아 그분의 구원 전략(로마서 8장 29-30절에 나오는)을 즐거이 회상할 때, 우리는 그 자리에 머물러 있는 것으로 만족하지 않고 한 마디라도 놓칠세라 귀를 기울이게 됩니다. 요리사가 만든 케이크가 아니라 요리사를 사랑하는 사람들은 이렇게 말합니다.

> 내가 옛날을 기억하고 주의 모든 행하신 것을 읊조리며
> 주의 손이 행하는 일을 생각하고
> 주를 향하여 손을 펴고
> 내 영혼이 마른 땅 같이 주를 사모하나이다.
> (시 143:5-6)

그래서 저는 이제부터 네 주 동안 하나님께서 영원 전부터 준비하신 구원이라는 잔치를 그분의 말씀에 맞게 잘 설명해 보려고 합니다. 그리고 그 말씀을 들으며 우리가 함께 기뻐할 수 있기를 기도합니다.

우리가 아는 것

28절은 "우리가 알거니와"라는 말로 시작합니다. 우리는 하나님께서 그분의 전능하신 지혜와 능력을 다해 우리를 그려 가신다는 것을 압

니다. 비록 지금은 불완전하지만 언젠가는 하나님 아들의 모습을 닮게 될 모습입니다. 우리는 이것을 알고 있습니다. 우리 삶에서 일어나는 모든 일은 이 운명으로부터 비로소 의미를 얻습니다. 반면 이 확신이 흔들리면 모든 것이 흔들립니다.

우리는 알고 있습니다! 하나님이 우리를 영광으로 이끄시기 위해 일하고 계심을 우리는 알고 있습니다! 우리는 승리자 이상이라는 것을 알고 있습니다. 그리고 29-30절에는 우리 확신의 근거, 즉 영광스러운 잔치 뒤에 숨겨진 심혈을 기울인 계획과 멋진 요리법이 펼쳐집니다.

하나님이 우리를 미리 아셨다

먼저, 하나님이 우리를 미리 아셨습니다. 세상의 기초가 세워지기 전에, 하나님은 우리를 주목하셨고 우리에게 호의를 품으셨고 우리를 선택하셨습니다. 하나님은 우리가 어떤 모습이 될지 그냥 지켜보지 않으셨습니다. 하나님은 우리를 선택하셔서 그분이 원하시는 모습으로 만드셨습니다. 우리가 어떤 선한 일이나 악한 일을 하기도 전에, 그분은 우리를 선택하셨고 우리를 그분의 것으로 구별하셨습니다.

하나님께서 우리가 영원히 영광 가운데 살도록 모든 것이 합력하도록 열심을 다하시는 것은 우리가 나약하고 사랑이 불확실한 데서 나오는 그분의 반응이 아닙니다. 반대로, 우리가 그분을 사랑하는 것은 그분이 우리를 선택하여 사랑하셨기에 나타나는 필수불가결한 결과입니다. 하나님이 아무 조건 없이 우리를 선택하셨기 때문에 이 위대한 구원을 반드시 완성시키실 것을 저는 압니다.

미리 아신 자들을 또한 미리 정하셨다

두 번째로, 하나님은 미리 아신 자들을 미리 정하셨습니다. 하나님은 우리를 자신의 것으로 따로 구별하신 후, 우리에게 가장 영광스러운 운명을 정해 주셨습니다. 바로 그분의 아들의 형상을 닮아, 그 아들이 자신의 형상을 닮은 수백만 명의 사람들을 통해 영광을 받으시도록 하는 것입니다.

그러므로 우리는 하나님이 아무 조건 없이 자신을 위해 우리를 선택하셨기 때문만이 아니라 28절에서 약속한 그 좋은 것들을 우리 운명으로 미리 정하셨기 때문에 우리를 위해 모든 것이 합력하여 선을 이루도록 하실 것을 압니다.

거대한 장애물: 죄를 미워하시는 하나님의 진노

지금까지는 아주 좋습니다. 로마서 8장 28절에 대한 우리의 확신은 30절로 가기까지는 암초에 걸리지 않습니다. 하지만 29-30절 사이에 거대한 장애물이 나타납니다. 바울은 그 장애물을 직접 언급하지는 않습니다. 다만 하나님이 어떻게 그 장애물을 치우셨는지만 말합니다. 하지만 우리는 그 장애물을 보는 게 좋을 것 같습니다.

그것은 죄라고 불립니다. 또는 좀 더 심각하게 말하면, 죄에 대한 하나님의 진노입니다. 우리 모두는 죄를 지었고 하나님의 영광을 드러내는 데 무참히 실패했습니다(롬 3:23). 우리 마음은 그 어떤 것보다 거짓되고 심하게 부패했습니다(렘 17:9). 우리는 이 세상의 신으로 인해 눈이 멀었습니다(고후 4:4). 우리는 허물과 죄로 죽었습니다(엡 2:1, 5). 그 마음이 허망하고, 총명이 어두워졌고, 하나님의 생명에서 떠나 있고, 감각 없는 자가 되었습니다(엡 4:17-19).

우리는 본성상 진노의 자녀이고(엡 2:3) 우리의 부패함으로 인해 하나님의 진노가 우리 위에 놓여 있습니다(요 3:36).

때때로

지난주에 저는 하나님을 깊이 만나는 경험을 했습니다. 제가 받은 구원의 기반이 얼마나 실제적으로 느껴지는지, 마치 1만 마일 두께의 화강암 산 위에서 밝은 햇살을 받으며 서 있는 것 같은 느낌이었습니다(로마서 8장 29절과 30절이 너무나 안전한 산처럼 느껴졌다는 의미입니다).

하지만 저도 늘 이렇게 느끼는 것은 아닙니다. 그 화강암으로 이루어진 산이 제 아래 있는 것이 아니라 제 위에서 막 떨어져 저를 부술 것처럼 느껴질 때가 있습니다. 저의 죄에 대해 분노하시는 하나님의 진노를 느낄 때 더욱 그렇습니다. 하나님은 죄에 있어서는 저를 미워하셨습니다.

하나님은 회개하지 않은 죄인들을 미워하신다

그렇습니다. 우리는 성경 전체를 보고 하나님이 회개하지 않은 죄인들을 미워하신다고 말할 수 있어야 합니다. 우리가 종종 그렇게 하듯, 제가 만일 이 부분을 순화시켜서 하나님은 죄를 미워하신다고만 말한다면, 아마 대부분은 그 말을, 하나님은 죄는 미워하시지만 죄인은 사랑하신다는 의미로 해석할 것입니다. 하지만 시편 5편 5절은 이렇게 말합니다. "오만한 자들이 주의 목전에 서지 못하리이다. 주는 '모든 행악자'를 미워하시며." 그리고 시편 11편 5절도 이렇게 말합니다. "여호와는 의인을 감찰하시고 악인과 폭력을 좋아하는 자를 마음에 미워하시도다."

"여호와께서 미워하시는 것 곧 그의 마음에 싫어하시는 것이 예닐곱 가지이니 곧 교만한 눈과 거짓된 혀와 무죄한 자의 피를 흘리는 손과 악한 계교를 꾀하는 마음과 빨리 악으로 달려가는 발과 거짓을 말하는 망령된 증인과 및 형제 사이를 이간하는 자이니라"(잠 6:16-19).

하나님은 회개하지 않은 죄인들을 미워하십니다. 이 말은 그분의 끝없는 진노가 마치 화강암 산처럼 그들 위에 달려 있어 결국에는 떨어진다는 의미입니다. "그의 원수들의 머리 곧 죄를 짓고 다니는 자의 정수리는 하나님이 쳐서 깨뜨리시리로다"(시 68:21).

죄인들에게는 로마서 8장 28절이 어떤 유익이 있는가

이제 로마서 8장 28절은 어떻게 됩니까? 내가 죄인으로 밝혀진다면 하나님의 영원한 선택과 미리 예정한 영광이 무슨 유익이 있겠습니까? 하나님의 끝없는 진노가 화강암 산처럼 내 위에 달려 있고, 하나님께서 내 죄를 보시고 거룩한 증오로 나를 미워하신다면 어떻게 모든 것이 합력하여 내게 선을 이루겠습니까? 제 유일한 소망은 하나님이 나를 범죄한 죄인으로만 보시지 않고 예수 그리스도 안에서 선택받고, 사랑받고, 영광을 얻도록 예정된 그런 존재로도 보시는 것입니다. 제 유일한 소망은 하나님께서 스스로 자신의 분노를 억누르고 제 모든 죄를 없다고 여기시며, 제 마음의 부패함을 없애 주셔서 저를 향해 그분이 미리 정하신 목적을 성취하시는 것입니다. 너무 멋진 생각이라 감히 상상할 수도 없는 일입니다. 그런데 복음은 하나님께서 자신의 아들의 죽음을 통해 바로 이 일을 하셨다고 말합니다.

해결책: 칭의

30절입니다. "부르신 그들을 또한 의롭다 하시고." 미리 정하심(predestination)은 덴버이고, 영화(glorification)는 태평양과 같으며, 그 사이에는 우리 안에 있는 죄를 미워하시는 하나님의 진노라는 로키 산맥이 가로막고 있습니다. 그리고 제가 탄 전동차는 콜로라도 산기슭에 얼어붙어 있습니다. 하지만 하나님은 칭의라는 도구를 사용하여 그분의 진노라는 장애물을 부수고, 저를 영화롭게 하려는 그분의 영원한 목적이 저의 죄로 인해 좌절되지 않게 하십니다.

칭의에 관한 세 가지 질문

그래서 우리는 이 놀라운 하나님의 역사에 대해 세 가지 질문을 할 필요가 있습니다.

1. 칭의란 무엇입니까?
2. 칭의의 근거는 무엇입니까?
3. 저 같은 죄인이 어떻게 그것이 주는 유익을 소망할 수 있습니까?

1. 칭의란 무엇인가?

로마서 8장 30절에 나오듯이, 칭의는 회개한 죄인을 향해, 그의 모든 죄가 용서되었고 무죄 선언을 받았으며 심판자의 진노가 없어졌고, 그래서 이제 하나님 앞에 의롭게 설 수 있게 되었다고 하나님이 선포하시는 것입니다. 하나님은 무언가가 없어졌고 무언가가 더해졌다고 선언하십니다. 죄가 사라졌습니다. 그리고 새로운 의가 주어졌습니다.

로마서 4장 6-7절은 이 두 가지 유익을 모두 말합니다. 바울은 시편 32편에서 다윗이 오늘날 우리가 경험하는 것과 같은 칭의를 표현하고 있다고 말합니다. "일한 것이 없이 하나님께 의로 여기심을 받는 사람의 복에 대하여 다윗이 말한 바 불법이 사함을 받고 죄가 가리어짐을 받는 사람들은 복이 있고."

6절에서는 뭔가가 더해지는데, 바로 의입니다. "일한 것이 없이 하나님께 의로 여기심을 받는." 다른 말로 하면, 칭의를 통해 하나님은 당신 자신의 의를 우리의 것으로 여기십니다. 그런 다음 7절에서는 바로 죄가 사라집니다. "불법이 사함을 받고 죄가 가리어짐을 받는 사람들은 복이 있고." 따라서 칭의는, 나의 죄는 나의 것으로 간주되지 않는 반면 하나님의 의가 나의 것으로 여겨지는, 이 회개한 죄인에게 내려지는 선언입니다. 나는 용서받았고, 무죄선언을 받았고, 의로워졌고, 더는 하나님의 진노라는 산 아래 있지 않고, 대신 이제는 그분의 의라는 산 위에 서 있습니다.

2. 이 칭의의 기반은 무엇인가?

하나님은 우리에게 부과된 그런 혐의들을 어떻게 간단하게 없애실 수 있을까요? 무엇을 근거로 하나님은 그렇게 간단하게 우리를 향한 진노를 거두실 수 있을까요? 하나님은 그렇게 '간단하게' 하실 수는 없습니다! 하나님은 이를 위해 당신의 아들을 대가로 지불하셨으니까요.

고린도후서 5장 21절 말씀은 모든 믿는 자가 지속적으로 용기를 얻기 위해 반드시 기억해야 하는 구절입니다. 이 구절은 칭의 안에서 우리가 받은 것과 우리에게서 사라진 것에 대한 기반을 제공합니다. "하나님이 죄를 알지도 못하신 이를 우리를 대신하여 죄로 삼으신 것은 우리로 하여금 그 안에서 하나님의 의가 되게 하려 하심이라."

가장 단순하게 표현하자면, 하나님은 예수님에게 우리의 죄를 전가하셨고 우리에게는 그분의 의를 전가하셨습니다. 예수님이 우리 칭의의 기반입니다. 하지만 좀 더 구체적으로도 표현할 수 있습니다.

로마서 5장 9절에서는 좀 더 구체적으로 우리 칭의의 기반을 밝히고 있는데, 그것은 곧 예수님의 죽음이라고 말합니다. "그러면 이제 우리가 그의 피로 말미암아 의롭다 하심을 받았으니 더욱 그로 말미암아 진노하심에서 구원을 받을 것이니."

또한 로마서 5장 19절은 우리가 받은 칭의의 기반을 제공한 것이 예수님의 순종이었다고 말합니다. "한 사람이 순종하지 아니함으로 많은 사람이 죄인 된 것 같이 한 사람이 순종하심으로 많은 사람이 의인이 되리라."

빌립보서 2장 8절은 이 둘을 한꺼번에 담고 있는데, 우리 칭의의 기반이 십자가에 죽기까지 온전히 순종한 예수님의 순종이라고 말합니다. 그분의 순종 안에, 칭의를 통해 우리의 것이 된 의가 있습니다. 그리고 그분의 죽음 안에서 우리 죄는 그분의 것이 됩니다. 예수님은 우리 대신 하나님의 진노의 무게를 온전히 감당하십니다.

우리 칭의의 기반은 우리 대신 죽기까지 순종하신 예수 그리스도입니다.

3. 나 같은 죄인이 어떻게 칭의의 유익을 바랄 수 있을까?

어떤 의미에서 우리는 아무것도 할 수 없습니다. 로마서 5장 6절은 "우리가 아직 연약할 때에 기약대로 그리스도께서 경건하지 않은 자를 위하여 죽으셨도다"라고 말합니다. 또 5장 10절에서는 "곧 우리가 원수 되었을 때에 그의 아들의 죽으심으로 말미암아 하나님과 화목하게 되었은즉 화목하게 된 자로서는 더욱 그의 살아나심으로 말미암아 구원을 받을 것이니라"고 말합니다.

바울은 그 아들의 죽음이 우리를 의롭게 만든 것은, 아직 우리가 속수무책이고, 불경하고, 하나님의 적이었을 때라고 말합니다. 어떤 의미에서 우리가 받은 무죄 선언은 우리 안에 있는 어떤 것과는 전혀 무관합니다. 우리가 아직 감옥에 있을 때 우리가 치러야 할 빚이 청산되었습니다.

그럼에도 불구하고, 성경은 우리가 '믿음으로' 의롭다 함을 받았다고 반복해서 가르칩니다(창 15:6; 롬 3:22; 4:5, 24; 5:1; 10:4, 10; 행 13:38-39). 그러므로 이것이 의미하는 것은, 우리는 믿음으로 무죄라는 말을 받게 된다는 것입니다. 또는 믿음으로 하나님께 받아들여졌다는 선언을 듣고 그것을 우리의 것으로 즐거워한다는 의미입니다.

내가 아직 무기력하고 불경할 때 그리스도가 죽으심으로 내 죄가 탕감되었습니다. 나를 향한 하나님의 진노는 내 믿음이 아닌 그리스도의 죽음으로 사그라졌습니다. 그때 나는 아직 믿지 않는 대적이었습니다. 하지만 스스로 의로워지려는 모든 시도를 내려놓고 오직 그리스도만 신뢰하게 될 때, 우리는 그 무죄라는 선언을 듣고, 알고, 즐거워할 수 있습니다.

우리가 아는 것으로 돌아와

이제 28절의 첫 두 마디로 돌아오겠습니다. "우리가 알거니와." 우리는 모든 것이 합력하여 선을 이룰 것을 믿습니다. 왜냐하면 우리는 세상의 기초가 놓이기도 전에 하나님에 의해 미리 알려졌고 선택받았기 때문입니다. 우리는 모든 것이 합력하여 선을 이룰 것을 믿습니다. 왜냐하면 우리를 택하시고 미리 정하신 후에 하나님은 또한 우리의 미리 정하심과 우리의 영화 사이에 놓여 있던 그분의 진노라는 산을 허무셨기 때문입니다. 그분은 아들의 죽음으로 우리를 의롭다 여겨 주십니다. 모든 죄가 사라졌습니다! 그리고 그분의 모든 의가 그리스도 안에서 우리 것이 되었습니다!

미리 정하심과 칭의 사이의 간격

하지만 여기에서 질문이 생깁니다. 칭의는 믿음으로 누리게 되는데, 믿음은 인간의 의지의 행위이기 때문에 하나님이 미리 정하신 자들이 실제로 의로워질지는 불확실한 것 아닙니까? 약간의 우발성과 불확실성이 끼어들지 않겠습니까?

물론 답은 '그렇지 않다'입니다. 왜냐하면 하나님은 미리 정하심과 칭의 사이에 있는 불확실성이라는 간격을 자신의 확실하고 효력 있는 부르심으로 친히 메우셨기 때문입니다. "미리 정하신 그들을 '또한 부르시고' 부르신 그들을 또한 의롭다 하시고 의롭다 하신 그들을 또한 영화롭게 하셨느니라."

잠든 문지기 깨우기

우리가 군대의 지휘관이고 적이 한밤중에 몰래 들어오는 소리를 숙련된 귀로 들을 수 있다고 해봅시다. 급히 문을 지키는 군사들에게 가 보니 모든 경비가 근무를 태만히 하며 잠들어 있습니다. 이때 그들을 그냥 자게 두어서 적들에게 당하게 할 수 있습니다. 그렇게 하는 것이 그들이 마땅히 받아야 할 벌입니다. 아니면 그들을 모두 깨울 수도 있습니다(그들에게 과분한 일입니다). 아니면 몇 명만 깨우고 나머지는 불순종한 벌을 받게 둘 수도 있습니다. 만일 그중 몇 명을 깨우기로 했다면, 어떤 방식으로 그렇게 하겠습니까?

그들은 너무 깊이 잠들어 있어서 스스로는 깨어날 힘이 없습니다. 하지만 우리에게는 그들을 깨울 힘이 있습니다. 우리는 그들을 부를 것입니다. 그리고 그러한 부름에는 힘이 있습니다.

잠든 세상을 향해 가지신 하나님의 능력

그것이 바로 하나님이 잠든 세상을 향해 가지신 능력입니다. 세상은 죄의 능력 안에서 죽음의 잠을 자고 있습니다. 그렇지만 하나님의 부르심은 죽은 자를 일으키는 힘이 있습니다. 우리는 그저 잠든 자들을 깨우며 "일어나시오!"라고 말할 수 있을 뿐입니다. 하지만 하나님은 (에베소서 5장 14절 말씀처럼) "잠자는 자여 깨어서 죽은 자들 가운데서 일어나라!"고 말할 능력이 있으십니다. 그분이 부르시는 모든 사람은 불신의 죽음에서 일어나 그리스도를 신뢰하고 의롭다 함을 얻습니다. "미리 정하신 그들을 또한 부르시고 부르신 그들을 또한 의롭다 하시고." 세상의 그 무엇도 선택받은 자들의 삶 속에서 로마서 8장 28절이 이루어지는 것을 막을 수 없습니다. 우리 죄를 미워하시는 하나님의 진노조차도 그렇게 하지 못할 정도입니다.

마지막 호소

하나님 앞에서 스스로 의로워지려는 모든 노력을 포기하기 바랍니다. 그리고 그리스도께로 나아와 이미 성취된 칭의를 받기 바랍니다. 모든 시대 모든 성도들과 함께 다음과 같이 고백하는 것보다 더 만족스럽고 더 하나님께 영광이 되는 것은 없을 것입니다.

우리가 선택받은 것은 조건 없는 하나님의 미리 아심 덕분입니다. 우리가 영광을 소망하는 것은 하나님의 미리 정하심 때문입니다. 우리가 무죄 선언을 받고 의로워진 것은 하나님의 칭의 덕분입니다. 우리 믿음이 깨어난 것은 하나님의 부르심으로 인해서입니다. 그렇기 때문에 우리는 하나님이 반드시, 확실하게, 영원히 모든 것이 합력하여 선을 이루게 하실 것을 압니다. 이것은 이미 이루어진 것이나 다름없습니다. 모든 영광을 하나님과 어린양께 돌립니다! 아멘.

39장

부르신 그들을 또한 의롭다 하시고 (2)

로마서 8:28-30

우리가 알거니와 하나님을 사랑하는 자 곧 그의 뜻대로 부르심을 입은 자들에게는 모든 것이 합력하여 선을 이루느니라. 하나님이 미리 아신 자들을 또한 그 아들의 형상을 본받게 하기 위하여 미리 정하셨으니 이는 그로 많은 형제 중에서 맏아들이 되게 하려 하심이니라. 또 미리 정하신 그들을 또한 부르시고 부르신 그들을 또한 의롭다 하시고 의롭다 하신 그들을 또한 영화롭게 하셨느니라. _롬 8:28-30

1. 로마서와 야고보서의 조화

로마서 3장 28절과 4장 5절 말씀이 어떻게 야고보서 2장 20-24절의 말씀과 조화를 이룰 수 있습니까?

로마서 3장 28절. "그러므로 사람이 의롭다 하심을 얻는 것은 율법의 행위에 있지 않고 믿음으로 되는 줄 우리가 인정하노라."

로마서 4장 4-5절. "일하는 자에게는 그 삯이 은혜로 여겨지지 아니하고 보수로 여겨지거니와 일을 아니할지라도 경건하지 아니한 자를 의롭다 하시는 이를 믿는 자에게는 그의 믿음을 의로 여기시나니."

야고보서 2장 20절-24절. "아아 허탄한 사람아 행함이 없는 믿음이 헛것인 줄을 알고자 하느냐? 우리 조상 아브라함이 그 아들 이삭을 제단에 바칠 때에 행함으로 의롭다 하심을 받은 것이 아니냐? 네가 보거니와 믿음이 그의 행함과 함께 일하고 행함으로 믿음이 온전하게 되었느니라. 이에 성경에 이른 바 아브라함이 하나님을 믿으니 이것을 의로 여기셨다는 말씀이 이루어졌고 그는 하나님의 벗이라 칭함을 받았나니 이로 보건대 사람이 행함으로 의롭다 하심을 받고 믿음으로만은 아니니라."

야고보 사도가 싸우는 것

야고보서 2장 19절 말씀을 보면, 야고보 사도는 지금 믿음의 의미를 너무 희석시키는 견해를 반박하고 있음을 알 수 있습니다. 야고보 사도는 믿음과 순종의 행위가 불가피하게 연결되어 있음을 주장함으로써 믿음이 갖는 본래의 의미를 회복시키려고 합니다. 19절 말씀입니다. "네가 하나님은 한 분이신 줄을 믿느냐 잘하는도다. 귀신들도 믿고 떠느니라."

이것은 분명 바울이 믿음이 의롭다 함을 얻게 한다고 말할 때 생각하던 그런 믿음이 아닙니다. 귀신들은 의로워지지 않습니다.

또한 17절과 20절 말씀도 야고보 사도가 지금 믿음에 대한 나약하고 허무한 견해와 싸우고 있는 것이지 바울이 말한 믿음에 반대하는 것이 아님을 보여 줍니다.

"이와 같이 행함이 없는 믿음은 그 자체가 죽은 것이라"(17절).

"아아 허탄한 사람아 행함이 없는 믿음이 헛것인 줄을 알고자 하느냐?"(20절)

행함은 살아 있는 믿음의 표시이다

위 두 구절이 모두 함축하는 것은 행함이 있을 때 믿음이 살아 있고 유익하다는 것입니다. 즉, 믿음은 실제로 생산적이고 강력한 것이며, 행함은 생명의 열매이자 표시임을 함축합니다. 이것은 바울이 갈라디아서 5장 6절에서 말한 것과 다르지 않습니다. "그리스도 예수 안에서는 할례나 무할례나 효력이 없으되 사랑으로써 역사하는 믿음뿐이니라."

이것은 야고보 사도가 22절에서 행함으로 믿음이 온전하게 되었다고 말할 때의 의미와 같지 않습니까? 즉, 믿음은 순종의 행위를 낳지 않는 한 온전하고, 살아 있으며, 열매 맺고, 의롭다 하는 믿음이 아닙니다.

아브라함은 어떻게 "행함으로 의롭다" 여겨졌는가

그러면 야고보 사도가 21절에서 아브라함이 이삭을 제물로 바칠 때 행함으로 의롭다 함을 얻었다고 한 것은 무슨 의미입니까?(21절)

창세기 22장에서는 아브라함이 이삭을 제물로 바치며 순종한 결과를 이렇게 기록하고 있습니다. "내가 나를 가리켜 맹세하노니 네가 이같이 행하여 네 아들 네 독자도 아끼지 아니하였은즉 내가 네게 큰 복을 주고 네 씨가 크게 번성하여 하늘의 별과 같고 바닷가의 모래와 같게 하리니 네 씨가 그 대적의 성문을 차지하리라. 또 네 씨로 말미암아 천하 만민이 복을 받으리니 이는 네가 나의 말을 준행하였음이니라"(16-18절).

다른 말로 하면, 하나님은 원래는 믿음으로 받았던 그 약속의 성취(15:1-6)가 지금 순종(야고보 사도가 "행함"이라고 부른 것)으로 인해 확실해졌다고 말씀하십니다. 그래서 야고보 사도는 아브라함의 칭의에 대해 말하길(이것으로 아브라함은 하나님께 생명과 복을 받기에 합당한 자로 여김을 받았는데) 그가 하나님에 대해 어떤 것을 믿기 때문만이 아니라, 그의 믿음이 순종을 만들어 내는 살아 있고 열매 맺는 믿음이기 때문에 가능하다고 결론을 내립니다. 이것은 바울이 믿는 것과 다르지 않습니다.

"행함으로 의롭다 하심을 받는다"고 한 야고보의 견해

하지만 야고보 사도가 그것을 표현하는 방식은 바울과 사뭇 다릅니다. 예를 들어, 야고보 사도는 아브라함이 행함으로 의롭다 하심을 받았다고 말하고(21절), 이를 더 일반화시켜 "이로 보건대 사람이 행함으로 의롭다 하심을 받고 믿음으로만은 아니니라"(24절)고 말합니다. 이것은 바울이 로마서 3장 28절에서 한 말과 완전히 반대로 보입니다.

하지만 문맥상 야고보 사도가 의미한 것은 바울과 반대되지 않습니다. 야고보는 하나님이 아브라함에게 무죄 선언과 그에 대한 확신을 주신 것은 그저 공허하고 무력한 믿음이 아니라 순종의 행위를 이끌어내는 믿음 때문이었다는 의미로 그렇게 말했습니다. 따라서 오직 믿음을 통해 나오는 그러한 순종의 행위들로 인해 하나님이 아브라함을 의롭다 선포하신다고 말해도 잘못된 말이 아닙니다.

야고보 사도가 "행함으로 의롭다 하심을 받는다"고 말한 이유는, 믿음이 살아 있음을 보여 주는 그러한 순종의 행위들로 인해 하나님이 아브라함에게 무죄 선언을 하셔도 합당한 것이 된다는 의미입니다.

바울이 일을 하지 말라고 한 의미는 무엇인가

반면 바울은 로마서 4장 5절에서 칭의를 받고 싶으면 일을 하지 말라고 말하는데, 이것은 믿음에서 생겨나는 순종을 가리키는 말이 아닙니다. 4절이 보여 주듯이, 바울이 말하는 일은 '보수를 얻으려는' 모든 노력을 말합니다. "일하는 자에게는 그 삯이 은혜로 여겨지지 아니하고 보수로 여겨지거니와." 따라서 바울은 야고보 사도가 꼭 필요하다고 말한 행위, 즉 믿음에서 나오는 순종을 반대하는 입장이 아닌 것입니다.

알게 된 것

여기서 우리가 배우게 되는 것은, 교리의 형성은 우리가 처한 상황에 의해 크게 좌우되고 특히 만연한 잘못된 생각에 많이 영향을 받는다는 것입니다.

우리가 또 실제적으로 배우게 된 것은, 어떤 의미에서 우리를 의롭다 하는 것은 오직 믿음이지만 또한 의롭다 하는 믿음은 홀로 서지 않는다는 것입니다. 그 믿음은 살아 있고 활동적이며 순종의 열매를 낳습니다. 그래야 진짜 의롭다 하는 믿음입니다. 그렇게 함으로써 우리의 부르심과 택하심을 더욱 확신하게 됩니다(벧후 1:10).

2. 첫 번째 믿음과 계속되는 믿음
우리가 의롭다 함을 받는 것은 맨처음 진심으로 믿는 그 첫 행위로 말미암습니까 아니면 계속되는 믿음으로입니까?

인내는 칭의에 꼭 필요하다

로마서 5장 1절은 믿는 자들이 의롭다 함을 받았다고 말합니다. 평생동안 끝까지 견디며, 계속 믿음에 머물러 있어야 의롭다 함을 받는다고 말하지 않습니다. 하지만 바울과 야고보 사도는 아브라함의 예를 통해 칭의를 설명하면서, 칭의를 위해서는 끝까지 견디며 믿음에 머물러야 한다고 말합니다. 그뿐 아니라 예수님도 "끝까지 견디는 자는 구원을 받으리라"(막 13:13)고 하셨습니다.

아브라함의 예

아브라함의 예를 보겠습니다.

먼저, 로마서 4장 3절입니다. "성경이 무엇을 말하느냐 아브라함이 하나님을 믿으매 그것이 그에게 의로 여겨진 바 되었느니라." 이것은 아브라함이 자녀가 없고 아직 이스마엘도 태어나지 않았을 때인 창세기 15장 6절 말씀을 언급한 것입니다.

다음으로 로마서 4장 18-22절입니다. "아브라함이 바랄 수 없는 중에 바라고 믿었으니 이는 네 후손이 이같으리라 하신 말씀대로 많은 민족의 조상이 되게 하려 하심이라. 그가 백 세나 되어 자기 몸이 죽은 것 같고 사라의 태가 죽은 것 같음을 알고도 믿음이 약하여지지 아니하고 믿음이 없어 하나님의 약속을 의심하지 않고 믿음으로 견고하여져서 하나님께 영광을 돌리며 약속하신 그것을 또한 능히 이루실 줄을 확신하였으니 그러므로 그것이 그에게 의로 여겨졌느니라."

여기서 아브라함이 백 세라고 언급한 것을 보면 창세기 17장에 나오는 시기임을 알 수 있습니다. 말하자면, 하나님께서 오셔서 하갈에게서 태어난 이스마엘이 아닌 사라에게 태어날 새 아들 이삭이 상속자가 될 거라고 말씀하셨던 때입니다. 이때는 창세기 15장 6절에서 13년이나 지난 때였습니다(창세기 17장 25절을 보면 이스마엘은 당시 13살이었습니다).

그러므로 바울은 지금 창세기 15장 6절에 나오고 로마서 4장 22절에서 다시 언급된 무죄 선언은 창세기 15장 6절에 나오는 초기의 믿음의 행위에 대한 반응으로만 나온 것은 아니고, 창세기 17장에 나오는 이후의 믿음의 행동에 대한 반응이기도 하다는 말을 하고 있습니다. 이것이 로마서 4장 22절에 나오는 '그러므로'에 함축되어 있는 내용입니다.

아브라함의 이야기를 야고보서에 계속 적용시켜서 아브라함이 어떻게 나중에 믿음으로 이삭을 제물로 드렸는지를 보여 줄 수도 있습니다. 야고보 사도는 이것도 하나님이 무죄 선언으로 응답하셨던 예라고 말합니다(약 2:23). 하지만 지금까지 살펴본 것만으로도 바울이 믿음의 인내를 어떻게 생각하는지 충분히 보여 준다고 생각합니다.

결론

로마서 5장 1절("칭의는 현재 소유다")과 로마서 4장 3-22절은, 우리에게 있는 최초의 살아 있는 믿음으로 의롭다 함을 받는 것을 말한다고 저는 봅니다.

덧붙여 말하자면, 하나님이 맨처음 한 차례의 믿음의 행위를 보시고 무죄를 선언하시는 것을 합당하게 여기는 이유는, 하나님은 맨처음 믿음의 행위 이후에 계속해서 이어질 수많은 믿음의 행위들을 다 보시기 때문입니다. 하나님은 도토리에서 떡갈나무를 보십니다. 하나님이 우리를 확실히 견인해 가실 것이기 때문에 그분은 얼마든지 자유롭게 믿음의 첫 번째 행위를 통해 우리를 향해 의롭다 선포하실 수 있습니다.

조나단 에드워즈는 이에 대해 이렇게 설명합니다.

> 비록 죄인이 그의 첫 믿음의 행위로 말미암아 실제적으로 그리고 결정적으로 의롭다 하심을 받지만, 바로 그 때에도 하나님은 믿음의 견인이 그 믿음의 첫 행위 안에 사실상 포함되어 있는 것으로 여기십니다. 하나님께서 정해 놓으신 법에 의하면 참된 믿음은 반드시 견인하도록 되어 있습니다. 그러므로 하나님께서는 죄인을 의롭다 하실 때에 믿음의 견인을 고려하시되 마치 믿음의 견인이 이미 다 완성된 것처럼 고려하십니다. 그리고 믿는 신자는 그것에 의해서 의롭다 함을 얻습니다. 또한 믿음의 견인은 믿음의 첫 행위에 들어 있는 속성이라고 생각될 정도로 하나님의 법에 의해서 첫 믿음과 깊이 관련되어 있습니다. 그러므로 하나님께서는 신자가 처음 믿을 때에 믿음의 견인을 그 믿음의 속성으로 생

각해 주십니다. 그래서 칭의는 믿음의 견인이 완성되는 때까지 보류되지 않는 것입니다. 만일 하나님께서 믿음의 견인을 이와 같이 생각해 주지 않으신다면, 칭의는 죄인이 실제적으로 믿음 안에서 견인하기 전까지 유보될 수밖에 없을 것입니다.

40장

의롭다 하신 그들을 또한 영화롭게 하심

로마서 8:28-30

우리가 알거니와 하나님을 사랑하는 자 곧 그의 뜻대로 부르심을 입은 자들에게는 모든 것이 합력하여 선을 이루느니라. 하나님이 미리 아신 자들을 또한 그 아들의 형상을 본받게 하기 위하여 미리 정하셨으니 이는 그로 많은 형제 중에서 맏아들이 되게 하려 하심이니라. 또 미리 정하신 그들을 또한 부르시고 부르신 그들을 또한 의롭다 하시고 의롭다 하신 그들을 또한 영화롭게 하셨느니라. _롬 8:28-30

하나님께서 영원 전부터 준비하신 구원 사역에 관한 네 번의 시리즈 설교를 마치면서 다시 한 번 상기시키고 싶은 것이 있습니다. 환난, 곤고, 박해, 기근, 적신, 위험, 칼, 죽임당함, 아직 온전히 구원받지 못한 몸에 닥치는 모든 괴로움, 완벽하지 못한 영혼이 느끼는 모든 좌절, 이 모든 것이 합력하여 선을 이룰 것이라는 굉장한 확신(아주 놀랍고 깊은 확신)은 로마서 8장 29-30절에 묘사된 하나님의 주권적인 구원의 역사라는 거대한 기반 위에 세워진다는 점입니다. 제가 이 시리즈 설교를 한 이유는, 우리가 건강과 배우자, 자녀, 직업, 친구, 꿈 등을 잃었을 때 하나님 안에서 힘을 얻고 행복해지길 바라서입니다.

> 여호와의 말씀은 순수하니
> 그는 자기에게 피하는 모든 자의 방패시로다
> 여호와 외에 누가 하나님이며
> 우리 하나님 외에 누가 반석이냐

네 가지 질문

마지막 30절 "의롭다 하신 그들을 또한 영화롭게 하셨느니라"는 말씀에서 그 반석의 궁극적인 크기를 보게 됩니다. 여기서 네 가지 질문을 할 수 있을 것 같습니다.

1. 하나님이 인간을 영화롭게 하실 때 어떤 일이 일어나는가?
2. 하나님이 영화롭게 하실 자들은 누구인가?
3. 이는 어떻게 예수님이 보혈로 입증하신 새 언약의 성취가 되는가?
4. 신자들이 주권적인 은혜는 거부하면서 영화의 확실성만 붙들려고 할 때 무슨 일이 일어나는가?

1. 하나님이 인간을 영화롭게 하실 때 어떤 일이 일어나는가

1.1. 예수님의 영광을 함께한다

하나님은 그들에게 자신과 아들의 영광을 나누어 주십니다. 로마서 8장 17절입니다. "자녀이면 또한 상속자 곧 하나님의 상속자요 그리스도와 함께 한 상속자니 우리가 그와 함께 영광을 받기 위하여 고난도 함께 받아야 할 것이니라."

"그와 함께 영광을 받는다"는 말에 주목하십시오. 자녀를 영화롭게 하실 때, 하나님은 예수님을 모든 통치와 권세 위에 높여 보좌 우편에 앉히셨을 때 행하신 일을 그들에게 하십니다. 우리에게 그 영광을 나누어 주십니다.

로마서 5장 2절입니다. "또한 그로 말미암아 우리가 믿음으로 서 있는 이 은혜에 들어감을 얻었으며 하나님의 영광을 바라고 즐거워하느니라."

베드로전서 5장 1절을 보십시오. "너희 중 장로들에게 권하노니 나는 함께 장로 된 자요, 그리스도의 고난의 증인이요 나타날 영광에 참여할 자니라."

인간을 영화롭게 하실 때, 하나님은 그 사람에게 자신의 무한한 아름다움을 보고 피조물로서 최대한 그분을 닮아갈 수 있도록 특권을 허락하십니다. 우리는 텔레비전에서 퍼레이드를 보는 식으로 그분을 보지 않을 것입니다. 폭풍의 눈으로 빨려 들어가듯 그분을 보게 될 것입니다. "우리 생명이신 그리스도께서 나타나실 그 때에 너희도 그와 함께 영광중에 나타나리라"(골 3:4).

1.2 새롭고 영광스러운 몸을 받는다

더 구체적으로 말하면, 하나님은 인간을 영화롭게 하실 때 인간에게 새롭고 영광스러운 몸을 주십니다.

로마서 8장 21-23절을 보십시오. "그 바라는 것은 피조물도 썩어짐의 종노릇한 데서 해방되어 하나님의 자녀들의 영광의 자유에 이르는 것이니라. 피조물이 다 이제까지 함께 탄식하며 함께 고통을 겪고 있는 것을 우리가 아느니라. 그뿐 아니라 또한 우리 곧 성령의 처음 익은 열매를 받은 우리까지도 속으로 탄식하여 양자 될 것 곧 우리 몸의 속량을 기다리느니라."

바울이 21절에서 "하나님의 자녀들의 영광의 자유"라고 말한 것은 우리가 받은 영광스러운 새 몸으로 인해 육체의 괴로움에서 벗어난 자유를 의미합니다. 지금은 몸의 구원을 기다리며 괴로워하고 있습니다. 하지만 그때가 되면 우리 몸은 예수님의 부활한 몸처럼 영광스러워질 것입니다.

빌립보서 3장 20-21절입니다. "그러나 우리의 시민권은 하늘에 있는지라. 거기로부터 구원하는 자 곧 주 예수 그리스도를 기다리노니 그는 만물을 자기에게 복종하게 하실 수 있는 자의 역사로 우리의 낮은 몸을 자기 영광의 몸의 형체와 같이 변하게 하시리라."

고린도전서 15장 42-43절도 같은 말을 합니다. "죽은 자의 부활도 그와 같으니 썩을 것으로 심고 썩지 아니할 것으로 다시 살아나며 욕된 것으로 심고 영광스러운 것으로 다시 살아나며."

더 이상의 고통은 없습니다. 더 이상 약함과 권태로 인한 좌절도 없습니다. 더 이상 장애나 휠체어, 목발, 교정기, 알러지, 중독 또는 질병이 없습니다. 모든 사람이 예수님의 아름다움으로 빛날 것입니다(롬 8:29 참고).

1.3 거룩함이라는 내면의 아름다움을 받는다

하나님이 그 자녀들을 영화롭게 하실 때, 그들에게 거룩함이라는 내면의 아름다움을 주십니다. 이것은 (성화라고 불리는) 현재 삶의 한 과정으로 시작되어, 죽어서 예수님 앞에 섰을 때 또는 예수님이 재림하셔서 그 앞에 섰을 때 완결됩니다.

바울이 로마서 8장 29-30절에서 성화를 연결고리에서 뺀 이유는, 즉 "의롭다 하신 그들을 또한 성화시키시고 성화시킨 그들을 또한 영화롭게 하셨다"라는 식으로 말하지 않은 이유는 영화 안에 일면 성화가 포함되어 있다고 생각했기 때문입니다. 따라서 영화롭게 하는 것은 하나님이 하시는 일로, 하나님은 그것을 통해 자녀들을 영적으로뿐 아니라 육체적으로도 거룩하게 만드십니다. 이 일은 현재 거룩하게 되는 과정으로 시작해서 새롭고 영광스러운 몸을 받는 부활의 때에 끝나게 됩니다.

고린도후서 3장 18절입니다. "우리가 다 수건을 벗은 얼굴로 거울을 보는 것 같이 주의 영광을 보매 그와 같은 형상으로 변화하여 영광에서 영광에 이르니 곧 주의 영으로 말미암음이니라."

고린도후서 4장 16-17절입니다. "그러므로 우리가 낙심하지 아니하노니 우리의 겉사람은 낡아지나 우리의 속사람은 날로 새로워지도다. 우리가 잠시 받는 환난의 경한 것이 지극히 크고 영원한 영광의 중한 것을 우리에게 이루게 함이니."

우리가 그리스도를 바라볼 때 영화는 우리 안에서 이미 시작되었다고 바울은 분명히 말합니다. "보는 것이 믿는 것이다" 보다는 "보는 것은 닮는 것이다"가 성경에 적합한 격언입니다. 한결같은 시

선으로 예수님을 바라보십시오. 그러면 우리는 그분의 형상으로 변화하여 영광에서 영광에 이르게 될 것입니다. 우리의 속사람은 날로 새로워질 것입니다. 이것이 과정입니다. 그리고 삶의 모든 역경들은 지극히 크고 영원한 영광의 중한 것을 우리에게 이루어 줄 것입니다. 이것이 완성입니다.

지금까지의 내용을 요약하면, 하나님은 우리를 영화롭게 하실 때 그분의 영광을 나눠 주시고, 새롭고 영광스러운 몸을 주시며, 거룩함이라는 내적 아름다움을 현재의 삶에서는 부분적으로, 주님을 만났을 때는 온전히 주십니다.

2. 하나님이 영화롭게 하실 자들은 누구인가

답은 본문에 분명하게 나와 있습니다. "미리 아신 그들을 미리 정하시고 미리 정하신 그들을 부르시고 부르신 그들을 의롭다 하시고 의롭다 하신 그들을 영화롭게 하셨느니라." 이렇게 연결한 것이 무슨 의미인지 충분히 이해하셨습니까? 이것은 미리 아신 자들 중에는 미리 정하심을 받지 못하는 사람이 없다는 의미입니다. 또 미리 정하신 자들 중에 실제로 부르심을 받지 못하는 사람이 없다는 의미입니다. 또 부르심을 받은 자들 중에 의롭다 함을 받지 못하는 사람이 없다는 의미입니다. 또 의롭다 함을 받은 사람 중에 영화롭게 되지 못하는 사람이 없다는 의미입니다.

이러한 연결을 통해 말하려는 요지는 우리의 구원과 관련된 확실성, 확신, 보증, 보장입니다. 하나님은 단지 구원을 제안만 하시는 것이 아니라 직접 구원하시는 분임을 드러내려는 것입니다. "이름을 예수라 하라. 이는 그가 자기 백성을 그들의 죄에서 구원할 자이심이라 하니라"(마 1:21). 하나님이 미리 정하신 자들은 구원받습니다! 이미 끝난 일이나 마찬가지입니다. 이런 이유로 30절 말씀은 하나님이 자기 백성을 영화롭게 하실 미래의 일조차도 과거 시제로 쓰고 있습니다. "의롭다 하신 그들을 영화롭게 하셨느니라."

하나님이 미리 정하시고 부르시고 의롭다 하신 사람들이 영화롭게 되는 이 일은 절대적으로 확실합니다. 한 명도 제외될 수 없습니다. 이 연결 고리는 풀릴 수 없습니다. 왜냐하면 하나님의 영원한 목적이라는 풀무에서 그 이음새를 연마했기 때문입니다. 영원한 구원이 있다는 사실을 거부하고 구원을 온전히 확신할 수 있음을 거부하는 모든 이단 가르침들(기독교 신앙의 모든 지류와 왜곡들)은 로마서 8장 30절의 바위에 부딪혀 산산이 부서집니다. 왜냐하면 성경에서 이 말씀만큼 의롭다 하신 사람들이 영화롭게 될 것을 분명히 말하는 구절은 없기 때문입니다.

따라서 두 번째 질문에 대한 답은, "실제로 부름을 받은 모든 자들, 즉 성령의 감동하심으로 믿었고 무죄(칭의)라는 말을 들은 모든 사람이 영화롭게 된다"입니다. 이는 하나님의 마음에서는 이미 이루어진 일입니다.

3. 이것이 어떻게 예수님이 피로 세우신 새 언약의 성취가 되는가

예수님이 마지막 만찬에서 "이 잔은 내 피로 세운 새 언약이니"(고전 11:25) 또는 "이것은 많은 사람을 위하여 흘리는 나의 피 곧 언약의 피니라"(막 14:24)고 하셨을 때, 예수님은 어떤 의미로 그렇게 말씀하셨습니까? 언젠가 그 백성과 새 언약(시내 산에서 맺었던 옛 언약보다 더 나은)을 맺으실 거라는, 선지자 예레미야와 에스겔을 통해 주신 하나님의 약속을 말씀하신 것입니다.

먼저 예레미야 31장 31-34절을 보겠습니다. "여호와의 말씀이니라. 보라 날이 이르리니 내가 이스라엘 집과 유다 집에 새 언약을 맺으리라. 이 언약은 내가 그들의 조상들의 손을 잡고 애굽 땅에서 인도하여 내던 날에 맺은 것과 같지 아니할 것은 내가 그들의 남편이 되었어도 그들이 내 언약을 깨뜨렸음이라. 여호와의 말씀이니라. 그러나 그 날 후에 내가 이스라엘 집과 맺을 언약은 이러하니 곧 내가 나의 법을 그들의 속에 두며 그들의 마음에 기록하여 나는 그들의 하나님이 되고 그들은 내 백성이 될 것이라 여호와의 말씀이니라. 그들이 다시는 각기 이웃과 형제를 가리켜 이르기를 너는 여호와를 알라 하지 아니하리니 이는 작은 자로부터 큰 자까지 다 나를 알기 때문이라. 내가 그들의 악행을 사하고 다시는 그 죄를 기억하지 아니하리라 여호와의 말씀이니라."

에스겔 36장 26-27절입니다. "또 새 영을 너희 속에 두고 새 마음을 너희에게 주되 너희 육신에서 굳은 마음을 제거하고 부드러운 마음을 줄 것이며 또 내 영을 너희 속에 두어 너희로 내 율례를 행하게 하리니 너희가 내 규례를 지켜 행할지니라."

따라서 새 언약이 옛 언약보다 더 좋은 이유는 새 언약은 순종하는 자에게 복을 주실 뿐 아니라 그렇게 순종하도록 만들어 주시겠다는 하나님의 맹세가 포함되어 있기 때문입니다. "너희로 내 율례를 행하게 하리니 너희가 내 규례를 지켜 행할지니라"(히 8:6). 하나님은 우리의 구원을 순종과 분리시키는 방법이 아니라, 우리로 순종할 수 있게 하시는 방법으로 우리의 구원을 확실하게 하십니다.

로마서 8장 30절 마지막 부분("의롭다 하신 그들을 또한 영화롭게 하셨느니라")에서 확실히 알려 주는 영원한 안전(the eternal security)은 순종이 구원에 불필요하기 때문에 순종하지 않더라도 안심하라는 말이 아닙니다. 그렇지 않습니다. 순종은 필요합니다. "자기에게 순종하는 모든 자에게 영원한 구원의 근원이 되시고 … 거룩함을 따르라. 이것이 없이는 아무도 주를 보지 못하리라"(히 5:9, 12:14). 이러한 영원한 보장은 하나님이 부르시고 의롭다 하신 그들에게 요구하시는 순종을 행하게 하실 것이라는 하나님의 새 언약의 맹세에 근거합니다.

만약 어떤 사람이(여호와의 증인이라고 합시다) 우리에게 죽은 후에 천국에 갈지 어떻게 아느냐고 묻는다면(이것은 모든 것이 합력하여 선을 이룰지 어떻게 아느냐고 묻는 것과 같습니다), 이번 시리즈 설교를 들으신 분이라면 "저는 한 번 기도했고, 예수님께 제 마음에 들어오시기를 구했기 때문에 천국에 갈 것을 압니다"라고 대답하는 것으로 만족하지 않기를 바랍니다. 대신 이렇게 대답하십시오.

"하나님께서 저를 하나님의 것으로 선택하셨고, 영광을 미리 예정하셨기 때문에 제가 천국에 갈 것을 압니다. 하나님은 반역과 불신에서 저를 효력 있게 불러내셨고 그분의 말씀으로 제게 무죄 선언을 하심으로써 제 삶에서 이것을 여실히 보여 주셨습니다. 저는 의롭다 함을 받았습니다. 제 죄는 그리스도에게로 옮겨갔고 그분의 의가 제게로 왔습니다.

그리고 그분의 뜻을 행하도록 이끄시겠다는 하나님의 언약의 맹세를 저는 확신합니다. 자기 아들을 아끼지 않으시고 저를 위해 내어 주신 분께서 그분이 기뻐하시는 일을 제 안에서 이루시지 않겠습니까?(롬 8:32) 그분이 자신의 영으로 제가 율법이 요구하는 그것을 성취하도록 하실 것입니다(롬 8:4). 저는 이제 주권적인 은혜의 통치 아래 있기 때문에(롬 6:14) 죄가 주관하지 못할 것이고, 그 주권적인 은혜는 의로 말미암아 영생에 이르도록 저를 다스릴 것입니다.

아버지 하나님은 오래전에 이 모든 것을 계획하셨습니다. 성자 하나님은 오래전에 이 계획을 성취하셨습니다. 성령 하나님은 이미 성취된 구원을 오늘 제 마음 안에 이루어지게 하십니다. 하나님의 기쁘신 뜻을 소원하고 행하게 하시는 분은 바로 하나님이십니다(빌 2:13). 그리고 제 안에서 이 일을 시작하신 그분이 예수 그리스도의 날까지 이루실 것입니다(빌 1:6). 이것은 전능하신 하나님의 맹세와 능력만큼 확실합니다. 그렇기 때문에 저는 천국에 갈 것을 압니다. 왜냐하면 의롭다 하신 그들을 또한 영화롭게 하셨기 때문입니다."

4. 신자들이 주권적인 은혜는 거부하면서 영화의 확실성만 붙들려고 할 때 무슨 일이 일어나는가

제가 이런 질문을 하는 이유는, 이에 대한 답이 우리를 둘러싼 비극적인 현실이기 때문입니다. 저는 우리가 이런 비극적인 현실에서 벗어나 그와는 반대로 살기를 바랍니다.

두 가지 신학 - 여섯 가지 차이점과 유사점

두 가지 다른 신학을 대조하면서 그 질문에 답해 보겠습니다. 한 가지 신학은 "주권적인 은혜-신뢰하는 성도"라고 부르겠습니다. 다른 신학은 "보조하는 은혜-주권적인 성도"라고 부르겠습니다. 이 두 신학 사이에 여섯 가지 다른 점과 유사점을 살펴보겠습니다.

4.1. 정의

"주권적인 은혜-신뢰하는 성도"는 은혜가 전권을 발휘하여 저항하려는 우리 의지를 이겨 내고 우리가 예수 그리스도를 사랑하고 신뢰하도록 만들어 모든 구원을 이룬다는 의미입니다.

반면에 "보조하는 은혜-주권적인 성도"라는 말은 우리가 회심하는 데 있어 하나님은 어느 정도 확신과 깨달음은 주지만 우리 의지를 완전히 극복하거나 우리를 실제로 반역에서 불러내는 것은 아니고, 개인의 자기 결정력으로 마지막 선택을 하도록 하신다는 의미입니다. 여기에서 하나님은 보조 역할을 할 뿐입니다. 시작은 하나님이 하십니다. 하지만 성도가 주도권을 쥡니다. 회심은 (전적이거나 전반적이지는 않더라도) 결정적으로 성도 자신의 일입니다. 하나님은 사람들을 전반적으로 돕기는 하지만 결정권은 그들에게 주십니다.

따라서 이 사람과 저 사람을 구별하는 것은 하나님의 역사가 아니라 개인의 지혜나 용기, 미덕과 같은 것입니다. 같은 도움을 받았으면서도 그리스도를 영접하지 않는 사람이 있는 반면 누군가는 그리스도를 영접한다면 그것은 그 사람에게 있는 그 무엇 때문이라고 합니다.

4.2. 어떻게 무죄라는 말을 듣는가

두 가지 신학 모두, 믿음으로 무죄라는 말을 듣게 되고 따라서 의롭다고 여겨진다는 데 동의합니다.

4.3. 칭의와 영화의 관련성

두 신학 모두 하나님은 그 의롭다 하신 자들에게 또한 거의 확실하게 마지막 영광을 주실 거라는 데 동의합니다. 다시 말해서 두 신학 모두 의롭다 함을 얻은 신자를 위한 영원한 안전을 믿습니다. 그리스도를 믿고 칭의의 즐거움을 맛본 사람들은 한 명도 잃어버리지 않을 것입니다.

4.4. 성화의 과정

그러나 칭의라는 시작 사건과 영화라는 마지막 경험을 연결하는 성화의 과정은 어떻습니까? "주권적인 은혜-신뢰하는 성도" 신학은, 회심이 하나님의 역사였던 것만큼 성화도 하나님의 역사라고 말합니다.

"너희 안에서 착한 일을 시작하신 이가 그리스도 예수의 날까지 이루실 줄을 우리는 확신하노라"(빌 1:6). "너희 안에서 행하시는 이는 하나님이시니 자기의 기쁘신 뜻을 위하여 너희에게 소원을 두고 행하게 하시나니"(빌 2:13). "내가 모든 사도보다 더 많이 수고하였으니 내가 한 것이 아니요 오직 나와 함께 하신 하나님의 은혜로라"(고전 15:10). "이제는 내가 사는 것이 아니요 오직 내 안에 그리스도께서 사시는 것이라. 이제 내가 육체 가운데 사는 것은 나를 사랑하사 나를 위하여 자기 자신을 버리신 하나님의 아들을 믿음 안에서 사는 것이니라"(갈 2:20). 성화는 내 안에 아직 남아 있는 죄로 기우는 성향을 이겨 나가시는 하나님의 역사입니다.

그러나 "보조하는 은혜-주권적인 성도" 신학은 회심을 거부하려는 성향을 이길 권리를 하나님께 드리지 않고, 그래서 성화에 대한 권리도 그분께 드리지 않습니다. 하나님은 어느 정도 죄를 자각하게 하고 깨달음을 얻게 하는 데 도움을 주시지만 인간의 자기 결정권이라는 '주권적인 영토'에는 침범하지 않으십니다. 그러므로 성화에 있어서 하나님의 역할도 이와 같습니다. 하나님은 그저 자극을 주고 생각나게 하는 방식으로 도움을 줄 뿐, 인간이 점점 거룩해지는 최종적이고 결정적인 원인은 인간의 의지라는 자기 결정력입니다.

어떤 신학에서는 우리가 하나님의 율법을 따르는 일을 하나님이 만들어 가십니다. 그런데 다른 신학에서는 우리가 하나님의 율법을 따르도록 하나님이 제안은 하시지만, 결정적으로 행동하게 만드는 것은 우리의 자기 결정력입니다.

4.5. 성화의 확실성

그러므로 "보조하는 은혜-주권적인 성도" 신학은 성화를 가능성 있는 것으로 취급할 뿐 확실한 것으로 취급할 수 없습니다. 성화는 자기 결정력이 있는 성도의 손에 맡겨지고 하나님은 성도의 반역을 이길 권리를 거부당합니다. 그래서 성도의 자기 결정 의지가 사실 거룩한 성향을 갖고 있을 거라는 보장이 없습니다. 하나님이 자기의 기쁘신 뜻을 위하여 성도에게 소원을 두고 행하게 하시지 않기 때문에 성도가 거룩함을 이루어 나간다는 보장이 없습니다. 따라서 이 신학에서는 개종한 그리스도인이 거룩한 삶을 살 것이라는 점을 확신할 수 없습니다. 그분은 우리가 회심하도록 결정적인 자극을 주셨지만, 그 자기 결정력을 거룩해지는 데 쓸 것인지는 지켜보아야 할 일입니다.

반면 "주권적인 은혜-신뢰하는 성도" 신학은 성화가 부르심을 받은 모든 사람에게 절대적으로 확실하다고 말합니다. 왜냐하면 하나님께서 그 앞에 즐거운 것을 우리 가운데서 이루실 것이고(히 13:20-21), 그분의 법을 우리 마음에 기록하고(히 8:10; 렘 31:33), 우리 안에 그분의 영을 두고, "우리로 그분의 율례를 행하게 하고 그분의 규례를 지켜 행하게 할 것"(겔 36:27)이라고 "영원한 언약의 피"로써 맹세하셨기 때문입니다. "너희를 부르시는 이는 미쁘시니 그가 또한 이루시리라"(살전 5:24; 고전 1:8-9; 벧전 5:10; 살후 2:13-14).

다른 신학에서는 회심 후에는 거룩한 삶이 확실하지 않은데, 이는 거룩함이 결국은 인간의 일이기 때문입니다. "주권적인 은혜-신뢰하는 성도"의 신학에서는 거룩한 삶이 회심 후에도 확실한데, 결국 그것은 하나님의 일로서 하나님의 언약의 맹세가 우리 안에서 선한 일을 이룰 것이기 때문입니다.

4.6. 거룩함과 영화

이제 우리는 "보조하는 은혜-주권적인 성도" 신학의 끔찍한 결과를 볼 준비가 되었습니다.

이 신학에 따르면 진정한 거룩함은 기독교로 회심했다고 해서 무조건 확실해지는 것은 아니지만 영화는 확실합니다. 그러므로 거룩함은 영광으로 가는 데 꼭 필요한 길이 아니게 됩니다. 만일 믿음의 첫 행위에 근거해서 우리에게 영광은 보장되어 있지만 성화는 보장되어 있지 않다고 한다면, 그런 사람이 품은 확신 속에는, 마지막 구원을 얻는 데 거룩함이 꼭 필요하지는 않다는 믿음이 자리할 것입니다.

그리고 오늘날 그리스도인이라고 공언하는 수많은 사람들이 사실은 이렇게 믿고 있습니다. 그들은 영원한 안전 보장의 교리에 매달리지만 거룩한 삶을 보증하는 주권적인 은혜는 거부합니다. 그러므로 그들은 거룩함의 필요성을 거부하고 자신들의 영혼을 위태롭게 합니다. 성경은 이렇게 전합니다. "거룩함 없이는 아무도 주를 보지 못하리라"(히 12:14; 갈 5:21; 고전 6:10과 비교). 만약 거룩함이 하나님의 일이 아니라면, 그리고 그 앞에 즐거운 것을 우리 가운데서 이루시겠다는 하나님의 언약이 맹세에 따라 성도들에게 보장되어 있지 않다면, 우리는 안전하지 않습니다.

많은 사람이 로마서 8장 28절의 놀라운 약속을 원하고, 영원한 안전 보장이 현실이 되기를 원합니다. 그러나 그들은 하나님의 방식대로 그것을 원하지 않습니다. 그들은 자신들의 안전과 자신들의 주권을 동시에 원합니다. 그들은 삶이 끝날 때 하나님이 전능한 능력으로 개입하셔서 그들에게 영광을 주시기 원하지만, 지금 당장 하나님이 주권적인 은혜로 삶에 개입하셔서 그들을 거룩하게 만드는 것은 원하지 않습니다.

아, 얼마나 많은 회개치 않는 사람들이 거룩함 없이도 안전하다고 생각하면서 살아가고 있습니까! 왜 그럴까요? 오랫동안 많은 교사와 목사들이 거룩함이 없더라도 영화를 보장받을 수 있다고 가르쳐 왔기 때문입니다.

그리고 그들이 이렇게 말해 온 이유는 성경이 가르치는 주권적인 은혜를 거부했기 때문입니다. 하지만 이러한 주권적인 은혜가 있어야만, 한편으로는 영광의 영원한 보장에 대해 말하면서 또 한편으로는 그 영광이 실제적인 거룩함에 달려 있다고 말하는 신약의 핵심 메시지를 설명할 수 있습니다. 하나님의 은혜가 모든 주권을 가지고 있다면, 하나님의 은혜는 영광을 주겠다는 약속을 성취할 뿐 아니라 그 약속이 이루어지기 위해 필요한 구체적인 조건들도 또한 이루실 것입니다.

만약 오직 순종의 길이 영광으로 이어진다면 하나님의 주권적인 은혜는 그 모든 과정에서도 백성들이 영광에 도달하도록 틀림없이 지키실 것입니다. 의롭다 하신 그들을 또한 거룩하게 하셨고, 그러므로 그들은 영화롭게 되었습니다.

이는 만물이 주에게서 나오고 주로 말미암고 주에게로 돌아감이라. 그에게 영광이 세세에 있을지어다. 아멘.

41장

누가 우리를 그리스도의 사랑에서 끊으리요

로마서 8:28-30

우리가 알거니와 하나님을 사랑하는 자 곧 그의 뜻대로 부르심을 입은 자들에게는 모든 것이 합력하여 선을 이루느니라. 하나님이 미리 아신 자들을 또한 그 아들의 형상을 본받게 하기 위하여 미리 정하셨으니 이는 그로 많은 형제 중에서 맏아들이 되게 하려 하심이니라. 또 미리 정하신 그들을 또한 부르시고 부르신 그들을 또한 의롭다 하시고 의롭다 하신 그들을 또한 영화롭게 하셨느니라. _롬 8:28-30

오늘 아침은 두 가지 질문으로 시작하려 합니다. 여기서 손을 들어 답하라고 하지는 않겠습니다. 하지만 하나님 앞에서는 반드시 말씀드려야 합니다. 각자의 대답을 하나님께 나지막이 말해 보십시오. 제가 이런 요구를 하는 이유는, 이 질문에 어떻게 대답하느냐에 따라 나머지 설교 내용이 우리의 현실이 될지 아니면 그저 믿음이라는 잔치로의 초대장에 불과할지가 결정되기 때문입니다.

이 질문들은 로마서 8장 28절과 관련이 있습니다. 이 약속은 성경을 통틀어 하나님의 사랑을 가장 확실하게 보증하는 것 중 하나입니다. 하지만 이 말씀은 모든 사람에게 사실이 될 수는 없습니다. 여기에는 두 가지 자격이 필요하기 때문입니다. 다음 구절에 해당되는 사람들에게만 사실이 됩니다. "우리가 알거니와 '하나님을 사랑하는 자', 곧 '그의 뜻대로 부르심을 입은 자'들에게는 모든 것이 합력하여 선을 이루느니라."

두 가지 질문

질문은 다음과 같습니다.

질문 1: 하나님을 사랑하십니까? 물론 현재 삶에서 하나님을 완전하게 사랑하는 사람은 없습니다. 제 질문은 그런 의미가 아닙니다. 우리는 아내, 남편, 어머니, 아버지, 친한 친구들과 완전하지는 않아도 진실한 사랑으로 연합될 수 있음을 압니다. 사실 더 위대하고 더 진실 된 사랑일수록 그 불완전함이 더욱 예민하게 느껴집니다. 그러므로 문제는 완전함이 아닙니다.

제가 질문하는 것은, 하나님이 우리의 보화이신가 하는 것입니다. 예수님은 말씀하셨습니다. "너희 보물 있는 곳에는 너희 마음도 있으리라"(눅 12:34). 즉 사랑하게 된다는 말씀입니다. 예수님은 우리에게 보물을 땅이 아닌 하늘에 두라고 계속 설득하셨습니다. 다른 어떤 것보다 하나님을 더 소중히 여기도록 계속 요청하셨습니다. 왜냐하면 우리가 보물이라고 여기는 것이 곧 마음에 담고 사랑하는 것이기 때문입니다. 따라서 "하나님을 사랑하십니까?"라는 질문은 "하나님이 우리의 보화입니까? 하나님이 우리 삶에서 가장 귀중한 실재입니까?"라는 질문과 같습니다.

질문 2: 하나님의 뜻에 따라 부름받았습니까? 이 말은 "복음을 들어본 적이 있습니까?" 또는 "회개하고 믿으라는 요청을 들어본 적이 있습니까?"라는 말이 아닙니다. 30절 말씀은 여기서 말하는 부름이 무엇인지 분명히 말해 줍니다. "미리 정하신 그들을 부르시고 부르신 그들을 의롭다 하시고 의롭다 하신 그들을 영화롭게 하셨느니라." 부르심을 받은 자들은 의롭다 함을 받습니다. 따라서 하나님의 부르심은 단지 초대가 아니라, 무지와 반역의 미몽에서 우리를 깨우는 강력하고 효력 있는 소환입니다. 따라서 우리는 그 부르심을 통해 예수님을 보고 기꺼이 그분께 순종하게 됩니다.

그리스도가 부르실 때

먼저 고린도전서 1장 23절 말씀을 살펴보겠습니다.

"우리는 십자가에 못 박힌 그리스도를 전하니 유대인에게는 거리끼는 것이요 이방인에게는 미련한 것이로되, 오직 부르심을 받은 자들에게는 유대인이나 헬라인이나 그리스도는 하나님의 능력이요 하나님의 지혜니라."

많은 사람이 십자가에 못 박힌 그리스도를 어리석다고 생각합니다. 하지만 부르심을 받은 사람들은 그분 안에 있는 힘과 하나님의 지혜를 봅니다. 그들에게는 무슨 일이 일어났습니다. 그들은 부르심을 받았습니다.

이 사건을 이런 식으로 예로 들어 보겠습니다. 하나님께 부름을 받기 전, 우리는 실제적인 의미에서 침대에 잠들어 있는 상태입니다.

침실 안으로 예수 그리스도가 들어오셨습니다. 그분은 갈보리의 사랑과 부활의 능력이라는 영광을 드러내며 서 계셨습니다. 하지만 우리는 여전히 잠들어 있습니다. 사실 꿈을 꾸고 있습니다. 그리고 그 꿈(평범한 일상) 속에서 예수님을 봅니다. 꿈에서 그분은 어리석어 보입니다. 전혀 흠모할 것이 없어 보입니다. 다른 사람들이 그분을 중요하게 생각하는 게 이해가 되지 않습니다. 꿈에서는 텔레비전이 더 재미있습니다. 이성친구가 더 실제적입니다. 직업이 더 만족스럽습니다.

그때 하나님의 영(성령)께서 예수님이 갈보리의 사랑과 부활의 능력이라는 영광 가운데 서 계시는 침실로 들어오십니다. 그리고 꿈을 꾸고 있는 우리의 머리 위를 맴돌며 큰 소리로 부르십니다. "일어나라!" 우리를 흔들어 깨우십니다. 그제야 우리는 눈을 뜹니다. 앞에 진짜 예수님이 서 계십니다. 그분의 영광이 명백히 드러납니다.

그러자 그분이 어리석고 별로 실제적이지 못하고 매력적이지 않다고 생각했던 모든 것이 허상이었음을 알게 됩니다. 잠에서 깨어 보니 "그리스도의 영광과 복음의 광채"가 너무나 실제적으로 느껴집니다. 십자가에 못 박히신 그리스도는 이제 우리에게 이런 의미가 되십니다. 그분은 우리를 위해 하나님의 능력이 되시고 하나님의 지혜가 되십니다. 이것이 부르심의 진정한 의미입니다.

하나님의 부르심을 받으셨습니까? 죄인들을 위해 죽으신 그리스도가 지혜와 힘이 되십니까? 아니면 예수님이 중요하지도 흥미롭지도 매력적이지도 않게 느껴지는, 꿈과 환상이 가득한 공상의 세계에서 여전히 잠들어 있습니까? 오늘 아침 솔직하게 "십자가에 못 박힌 그리스도가 나의 진정한 힘이시고 십자가에 못 박힌 그리스도가 나의 진정한 지혜이십니다"라고 이야기할 수 있습니까?

이 두 질문에 '네'라고 정직하게 대답했다면, 이제 전할 설교의 내용은 우리에게 실제로 적용됩니다. 아직 대답을 못했다면, 이 설교가 더더욱 중요할 것입니다. 왜냐하면 이 설교는 그리스도가 우리의 침실로 들어오시고 성령께서 가까이 오시도록 할 것이기 때문입니다.

누구도 어떤 것도 우리를 그리스도의 사랑에서 끊을 수 없다

오늘 아침 말씀드리고 싶은 요지는 35절에 있습니다. "누가 우리를 그리스도의 사랑에서 끊으리요?" 이 질문에 대한 답은, 어느 누구도, 그 어떤 것도 그렇게 할 수 없다는 것입니다. 오늘 아침 제 목표는, 두 질문에 '네'라고 대답한 분들에게 그리스도의 흔들림 없는 사랑을 다시금 일깨워 그것을 절대 잊지 않게 하는 것입니다.

누가 우리를 그리스도의 사랑에서 끊겠습니까? "환난(또는 압력이나 문제)이나 곤고(또는 어려움이나 위기)나 박해(또는 반대나 비웃음)나 기근(또는 고통이나 결핍)이나 적신(또는 폭행이나 수치)이나 위험(또는 위협)이나 칼(또는 부상이나 폭력이나 죽음)이겠습니까?" 이 중에서 어떤 것이 우리를 그리스도의 사랑에서 끊을 수 있겠습니까? 바울이 37절에서 "이 모든 일에 우리를 사랑하시는 이로 말미암아 우리가 넉넉히 이기느니라"고 말한 것은 이 모든 질문에 '아니오'라고 대답한 것과 같습니다.

우리는 그리스도의 사랑에서 끊어질 수 없을 뿐 아니라 그 사랑은 항상, 매우 강력해서 모든 상황을 승리로 바꿉니다. "이 모든 일에 우리를 사랑하시는 이로 말미암아 우리가 넉넉히 이기느니라." 따라서 이 아침에 저는 이 진리를 상기시키고 보여 주고 붙잡도록 함께 기도하고자 합니다. 그러면 이 진리가 우리를 붙잡을 것입니다.

그리스도의 사랑: 우리가 서로 사랑하는 근거

"그 중의 제일은 사랑이라"는 시리즈 설교를 하면서 이 진리를 적용해 보았는데, 우리를 향한 하나님의 사랑이 우리가 서로 사랑할 수 있는 근거임을 보았습니다. 만일 우리를 향한 하나님의 사랑 안에 거하지 못하면 우리는 서로 사랑할 수 없다는 것이 명백한 현실입니다. 예를 들면, 예수님은 요한복음 13장 34절에서 이렇게 말씀하셨습니다. "새 계명을 너희에게 주노니 서로 사랑하라. 내가 너희를 사랑한 것 같이 너희도 서로 사랑하라."

우리를 향한 그분의 사랑이 먼저이고 우리 사랑은 그 사랑의 메아리와 같습니다. 요한복음 15장 12-13절은 이렇게 전합니다. "내 계명은 곧 내가 너희를 사랑한 것 같이 너희도 서로 사랑하라 하는 이것이니라. 사람이 친구를 위하여 자기 목숨을 버리면 이보다 더 큰 사랑이 없나니."

우리를 향한 그분의 사랑이 우리가 서로 사랑하는 것보다 먼저이고 그 기반이 됩니다. 이 사랑은 깊고 깊은, 흔들리지 않는 갈보리 사랑입니다.

에베소서 4장 32절과 5장 1절 말씀입니다. "서로 친절하게 하며 불쌍히 여기며 서로 용서하기를 하나님이 그리스도 안에서 너희를 용서하심과 같이 하라. 그러므로 사랑을 받는 자녀같이 너희는 하나님을 본받는 자가 되고."

모든 진실한 사랑은 그리스도 안에서 하나님이 우리를 사랑하고 용서하신 것으로부터 시작됩니다. 그런 다음 하나님은 우리를 입양해서 당신의 자녀로 삼아 주십니다. 그러고는 가족으로서 끝없는 사랑을 넘치도록 부어 주십니다. 그리고 이 모든 것을 기반으로 이렇게 말씀하십니다. "나를 본받아라."

"사랑받는 자녀로서" 하나님을 본받는 자들이 되십시오. 그리고 이것을 삶으로 드러내십시오! 관중석에서만 열광하는 사람이 되지 말고 하나님을 본받는 사람이 되십시오. 야구 선수의 운동복이나 탐내는 그런 사람이 되지 마십시오. 대가의 음악을 CD로만 듣고 만족해 버리는 초보 음악가처럼 되지 마십시오. 사랑받는 자녀같이 하나님을 본받는 자가 되십시오. 그리스도 안에서 우리를 향한 하나님의 사랑을 본받아 우리는 서로 사랑할 수 있습니다. 우리가 그런 식으로 사랑하고 싶어 하는 것은 아버지의 방식을 따르고 싶기 때문입니다.

또는 요한일서 3장 16절 말씀도 있습니다. "그가 우리를 위하여 목숨을 버리셨으니 우리가 이로써 사랑을 알고 우리도 형제들을 위하여 목숨을 버리는 것이 마땅하니라."

저는 이러한 급진적인 기독교(다른 사람을 위해서는 목숨을 내놓으면서 하나님의 사랑 안에서 얼마나 안전한지를 보여 주는 기독교)에 대해 말하는 것을 좋아합니다. 하지만 이 모든 것은 우리가 아닌 그분과 함께 시작됩니다. 요한일서 4장 10-11절 말씀입니다.

"사랑은 여기 있으니 우리가 하나님을 사랑한 것이 아니요 하나님이 우리를 사랑하사 우리 죄를 속하기 위하여 화목제물로 그 아들을 보내셨음이라. 사랑하는 자들아 하나님이 이같이 우리를 사랑하셨은즉 우리도 서로 사랑하는 것이 마땅하도다."

따라서 제가 말씀드리려는 요지는 이것입니다. "하나님이 이같이 우리를 사랑하셨은즉 우리도 서로 사랑하는 것이 마땅하도다."

하나님 사랑과 이웃 사랑에 대한 새로운 깊이

우리는 하나님이 우리를 그처럼 사랑하셨고 지금도 그렇게 우리를 사랑하신다는 사실을 알 필요가 있습니다. 그것을 어떻게 압니까? 제가 착각하지 않았다면, 우리 교회에도 서로를 향해서 뿐만 아니라 낯선 이들과 심지어 대하기 껄끄러운 사람들을 더 깊이 사랑하고픈 간절함이 가득한 걸 알기 때문입니다. 2월 26일 아이오와에 있는 한 목사님이 제게 보낸 편지가 있는데, 이런 편지를 읽으면서 어떻게 눈물을 흘리지 않을 수 있겠습니까?

> 2주 전 휴가를 맞아 오랜만에 베들레헴 교회를 다시 방문했습니다. 그날 성령의 능력과 임재를 맛보며 기쁨이 충만해지는 경험을 했습니다. 그것은 베들레헴 교회에서 전에는 경험해 보지 못한 일이었습니다. 대략 1988년부터 매년 베들레헴 교회를 찾아 목사님과 함께 예배를 드리고 목회를 배웠습니다. 목사님의 설교를 들을 때마다 영적으로 많은 것을 얻었지만, 정작 회중들은 별로 우호적이지 않았습니다. 매번 교회를 찾을 때마다 환영받거나 기꺼운 인상을 받기 보다 예배 드리는 내내 차가운 냉랭함이 감싸고 있었습니다.

그런데 2주 전에는 달랐습니다. 교인들이 저와 아내를 모두 환영해 주었습니다. 존 패스트라는 형제는 저와 꽤 긴 시간 대화를 나누었고 교회에 와주어서 감사하다고 했습니다. 그날 예배에서도 예배를 준비한 팀 모두 사람들에게 시선을 두기보다 영광의 하나님을 높이는 데 집중했습니다.

지난 한해 목사님과 교회가 영적으로 무척 힘든 일을 겪으신 걸 알기에, 그날 하나님께서는 목사님과 베들레헴 교회를 통해 정말이지 큰 일을 행하고 계신다는 확신이 들었습니다. 목사님의 설교에서도 그것을 알 수 있었습니다. 하나님이 중심이 되는 예배란 이런 것이라는 걸 체험했습니다. 예배 중에 성도들에게서 뿜어져 나오는 광채와 온기를 느낄 수 있었습니다. 하나님께서 그분 섭리에 따라 교회를 정결케 하시기 위해 힘든 일을 겪게 하셨다는 생각이 들었습니다. 베들레헴 교회에서 하나님의 영광이 참으로 분명하게 드러나고 있습니다.

저는 이 편지를 읽으며 자기 만족감보다는 하나님의 사랑을 다시 한 번 깊이 느꼈습니다. 제 안에는 아직도 정결해져야 할 것들이 분명히 많이 있습니다. 그래서 저는 이것을 먼저 제게 적용합니다. 우리가 하나님이 부르시는 그런 모습이 되기 위해서는 이 방법밖에 없습니다. 하나님의 사랑으로 더욱 사랑하는 것입니다. 이것은 마치 결혼 생활과 비슷합니다. 결혼 생활에서 배우자를 더 사랑할 수 있는 방법을 생각하기보다 끊임없이 내 생각대로 배우자를 바꾸려고 하면 저와 배우자 모두 비참해지는 것이니까요.

이 편지에서 제가 가장 소중하게 생각하는 것은 '조화'입니다. 그 목사님은 "성도들에게서 뿜어져 나오는 광채와 온기"를 하나님 중심적인("인간에게 중심을 두지 않는") 예배와 동일시하고 있었습니다. 우리도 이것을 간절히 바라지 않습니까? "우리의 사랑을 보고 사람들은 우리가 그리스도인임을 알 것입니다."

먼저 우리를 향한 그리스도의 사랑에 붙들려야 한다

오늘의 요지는, 다른 사람을 더 많이 사랑하려면 깊고 흔들리지 않는 그리스도의 사랑(로마서 8장 35절, "누가 우리를 '그리스도의 사랑'에서 끊으리요?")을 먼저 경험해야 한다는 것입니다. 그리스도의 사랑이 우리를 붙들고 있다는 사실에 경이로움을 느껴야 합니다. 그분의 사랑이 우리를 단단히 붙잡고 있습니다. 그리스도이신 하나님의 아들이 우리를 사랑하신다는 이 경이로운 진실이 우리를 붙들고 지탱하며 우리 마음을 가득 채웁니다. "그분이 나를 사랑하신다." 하루를 시작할 때도 이 사실을 떠올려야 하고, 오전 중에도, 한낮에도, 오후에도, 저녁식사 시간에도, 잠들 때에도 이것을 떠올려야 합니다.

그리고 로마서 8장 35절 같은 성경말씀을 받을 때 우리는 반드시 이에 대해 기도해야 합니다. 다음 주에 새로운 카드를 내드릴 텐데 "40일 금식" 카드입니다. 40일 동안 금식하고 기도하면서 그리스도에게 사랑받는다는 느낌이 우리를 채우고 흘러넘치기를 기도합니다.

바울의 기도에서 이것이 얼마나 중요한가

바울이 교회를 위해 기도했던 것처럼, 이 문제가 그에게 얼마나 중요했는지 알아보기 위해 바울의 기도문 중 하나를 살펴보겠습니다(엡

3:14-19). 오늘 설교를 마무리하면서 이것을 살펴보려는 이유는, 이 구절이 로마서 8장 35절, "누가 우리를 그리스도의 사랑에서 끊으리요?"의 의미를 새롭게 볼 수 있게 해주기 때문입니다.

"이러므로 내가 하늘과 땅에 있는 각 족속에게 이름을 주신 아버지 앞에 무릎을 꿇고 비노니 그의 영광의 풍성함을 따라 그의 성령으로 말미암아 너희 속사람을 능력으로 강건하게 하시오며 믿음으로 말미암아 그리스도께서 너희 마음에 계시게 하시옵고 너희가 사랑 가운데서 뿌리가 박히고 터가 굳어져서 능히 모든 성도와 함께 지식에 넘치는 그리스도의 사랑을 알고 그 너비와 길이와 높이와 깊이가 어떠함을 깨달아 하나님의 모든 충만하신 것으로 너희에게 충만하게 하시기를 구하노라."

이 기도의 목적이 18-19절에 있음을 주목하십시오. "[너희는] 능히 모든 성도와 함께 지식에 넘치는 그리스도의 사랑을 알고 그 너비와 길이와 높이와 깊이가 어떠함을 깨달아."

저는 오늘 아침에 바울이 에베소 교회에 원했던 그것을 바라고 있습니다. 바로 그리스도의 사랑의 넓이와 길이와 높이와 깊이를 헤아리는 것입니다. 바울은 그것이 인간의 이해를 초월하는 일임을 인정합니다. 우리는 넓이로든 깊이로든 높이로든 끝까지 도달할 수 없습니다. 늘 뭔가를 더 발견하는 기쁨이 있을 것입니다(엡 2:7 참조). 바울은 우리가 그리스도의 다함없는 사랑을 그저 교리로 아는 것이 아니라 경험으로 체득할 수 있기를 원합니다.

바울이 이 사랑을 "능히(문자 그대로 하면, 충분히 강하게) 깨달아"라고 말한 것은 무슨 의미입니까? 마치 건물 밖에서 건물을 보며 그 크기를 재듯이 그 사랑을 깨닫는다는 말입니까?

그렇지 않습니다. 답을 찾기 위해 17절로 돌아가 보겠습니다. "너희가 사랑 가운데서 뿌리가 박히고 터가 굳어져서." 이 방법을 통해 우리가 그리스도의 사랑을 깨닫는 힘을 얻습니다. "터가 굳어져서"라는 단어는 "기반 위에 놓이다"는 뜻입니다. 따라서 바울은 두 가지 은유를 사용합니다. 하나는 뿌리가 박힌 나무이고, 또 하나는 기반 위에 세워진 건물입니다.

바울은 우리가 그리스도의 사랑을 깨닫기 위해, 그리고 뿌리 내려야 할 그 사랑의 높이와 깊이를 입증하기 위해 그런 비유를 사용합니다. 즉, 우리 삶의 뿌리가 그리스도의 사랑 안으로 더 깊게 박혀야 한다는 의미입니다. 우리는 거기에서 생명을 얻습니다. 또한 바울은 우리가 그곳에 기반을 두고 서야 한다고 말합니다. 즉, 우리 삶이 우리를 향한 그리스도의 사랑이라는 굳건한 반석 위에 놓여야 한다는 의미입니다.

그리스도의 사랑의 깊이는 결코 우리가 도달하지 못한다

그리스도의 사랑은 우리가 결코 그 끝까지 다다르지 못합니다. 이를 통해 우리는 그리스도의 사랑의 깊이와 넓이가 끝이 없음을 경험합니다. 우리의 뿌리는 결코 그 바닥에 닿을 수 없고, 우리의 기반이 아무리 넓어도 예수 그리스도라는 든든한 반석을 다 덮을 수는 없습니다.

이 두 가지 비유가 의미하는 바는 로마서 8장 35절의 의미와 같다고 생각합니다. "어떤 것도 우리를 그리스도의 사랑에서 끊을 수 없다"는 말씀 말입니다. 우리 삶의 뿌리는 그리스도의 사랑 안에 깊숙이 박혀 있습니다. 그리고 우리 삶의 토대는 그리스도 사랑의 반석 위에 굳건히 서 있습니다. 뿌리가 뽑히거나 바람에 날아가지 않습니다. 이것이 로마서 8장 35절의 요지입니다. "어떤 것도 우리를 그리스도의 사랑에서 끊을 수 없습니다."

하나님은 우리가 서로를 향해서 뿐만 아니라 교회 밖의 낯선 이들을 향해서도 사랑이 날로 새롭고 깊어지기를 요청하십니다. 이런 일이 일어나려면 뭔가 다른 일이 먼저 발생해야 합니다. 바울의 기도가 반드시 응답되어야 합니다.

"[하나님께서 우리에게] 사랑 가운데서 뿌리가 박히고 터가 굳어져서 능히 모든 성도와 함께 지식에 넘치는 그리스도의 사랑을 알고 그 너비와 길이와 높이와 깊이가 어떠함을 깨닫게 하실 것입니다."

여러분도 저와 함께 그리스도에게 사랑받는다는 것이 무슨 의미인지, 즉 어떤 것도 그리스도의 사랑에서 우리를 끊을 수 없다는 것이 무슨 의미인지 더 많이 알게 해달라고 간절한 기도를 드리지 않겠습니까? 그럴 때 서로 사랑할 능력이 넘쳐 흐를 것입니다.

42장

의롭다 하신 이는 하나님이시니

로마서 8:31-37

그런즉 이 일에 대하여 우리가 무슨 말 하리요 만일 하나님이 우리를 위하시면 누가 우리를 대적하리요. 자기 아들을 아끼지 아니하시고 우리 모든 사람을 위하여 내주신 이가 어찌 그 아들과 함께 모든 것을 우리에게 주시지 아니하겠느냐. 누가 능히 하나님께서 택하신 자들을 고발하리요 의롭다 하신 이는 하나님이시니 누가 정죄하리요 죽으실 뿐 아니라 다시 살아나신 이는 그리스도 예수시니 그는 하나님 우편에 계신 자요 우리를 위하여 간구하시는 자시니라. 누가 우리를 그리스도의 사랑에서 끊으리요 환난이나 곤고나 박해나 기근이나 적신이나 위험이나 칼이랴. 기록된 바 우리가 종일 주를 위하여 죽임을 당하게 되며 도살 당할 양 같이 여김을 받았나이다 함과 같으니라. 그러나 이 모든 일에 우리를 사랑하시는 이로 말미암아 우리가 넉넉히 이기느니라. _롬 8:31-37

몇 주에 걸쳐서 로마서 8장을 설교해 오고 있는데, 회심하지 않은 채 여기 앉아 계신 분이 있다고 상상해 보십시오. 즉 그리스도의 복음을 통해(벧전 1:3, 23), 하나님의 영에 의해, 다시 태어나는 경험을 하지 못한 채 이 설교를 듣고 있다고 합시다. 영적으로 새로워지지 않은 채 옛날의 죄악 된 본성을 그대로 간직한 채 앉아 있습니다. 그리스도를 사랑하지도 않습니다. 그분과의 교제를 소중히 여기지도 않고 그분을 알고 더 가까이 따르고자 하는 소망도 없습니다.

오히려 세상이 사랑하는 것을 더욱 사랑하고 세상이 믿는 것을 더욱 믿습니다. 멋있어 보이고 싶어 합니다. 모든 것을 자신이 통제하려고 합니다. 앉고, 걷고, 옷 입고, 말하고, 운전하고, 일하고, 놀고, 공부하고, 돈 쓰는 모든 일에 자신이 마음대로 하고 싶어 하지 누군가의 지시를 받고 싶어 하지 않습니다. 아무도 나에게 이래라저래라 하지 않았으면 좋겠습니다. 특히 '중요한 사람'이 되고 싶고 예쁘고 힘 있는 사람으로 인정받길 바랍니다. 또한 성적 자극, 음식, 술 같은 육체적인 쾌락을 좋아합니다. 폭력적인 영화를 보고도 아무렇지도 않게 극장 밖으로 걸어 나옵니다.

그런데 어떤 이유가 있어 계속 이곳에 오고 있습니다. 여자 친구 아니면 남자 친구 때문일 수 있습니다. 음악 때문일 수도 있습니다. 두려움 때문일 수도 있습니다. 호기심 때문일 수도 있습니다. 스스로를 돌아보십시오. 믿지도 않으면서 로마서 8장을 계속 들으러 오는 사람들은 도대체 무엇 때문에 오는 것일까 곰곰 생각해 볼 때가 있습니다. 어떤 분들은 이 모든 복음이 말하는 하나님의 선하심을 들으며 모든 것이 괜찮다고 하는 말로 들려서 좋을지도 모르겠습니다. 그런 분들은 자신이 죄를 짓고 교만하고 반역하고 세상을 사랑하고 그리스도에게 무관심한데도 안전하다고 느낄지 모릅니다.

바울이 전하는 복음을 듣고도 이와 똑같이 반응했던 사람들이 있었습니다. 바울의 응답을 들어 보면 그들이 뭐라고 말했는지 알 수 있습니다. 로마서 6장 1절입니다. "그런즉 우리가 무슨 말을 하리요 은혜를 더하게 하려고 죄에 거하겠느냐?" 로마서 6장 15절입니다. "그런즉 어찌하리요 우리가 법 아래에 있지 아니하고 은혜 아래에 있으니 죄를 지으리요 그럴 수 없느니라."

다른 말로 하면, 바울은 자신이 영광스러운 은혜의 복음을 전할 때 누군가 그것을 잘못 사용하고 있음을 알았습니다. 그들은 자신들이 들은 내용을 좋아했습니다. 하지만 그것에 감동을 받아 그리스도를 사랑하지 않았고 오히려 죄를 사랑하면서 안전하다 느꼈습니다. 그리고 매주일 이 자리에서도 그런 일이 일어나고 있음이 분명합니다.

복음을 약화시키지 말라

오늘 아침 제가 왜 이런 말씀으로 시작하는 걸까요? 두 가지 이유가 있습니다. 하나는 예배를 통해 선포되는 말씀과 찬송을 통해 들리는 하나님의 선하심으로 인해, 불신의 삶을 살면서도 편안하다고 느끼는 분들에게 경고하기 위함입니다. 모든 것이 합력하여 선을 이루게 하시려는 하나님의 구원하시는 강력한 약속들은 "하나님을 사랑하고 그의 뜻대로 부르심을 입은 자들"(롬 8:28)에게 해당합니다.

이런 약속들은 얻어 내는(earn) 게 아닙니다. 선물입니다. 값없이 주어집니다. 하지만 그리스도보다 다른 것들을 더 사랑하는 사람들은 이런 약속을 받은 자라고 볼 수 없습니다. 선물을 내 힘으로 얻어 내는 것과 그것을 주신 분을 사랑하는 것은 엄연히 다릅니다. 주신 분을 사랑하는 것은 그 선물의 본래 의도대로 구원이 왔다는 의미입니다. 그런 사람은 그 선물 속에서 주신 분의 영광을 보았고 모든 세상보다 그분을 더 사랑했습니다. 그러니 깨달으십시오. 결국 하나님은 하나님의 영광보다 인간의 칭찬을 더 좋아하는 사람들에게 자비를 베풀지 않으실 것입니다.

설교를 시작하면서 제가 이런 말씀을 드리는 또 다른 이유는, 주권적인 은혜의 복음을 이런 식으로 오용하는 분들이 있다 하더라도 저는 결단코 이 복음을 약화시키지 않겠다는 말씀을 드리기 위해서입니다. 그러한 오용의 가능성이 있음에도 불구하고, 이 복음은 자유롭고 강력하고 압도적이고 절대적이며, 하나님이 시작하고 유지시키시며 능력 주시고 영화롭게 하는, 모든 것을 포괄하는 그런 복음입니다.

저는 하나님께서 주시는 이 전능하고, 구원을 주고, 지키시고, 복된 언약의 자비로우심을 불신자들이 오용하는 것을 조금 더 어렵게 하려고 우리 믿는 자들에게 덜 놀라운 것으로 들리게 하지는 않을 것입니다. 주(週)가 거듭될수록, 볼 눈이 있고 들을 귀가 있는 분들은 이 모든 것이 그리스도를 믿지 않는 사람들이 아닌 그리스도를 믿는 사람들에게 해당되는 것임을 분명히 알게 될 것입니다.

로마서 8장에 나오는 숨 막힐 정도로 좋은 이 복음이, 멸망의 길을 가는 동안 위안을 주는 것이 아니라 믿음을 통해 생명의 길로 인도하기를 기도합니다. 주님께서 그렇게 하십니다.

바울이 가려는 곳

바울은 33절에서도 믿는 자들이 누리는 안전함과 즐거움에 대해 경탄을 계속합니다. 바울 자신을 위해서가 아니라 우리를 위해 이렇게 하고 있습니다. 바울은 우리가 하나님의 놀라운 약속들, 즉 우리를 위하시고 우리에게 필요한 모든 것을 행하시겠다는 약속들에 대해 감탄하고, 겸손해지고, 만족하기를 원합니다.

왜 그렇습니까? 바울은 로마서 11장을 마칠 때쯤에는 우리도 자신과 함께 "이는 만물이 주에게서 나오고 주로 말미암고 주에게로 돌아감이라. 그에게 영광이 세세에 있을지어다. 아멘"(롬 11:36)이라고 고백하고 노래할 수 있기를 원하기 때문입니다. 하나님은 우리의 기쁨과 그분의 영광이 극대화되는 방식으로 우리를 구원하십니다. 이것이 로마서 8장이 말하는 바입니다.

하지만 바울이 이런 방식으로 쓴 또 다른 이유는, 12장부터 16장에서 우리가 이런 것들을 믿는다면 얼마나 급진적인 방식으로 살아야 하는지를 말하려 하기 때문입니다. 바울은 이렇게 촉구하는 것입니다.

"우리를 구원하고, 지키고, 모든 것이 합력하여 선을 이루게 하고, 우리에게 영원한 기쁨을 가져다주는 이 거대하고 자유롭고 능력 있는 자비들을 보면서 우리의 가치관은 바뀌어야 합니다. 세상을 따라 살지 마십시오. 진실한 사랑을 하십시오. 악한 것을 미워하십시오. 서로를 더욱 존중하십시오. 환난 때에 인내하십시오. 가난한 자에게 주십시오. 악을 악으로 갚지 마십시오. 우리를 박해하는 자를 축복하십시오. 우는 자들과 함께 우십시오. 오만하지 마십시오. 화평하십시오. 적에게 먹을 것을 주십시오. 선으로 악을 이기십시오"(롬 12장). 바울은 곧 있다가 여기까지 가려고 합니다. 그리고 로마서 8장은 어떻게 그곳에 갈 수 있는지를 말해 줍니다.

누가 능히 하나님께서 택하신 자들을 고발하리요

그래서 바울은 33절에서 말로 다할 수 없는 좋은 소식을 다시 한 번 다른 방식으로 말합니다. "누가 능히 하나님께서 택하신 자들을 고발하리요?" 답은 아무도 할 수 없다는 것입니다. 31절에서 "만일 하나님이 우리를 위하시면 누가 우리를 대적하리요"라고 한 것과 같은 말입니다. 이에 대해 우리는 "많은 사람이 우리를 대적하지만 아무도 성공하지 못한다"라고 대답했습니다. 35절을 통해 이를 알 수 있습니다. 사람들은 우리에게 환난과 곤고, 박해, 적신, 위험, 칼을 줄 수는 있습니다. 하지만 로마서 8장 28절에서 보았듯이, 사람들이 우리를 대적하여 계획했던 것을 하나님은 우리에게 유익이 되도록 설계하십니다. 그래서 사람들이 우리를 멸망시키는 데 성공했다고 생각하는 그 순간에도, 그들은 우리를 정결하게 만들 뿐입니다. 심지어 사탄 자신도 마찬가지입니다(고후 12:7-9).

33절에서 바울이 생각하는 것도 이와 같습니다. "누가 능히 하나님께서 택하신 자들을 고발하리요?" 답은 '아무도 없다'입니다. 물론, 사탄은 우리 마음속에서, 때로는 심지어 하늘에서도(욥 1:9; 계 12:10) 우리를 고소합니다. 예수님은 사람들이 거짓으로 우리를 거슬러 악한 말을 할 때 기뻐하라고 말씀하셨습니다(마 5:11). 스데반을 죽음으로 몰아갔던 것은 거짓 증인들과 고소자들이었습니다(행 6:13; 7:57-60). 바울은 무슨 말을 하려는 것일까요?

바울이 의미하는 것은, 천국 법정에서 하나님이 택하신 자들을 고발할 수 있는 사람은 없다는 말입니다. 로마서 8장은 "그리스도 예수 안에 있는 자에게는 결코 정죄함이 없다"라는 말로 시작했습니다. 그리고 이제 "하나님이 택하신 자들을 고발할 수 있는 사람은 아무도 없다"는 말로 8장을 끝맺고 있습니다.

우리를 옴짝달싹 못하게 하는 사탄의 고발에 대한 치료책

늘 비난만 받고 용기를 북돋워 주는 말은 거의 듣지 못하는 가정에서 자란 분들은 이 말을 꼭 들으십시오. 자책 때문에 마음이 무거운 분들, 즉 끝없이 스스로를 억압하고 옴짝달싹 못하게 비난하는 데 열중하는 분들은 이 말을 명심해야 합니다. 긍정적이고 칭찬하고 고마워하는 말은 거의 하지 않고 비판하고 꿍얼거리고 투덜대고 불평하고 짜증만 내서 자기 옆에 아무도 함께 있으려 하지 않는다면 이 말을 꼭 들어야 합니다. 로마서 8장, 특히 33절 말씀은 우리를 꼼짝 못하게 만드는 고발들(그것이 자기에게서 오는 것이든 아니면 다른 사람이나 또는 사탄으로부터 오는 것이든)을 해소하는 하나님의 치료책, 하나님의 약, 하나님의 치료제입니다. 또한 비판적이고, 자기도취적이고, 투덜대고, 비난만 일삼는 사람이 되었을 때 생기는 불쾌하고 죄악 된 파급효과들을 고치는 하나님의 치료책입니다.

그 치료책은 우리가 받기에는 너무나 분에 넘치는 공짜로 주어지는 은혜로서, 어떤 잘못도 하나님 앞에서 고발당하지 않는다는 것입니다. 누가 능히 하나님께서 택하신 자들을 고발할 수 있겠습니까? 아무도 없습니까? 이 자유의 힘을 느껴보십시오! 모든 고발이 취하되었다는 이 상쾌하고 아침 공기 같이 맑은 기분을 느껴 보십시오.

여러분은 지금 법정에 있습니다. 자신이 유죄임을 알고 있습니다. 끔찍한 판결을 기다리고 있습니다. 이제 미래는 끝났습니다. 그때 법정을 숨죽이게 만드는 판사의 말이 들립니다. "당신에 대한 모든 고발이 취하되었습니다." 이것은 이곳에 계신 믿지 않는 분들이 멸망의 길을 편안하게 가도록 드리는 말씀이 아닙니다. 우리 모두 자신에게 자유를 주신 분을 사랑하라고 드리는 말씀입니다.

누구를 위한 것인가

고발이 취하된 사람들은 누구입니까? 하나님이 택하신 자들입니다. "누가 능히 하나님께서 택하신 자들을 고발하리요?" 바울은 여기서 믿는 자들에게 설명하기 위해 왜 이런 말(하나님이 택하신 자들)을 했을까요? 바울의 전체적인 계획은 끔찍한 고난을 당할 때(17, 18, 35-36절) 우리가 더욱 확고한 안정감을 느끼게 하는 것이기 때문입니다. 그래서 바울은 29-30절의 모든 영광을 떠올리게 하는 단어를 사용합니다.

아무 고발도 당하지 않을 그들은 누구입니까? 하나님이 미리 아신 사람들, 즉 미리 사랑받고 선택된 사람들입니다. 그래서 그리스도를 위해 예수님을 닮도록 미리 선택된 사람들입니다. 어둠에서 빛으로, 죽음에서 생명으로, 교만한 불신에서 겸손한 믿음으로 부름을 받은 사람들입니다. 그러므로 의롭다 여겨진(그리스도 안에서 의롭다 여겨진) 사람들입니다. 또한 그러므로 영화로워진 사람들입니다. 이것은 하나님께서 택하신 자들 모두에게 해당하는 말입니다. 하나님은 그들을 택하셨고 그들의 구원을 계획하고 실행에 옮기셨습니다. 이것이 의미하는 바는, 우리가 끔찍한 고난을 당하더라도 구원은 확실하다는 것입니다.

의롭다 하시는 분은 하나님

"누가 능히 하나님께서 택하신 자들을 고발하리요 의롭다 하신 이는 하나님이시니." 29-30절에 나오는 다섯 가지 구원의 행위(미리 아시고, 예정하시고, 부르시고, 의롭다 하시고, 영화롭게 하시는 것) 중에서, 바울은 의롭다 하심을 여기서 한 번 더 강조합니다.

하지만 저의 이 말이 정확히 맞는 말은 아닙니다. 사실 여기서 바울은 칭의에 초점을 둔 것이 아니기 때문입니다. 바울이 강조하는 것은 의롭다 하시는 '하나님'입니다. 주의 깊게 보십시오. 헬라어뿐 아니라 영어에서도 이는 명확합니다. "의롭다 하시는 이는 하나님이시니"(God is the one who justifies). 바울은 "누가 능히 하나님께서 택하신 자들을 고발하리요?"라고 물은 후에 "아무도 없다! 우리는 의로워졌다"라고 대답할 수도 있었습니다. 이것도 맞는 말입니다. 하지만 바울은 그렇게 말하지 않았습니다. 그는 "누가 능히 하나님께서 택하신 자들을 고발하리요?"라고 물은 후에 "의롭다 하시는 이는 하나님이시니"라고 대답했습니다. 행위에 강조점이 있는 것이 아니라 그 행위의 주체가 강조되고 있습니다.

왜 그렇습니까? 현실의 법정이나 법의 세계에서는 우리에게 판결을 내린 재판관의 무죄선언이 더 높은 존재에 의해 뒤바뀔 수 있기 때문입니다. 그래서 우리가 유죄이지만 지방 판사가 무죄라고 선언했다 해도, 주지사가 우리를 고발할 권리를 갖고 있다면 어떻게 되겠습니까? 또 주지사가 무죄라고 선언했지만, 황제가 우리를 고발할 수 있다면 어떻게 되겠습니까? 따라서 여기서의 요지는, 하나님을 넘어서는 더 높은 법정이 없다는 것입니다. 우리를 무죄로 선언한 분이 하나님이라면(그분이 보시기에 의롭다고 선언하신다면) 그에 대해 아무도 항소할 수 없습니다. 아무도 무효심리를 요청할 수 없습니다. 아무도 다른 기소 조항을 찾을 수 없습니다. 하나님의 판결은 최종적이고 완전합니다. 그러니 예수님을 믿고, 그리스도와 연합되고, 자신이 선택된 자들 가운데 있음을 확인하고 싶은 분들은 이 말을 들으십시오. 하나님이 우리를 의롭다 하신 분이십니다. 인간 재판관이 아닙니다. 위대한 예언자가 아닙니다. 하늘에서 온 천사장이 아닙니다. 세상을 창조하시고 모든 것의 주인이시며 우주의 통치자이신 하나님이 우리를 의롭다 하십니다.

아무리 극심한 고난을 당할지라도(17, 18, 35, 36절) 우리가 받은 구원은 확실히 안전하다는 것이 요지입니다. 하나님이 우리를 위하시면 아무도 우리를 대적하는 데 성공할 수 없습니다. 하나님이 우리를 위해 그 아들을 주셨다면, 우리에게 선한 모든 것을 주실 것입니다. 하나님이 우리를 의롭다 하신 분이라면, 우리를 향한 어떤 고발도 성립되지 못합니다.

앞으로 다룰 내용

마지막으로 이 말씀을 적용하는 것에 대해 말씀드리기 전에, 앞으로 몇 번의 설교에서 다룰 내용에 대해 먼저 말씀드리겠습니다. 다음주에는 34절에 초점을 맞추어 저주로부터 우리의 자유를 안전하게 지키는 그리스도의 사역(그분은 죽으셨고 부활하셨고 하나님 오른편에 앉아 우리를 위해 중보하십니다)에 대해 살펴볼 것입니다. 고난 속에서도 우리를 안전하게 지키시기 위해 하나님께서 그리스도 안에서 행하신 일들을 바울은 여러 가지로 말합니다.

9/11 사건 1주년이 되는 전 주까지 이에 대해 살펴보려고 합니다. 예배에 초대될 9/11 사건 피해자들을 도울 수 있는 말씀을 준비하려고 합니다. 다음주에는 9/11 사건에 대해 "왜 일어났는가?"라는 제목의 조니 에릭슨 타다의 전단지를 나눠 드릴 텐데, 1주년을 맞아 그 사건을 돌아보는 시기에 그것을 통해 사람들을 복음으로 인도할 수 있기를 소망합니다.

다음 주에도 로마서 8장 35절부터 39절까지의 말씀을 살펴보려고 합니다. 그런 다음 9월 11일 수요일 저녁에는 특별기도 모임을 갖겠습니다. 하나님께서 이때를 사용하시어, 죄의 실체와 허무함, 의지의 연약함과 죽음과 영원, 그리고 우리에게 구원자가 필요함을 깨닫게 해주시기를 간절히 기도합시다.

누구의 인정을 원하는가

여러분은 누구의 인정을 받기 원하십니까? 하나님은 이렇게 말씀하십니다. "내 아들 예수 그리스도 안에서 나는 너를 인정한다. 나는 너를 의롭다 여긴다. 너를 내 거룩한 자녀로 확정하고 그런 존재로 너를 사랑한다."

이 말을 믿는다면, 우리가 믿음 때문에 다른 사람으로부터 인정을 받거나 반대로 비난을 받을 때 우리는 어떻게 달라져야 할까요?

이 말을 믿는다면, 우리는 두려움으로부터 자유하게 됩니다. 사람들을 기쁘게 하려고 애쓸 필요가 없습니다. 다른 사람의 인정이 필요 없어지고 모든 사람의 선을 구하게 됩니다. 우리 자신에 대해서는 잊고 하나님으로 인해 기뻐하고, 어떤 대가를 치르더라도 겸손하게 섬기고 사랑하며 살게 됩니다.

기억하십시오. 의롭다 하시는 분은 하나님이십니다. 다른 사람의 고발을 두려워하지 마십시오. 모든 사람의 유익을 구하십시오.

43장

모든 것을 정복하는 그리스도의 사랑

로마서 8:31-37

그런즉 이 일에 대하여 우리가 무슨 말 하리요 만일 하나님이 우리를 위하시면 누가 우리를 대적하리요. 자기 아들을 아끼지 아니하시고 우리 모든 사람을 위하여 내주신 이가 어찌 그 아들과 함께 모든 것을 우리에게 주시지 아니하겠느냐. 누가 능히 하나님께서 택하신 자들을 고발하리요 의롭다 하신 이는 하나님이시니 누가 정죄하리요 죽으실 뿐 아니라 다시 살아나신 이는 그리스도 예수시니 그는 하나님 우편에 계신 자요 우리를 위하여 간구하시는 자시니라. 누가 우리를 그리스도의 사랑에서 끊으리요 환난이나 곤고나 박해나 기근이나 적신이나 위험이나 칼이랴. 기록된 바 우리가 종일 주를 위하여 죽임을 당하게 되며 도살 당할 양 같이 여김을 받았나이다 함과 같으니라. 그러나 이 모든 일에 우리를 사랑하시는 이로 말미암아 우리가 넉넉히 이기느니라. _롬 8:31-37

34절에 집중하면서, 하나님께서 우리를 위해 무엇을 계획하셨는지 살펴 보겠습니다. 오늘 본문이 우리에게 말하려고 하는 것은 무엇일까요? 이는 그리스도를 높이는 순종의 길을 가다 겪게 될 고난에 대비해 흔들림 없는 안전보장을 주기 위해 하신 말씀입니다. 즉, 우리가 고난을 잘 이겨 내도록, 하나님이 마련하시고 보혈로 사신 안전함을 우리 삶에 주시려는 것입니다.

하나님을 사랑하고, 그리스도를 신뢰하고, 그의 뜻대로 부르심을 받은 자들에게, 28절은 모든 것이 합력하여 선을 이룰 것이라고 말합니다. 30절은 우리에게 최종적인 영화가 보장되어 있다고 말합니다. 31절은 하나님이 우리를 위하시기 때문에 어느 누구도 우리를 대적하는 데 성공할 수 없다고 말합니다. 32절은 하나님이 우리를 위해 자기 아들을 내주셨기 때문에 우리에게 필요한 모든 것을 주실 것이라고 말합니다. 33절은 하나님이 의롭다 하시는 분이시기 때문에 하늘 법정에서 우리를 고발할 사람이 아무도 없다고 말합니다. 34절은 그리스도가 죽고 다시 사셨고 하나님 우편에서 우리를 위해 중보하시기 때문에 아무도 정죄할 수 없다고 말합니다.

이 진리에서 하나님의 계획은 무엇인가

이 굉장한 진리에서 하나님이 계획하신 것은 무엇입니까? 우리가 그리스도로 인해 담대하고 기쁘게, 흔들림 없이 고난을 당할 수 있도록 안전을 확보해 주시는 것이 하나님의 계획입니다. 어떻게 알 수 있습니까? 다음 구절을 보십시오. 모든 것은 우리가 이 말을 듣기 위한 준비 단계입니다.

"누가 우리를 그리스도의 사랑에서 끊으리요? 환난이나 곤고나 박해나 기근이나 적신이나 위험이나 칼이랴?" 이 말씀은 9/11 테러 1주년 기념일인 다음 주일에 다루겠습니다. 요지는, 자기 백성을 위해 하나님이 거대한 능력과 지혜와 사랑으로 약속하시되, 이것들을 피하게 해주겠다는 것이 아니라는 점입니다. 오히려 하나님의 능력과 사랑과 지혜는 이것들을 이기게 해주겠다고 약속합니다.

우리의 머리와 심장을 향해 날아드는 칼이 있어도 이기게 해주십니다. 가족을 모두 잃고 홀로 남은 위험 속에서도 이기게 하십니다. 강간을 당하거나 감옥에 갇히는 수치 속에서도 이기게 하십니다. 굶주림으로 고통 받는 기근 속에서도 이기게 하십니다. 승진하지 못하고 집이 불타는 박해 속에서도 이기게 하십니다. 하반신 마비가 오거나 평생 모은 노후 자금이 다 날아가는 곤고함 속에서도 이기게 하십니다. 마지막 남은 믿음 한 방울까지 다 쥐어짜게 만드는 극심한 환난 속에서도 이기게 하십니다.

하나님은 이 모든 상황 속에서도 우리로 하여금 사랑 안에서 깊고 확고하고 흔들림이 없는, 하나님이 직접 계획하시고 피 값으로 사신 그런 안전함을 주려 하십니다. 이 일곱 가지 고난들 속에서 우리는 하나님을 저주하거나 외면하거나 원망하지 않고, 대신 그분을 신뢰하고 굳게 붙들고 모든 것을 빼앗겨도 그분으로 인해 만족하게 될 것입니다. "내 영혼 쓰러질 때면 내 곁에서 날 붙드시네." 또는 욥이 겉옷을 찢고 수염을 깎고 땅에 엎드려 고백한 것처럼 고백하게 될 것입니다. "내가 모태에서 알몸으로 나왔사온즉 또한 알몸이 그리로 돌아가올지라. 주신 이도 여호와시요 거두신 이도 여호와시오니 여호와의 이름이 찬송을 받으실지니이다"(욥 1:21; 참고 42:11).

오늘 말씀은 이 땅에서의 안전에 지나치게 몰두하고 있는 그런 삶을 응원하려는 것이 아닙니다. 오히려 세속적인 안전에 몰두하는 삶으로부터 우리를 자유롭게 하고, 편안함이 아닌 필요를 따라 움직

일 수 있는 자유와 기쁨과 용기를 주어 우리에게 영원한 안전을 약속하기 위함입니다. 가난하고 아프고 억압당하고 사랑받지 못하고 회개하지 못한 사람들이 죽어 가는데도, 우리 세대는 자신의 편안함을 위해 거룩하고 건강한 영혼이 누릴 수 있는 기쁨을 외면하고 있습니다. 로마서 8장은 많은 고난을 통해 사랑의 섬김을 실천하는 사람들을 위해 그리스도 안에서 거대한 안전을 주시는 하나님에 대해 말하고 있습니다.

누가 정죄하리요

34절에서 바울은 우리의 안전과 섬김과 고난을 떠받치는 기둥들을 추가로 세우고 있습니다. "누가 정죄하리요 죽으실 뿐 아니라 다시 살아나신 이는 그리스도 예수시니 그는 하나님 우편에 계신 자요 우리를 위하여 간구하시는 자시니라." 바울은 다시 한 번 "누가 정죄하리요?"라는 질문을 던집니다. 답은 '아무도 그렇게 할 수 없다'입니다.

이 구절의 나머지 부분은 왜 그런지에 대한 이유가 됩니다. 왜 그리스도인에게 정죄가 성립되지 않는지 바울은 이유를 댑니다. 33절은 "의롭다 하시는 분이 하나님이시기 때문"이라고 했고, 34절은 "죽으실 뿐 아니라 다시 살아나신 그리스도 예수가 하나님 우편에 계시고 우리를 위해 간구하시기 때문"에 그렇다고 합니다.

34절에 나오는 그리스도의 승리가 33절에 나오는 하나님의 칭의의 토대입니다. 무한히 의로우시고 거룩하신 하나님이 경건하지 않은자들을 오직 믿음으로 의롭다 하실 수 있는 이유는 34절에서 그리스도가 행하신 일 덕분입니다. 바울은 이미 32절에서 "하나님은 자기 아들을 아끼지 아니하셨다"고 말했습니다. 그리고 34절에서 하나님의 아들이 하신 일을 분명히 설명합니다. 그래서 그 아버지가 경건하지 않은 자들을 오직 믿음으로 의롭다 하실 수 있고 모든 정죄함을 없애셨다고 말합니다.

여기서 바울은, 1절과 마찬가지로, "정죄함이 없다"는 이야기를 합니다. 단지 여기서는 아무도 정죄하지 못한다는 표현을 사용합니다. 존 스토트는 이 사실로부터 파급되는 우주적인 영향을 알아 34절에 대해 이렇게 말합니다. "그러므로 우리는 자신 있게 온 우주를 향해, 그 안에 사는 인간과 악한 영에게도 이렇게 도전할 수 있습니다. 누가 정죄하리요? 아무도 대답하지 못할 것입니다."

사탄에게 괴롭힘 당했거나, 또는 그렇게 될 분들, 즉 모든 분들은 제 말에 귀를 기울이십시오! 사탄에게 담대하고 용기 있게 맞서십시오. 스토트의 말을 들으셨습니까? 우리는 이 세상을 주관하는 악한 영들에게 이렇게 도전할 수 있습니다. "사탄아! 나를 정죄하기 위해 누구를 내세울 것이냐?" 사탄의 면전에 대고 권위를 가지고 우리의 입장을 밝히십시오. 사탄에게 이 네 가지를 선포하고 떠나라고 명령하십시오. "그리스도는 나를 위해 죽으셨다. 그리스도는 나를 위해 죽은 자들 가운데서 다시 살아나셨다. 그리스도는 나를 위해 하나님 우편에서 모든 것을 보시며 능력으로 모든 것을 통치하신다. 그리고 그리스도는 전능하신 하나님께 나를 위해 중보하신다. 보잘 것 없고, 피조물에 불과하며, 의존적이고, 패배할 수밖에 없고, 다스림을 받는 사탄아 떠나가라! 그리고 보잘 것 없는 사탄아 들어라! 만약 나를 죽인다면(전능하신 하나님께서 네가 그렇게 하도록 허락하신다면)

그 순간 내 영혼은 자유를 얻을 것이고(나는 승리하고), 너의 고통은 곱절로 늘어날 것이며(너는 패하고) 내 피로 복을 받은 수천이 나를 따를 것이다."

예수 그리스도: 네 가지 그림

우리가 용기 있게 그리스도를 섬기다 고난받을 수 있게 하는 것이 본문의 목적입니다. 그래서 34절에 나오는 그리스도가 우리를 위해 행하신 네 가지 일을 살펴보려고 합니다. 또는 본문의 표현에 더욱 충실하자면, 이 네 가지 일을 행한 분이 누구인지를 보려고 합니다. 33절은 "누가 하나님이 택하신 자들을 고발하리요? 그들은 의로워졌다"고 말하지 않았습니다. 33절은 칭의 자체에 초점이 있는 것이 아니라 의롭다 하신 분이 하나님이라는 사실에 초점이 있습니다. 그래서 "누가 하나님이 택하신 자들을 고발하리요? 그들을 의롭다 하신 분은 하나님이시다"라고 말합니다.

따라서 여기 34절에서도 바울은 "누가 정죄하리요? 그리스도가 우리를 위해 죽으셨고 다시 살아나셨으며 하나님 우편에 계시고 여러분을 위하여 간구하십니다"라고 말하지 않습니다. 바울은 여기서도 그 일을 하신 분에게 초점을 둡니다. 바울은 "누가 정죄하리요? 예수 그리스도는 죽으셨던 그분이다"라고 말한 다음, 그 인물에 초점을 두고 그가 행한 세 가지 행동을 계속해서 기술합니다.

"그는 다시 살아나셨고(who was raised), 그는 하나님 우편에 계시고(who is at the right hand of God), 그는 우리를 위해 간구하신다(who also intercedes for us)." (영어 문장에서) 굳이 관계 대명사를 다 사용할

필요가 없었지만, 바울은 그 인물에 초점을 맞추기 위해 그렇게 표현합니다. 예수 그리스도가 죽으셨고, 예수 그리스도가 다시 살아나셨고, 예수 그리스도가 하나님의 우편에 계시고, 예수 그리스도가 우리를 위해 간구하십니다.

죽으셨다 다시 살아나시고 통치하시고 간구하시는 분이 예수 그리스도가 아니셨다면, 우리를 위해 죽고, 우리를 위해 부활하고, 우리를 위해 하나님 우편에 계시고, 우리를 위해 간구하는 모든 것이 우리에게 어떤 유익도 주지 못할 것입니다. 따라서 예수 그리스도에게 늘 초점을 두어야 합니다. 그분을 바라보십시오. 그분을 알아 가십시오. 지금 우리는 신화에 나오는 사건, 또는 어쩌다 우연히 일어난 일을 말하는 것이 아닙니다. 몸소 그 일을 행하신 역사적 예수 그리스도를 보고 있습니다. 그리고 요지는, 이분이 우리의 안전이라는 것입니다. 우리가 정죄받지 않는 이유는 바로 예수님 덕분입니다.

바울은 본문에서 네 가지 간단한 그림을 보여 주는데, 이를 통해 그분을 보고 알아가도록 합시다.

1. 우리를 위해 목숨을 내어 주신 분

먼저 우리를 위해 목숨을 내어 주신 분으로 그분을 알아야 합니다. 그분이 우리를 위해 죽음을 선택하셨다는 점을 분명히 하기 위해 "당신을 위해 죽으셨다"(died for you)라는 말 대신 "당신을 위해 목숨을 내어 주셨다"(gave his life for you)라는 표현을 사용했습니다. 그분은 죽기를 작정하셨습니다. 우리를 위해 죽음을 받아들이셨습니다. 우리에게 쏟아지는 신적인 총알을 피하지 않으셨습니다. 오히려 그것을 향해 나아가셨습니다. 마가복음 10장 45절은 "인자가 온 것은 … 자기 목숨을 많은 사람의 대속물로 주려 함이니라"고 전합니다. 따라서 우리는 그분을 이런 식으로 알아야 합니다.

우리가 아직 죄인이었을 때, 경건하지 않고, 받을 자격도 없고, 그럴 가치도 없는 우리를 위해 자기 목숨을 내주신 분으로 그분을 알아야 합니다(롬 4:5; 5:6).

자신의 온전한 순종을 완성하여 그 순종이 우리에게 전가될 수 있도록 자기 생명을 내주신 분으로 그분을 알아야 합니다(빌 2:8; 롬 5:19; 갈 2:21; 고후 5:21).

우리 모든 죄를 용서하기 위해 자기 목숨을 내주신 분으로 그분을 알아야 합니다(엡 1:7).

우리를 위해 저주를 받으시고 율법의 저주를 없애기 위해 자기 목숨을 내주신 분으로 그분을 알아야 합니다(갈 3:13).

우리 정죄를 자신이 받고 하나님의 진노를 없애기 위해 목숨을 내주신 분으로 그분을 알아야 합니다(롬 8:3).

하나님이 예수님을 믿는 경건하지 않은 자들을 의롭다 하신 것이 의로운 일임을 나타내기 위해 자기 목숨을 내주신 분으로 그분을 알아야 합니다(롬 3:26).

우리를 향한 하나님의 사랑을 증명하기 위해 이 모든 방식으로 자기 목숨을 내주신 분으로 그분을 알아야 합니다.

"우리가 아직 죄인 되었을 때에 그리스도께서 우리를 위하여 죽으심으로 하나님께서 우리에 대한 자기의 사랑을 확증하셨느니라" (롬 5:8).

2. 하나님 아버지에 의해 죽은 자 가운데서 다시 살아나신 분

두 번째, 우리는 예수 그리스도를 하나님 아버지에 의해 죽은 자 가운데서 다시 살아나신 분으로 알아야 합니다. 34절에 "살아나셨다"는 표현은 정확히 말하면 수동태인데 "그리스도가 살아나셨다(rose)"가 아니고 "그리스도가 일으킴을 받았다(was raised)"가 맞습니다. 요지는 이것입니다. 하나님 아버지는 그 아들이 모든 사람을 위해 단번에 이룬 대속 사역에 만족하셔서, 그 아들을 죽은 자 가운데서 다시 살아나게 하시는 방법으로 그 아들의 순종과 고난과 무한한 성취를 인정하셨다는 것입니다.

그러므로 우리의 친구이자 구세주이시고 주이시며 보화이신 그리스도는 하나님께 절대적인 인정을 받은 분이십니다. 그리스도는 "다시 죽지 아니하시고 사망이 다시 그를 주장하지 못할"(롬 6:9) 분입니다.

3. 하나님 우편에 계신 분

셋째로, 우리는 예수 그리스도를 하나님 우편에 계신 분으로 알아야 합니다. "하나님 우편"이라는 이 짧은 구절은 구약만 알던 1세기 그리스도인들에게는 매우 강력한 힘을 갖고 있었습니다. 시편 110편 1절은 신약성경 저자들에 의해 시편의 어떤 구절보다 더 많이 인용된 구절입니다. 하나님이 메시아에게 하시는 말씀입니다. "내가 네 원수들로 네 발판이 되게 하기까지 너는 내 오른쪽에 앉아 있으라 하셨도다."

여기에는 승리, 통치, 권세라는 뜻이 들어 있습니다. 에베소서 1장

20-21절 말씀에서 이를 확인할 수 있습니다. "죽은 자들 가운데서 다시 살리시고 하늘에서 자기의 오른편에 앉히사 모든 통치와 권세와 능력과 주권과 이 세상뿐 아니라 오는 세상에 일컫는 모든 이름 위에 뛰어나게 하시고." 그리고 베드로전서 3장 22절 말씀에서도 확인할 수 있습니다. "그는 하늘에 오르사 하나님 우편에 계시니 천사들과 권세들과 능력들이 그에게 복종하느니라."

다시 말하자면, 하나님 우편에 계신다는 것은 모든 권세와 능력과 주권과 천사와 이름들을 통치한다는 것을 말합니다. 우리의 구세주요, 주요, 친구요, 보화이신 그분을 이런 방식으로 아셔야 합니다. 즉 모든 원수가 그 발아래 복종할 때까지 온 우주를 다스리시며 승리하시는 분임을 알아야 합니다. 이 흔들림 없는 안전함을 생각하며 즐거워하십시오.

4. 우리와 아버지 하나님 사이의 중보자

마지막으로, 그분을 우리와 하나님 아버지 사이의 중보자로 알아야 합니다. 34절은 이렇게 마무리 짓습니다. "우리를 위하여 간구하시는 자시니라." 그분은 과거에도 현재에도 미래에도 우리의 중보자(딤전 2:5)가 되십니다. 우리의 대언자(요일 2:1)이십니다. 우리의 중재자이십니다.

'예수님의 죽음과 부활이 우리가 받는 용서와 의에 대한 충분한 근거가 된다는데 왜 중보자가 필요한가?' 이런 질문을 할 수도 있습니다. 하늘에서 예수님이 중보자로서 하시는 일은 우리의 죄용서와 의를 얻어 내기 위해 무언가를 더 보태는 것이 아닙니다. 구원을 위한 일은 이미 단번에 완료되었습니다. 그분이 하시는 일은 우리를 위해 이미 완료된 일을 하늘에서 대변하는 것입니다. 그분은 죽임 당한 어린양이자 승리하신 분으로 서 계십니다. 그리고 우리 구원에 대한 살아 있는 증거요 증인으로 서 계십니다.

히브리서 7장 25절은 이렇게 전합니다. "그러므로 자기를 힘입어 하나님께 나아가는 자들을 온전히 구원할 수 있으니 이는 그가 항상 살아계셔서 그들을 위하여 간구하심이라." 예수님의 이름으로 기도할 때마다 우리는 이 중보를 경험합니다. 우리는 왜 "예수님의 이름으로 기도합니다, 아멘"이라고 말합니까? 예수님이 십자가 위에서 우리를 위해 행하셨던 일과 지금 하늘에서 우리를 위해 행하시는 일이 없이는 아버지 하나님께 구할 권리가 없기 때문입니다. 그러니 기도할 때마다 그분을 우리의 중보자로 아셔야 합니다. 우리를 사랑하셨고, 우리를 위해 죽으셨고, 우리의 모든 구원을 그의 피로 값주고 사셨고, 자기 목숨을 버려 우리의 모든 필요를 채워 주신 그분께 감사하십시오.

그분이 행하신 일을 아는 것만이 아닙니다. 우리를 위해 이런 위대한 일을 행하신(지금도 행하고 계신) 그분을 알아야 합니다. 우리를 정죄에서 자유하게 해주시고, 두려움을 없게 하시며, 많은 고난을 거치며 사랑으로 섬길 때 우리를 지키시는 그분을 알아야 합니다.

지금까지 그분을 아는 데 있어서 개인적인 국면을 강조해 왔기 때문에, 그리스도를 우리의 중보자로 말한 존 머레이의 글로 말씀을 맺을까 합니다. 머레이는 우리가 놓치기 쉬운 부분을 잘 잡아내고 있습니다.

예수 그리스도가 하늘의 제사장으로서 우리를 위해 대변하시고 우리를 중보하시는 것이야말로, 그분이 자기 백성의 안전을 얼마나 걱정하시는지, 그분이 우리를 얼마나 변함없이 사랑하시는지 명확히 보여 준다.

44장

죽으실 뿐 아니라 다시 살아나신 이는 그리스도 예수시니(부활주일)

로마서 8:34

누가 정죄하리요 죽으실 뿐 아니라 다시 살아나신 이는 그리스도 예수시니 그는 하나님 우편에 계신 자요 우리를 위하여 간구하시는 자시니라. _롬 8:34

"어찌 날 위함이온지"

두려운 정죄 내겐 없네

예수와 그 안의 모든 것이 내 것일세!

살아계신 내 우두머리, 그분 안에 나 살아 있어

하나님의 의로 옷 입고

영원한 보좌로 담대히 나아가리

나의 그리스도를 통해 면류관을 차지하네.

(마지막 절 인용, 찰스 웨슬리 작사)

가사 속에 담긴 기독교 기본 진리

우리가 방금 부른 찬양 "어찌 날 위함이온지"의 마지막 절 가사를 저와 함께 살펴보겠습니다. 이것은 기독교 기본 진리에 대한 간단한 강의가 될 것입니다. 찬양 마지막 절 가사의 한 줄 한 줄은 그리스도인이 된다는 것이 무슨 의미인지에 대해 성경이 말하는 심오한 진리를 그대로 담고 있습니다.

두려운 정죄 내겐 없네

로마서 8장 1절 말씀입니다. "그러므로 이제 그리스도 예수 안에 있는 자에게는 결코 정죄함이 없나니." 저 같은 죄인에게는 그 어떤 것보다 달콤한 말입니다! 그리스도 안에 있는 자에게는 정죄함이 없습니다!

예수와 그 안의 모든 것이 내 것일세!

로마서 8장 32절 말씀입니다. "자기 아들을 아끼지 아니하시고 우리 모든 사람을 위하여 내주신 이가 어찌 그 아들과 함께 모든 것을 우리에게 주시지 아니하겠느냐?" 지상에서 사는 동안 누리는 모든 편함과 안락함을 말하는 것이 아니라, 그리스도를 믿을 때 우리를 위해 예비된 모든 좋은 것들과 종말에 가서 얻게 될 영원한 생명, 가능한 모든 축복, 그리고 하나님을 점점 더 즐거워하게 되는 것을 말합니다.

살아계신 내 우두머리, 그분 안에 나 살아 있어

골로새서 3장 3-4절 말씀입니다. "이는 너희가 죽었고 너희 생명이 그리스도와 함께 하나님 안에 감추어졌음이라. 우리 생명이신 그리스도께서 나타나실 그 때에 너희도 그와 함께 영광 중에 나타나리라." 그리스도를 믿으면 그리스도가 우리의 생명이 되고, 우리의 생명은 그리스도의 생명과 같이 불멸하고 영원하게 됩니다. 이 땅에서 우리에게 어떤 일이 닥치든지 말입니다.

하나님의 의로 옷 입고

고린도후서 5장 21절 말씀입니다. "하나님이 죄를 알지도 못하신 이[그리스도]를 우리를 대신하여 죄로 삼으신 것은 우리로 하여금 그 안에서 하나님의 의가 되게 하려 하심이라." 하나님이 우리를 받아들이신 근거는 우리의 의가 아닌, 그리스도로 인해 우리의 것으로 여겨진 하나님의 의입니다. 이것이 우리 소망이자 안전망입니다. 그러므로….

영원한 보좌로 담대히 나아가리

히브리서 4장 16절 말씀입니다. "그러므로 우리는 긍휼하심을 받고 때를 따라 돕는 은혜를 얻기 위하여 은혜의 보좌 앞에 담대히 나아갈 것이니라." 어떤 죄인들이 하나님 앞에 담대할 수 있습니까? 하나님의 의로 옷 입은 자들입니다. 그것은 우리의 불완전한 노력이 아닌, 그리스도를 믿는 믿음으로 가능합니다.

나의 그리스도를 통해 면류관을 차지하네

디모데후서 4장 8절 말씀입니다. "이제 후로는 나를 위하여 의의 면류관이 예비되었으므로 주 곧 의로우신 재판장이 그 날에 내게 주실 것이며 내게만 아니라 주의 나타나심을 사모하는 모든 자에게도니라." 왜 면류관(crown)입니까? 이것은 왕들이 쓰는 것 아닙니까? 맞습니다. 결국에는 왕의 자녀들이 쓰게 되겠지요. (온두라스의 모랄리카, 알바니아의 티라나, 또는 테카테, 캘리포니아, 아니면 옆집 이웃의 주차장이나 병실일 수도 있겠지요. 그런 곳에서) 믿음과 섬김과 사랑의 삶을 산 이후에, 그렇게 그리스도를 믿고 이웃을 사랑하는 삶을 산 이후에 그 다음에 면류관을 받습니다.

의로운 재판장 + 죄인 = 정죄함이 없음

이 모든 것("예수와 그 안의 모든 것이 내 것"이라는 소원)은 "그리스도 예수 안에 있는 자에게는 결코 정죄함이 없다"(롬 8:1)는 위대한 선언을 근거로 합니다. 이것이 바로 기독교의 본질입니다. 하나님은 흔들리지 않으시는 의롭고 거룩한 재판장이십니다. 어느 누구도 하나님의 법정을 그냥 통과하지 못합니다. 우리 모두는 하나님 앞에서 죄를 범한 죄인들입니다(롬 3:23). 그럼에도 불구하고, 우리에게 어떤 혐의도 부과될 수 없습니다.

이게 무슨 말입니까? 아무도 우리를 정죄할 수 없다는 말입니까? 모든 진실한 그리스도인들이 기쁨으로 "두려운 정죄 내겐 없네!"라고 노래합니다. 어떻게 이것이 가능할까요? "의로운 재판장 + 죄인 = 정죄함이 없음." 어떻게 이런 등식이 성립할 수 있습니까? 이것은 기독교가 대답해야만 하는 질문입니다.

로마서 8장 33-34절에서 바울은 "누가 능히 하나님께서 택하신 자들을 고발하리요?"라고 질문합니다. 그런 다음 바울은 "글쎄요, 내 적들이 그럴 수 있고, 아내가 그럴 수도 있고, 내 양심이 그럴 수도 있습니다. 최악의 경우 하나님도 그러실 수 있습니다. 결국 전 죄인이니까요"라고 대답하지 않습니다.

대신 이렇게 대답합니다. "의롭다 하신 이는 하나님이시다." 다시 말하면, 다른 자들이 고발하더라도 우주의 대법관, 즉 하나님께서 이미 우리를 "의롭다" 하셨다는 말입니다. 그 말은 하나님께서 우리에게 무죄판결을 내리시고 우리를 의로운 존재로 여기셨다는 뜻입니다. "하나님의 의로 옷 입고." 그래서 아무도 우리를 기소할 권한이 없습니다. 우리를 기소한 사람이 누구건 어떤 사례건 상관없이, 하나님이 우리를 의롭다 하셨다면 "더 이상 정죄함이 없다"는 것이 33절 말씀입니다.

의로운 재판장 + 죄인 + 그리스도의 죽음 = 정죄함이 없음

그런데 어떻게 이것이 가능합니까? 어떻게 "의로운 재판장 + 죄인 = 정죄함이 없음"이라는 등식이 성립합니까? 판사가 그냥 범죄자들을 풀어 주고도 법을 수호하고 사회를 보호한다고 할 수는 없습니다. 그래서 다음 절에서 같은 질문이 반복되는데, 이번에는 좀더 근본적인 답을 줍니다.

로마서 8장 34절의 "누가 정죄하리요?"는 33절의 "누가 능히 하나님께서 택하신 자들을 고발하리요?"와 같은 질문입니다. 33절 질문에 대해 바울은, 만일 하나님이 우리 편이고 우리를 의롭다고 분명히 말씀하셨다면 누가 우리를 고소했든 그것은 중요하지 않다는 것이었습니다. "의롭다 하신 이는 하나님이시다"고 답했습니다. 그리고 34절에서는 "죽으셨던 그리스도 예수" 덕분에 누가 우리를 정죄하든 문제가 되지 않는다고 답합니다.

등식에서 빠진 부분이 있는데, 그것은 기독교의 위대한 핵심요소로서 죄인 대신 죽으신 그리스도의 죽음입니다. 따라서 이제 등식은 이렇게 됩니다. "의로운 재판장 + 죄인 + 그리스도의 죽음 = 정죄함이 없음." 죄 때문에 우리가 받아야 했던 정죄를 예수님이 대신 받으셨고, 완전한 순종으로 예수님이 받으셔야 했던 의를 우리가 받게 되었습니다.

> 수치, 비웃음, 모욕, 우리 대신 당하셨네.
> 우리는 그의 피로 용서함 받았네.
> ("할렐루야! 우리 구주!", 필립 폴 블리스 작사)

그러므로 "이제 그리스도 예수 안에 있는 자에게는 결코 정죄함이 없습니다"(롬 8:1).

그리스도의 부활과 우리를 위한 그리스도의 중보

하지만 34절의 나머지 부분은 어떻게 해야 합니까? 등식에 더 추가해야 할까요? "죽으실 뿐 아니라 다시 살아나신 이는 그리스도 예수시니 그는 하나님 우편에 계신 자요 우리를 위하여 간구하시는 자시니라." 예수님의 부활과 현재 하나님 우편에서 우리를 위해 간구하시는 예수님의 통치는 어떻게 해야 합니까?

물론 이것들은 매우 중요합니다. 이것들이 없다면 죄인인 우리 모두는 정죄를 받습니다. 바울은 고린도전서 15장 17절에서 "그리스도께서 다시 살아나신 일이 없으면 너희의 믿음도 헛되고 너희가 여전히 죄 가운데 있을 것이요"라고 말했습니다.

하지만 예수님의 부활과 천국에서 예수님이 우리를 위해 중보하시는 일이 중요한 이유는, 이 두 사건을 통해 예수님의 죽음에 있는 정죄를 없애는 효과가 항상 확실하고 영원하다는 것을 증명하기 때문입니다. 예수님의 죽음이 가져오는 정죄를 없애는 효과에 부활이 더 보태는 것은 없습니다. 또한 천국에서 예수님이 우리를 위해 중보하시는 것도 예수님의 죽음이 가져온 정죄를 없애는 효과에 어떤 것도 더하지 않습니다.

대신, 예수님의 부활은 하나님이 우리의 죄책과 정죄를 완전히 없애는 데 예수님의 죽음으로 만족하신다는 것을 입증합니다. 예수님은 우리 죄의 대가를 계속 치르기 위해 죽음에 머물러 계실 필요가 없었습니다. 예수님이 당한 고통과 죽으심으로 충분했습니다. 부활은 "정말로 끝났다"는 하나님의 위대한 선포입니다. 빚은 모두 지불되었습니다. 공의가 행해졌습니다. 죄책은 없어졌습니다. 죄의 정죄는 이미 처벌을 받았습니다.

그리고 바울이 34절에서 그리스도가 하나님 우편에서 우리를 위해 간구하신다고 말한 것은, 그리스도의 죽음의 충분성(sufficiency)에 무언가를 더한다는 의미가 아니라, 이 죽음이 영원한 효력을 갖는다는 의미입니다.

우리 중재자가 우리를 변호하기 위해 하나님께 내세우는 것은 무엇입니까? 그분이 내세우는 것은 자기 자신의 피, 즉 자신의 죽음입니다. 그분은 우리를 변호하기 위해 자신의 죽음 이외에 다른 것을 주장하지 않으십니다. 그것이 그분이 매일 우리를 위해 중보하시는 내용입니다. 그리스도의 죽음은 부활하시어 중보하시는 그리스도의 생명만큼 유효하고 영원합니다. 이것이 핵심입니다.

이런 이유에서 등식은 "의로운 재판장 + 죄인 + 그리스도의 죽으심 = 정죄함이 없음"으로 간단하게 유지할 수 있습니다. 그리스도가 죽은 자 가운데서 다시 살아나셨기 때문에, 우리는 그분의 죽음이 완전히 충분했고 우리의 모든 정죄를 없애기 위해 반복되거나 더해질 필요가 없음을 압니다. 또 그리스도가 지금 우리를 중보하시기 때문에, 우리는 그리스도가 계시는 한 그분의 죽음이 구원의 효과를 계속 발휘할 것을 압니다(그분은 결코 다시 죽으실 수 없기에!).

"의로운 재판장 + 죄인 + 그리스도의 죽으심 = 정죄함이 없음" 이라는 등식은 그리스도의 부활과 그분이 하나님 오른편에서 우리를 위해 중보하신다는 사실로 더욱 명확해졌습니다. 이것이 기독교의 핵심이고 본질입니다. "두려운 정죄 내겐 없네. 예수와 그 안의 모든 것이 내 것일세!"

정죄함이 제거될 때, 하나님이 예수님 안에서 우리를 위해 준비한 모든 것이 그 자리를 채웁니다. "예수와 그 안의 모든 것이 내 것일세!" 우리가 그분 안에 있을 때 하나님의 온 존재와 하나님이 약속하신 모든 것이 우리의 것이 됩니다.

하나님의 역사가 어떻게 개인적으로 나의 것이 되는가

이제는 정죄함을 없애시려고 하나님이 하신 일이 '어떻게' 개인적으로 우리 것이 될 수 있는지에 대한 질문이 생깁니다. 이에 대한 성경의 대답은 우리가 믿음으로 의롭다 하심을 받는다는 것입니다. 로마서 5장 1절 말씀입니다. "그러므로 우리가 믿음으로 의롭다 하심을 받았으니 우리 주 예수 그리스도로 말미암아 하나님과 화평을 누리자." 그래서 믿음을 등식에 덧붙여 "의로운 재판장 + 죄인 + 그리스도의 죽으심 + 나의 믿음 = 정죄함이 없음"이라고 말해야 논리적으로 맞는 것 같습니다.

하지만 그렇게 말하는 것이 더 나은 것이 아닐지도 모르겠다는 생각이 듭니다. 왜냐하면 공식을 그대로 두어야(나의 믿음을 빼고), 하나님께서 죄와 직면해서 정죄함을 없애기 위해 행하신 일을 온전히 드러낼 수 있기 때문입니다.

공식은 그대로 둔 채 이렇게 질문해 봅시다. '우리는 이 위대한 하나님의 역사를 정말 즐거워하는가? 우리는 이 일과 우리를 위해 이렇게 일하시는 하나님을 정말로 소중히 여기는가? 우리는 이 하나님을 신뢰하고 또한 그분이 행하신 위대한 역사를 신뢰하는가? 하나님이 우리 정죄함을 벗기실 때, 하나님이 예수님 안에서 우리를 위해 예비한 모든 것을 받아들이는가?'

이것을 그림으로 표현해 본다면, 큰 하트 안에 등식이 들어가 있는 모양일 것입니다. 우리가 등식 안으로 들어갈 뿐 아니라 등식이 우리 안으로 들어옵니다. 우리는 등식을 내면화합니다. 등식의 혜택을 받으며 살아갑니다. 등식을 소중히 여깁니다. 하나님은 그 역사를 행하시고 우리는 그 역사를 믿고 그 역사에 의존합니다. 그리고 그 역사 속에서 하나님이 우리를 위해 예비하신 모든 것을 받아들입니다.

하나님이 예수 그리스도 안에서 예비하신 모든 것을 소유하기

이것을 어떻게 여러분에게 충분히 납득시킬 수 있을까 궁리하던 차에, 제가 모르는 어떤 목사님이 캘리포니아에서 제게 보낸 편지를 읽게 되었습니다. 이 편지글이 오늘 주제에 대해 절실히 깨닫게 할 수 있는 적합한 마무리가 될 것이라 생각합니다.

> 하나님께 감사드립니다. … 저는 캘리포니아 중부의 소도시에서 멋진 교회를 섬기고 있습니다. … 올해 2월 14일, 저희 교회를 다니던 스물일곱 살의 토니라는 청년이 자살을 했습니다. 그는 자신을 사랑했던 네 명의 자녀를 포함한 가족과 사라지지 않는 질문 하나를 남겨 두고 떠났습니다. "왜 그랬을까?"
>
> 검시관들이 뻣뻣해진 그의 시체를 차에서 끌어내리는 것을 지켜보던 저는 두려움에 휩싸였습니다. 저는 제 자신에게 이렇게 물었습니다, "그가 무엇에 사로잡혀 그런 일을 저질렀을까?" 이 질문은 저의 뇌리에서 떠나지 않았고, 사건 발생 후 몇 주 동안 지속되었습니다. 이 질문은 따뜻한 저의 가정과 목회에 침투한 차가운 외풍 같은 것이었습니다. 결국 저는 교회에 휴직서를 내고 그 질문의 답을 찾기로 했습니다.
>
> 이 기간 동안 저는 하나님의 전적인 섭리로 『장래의 은혜』라는 책을 알게 되었고 … 하나님의 은혜와 성령의 능력을 알게 되었으며 … 그리스

도 예수 안에 있는 하나님의 놀라운 아름다움을 볼 수 있게끔 제 마음의 문을 열게 되었습니다. 하나님의 놀라운 아름다움을 보게 되었을 때, 저는 하나님을 영화롭게 하고 그분을 영원히 즐거워하기 위해 창조되었다는 그 목적을 더 잘 이해할 수 있었습니다.

결국 토니를 자살로 몰고 간 것은 그를 사로잡은 어떤 것이 아니라, 오히려 그가 소유하지 못했던(몰랐던) 것(하나님이 예수 그리스도 안에서 우리를 위해 준비한 모든 것) 때문이었음을 알게 되었습니다. 저는 토니의 인생과 더불어 이 문제와 관련한 모든 다른 질문들을 하나님의 주권적인 손에 내려놓았습니다.

이 모든 일을 겪는 동안 하나님의 은혜가 저를 지탱해 주었습니다. 그리고 그보다 더, 제가 "그리스도 예수께 잡힌 바 된 그것을 잡으려고" 기쁘게 달려갈 수 있도록 힘을 주었습니다. 이 기쁨은 제 마음과 정신에 스며들었고 제 아내와 딸과 교회와 지역 사회로 흘러넘쳤습니다.

이것이 오늘 아침 제가 기도하는 바입니다. "예수 그리스도 안에서 하나님이 우리를 위해 준비한 모든 것을 소유"하시길 기도합니다. "그리스도 예수께 잡힌 바 된 그것을 잡으시길" 기도합니다. 그래서 그리스도 예수 안에 있는 자에게는 결코 정죄함이 없고 오히려 예수님과 그분 안에 있는 모든 것이 우리의 것임을 알아 기쁨이 충만하시길 기도합니다.

45장

아무것도 우리를 하나님의 사랑에서 끊을 수 없다

로마서 8:35-39

누가 우리를 그리스도의 사랑에서 끊으리요 환난이나 곤고나 박해나 기근이나 적신이나 위험이나 칼이랴. 기록된 바 우리가 종일 주를 위하여 죽임을 당하게 되며 도살 당할 양 같이 여김을 받았나이다 함과 같으니라. 그러나 이 모든 일에 우리를 사랑하시는 이로 말미암아 우리가 넉넉히 이기느니라. 내가 확신하노니 사망이나 생명이나 천사들이나 권세자들이나 현재 일이나 장래 일이나 능력이나 높음이나 깊음이나 다른 어떤 피조물이라도 우리를 우리 주 그리스도 예수 안에 있는 하나님의 사랑에서 끊을 수 없으리라. _롬 8:35-39

사도 바울은 로마서 8장에서 예수 그리스도에게 속한다는 놀라운 특권을 설명하기 위해 다섯 번의 질문을 던집니다.

31절에서는 "만일 하나님이 우리를 위하시면 누가 우리를 대적하리요?", 32절에서는 "어찌 그 아들과 함께 모든 것을 우리에게 주시지 아니하겠느냐?", 33절에서는 "누가 능히 하나님께서 택하신 자들을 고발하리요?", 34절에서는 "누가 정죄하리요?", 오늘 말씀인 35

절에서는 "누가 우리를 그리스도의 사랑에서 끊으리요?"라고 질문합니다.

이에 대한 답은 너무나 명백하고 놀라운데, 바울은 우리가 이를 적용하고 그 안에서 기뻐하도록 해줍니다.

31절 질문의 답은 '아무도(테러리스트조차도) 우리를 성공적으로 대적할 수 없다'입니다. 32절 질문의 답은 '모든 것을 잃은 것처럼 보일 때에도 하나님은 우리에게 필요한 모든 것을 채우신다'입니다. 33절 질문의 답은 '우리를 고발하는 자가 누구이든 상관없이 천국 법정에서는 아무도 우리를 기소할 수 없다'입니다. 34절 질문의 답은 '아무도 우리를 정죄할 수 없다'입니다. 그리고 오늘 말씀인 35절 질문의 답은 '그 누구도 그 무엇도 우리를 하나님의 사랑에서 끊을 수 없다'입니다.

그리고 본문 말씀이 9/11 기념일을 즈음한 요즘 깊은 관련성을 갖는 이유는, 바울이 하나님의 사랑에서 우리를 끊을 수 없는 것들을 자세히 열거하고 있고, 9/11 사건 당일에 일어난 일들도 그와 같은 것들이기 때문입니다. "환난이나 곤고나 박해나 기근이나 적신이나 위험이나 칼이랴?"

바울이 여러 가지 끔찍한 것들을 굳이 언급한 이유는 자신의 의도를 오해하지 않도록 하기 위함입니다. 그는 "글쎄요, 어떤 것들은 정말로 무시무시해서 우리를 그리스도의 사랑에서 끊을 수도 있습니다"라고 하지 않았습니다. 아무것도 우리를 그리스도의 사랑에서 끊을 수 없습니다.

1. 그리스도는 지금 우리를 사랑하십니다.

어떤 아내는 죽은 남편을 기억하며 "아무것도 나를 남편의 사랑에서 끊을 수 없을 거예요"라고 말할 수도 있습니다. 이는 남편의 사랑에 대한 기억이 평생 달콤하고 강렬하게 남아 있다는 의미일 것입니다. 그러나 바울이 로마서에서 의미하는 것은 이런 뜻이 아닙니다. 34절에서 바울은 "죽으실 뿐 아니라 다시 살아나신 이는 그리스도 예수시니 그는 하나님 우편에 계신 자요 우리를 위하여 간구하시는 자시니라"고 분명하게 말합니다. 바울이 '아무것도 우리를 그리스도의 사랑에서 끊을 수 없다'고 말할 수 있는 이유는 그리스도가 살아 계시고 지금도 여전히 우리를 사랑하시기 때문입니다.

그리스도는 하나님 우편에 계시며 우리를 통치하고 계십니다. 그리고 그리스도가 우리를 위해 간구하신다는 것은, 그분이 완성하신 구속 사역이 실제로 우리를 시시각각 구원하여 안전하게 영원한 기쁨에 이르도록 반드시 조치하신다는 의미입니다.

2. 우리가 끊어지지 않도록 지키시는 이 사랑은 모든 사람을 향한 보편적인 사랑이 아니라 자기 백성(즉, 로마서 8장 28절이 말하는 하나님을 사랑하는 자 곧 그의 뜻대로 부르심을 입은 자)을 향한 특별한 사랑입니다.

이것은 에베소서 5장 25절 "남편들아 아내 사랑하기를 그리스도께서 교회를 사랑하시고 그 교회를 위하여 자신을 주심 같이 하라"

와 같은 사랑입니다. 이것은 그분의 신부인 교회를 향한 그리스도의 사랑입니다.

그리스도에게는 모든 사람을 위한 사랑이 있고, 또한 그의 신부를 위해 특별히 간직하며 아껴둔 사랑이 있습니다. 우리가 그리스도를 믿으면 그분의 신부가 됩니다. 그리스도를 믿는 자는 누구든지, 예외 없이 그분의 신부이고 그분의 교회이며 그분의 부르심과 택하심을 입은 자라고 말할 수 있고, 35절에서 언급된 자들은 무슨 일이 일어나든지 영원히 끊어지지 않고 보호받습니다.

3. 이런 전능하고, 효력 있고, 보호하는 사랑은 이생에서 우리가 재앙을 피할 수 있게 하지는 않지만 하나님과 함께하는 영원한 기쁨으로 우리를 무사히 인도합니다.

바울은 35절에서 이에 대해 분명히 합니다. "누가 우리를 그리스도의 사랑에서 끊으리요 환난이나 곤고나 박해나 기근이나 적신이나 위험이나 칼이랴?" 아무도 그렇게 할 수 없습니다. 하지만 어떤 이는 "하지만 바울이 의미하는 건, 하나님이 그 신부에게는 이런 일을 당하지 않게 하시겠다는 것 아닌가요?"라고 말할지도 모릅니다.

두 가지 점에서 그렇지 않음을 증명할 수 있습니다. 하나는 38절에 나오는 죽음에 대한 언급 때문입니다("사망이나 생명이나 … 우리를 우리 주 그리스도 예수 안에 있는 하나님의 사랑에서 끊을 수 없으리라"). 우리에게도 죽음이 찾아오지만, 그 죽음이 우리를 하나님의 사랑에서 끊어 내지는 못합니다. 따라서 35절에서 '칼'이 우리를 그리스도의 사랑에서 끊을 수 없다고 바울이 말할 때, 그가 의미한 것은 우리가 죽음을 당할지라도 그리스도의 사랑에서 끊어지지는 않을 거라는 의미입니다.

다른 하나는 36절 말씀인데, 여기서 바울은 시편 44편 22절을 인용하면서 그것을 자신과 일반적인 그리스도인들에게 적용합니다. "기록된 바 우리가 종일 주를 위하여 죽임을 당하게 되며 도살당할 양 같이 여김을 받았나이다 함과 같으니라." 이것은 순교가 정상적인 기독교에 포함된다는 의미입니다. 순교는 전 세계에서 일어납니다. 파키스탄, 네팔, 수단, 인도네시아, 베트남…. 올해(2002년)에도 약 164,000명이 믿음 때문에 순교했습니다(www.gem-werc.org).

바울이 지적하는 것이 이것입니다. 그리고 누가복음 21장 16-17절에서 예수님이 "심지어 부모와 형제와 친척과 벗이 너희를 넘겨주어 너희 중의 몇을 죽이게 하겠고 또 너희가 내 이름으로 말미암아 모든 사람에게 미움을 받을 것이나"라고 하신 말씀의 의미이기도 합니다. 미국에서 느끼는 기독교에 대한 평화와 관용의 분위기는 오히려 이례적인 것이므로, 우리는 고통받는 교회들을 향해 더욱더 큰 관심을 쏟아야 합니다(히 13:3, www.persecution.com 참조).

따라서 35절과 관련하여 위의 두 설명을 종합하면, 예수 그리스도는 전능하고 한순간도 끊이지 않는 사랑으로 자기 백성을 강렬히 사랑하시지만, 그 사랑은 언제나 우리를 재앙에서 건지는 사랑이 아니라 고통과 죽음이 닥쳐와도 그분의 임재 안에서 영원히 즐거워할 수 있게 하는 그런 사랑입니다.

이제 이러한 주권적 사랑에 대해 리사 비머(Lisa Beamer)의 간증을 들어 봅시다. 그녀의 남편 토드는 9/11 당시 펜실베이니아에서 추락한 여객기 UA93편에 타고 있었습니다. 테러범들에게 저항하기 위해 앞섰던 사람이 바로 토드였습니다. 그는 리사와 세 명의 어린 자녀(한 명은 지난 1월에 태어났습니다)을 남겨둔 채 세상을 떠났습니다.

리사의 간증에서 배울 수 있는 열 가지 교훈

1. 하나님의 주권을 믿을 때 힘과 소망이 생깁니다.

리사: "하나님은 테러리스트들이 내릴 끔찍한 선택과 그 결과 토드 비머가 죽게 될 것을 아셨습니다. 하나님은 제 아이들이 아버지를 잃고 제가 남편을 잃게 될 것도 아셨습니다. … 하지만 그분의 주권과 그분의 관점에서 보셨을 때, 하나님은 토드의 죽음을 막기 위해 토드의 계획을 재설정하시기보다는 그들이 선택한 대로 그 사건이 일어나게 놔두는 게 더 낫다는 걸 아셨습니다. … 하나님은 그 사고를 막으실 수 있었다는 걸 알기에 하나님이 왜 그 사건을 그대로 허락하셨는지 다 이해할 수는 없습니다. … 제 입장에서 지금 당장은 그분의 계획이 좋지 않습니다. … 하지만 하나님이 저를 사랑하시고 세상을 처음부터 끝까지 이해하시는 분이라는 걸 알기에 '좋다'고 말할 수 있습니다.

우리 운명이 예수 그리스도(궁극적인 사랑과 궁극적인 능력을 가지신 분)의 손에 달려 있음을 매 순간 전심으로 믿는다면, 무슨 걱정이 있겠습니까? 물론 사람인지라 이 진리가 애매하게 느껴질 때가 많지만, 그래도 이러한 믿음을 꽉 붙들고 있어야 균형 잡힌 시각을 갖게 됩니다."

2. 세상이 돌아가는 방식에 대해 하나님보다 더 잘 안다고 여기지 마십시오. 그건 교만입니다.

리사: "제 믿음은 정부나 종교, 높은 건물들, 또는 연약한 인간에게 뿌리를 두지 않았습니다. 대신, 제 믿음과 저의 안전은 하나님 안에 있습니다. 문득 이런 생각이 들었습니다. '네가 누구이기에 하나님을 의심하며 하나님보다 더 나은 계획을 가지고 있다고 말하는 거지? 너는 하나님 같은 지혜도 지식도 없고 큰 그림을 이해하지도 못하잖아.'

우리는 하나님의 관점을 알 수도 없고, 무슨 일은 일어나도 되고 무슨 일은 일어나면 안 되는지 하나님보다 더 잘 알 수도 없습니다. … 믿음이란 상황과 상관없이 하나님이 우리를 사랑하시고 우리가 그분을 믿고 순종할 때 좋은 결과로 이끄신다는 말씀을 믿는 것입니다. 명백한 것은, 이러한 믿음이 9/11 사건 이후 제게 더 커졌다는 사실입니다."

3. 하나님은 자기 백성에게 일어나는 모든 어려운 일들 속에 선한 목적을 갖고 계십니다.

리사: "하나님의 주권이 분명하게 느껴졌습니다. 제가 화를 내면서 '이런 일이 없었더라면 어땠을까?' 또는 '왜 우리에게 이런 일이 일어났을까?'라고 묻고 싶어질 때면, 하나님은 '나는 9월 10일에 이미 알고 있었고 그 일을 막을 수도 있었지만 내게는 네가 상상할 수도 없는 더 큰 선을 위한 계획이 있다'라고 말씀하십니다. 저는 하나님의 계획이 뭔지 모르고 솔직히 말하면 지금으로서는 그 계획이 정

말 싫습니다. 하지만 저는 하나님이 로마서 8장 28절의 '우리가 알거니와 하나님을 사랑하는 자들에게는 모든 것이 합력하여 선을 이룬다'는 약속을 지키신다는 것을 믿습니다. 제가 감당할 유일한 책임은 하나님을 사랑하는 일입니다. 나머지 모든 일은 하나님이 하실 것입니다."

리사는 자신의 서명 아래에 창세기 50장 20절 말씀을 적어 놓았습니다. "당신들은 나를 해하려 하였으나 하나님은 그것을 선으로 바꾸시니."

4. 죽음과 고통은 우리에게 영원의 관점을 갖게 합니다.

리사: "지난 몇 달간, 9월 11일은 역동적인 방식으로 제게 영원의 실재를 가르쳐 주었습니다. 삶에서 잃어버린 것들을 바라보며 슬픔에 복받쳐 있을 때, 하나님은 재빨리 그분의 영원한 관점을 알려 주셨습니다.

'리사야, 이 땅에서의 삶은 천국에서 나와 함께 할 미래에 비하면 레이더 스크린에 나타나는 깜박 신호에 불과하단다. 이 땅에서 최고의 것은 앞으로 너에게 예비된 것에 비하면 휴지조각에 불과하단다' 라고 말씀하셨습니다."

5. 하나님의 고통 분배는 공평하지 않고, 한 가지 어려움은 또 다른 어려움을 낳습니다.

리사가 열다섯 살이었을 때, 그녀의 아버지는 일터에서 동맥류 파열로 쓰러져 다음날 아침에 병원에서 돌아가셨습니다.

리사: "아버지가 돌아가셨을 때, 믿음을 지킨다는 게 더는 쉬운 일이 아니었습니다. … 저는 5년 동안이나 왜 이런 일이 나에게 생겨야 했는지 질문하며 분노했습니다. 그러다 하나님께서는 언제나(좋은 상황에서든 나쁜 상황에서든) 함께하신다는 사실을 깨닫도록 도와주셨습니다. 하나님은 전지전능하시고 사랑이 충만하시지만, 그것이 이 타락한 세상의 시민인 우리를 모든 '나쁜' 사건으로부터 보호해 주신다는 의미는 아닙니다."

만일 하나님이 리사 비머에게 아버지의 죽음으로 이번 상실(남편의 죽음)에 준비되도록 하지 않으셨다면, 이처럼 훌륭한 '하나님의 선하심과 주권에 대한 간증'은 오늘날 세상에 나오지 못했을 것입니다!

6. 하나님의 사랑은 고통 가운데 있는 우리를 바로 지금 보살피십니다. 나중이 아닙니다.

리사: "하나님은 제가 몹시 힘들어하고 있고 지금 당장 도움이 필요하다는 것을 아십니다. 하나님은 매일 저에게 필요한 격려와 자원들을 공급하십니다. 일상의 소소한 많은 것들이 하나님이 저와 함께하심을 보여 줍니다. 제가 꼭 들어야 할 성경말씀을 읽게 하시고, 외롭다고 느낄 때 친구의 전화벨 소리가 울리고, 혼자 할 수 없는 일에는 도움을 받게 하시고, 때로는 아이들이 저를 껴안으며 '사랑해요'라고 말해 줍니다. 하나님의 사랑은 정말로 제 필요를 채우기에 충분합니다."

7. 재난을 당한 이들에겐 식사나 아이 돌봄 같은 신속하고 실질적인 사랑이 필요합니다.

리사: "각 사람마다 나름대로의 은사를 가지고 그리스도의 손과 발이 되는 교회의 모습을 지난 몇 달간 실제로 체험했습니다. 처음에는 식사를 준비하고 아이들을 돌보고 전화를 받고 우편물을 챙기는 일 등에 대해 실제로 다급하게 도움이 필요했습니다. 이제는 어느 정도 위급한 상황은 벗어났기에 상담이나 격려, 기도 같이 다시 일어서도록 도와주는 도움이 필요합니다."

8. 고통 가운데 잠잠히 하나님의 권능과 선하심을 신뢰하는 것은 간증의 기회가 됩니다.

마릴리 멜빈은 리사에 대해 이렇게 말했습니다. "상대방을 무장해제시키는, 하나님의 뜻을 향한 그녀의 조용한 믿음은 래리 킹이 그의 쇼에 리사를 열한 번이나 출연시킨 이유였음에 틀림없습니다."

9. 모든 상황 속에서 하나님의 주권적인 보살핌을 신뢰할 때 탐욕에서 자유하게 되고 다른 사람을 사랑하게 됩니다.

리사 비머에게는 후원금이 들어오기 시작했습니다. 어떤 편지는 '뉴 저지에 사는 리사 비머'라고만 적었는데도 리사에게 전달되었습니다.

리사: "도움이 필요하지만 사정이 잘 알려지지 않은 가정이 많기 때문에, 이 모든 후원금을 저 혼자 가질 수는 없었어요. 그래서 그녀는 9/11 재난으로 부모를 잃은 아이들을 돕고자 토드 엠 비머 재

단을 설립했습니다."

다른 사람들을 향한 그녀의 자유함은 다른 방식으로도 표현됩니다.

"제 가족과 저는 그날 토드를 잃은 것에 대해 정말 슬퍼했습니다. … 그리고 그 슬픔은 여전합니다. 하지만 저희는 주님을 소망하기에 언젠가 토드를 다시 만날 것에 대해 한 치의 의심도 없습니다. 다만 저희 같은 소망을 품지 못한 사람들을 볼 때면 정말 가슴이 아픕니다. 그래서 그들이 저희 가정을 보고 용기를 얻어 주님을 믿게 되기를 기도합니다."

리사가 사람들이 주님을 믿도록 격려하는 방식이 때때로 매우 직설적이어서 〈뉴스위크〉 지는 그녀의 직설화법을 "단호하며 조금 매섭기도 하다"고 표현했습니다. 그녀는 회고록에 이렇게 적었습니다. "우리는 자신이 당연히 행복한 삶을 살 자격이 있다고 생각하고 늘 그렇게 되지 않으면 화를 냅니다. 하지만 사실 우리는 죄인이고 죽어 마땅한 사람들입니다. 하나님이 우리에게 영생의 소망을 주셨다는 사실은 정말 놀라운 소식입니다! 마땅히 기쁨과 감사로 충만해야 합니다."

10. 하나님 없는 세상은 절망적입니다.

리사는 다른 수백 명의 사람들과 함께 남편이 목숨을 잃은 펜실베이니아 주, 생크스빌 추락 현장에서 열린 추도식에 참석했습니다. 토드를 기리고 그리스도를 높이는 추도 예배는 전날 주일에 드려졌고 그 예배로 그녀는 힘을 얻었습니다. 그녀는 이렇게 말했습니다.

"월요일에는 우리를 위로하려고 최선을 다하는 선의를 가진 연설가들의 말을 들었지만 우리를 지키시는 하나님의 능력을 직접적으로 언급하는 사람은 거의 없었습니다. 높은 산꼭대기에서 깊은 절벽으로 속수무책으로 빠져 들어가는 기분이었습니다. 우리를 격려하려던 그분들의 친절이 감사하긴 했지만, 사실 그날 오후 최고로 비통했습니다. 사람들, 행사, 장소가 문제가 아니었습니다. 오히려 하나님이 제외되면 이 세상이 얼마나 절망적인지 깨달았습니다."

그래서 저도, 리사 비머, 사도 바울, 예수 그리스도와 함께, 여러분께 간곡히 부탁드립니다, 하나님과 예수 그리스도를 여러분의 인생에서 제외시키지 마십시오. 죽으시고 부활하시고 통치하시는 예수 그리스도가 그를 믿는 모든 자를 위해 중보하시기 때문에, 우리는 하나님의 임재 안에서 그분과 함께 영원한 기쁨을 누릴 수 있습니다.

46장

구주이자 왕이신 예수 그리스도 안에서 드리는 소망의 예배

로마서 8:35-39

누가 우리를 그리스도의 사랑에서 끊으리요 환난이나 곤고나 박해나 기근이나 적신이나 위험이나 칼이랴. 기록된 바 우리가 종일 주를 위하여 죽임을 당하게 되며 도살 당할 양 같이 여김을 받았나이다 함과 같으니라. 그러나 이 모든 일에 우리를 사랑하시는 이로 말미암아 우리가 넉넉히 이기느니라. 내가 확신하노니 사망이나 생명이나 천사들이나 권세자들이나 현재 일이나 장래 일이나 능력이나 높음이나 깊음이나 다른 어떤 피조물이라도 우리를 우리 주 그리스도 예수 안에 있는 하나님의 사랑에서 끊을 수 없으리라. _롬 8:35-39

세계무역센터가 첫 공격을 받은 직후 저희 목회자들은 함께 모여 라디오를 가운데 두고 앉았습니다. 라디오를 듣고 기도하고, 다시 라디오를 듣고 기도하기를 반복했습니다. 그런 다음 계획을 세웠습니다. 단기적인 계획으로는 "슬픔, 겸손, 우리 구주이자 왕이신 예수 그리스도 안에 있는 지속적인 소망의 예배"라는 제목으로 세 번의 예배를 드리기로 했습니다. 추가적으로 "모든 것이 흔들릴 때, 그리스도"라고 쓴 새로운 현수막을 교회 지붕에 즉시 달기로 했습니다.

화요일 저녁예배에서는 슬픔에 초점을 맞추었습니다. 수요일 저녁에는 겸손에 초점을 두었습니다. 오늘 아침은 우리 구원자이자 왕이신 예수 그리스도 안에 있는 지속적인 소망에 초점을 맞추려고 합니다.

오늘 아침 제가 어떻게 소망을 북돋울 수 있을까요?

- 정치적으로, 미국은 지속될 것이고 위대한 초당적 연합으로 결속할 거라고 위로하면서, 민주주의 시스템은 강력하고 확고부동하다는 것을 증명해야 할까요?
- 군사적으로, 미국 군사력은 타의 추종을 불허하기에 이 나라에 대항하는 어떤 세력도 저지할 수 있다고 하면서 위로해야 할까요?
- 경제적으로, 월요일 주식 시장이 열리면 곧 안정이 되고 장기 성장세에서 크게 벗어나지 않아 투자금을 잃지 않을 거라고 하면서 위로할까요?
- 지리적으로, 지금 우리가 있는 지역은 적들이 정치적·군사적·경제적으로 주요 목표로 삼을 만한 장소가 아니라고 하면 위로가 될까요?
- 심리적으로, "재난 후 자기 관리와 자기 치료"라는 제목의 웹페이지를 소개하면서 "강한 대처 기술을 가진 사람들은 … 어떤 상황에서도 자신이 유능하다는 시각을 유지하고 … 과거에 내린 결정을 후회하지 않는다"라는 내용의 글을 소개하면 좋을까요?

• 종말론적으로, 마을 근처로 폭탄이 비처럼 쏟아져도 우리는 이미 이 세상에 없을 거라고 안심시킬까요?

저에게는 이 여섯 가지 질문에 대한 답이 너무 쉽습니다. 전부 '아니다'입니다. 저는 누구에게든 이런 방법으로 소망을 주지는 않을 것입니다. 그렇게 하지 않는 이유 또한 매우 간단합니다. 그것은 모두 진실이 아니기 때문입니다.

• 미국의 정치 시스템은 불멸이 아닙니다.
• 미국 군대가 모든 세력으로부터 우리를 보호할 수 있는 것은 아닙니다.
• 경제적 미래는 불투명하고 투자한 것을 잃을 수도 있습니다.
• 우리가 있는 지역은 보다 광범위하고 보다 치명적일지도 모를 다음 번 테러에서 안전하지 않습니다.
• 자신이 유능하다고 느끼고 후회를 피하려는 심리적 노력은 우리를 더 치명적인 상황으로 몰고 갈 수 있습니다.
• 그리고 하나님의 종말론적 섭리로 인해 고통으로부터 벗어날 수 있다고 약속하는 종말론 시나리오는 지난 화요일, 세계무역센터에 있었던 그리스도인들에게 적용되지 않았고 아마 우리에게도 그럴 것입니다.

이전보다 '더' 약한 상태라고 느껴야 한다

따라서 저는 그런 방식으로 우리의 소망을 북돋으려고 애씀으로써 복음을 전하는 목사로서의 소명에 모순되는 행동을 하지 않을 것입니다. 대신, 지난주 테러를 통해 우리가 이전보다 훨씬 더 공격당하기 쉽다는 느낌을 받는다는 점을 먼저 확실히 하면서 소망을 북돋고자 합니다.

이렇게 하는 데는 두 가지 이유가 있습니다. 한 가지는 우리는 스스로 생각하는 것보다 더 취약하기 때문입니다. 다음 번 테러는 지난주 전략을 반복하지 않을 것입니다. 현실적으로 가능한 것 두어 가지만 보더라도, 치명적인 가스를 사용하거나 도시의 상수도를 유독 물질로 오염시키는 화학전이 가능합니다. 이렇게 되면 5천 명이나 수십만이 죽는 것으로 끝나지 않습니다. 수백만이 될지도 모릅니다. 따라서 우리는 자신이 생각하는 것보다 훨씬 취약한 상태에 있습니다.

제가 이런 식으로 상황을 심각하게 만드는 두 번째 이유는, 성경에서 하나님의 백성들이 당할 거라고 묘사하는 고통은 지난주 일어난 사건보다 훨씬 더 심각하기 때문입니다. 이러한 재앙은 우리로 하여금 성경말씀의 진정한 뜻을 찾아 읽게 하고, 이 땅의 것들로는 안전하지 않고 우리 구원자이자 왕이신 예수 그리스도 안에 있을 때 더욱 안전할 수 있음을 깨닫게 합니다. 가령 베드로전서 4장 12절-19절은 이렇게 전합니다.

> 사랑하는 자들아 너희를 연단하려고 오는 불 시험을 이상한 일 당하는 것 같이 이상히 여기지 말고 오히려 너희가 그리스도의 고난에 참여하는 것으로 즐거워하라. 이는 그의 영광을 나타내실 때에 너희로 즐거워하고 기뻐하게 하려 함이라. 너희가 그리스도의 이름으로 치욕을 당하

> 면 복 있는 자로다. 영광의 영 곧 하나님의 영이 너희 위에 계심이라. 너희 중에 누구든지 살인이나 도둑질이나 악행이나 남의 일을 간섭하는 자로 고난을 받지 말려니와 만일 그리스도인으로 고난을 받으면 부끄러워하지 말고 도리어 그 이름으로 하나님께 영광을 돌리라. 하나님의 집에서 심판을 시작할 때가 되었나니 만일 우리에게 먼저 하면 하나님의 복음을 순종하지 아니하는 자들의 그 마지막은 어떠하리오. … 그러므로 하나님의 뜻대로 고난을 받는 자들은 또한 선을 행하는 가운데에 그 영혼을 미쁘신 창조주께 의탁할지어다.

따라서 오늘 아침 제가 소망을 북돋는 방식은, 이 땅에서 살아가는 우리가 얼마나 약한 존재인지를 적당히 얼버무리거나, 하나님의 심판은 신자와 불신자에게 똑같이 내려진다는 성경적 진리를 외면하게 하려는 것도 아닙니다(하나님의 심판은 우리가 회개하고 세상의 우상 대신 그리스도를 가장 귀하게 여기는 것에 따라, 어느 때는 심판일 수도 있고, 어느 때는 연단일 수 있습니다).

또한 세상적인 안정이라는 부질없는 개념에 근거한 감정도 아니고, 고통스럽고 연단하는 징계로 주시는 심판을 피할 수 있다는 그런 것도 아닙니다. 저는 우리가 직면한 이러한 취약성과 심판이라는 현실을 똑바로 보게 하고 진실로 견고하며 성경적인 소망을 보여 주고자 합니다.

그렇다면 이 소망은 무엇이고 그것의 기반은 무엇일까요? 제가 생각하는 답을 말씀드리고, 어떤 말씀에서 그 근거를 찾았는지 보여 드리겠습니다.

- 그 어떤 것도, 고통이나 심지어 죽음까지도, 우리를 예수 그리스도 안에 있는 하나님의 사랑에서 끊을 수 없다는 것이 우리 소망입니다. 그리고 이 소망의 두 가지 근거는 예수님의 죽으심과 하나님의 주권입니다.
- 우리 구원자이고 왕이신 예수 그리스도는 우리 죄를 지시고, 우리의 저주가 되시고, 우리가 받을 정죄를 담당하시고, 우리 죄책을 없애시고, 모든 것을 만족시키는 하나님의 임재 안에서 우리가 영원히 기뻐하는 것을 확실히 하시기 위해 죽으셨고 다시 살아나셨습니다.
- 또한 모든 사람과 사건을 다스리시는 하나님의 주권은 예수 그리스도께서 우리를 위해 피 값으로 사신 구원이 틀림없이 우리의 유업이 되리라는 점을 보증하십니다.

이제 본문으로 돌아가 하나님의 말씀 속에서 이러한 것들을 살펴보겠습니다.

아무것도 우리를 그리스도의 사랑에서 끊을 수 없다

먼저, 인생의 최고의 때와 최악의 때에 무엇이 우리 소망이 됩니까? 모든 것이 무너져 내릴 때 무엇이 우리의 소망입니까? 우리 소망은 아무것도 우리를 그리스도 안에 있는 하나님의 사랑에서 끊을 수 없다는 것입니다. 고통도 죽음도 그렇게 할 수 없습니다. 우리 소망은 이 땅에서 편안하고 안락하고 안전한 삶을 사는 것이 아닙니다. 하나님이 우리를 사랑하시기에 우리는 모든 만족을 주시는 하나님의 영광 안에서 즐거워하게 될 것이며 이는 죽음을 만나더라도 계속될 뿐 아니라 영원토록 점점 커져 갈 것입니다. 이것이 우리의 소망입니다.

> 누가 우리를 그리스도의 사랑에서 끊으리오. 환난이나 곤고나 박해나 기근이나 적신이나 위험이나 칼이랴 기록된바 우리가 종일 주를 위하여 죽임을 당하게 되며 도살당할 양 같이 여김을 받았나이다함과 같으니라. 그러나 이 모든 일에 우리를 사랑하시는 이로 말미암아 우리가 넉넉히 이기느니라. 내가 확신하노니 사망이나 생명이나 천사들이나 권세자들이나 현재 일이나 장래 일이나 능력이나 높음이나 깊음이나 다른 어떤 피조물이라도 우리를 우리 주 그리스도 예수 안에 있는 하나님의 사랑에서 끊을 수 없으리라(롬 8:35-39).

오늘 아침 우리를 위한 지속적이고 견고한 소망은(이것만이 유일하게 지속되는 소망입니다), 우리가 그리스도를 소중한 구원자요, 최고의 왕으로 신뢰한다면 어떤 테러리스트나 고문, 마귀나 재앙이나 질병이나 사람이나 미생물이나 정부나 죽음조차도 파괴할 수 없는 하나님의 사랑 안으로 들어가게 된다는 것입니다. 이것이 본문이 말하는 소망입니다. 이것이 그리스도인의 소망입니다. 이것은 정치적 소망도 아니고, 군사적 소망도 아니고, 경제적 소망도 아니고, 지리적 소망도 아니고, 심리적 소망도 아니고, 현실 도피적 소망도 아닙니다. 이것은 피로 산, 영혼에 사무치는, 그리스도를 높이는, 하나님 중심적인, 두려움을 없애는, 죽음을 이기는 소망입니다.

첫 번째 근거: 우리를 위한 그리스도의 죽으심

첫 번째 답은 예수님이 우리 대신 죽으셨다는 것입니다. 32절을 보십시오. "자기 아들을 아끼지 아니하시고 우리 모든 사람을 위하여 내주신 이가 어찌 그 아들과 함께 모든 것을 우리에게 주시지 아니하겠느냐." 하나님께서 우리가 그분 안에서 영원히 만족하도록 필요한 모든 것을 아낌없이 내어 주실 거라는 소망의 근거는 하나님이 자기 아들을 아끼지 않으시고 우리 모두를 위해 내주셨다는 데 있습니다. 하나님은 하나뿐인 자기 아들을 '내주셨습니다.' 그것도 '우리를 위해서' 말입니다. 하나님께서 이 일을 하셨습니다. 우리를 위해 그렇게 하셨습니다. 그래서 32절은 하나님의 아들 예수 그리스도의 죽으심이 우리 소망의 근거, 즉 우리가 하나님 안에서 영원한 만족을 누리는 데 필요한 모든 것을 그분이 주실 거라는 소망의 근거라고 말합니다.

저는 이 아침에 근거 없는 소망을 전하고 싶지는 않습니다. 근거가 있는 소망을 전하고 싶습니다. 기독교의 소망은 우리가 수많은 위험에서 도피할 수 있다는 데 있지 않고, 그 수많은 위험을 겪을지라도 우리가 그리스도 안에 있는 하나님의 사랑에서 끊어지지 않을 것이라는 데 있습니다.

'하나님은 우리가 그분의 사랑 안에서 영원히 만족하도록 필요한 모든 것을 주신다'고 말할 때에, 이 말씀은 우리가 모든 고통을 면제받을 것이라는 보증이 아닙니다.

하나님의 주권은 우리가 납치된 비행기나 세계무역센터 건물 안에 있지 않을 거라고, 또는 우리가 독으로 오염된 물을 마시거나 치명적인 가스를 들이마시지 않을 것을 보증하지 않습니다. "누가 우리를 그리스도의 사랑에서 끊으리오. 환난이나 곤고나 박해나 기근이나 적신이나 위험이나 칼이랴?" 이 말씀에는 실제로 모든 종류의 발생 가능한 재앙이 포함되어 있습니다. 그리스도인은 이 모든 것에 취약합니다. 그러므로 우리가 이러한 위험을 피하는 것에만 소망을 둔다면, 그 소망의 근거를 찾을 수 없을 것입니다.

두 번째 근거: 우리를 다스리시는 하나님의 주권

아무것도 우리를 하나님의 사랑에서 끊을 수 없는 두 번째 이유(우리 소망의 두 번째 근거)는 하나님의 주권입니다. 그리고 모든 사람과 사건을 다스리시는 하나님의 주권은 예수 그리스도가 그 피로 우리를 위해 사신 구원 사역이 반드시 우리의 소유가 될 것을 보증합니다.

어디에서 이 내용을 찾을 수 있습니까? 36절을 보십시오. "기록된바 우리가 종일 주를 위하여 죽임을 당하게 되며 도살당할 양 같이 여김을 받았나이다 함과 같으니라." 시편 44편 22절 말씀을 인용한 것입니다. 바울은 성경의 권위를 빌어 그리스도인의 소망은 도살을 피하는 것이 아님을 분명히 합니다. 그리스도인의 소망은 납치된 비행기를 피하거나 무너지는 건물에서 탈출하는 것이 아닙니다.

이것은 하나님이 모든 사람과 사건을 다스리지 않아서가 아닙니다. 하나님은 모든 일을 그의 뜻의 결정대로 일하십니다(엡 1:11). 제가 왜 이 말씀을 드리는지 아시겠습니까? 시편 44편을 읽어 보면, 자기 백성들이 도살당할 양으로 여김받을 때 하나님은 무기력하게 옆에서 계신 것이 아님을 알 수 있습니다. 그들을 고통 중에 내주신 분이 바로 하나님이십니다. 시편 44편 10-13절 말씀입니다.

> 주께서 우리를 대적들에게서 돌아서게 하시니 … 주께서 우리를 잡아먹힐 양처럼 그들에게 넘겨주시고 여러 민족 중에 우리를 흩으셨나이다. 주께서 주의 백성을 헐값으로 파심이여 … 주께서 우리로 하여금 이웃에게 욕을 당하게 하시니 그들이 우리를 둘러싸고 조소하고 조롱하나이다. 주께서 우리를 승냥이의 처소에 밀어 넣으시고 우리를 사망의 그늘로 덮으셨나이다.

따라서 바울이 36절에서 "우리가 도살당할 양 같이 여김을 받았나이다"라고 말할 때, 바울은 하나님이 그의 세상과 그의 백성을 통제할 능력을 잃어버렸다는 의미로 말한 것이 아닙니다. 또한 이런 어둡고 무시무시한, 하나님이 정하신(God-ordained) 고난 속에는 어떤 거룩한 목적이나 은혜로운 계획, 자비로운 의도, 현명한 계획들이 있을 수 없다는 의미로 말한 것도 아닙니다.

바울이 의미한 것은, 하나님은 비록 주권적인 다스림 안에서 우리를 재앙에 넘겨주시지만, 마찬가지로 그 동일한 주권을 사용하셔서 삶과 죽음, 천사, 권세자, 현재 일, 미래 일, 능력, 높음, 깊음, 모든 피조물로 하여금 우리가 하나님 안에서 영원히 기뻐하도록 역사하게 하신다는 것입니다.

앞으로 어려움이 닥칠 때, 하나님이 허락하사 고난받으신 우리 구주이자 주권자이신 왕, 예수 그리스도 안에서 우리가 능히 슬픔을 이기고 자신을 낮추며 지속적으로 소망을 품을 수 있기를 소원합니다. 우리 마음이 주님께만 머무르며 그분에 대한 신뢰로 말미암아 완전한 평강에 거하게 해주시길 기도합니다. "너희는 여호와를 영원히 신뢰하라. 주 여호와는 영원한 반석이심이로다"(사 26:3-4).

47장

위험과 사랑의 승리

로마서 8:35-37

누가 우리를 그리스도의 사랑에서 끊으리요 환난이나 곤고나 박해나 기근이나 적신이나 위험이나 칼이랴. 기록된 바 우리가 종일 주를 위하여 죽임을 당하게 되며 도살 당할 양 같이 여김을 받았나이다 함과 같으니라. 그러나 이 모든 일에 우리를 사랑하시는 이로 말미암아 우리가 넉넉히 이기느니라. _롬 8:35-37

하나님을 위해 위험을 감수하는 것은 옳은 일이다

이전의 설교에서 저는 성경에서 위험을 무릅썼던 사람들을 소개했습니다.

- 요압. "여호와께서 선히 여기시는 대로 행하시기를 원하노라!"(삼하 10:12)고 외치며 하나님을 위해 무기를 들었습니다.
- 에스더. 망명 중인 유대인들을 위해 목숨을 걸고 "죽으면 죽으리이다"(에 4:16)라고 말했습니다.

- 사드락, 메삭, 아벳느고. 불타는 용광로 앞에서도 굴하지 않고, "하나님께서 우리를 구원하지 아니하실지라도 왕이여 우리가 왕의 신들을 섬기지도 아니하고 왕이 세우신 금 신상에게 절하지도 아니할 줄을 아옵소서"(단 3:18)라고 말했습니다.
- 바울. 인생이 늘 위험천만했지만, "내가 달려갈 길과 주 예수께 받은 사명 곧 하나님의 은혜의 복음을 증언하는 일을 마치려 함에는 나의 생명조차 조금도 귀한 것으로 여기지 아니하노라"(행 20:24)고 말했습니다.

그리고 이러한 성경 이야기들을 통해 하나님을 위해 위험을 감수하는 것은 옳은 일이라고 결론지었습니다. 하나님은 우리가 이 세상에서 어떤 미래를 맞이할지를 미리 알게 하지 않으셨고, 그 불확실함에 대해 두려워하거나 옴짝달싹 못하거나 또는 과도하게 안전을 구하고 조심하는 방식으로 대응하는 것을 원하지 않으십니다. 대신 하나님을 위해 위험을 무릅쓰라고 반복해서 가르치십니다.

그래서 위험을 무릅썼던 과거의 성경 속 인물들을 토대로, 삶의 네 가지 영역에서 위험을 무릅쓰라고 우리에게 도전을 주시는 말씀들을 살펴보았습니다.

- 의와 진정성을 위해 관계 속에서 위험을 감수하기
- 복음을 위해 사용되는 돈과 관련하여 위험을 감수하기
- 그리스도의 진리와 아름다움을 개인적으로 증거하는 위험 감수하기
- 모험적으로 목회하는 위험을 감수하기

그 본문은 누가복음 21장 16절이었습니다. “심지어 부모와 형제와 친척과 벗이 너희를 넘겨주어 너희 중의 몇을 죽이게 하겠고.” 여기서 “몇”이라는 단어에 주목했습니다. 몇몇 사람은 그리스도에 대한 순종으로 고통과 죽음을 당할 것입니다. 몇몇 사람이지 전부는 아닙니다. 우리가 그 몇몇에 포함될지는 아무도 모릅니다. 따라서 순종에는 항상 위험이 따릅니다. 하지만 이것이 하나님의 뜻이기에 하나님을 위해 위험을 감수하는 것은 옳은 일입니다.

전제 확인하기

오늘은, 지난 두 번의 내용을 다루면서 제가 갖고 있던 전제를 분명히 밝히고자 합니다. 지난 내용들을 다루면서, 하나님을 위해 위험을 감수하는 힘이나 동기가 영웅주의, 모험심, 자기 확신, 하나님의 호의를 얻어야 할 필요에서 나와서는 안 된다고 전제했습니다. 오히려 하나님을 위해 기꺼이 위험을 감수하는 힘은 승리를 주시는 하나님의 사랑을 믿는 믿음임을 분명히 했습니다. 바로 이런 것들이었습니다.

- 그리스도를 위해 명예를 잃는 위험을 감수하는 힘은 하나님의 사랑이 결국에는 우리의 얼굴을 높이시고 우리의 명분을 옹호해 주실 것이라는 믿음에서 나온다.
- 복음을 위해 돈을 잃는 위험을 감수할 힘은 하늘에 쌓아 둔 보물은 잃어버릴 수 없다는 믿음에서 나온다.
- 이 세상에서 목숨을 잃는 위험을 감수할 힘은 이생에서 목숨을 잃는

자는 내세에서 목숨을 얻게 될 것이라는 믿음에서 나온다.

이것은 영웅주의나 자기 확신과는 매우 다릅니다. 우리가 명예나 돈이나 목숨을 거는 위험을 감수하는 것은 하나님께서 항상 붙드시고 우리가 잃은 것을 영광으로 바꾸어 주실 것을 믿기 때문입니다. 따라서 '우리'가 용기 있다는 칭찬을 들어서는 안 됩니다. 하나님의 보호하심으로 가능한 일이었기에 하나님이 찬양을 받으셔야 합니다.

이것이 제가 가지고 있었던 전제입니다. 그리고 오늘 아침 제 목표는 그 전제들에 대한 성경적 근거를 밝히는 것입니다.

로마서 8:35-39로 설명되는 누가복음 21:16-18

누가복음 21장 16절에서 예수님은 "너희 중의 몇을 죽이게 하겠고"라고 하셨습니다. 그렇지만 18절에서는 "너희 머리털 하나도 상하지 아니하리라. 너희의 인내로 너희 영혼을 얻으리라"라고 말씀하십니다. "너희중의 몇을 죽이게 하겠고 … 너희 머리털 하나도 상하지 아니하리라."

이것이 무슨 뜻입니까? 예수님이 "가서 순종의 위험을 감수하라. 너희 중의 몇을 죽이게 하겠지만 너희 머리털 하나도 상하지 아니하리라"고 하셨을 때, 우리에게 하시려는 말씀이 무엇이었을까요? 저는 이 말씀에 대한 최고의 주석은 오늘 본문 말씀인 로마서 8장 35-39절이라고 생각합니다.

> 누가 우리를 그리스도의 사랑에서 끊으리요 환난이나 곤고나 박해나 기근이나 적신이나 위험이나 칼이랴 기록된 바 우리가 종일 주를 위하여 죽임을 당하게 되며 도살당할 양 같이 여김을 받았나이다 함과 같으니라. 그러나 이 모든 일에 우리를 사랑하시는 이로 말미암아 우리가 넉넉히 이기느니라. 내가 확신하노니 사망이나 생명이나 천사들이나 권세자들이나 현재 일이나 장래 일이나 능력이나 높음이나 깊음이나 다른 어떤 피조물이라도 우리를 우리 주 그리스도 예수 안에 있는 하나님의 사랑에서 끊을 수 없으리라.

예수님이 하신 말씀, "너희 중의 몇을 죽이게 하겠고 … 너희 머리털 하나도 상하지 아니하리라"를 기억하십시오. 여기서 바울은 뭐라고 말하고 있습니까?

하나님의 사랑이 우리의 고통을 없애지 않는다

예수님과 마찬가지로, 바울도, 무엇보다 앞서 강조하기를, 우리를 향한 그리스도의 사랑이 우리가 마주할 고통을 없애 주는 것은 아니라고 말합니다. 반대로, 그리스도에 대한 우리의 사랑이 크고 강할수록 그 사랑은 우리에게 고통을 불러올 것입니다. 그리스도를 가까이 따라 순종할수록 우리에게 환난이나 곤고나 박해나 기근이나 적신이나 위험이나 칼이 찾아올 것입니다.

바울은 우리에게 소망의 말씀을 전합니다. 35절 말씀인 "누가 우리를 그리스도의 사랑에서 끊으리요 환난이나 곤고나 박해나 기근이나 적신이나 위험이나 칼이랴?"는 질문에 대한 바울의 대답은 무엇입니까?

37절에서 울려 퍼지는 그의 대답은 "아무것도 그럴 수 없다!"입니다.

너희 중의 몇을 죽이게 하겠고

이 질문에 함축된 의미를 간과하지 마십시오. 이러한 일들이 우리를 그리스도의 사랑에서 끊을 수 없는 이유는, 그리스도가 사랑하는 자들에게 그런 고통이 일어나지 '않게' 하기 때문이 아닙니다. 36절에서 바울은 그 고통들이 실제로 그리스도의 백성에게 일어난다는 것을 말하려고 시편 44편 22절 말씀을 인용했습니다.

"우리가 종일 주를 위하여 죽임을 당하게 되며 도살당할 양 같이 여김을 받았나이다." 즉, 35절에 언급된 우리를 향한 그리스도의 사랑이 이러한 고통들을 없애 주지 않는다는 뜻입니다.

이것이 37절 말씀, "그 모든 일에[그 모든 일 안에서] 우리가 넉넉히 이기느니라('In' all these things we are more than conquerors)"의 뜻입니다. 그 모든 일을 피한다는 것이 아닙니다! 따라서 바울은 '너희 중의 몇을 죽이게 하겠고'라는 예수님의 말씀에 동의를 표하고 있습니다.

하나님을 위해 감수해야 할 몇 가지 위험들

순종에는 위험이 따릅니다. 그리고 하나님을 위해 위험을 감수하는 것은 옳은 일입니다. 35절에 언급된 몇 가지 위험들을 살펴보겠습니다.

- 환난. 그리스도인들은 환난, 즉 다양한 문제와 눌림을 겪을 것입니다.
- 곤고. 모든 종류의 위험과 위협 그리고 걱정으로 야기되는 스트레스를 받습니다.
- 박해. 복음의 대적들이 가하는 적극적인 반대 상황을 만납니다.
- 기근. 이것을 주목하십시오. 식량 부족 상황에서 그리스도인들을 위한 여분의 식량이 남아 있을 거라고 보장할 수 없습니다. 예수님이 아버지께서 우리의 필요를 아시기 때문에 무엇을 먹을지 무엇을 마실지 염려하지 말라고 하신 것은, 그리스도인들이 결코 배고프거나 굶주리지 않을 거라는 의미가 아닙니다. 그분의 의를 행하고 그분의 이름을 영화롭게 할 수 있을 만큼의 충분한 음식이 늘 공급될 거라는 뜻입니다. 그리고 만일 기근이 닥친다 해도, 그것이 우리를 하나님의 사랑에서 끊지 못한다는 의미입니다. 다양한 국가적 재앙들을 이해하고 우리가 어떻게 그런 일들에 대처해야 할지에 대해 커다란 함축적 의미를 담고 있는 말씀입니다.

이것을 볼 때, 바울도 예수님의 확신(순종은 위험을 수반하고 "너희 중의 몇을 죽이게" 할 것이라는)을 공유하고 있었음을 충분히 알 수 있습니다.

아무것도 우리를 그리스도의 사랑에서 끊을 수 없다

그러나 바울이 두 번째로 한 말은 '이러한 고통들 중 그 무엇도 우리를 그리스도의 사랑에서 끊을 수 없다'는 것입니다. 바울은 묻습니다. "누가 우리를 그리스도의 사랑에서 끊으리요 환난이나 곤고나 박해나 기근이나 적신이나 위험이나 칼이랴?" 그가 37절에서 한 대답은 "아무것도 그럴 수 없다!"입니다. 이것이 예수님께서 "너희 중의 몇을 죽이게 하겠고 … 너희 머리털 하나도 상하지 아니하리라" 고 하신 말씀의 의미입니다.

결국에는 하나님의 사랑이 승리한다

다른 말로 하면, 진정한 그리스도인이 경험하는 그 어떤 불행도 그가 그리스도의 사랑에서 끊어졌다는 증거가 아니라는 말입니다. 그리스도의 사랑은 모든 불행을 이겨 냅니다. 38-39절 말씀이 이것을 확실하게 드러냅니다.

"내가 확신하노니 사망이나 생명이나 천사들이나 권세자들이나 현재 일이나 장래 일이나 능력이나 높음이나 깊음이나 다른 어떤 피조물이라도 우리를 우리 주 그리스도 예수 안에 있는 하나님의 사랑에서 끊을 수 없으리라."

모든 위험의 고비마다(결국 죽더라도) 하나님의 사랑이 승리합니다. 이것이 우리가 하나님을 위해 위험을 감수할 수 있는 이유입니다. 이것은 영웅주의나 모험심, 또는 용기 있는 자기 확신이나 하나님의 호의를 얻으려는 노력이 아닙니다. 이것은 하나님의 사랑이 이긴다고 믿는 어린아이와 같은 믿음입니다. 우리가 의를 위해 모든 위험을 감수할 때 하나님은 여전히 우리를 붙들고 계신다는 믿음입니다.

머리털 하나도 상하지 아니하리라

그러나 예수님은 이보다 더 많은 것을 말씀하십니다. 그분은 "너희 머리털 하나도 상하지 아니하리라"고 하셨는데, 세례 요한이 의를 위해 참수당할 것을 아셨는데도 예수님이 너희 머리털 하나도 상하지 아니하리라고 말씀하신 것은 모순처럼 들립니다. 많은 고통을 당한 뒤에 하나님이 우리와 함께하시며 붙드시고 사랑하시고 회복시키실 거라고 말하는 것은 이것과는 별개의 문제입니다. 이 말은 오히려 고문당해 죽어가는 성도에게 "너희 머리털 하나도 상하지 아니하리라"고 말씀하시는 것과 훨씬 흡사하기 때문입니다. 그렇다면 예수님이 하신 말씀의 의미는 무엇입니까?

그리스도의 사랑은 원수들로 하여금 우리를 섬기게 한다

바울도 이런 말을 한 적이 있습니다(이것이 바울이 말하는 세 번째 내용입니다). 바울은 우리를 위해 같은 질문을 던집니다. 31절을 보십시오. "만일 하나님이 우리를 위하시면, 누가 우리를 대적하리요?" 그것은 "하나님이 우리를 위하시면, 아무도 우리를 대적할 수 없다"는 의미입니다. 그러나 아무도 우리를 대적할 수 없다면, 어째서 우리가 36절 말씀과 같이 종일 주를 위하여 죽임을 당하며 도살 당할 양 같이 여김을 받는 걸까요?

고통을 이겨낼 거라는 말보다 더 많은 의미를 담고 있다

"아무도 우리를 대적할 수 없다"는 말씀은 "너희 머리털 하나도 상하지 아니하리라"는 말씀만큼 과장되어 보입니다. 바울과 예수님은 우리가 고통을 이기고 영원히 살게 된다는 것보다 더 많은 말씀을 하시려는 듯 보입니다. 두 분은 '환난이나 곤고나 박해나 기근이나 적신이나 위험이나 칼이 우리를 그리스도의 사랑에서 끊을 수 없다'는 것보다 더 많은 말씀을 들려주고자 합니다.

그리고 37절에서는 그 내용이 분명히 드러납니다. "이 모든 일에 우리를 사랑하시는 이로 말미암아 우리가 넉넉히 이기느니라." 이것이 31절에서 '아무도 우리를 대적할 수 없다'고 한 말씀과 누가복음 21장 18절에서 '너희 머리털 하나도 상하지 아니하리라'고 한 말씀에 함축된 '더' 하시고자 하는 말씀의 내용입니다.

어떻게 넉넉히 이길 수 있는가

그렇다면 하나님을 위해 위험을 감수하고 그로 인해 해를 입는데도, 어떻게 우리가 "넉넉히 이길 수 있는" 걸까요?

만일 우리가 예수 그리스도에게 순종하고자 어떤 행동을 시도하고, 35절에 언급된 적들 중에서 기근이나 칼이 우리를 공격한다고 했을 때, 무슨 일이 일어나야 우리가 승리했다고 말할 수 있을까요? 정답은 우리가 예수 그리스도의 사랑에서 끊어지지 않는 것입니다. 만일 그 공격의 목표가 우리를 멸망시키고 그리스도에게서 끊어 내 하나님 없는 궁극적인 파멸로 이끄는 것이라면, 이 목표가 실패로 돌아가고 그리스도의 사랑 안에 계속 머무는 결과가 나왔다면 우리가 승리했다고 할 수 있습니다.

그렇다면 우리가 '넉넉히' 이긴 자가 되려면 기근과 칼과 싸울 때에 무슨 일이 일어나야 합니까? 이긴 자는 적을 무찌르지만, "넉넉히 이긴 자"는 적을 자신의 지배하에 둔다고 할 수 있습니다. 이긴 자는 적들의 목표를 무력화시키지만, "넉넉히 이긴 자"는 적들을 자신의 목표대로 변화시킵니다. 이긴 자는 적들을 쓰러뜨리지만, "넉넉히 이긴 자"는 적들을 그의 종으로 삼습니다.

실제적으로 의미하는 것

고린도후서 4장 17절에서 바울이 직접 한 말을 들어 봅시다. "우리가 잠시 받는 환난의 경한 것이 지극히 크고 영원한 영광의 중한 것을 우리에게 이루게 함이니."

'환난'은 로마서 8장 35절에 언급된 공격하는 적들 중 하나라는 것을 주목하십시오. 바울이 환난과 싸울 때 무슨 일이 일어났습니까? 분명 환난은 바울을 그리스도의 사랑에서 끊지 못했습니다. 그러나 그보다 더한 것은 환난이 그의 종으로 잡혔습니다. 환난은 종이 되어 바울의 최고 관심사를 돕게 되었습니다. 적이었던 환난이 바울로 하여금 영원한 영광의 중한 것을 이루게 한 것입니다. 바울의 적이 이제는 그의 종이 되었습니다. 바울은 그의 적을 그저 이긴 것만이 아닙니다. 그는 적을 넉넉히 이겼습니다.

환난은 검을 들어 바울의 믿음의 머리를 자르려고 했습니다. 대신, 믿음의 손이 환난의 팔을 낚아채, 스스로 자신의 또 다른 부분인 세속성을 잘라 내게 만들었습니다. 그렇게 해서 환난은 신실함과 겸손과 사랑의 종이 되었습니다. 그리고 이러한 방식으로 환난은 바울의 종이 되어, 그러한 싸움이 없었더라면 갖지 못했을 더 큰 영광을 이루도록 바울을 준비시켜 주었습니다.

바울과 예수님이 말씀하신 세 가지

지금까지 바울과 예수님이 말씀하신 세 가지를 살펴보았습니다.

1. 그리스도의 사랑이 그 백성들의 고통을 없애 주지는 않습니다. “우리가 도살당할 양 같이 여김을 받았나이다.”

2. 어떠한 고통도 우리를 그리스도의 사랑에서 끊지 못합니다. 위험의 고비에서 하나님의 사랑이 항상 이깁니다.

3. 하지만 그 이상의 의미가 있습니다. 하나님을 위해 위험을 감수하고 적을 만나 믿음으로 무장하고 싸울 때, 우리는 그 적을 단지 패배시키기만 하는 것이 아닙니다. 그 적은 포로가 되어 그리스도인 용사들의 영원한 선을 위해 일합니다. “이 모든 일에 우리를 사랑하시는 이로 말미암아 우리가 넉넉히 이기느니라.”

따라서 저는 이 말씀과 관련하여 영웅주의나 모험심, 또는 용기 있는 자기 확신이나 하나님의 호의를 얻으려는 노력이라는 충동에 호소하지 않았던 것입니다.

위험과 하나님의 뜻

그래서 이제 시작했던 말씀으로 돌아가 결론을 내리려고 합니다. 하나님을 위해 위험을 감수하는 것은 옳은 일입니다. 적과 교전하며 “여호와께서 선히 여기시는 대로 행하시기를 원하노라!”고 외치는 것은 옳은 일입니다. 하나님의 백성을 섬기며 “죽으면 죽으리이다”라고 고백하는 것 역시 옳은 일입니다. 불타는 용광로 앞에 서서 이 세상의 신들에게 절하기를 거부하는 것은 옳은 일입니다. 왜 그렇습니까?

왜냐하면 이 모든 일에 우리를 사랑하시는 이로 말미암아 우리가 넉넉히 이기기 때문입니다. "자기 아들을 아끼지 아니하시고 우리 모든 사람을 위하여 내주신 이가 어찌 그 아들과 함께 모든 것을 우리에게 주시지 아니하겠느냐?" 정말로 하나님은 모든 것을(심지어 적들까지도) 우리에게 주시며, 그 주신 것들로 우리를 영원토록 섬기게 하십니다. 아멘

48장

하나님은 늘 함께하신다

로마서 8:38-39

내가 확신하노니 사망이나 생명이나 천사들이나 권세자들이나 현재 일이나 장래 일이나 능력이나 높음이나 깊음이나 다른 어떤 피조물이라도 우리를 우리 주 그리스도 예수 안에 있는 하나님의 사랑에서 끊을 수 없으리라. _롬 8:38-39

오늘 설교는, 앞으로 4주 후인 2002년 10월 13일부터 로즈빌에 있는 노스웨스턴대학 마라나타 홀에서 매 주일 예배를 드릴 예정인 상황에서, 많은 분들이(기도하기는 1,500명 정도는) 그곳에서 예배드리기를 권면하고자 준비했습니다. 그 주일에 이곳에서 8시 30분과 10시 30분에 두 번 예배가 있을 것이고, 로즈빌에서도 8시 30분과 10시 30분에 두 번 예배가 있을 것입니다. 예배의 첫 시간은 찬양으로 드려질 텐데, 이곳에서는 척 스테덤이 이끄는 성가대와 찬양팀이, 그곳에서는 단 홀스트가 이끄는 성가대와 찬양팀이 라이브로 진행할 것입니다. 예배의 두 번째 순서는 우리가 '말씀을 풀어 듣는 기쁨'(expository exultation)이라고 즐겨 부르는 설교 시간인데, 한 곳에서는 라이브로, 다른 한 곳에서는 영상으로 진행될 것입니다(격주로 라이브와 영상을 번갈아 가며 할 예정입니다).

이제 두 장소에서 예배를 드리게 되지만, 우리는 여전히 하나의 교회입니다. 하나의 장로회, 하나의 목회팀, 하나의 비전, 하나의 사명, 하나의 예산, 하나의 통일된 신학, 하나의 언약, 하나의 완전한 성경, 위대하고 전능하신 삼위일체 하나님 안에 있는 하나의 교회입니다. 조직을 총괄하고 중추부 역할을 하는 시내 교회와 도시 전역에 흩어진 작은 모임들이 하나의 교회입니다.

오늘 설교는 이런 맥락 속에서 준비했습니다. 그리고 교회의 상황과 성경 본문 사이에는 놀라운 연관성이 있습니다. 교회의 상황은 분리 아닌 분리 상황에 놓여 있습니다. 우리는 이것을 "보내지 않으면서도 보내는"(going without going) 상황이라고 말합니다. 성경 본문은 이러한 "분리 아닌 분리"에 관한 것입니다.

오늘은 로마서 8장 38-39절 말씀에 초점을 맞추려 하는데, 이 말씀은 "어떤 피조물이라도 우리를 우리 주 그리스도 예수 안에 있는 하나님의 사랑에서 끊을 수 없으리라"고 끝납니다. 하나님의 사랑에서 끊어지는 것처럼 보이고 그렇게 느껴질 수 있지만, 하나님의 사랑에서 끊어지는 것이 아닙니다.

먼저 하나님의 말씀에 온전히 집중한 다음, 한 발짝 물러서서 이 장엄한 진리의 빛에 비추어 우리 교회의 상황을 바라봅시다.

로마서 8장: 아무것도 우리를 하나님의 사랑에서 끊을 수 없다

38-39절에서는 우리를 그리스도 예수 안에 있는 하나님의 사랑에서 끊을 수 없는 것 열 가지를 나열하는데, 그 중 여덟 가지는 둘씩 짝을 이루고 있습니다. "내가 확신하노니 사망이나 생명이나 천사들이나 권세자들이나 현재 일이나 장래 일이나 능력이나 높음이나 깊음이나 다른 어떤 피조물이라도 우리를 우리 주 그리스도 예수 안에 있는 하나님의 사랑에서 끊을 수 없으리라." 여러 번 말씀드렸던 것을 다시 말씀드리겠습니다. 이 모든 구절의 핵심은 우리의 안전 보장입니다. 하나님은 자기 백성이 그분의 사랑 안에서 안전하다는 것에 대해 깊고 흔들리지 않는 확신을 갖기 원하십니다.

하나님이 이것을 강조하시는 이유는, 실제 삶은 안전해 보이지 않고 우리도 종종 그렇게 느끼기 때문입니다. 36절 말씀을 봅시다. "우리가 종일 주를 위하여 죽임을 당하게 되며['우리가 종일 죽음에 직면하며', NIV 성경], 도살당할 양 같이 여김을 받았나이다." 세상 어딘가에 있는 그리스도인들에게는 지금도 이 말씀이 현실입니다. 그리고 이것이 현실이 될 때, 우리는 매우 안전하지 못하다 느끼고 하나님과 분리되었다고 느낄 수도 있습니다. 그리고 살다 보면 언젠가는 우리도 이런 현실에 직면하게 됩니다. 즉, 하나님의 사랑에서 끊어졌다고 느끼게 하는 일들이 실제로 일어날 수 있습니다.

이제 그 목록을 살펴보고, 하나님의 강력하고 힘을 주시는 말씀으로 우리 마음을 강하게 합시다. 이 말씀은 모든 사람의 안전이 아닌, "하나님께서 택하신 자들"(롬 8:33)의 안전에 대해 말씀하신다는 것을 기억하시기 바랍니다. 우리가 예수 그리스도를 믿으며, 그분이

우리를 선택하셨고, 우리가 그분의 백성이라면, 우리는 그분께 속하게 됩니다. 28절에서 언급된 "하나님을 사랑하는 자 곧 '그의 뜻'대로 부르심을 입은 자"가 되는 것입니다. '그의 뜻'은 우리에게 영원한 안전을 보장해 주시는 것입니다. 29절은 우리가 미리 아신 자들, 즉 호의를 얻고 창세 전부터 사랑받은 자들이라고 말합니다. 우리는 그리스도를 본받도록 미리 정해진 자들입니다. 우리는 죽음에서 생명으로 부름을 받은 자들입니다. 우리는 단번에 의로워진(그리스도 안에서 의롭다 여겨진) 자들입니다. 우리는 영화로워진 자들입니다. 절대 끊어질 수 없다는 이러한 약속들은, 하나님이 자기 백성을 구원할 것이고 아무것도 그들을 멸할 수 없다는 하나님의 선포입니다. 예수님을 우리의 주요, 구원자요, 보화로 받아들이면 이러한 약속이 우리 것이 됩니다.

사망이나 생명도 우리를 하나님의 사랑에서 끊을 수 없다

38절 말씀입니다. "내가 확신하노니 사망이나 생명이나 … 우리를 우리 주 그리스도 예수 안에 있는 하나님의 사랑에서 끊을 수 없으리라." 죽음이 제일 먼저 언급됩니다. 왜 그렇습니까? 적어도 두 가지 이유가 있습니다. 첫 번째 이유는, 바울이 36절에서 "우리가 종일 주를 위하여 죽임을 당하게 되며"라고 말한 것에 있습니다. 그리고 두 번째 이유는, 사망은 우리가 이 땅에서 알고 있는 많은 것들로부터 우리를 분리하기 때문입니다.

사망은 가장 긴박한 위협입니다. 그래서 바울은 즉시 "사망이 우리를 하나님의 사랑에서 끊을 수 없다"라고 말합니다. 사실 죽음은 정반대의 일을 합니다. 사망은 그리스도와 더 가까워지게 하고 더 교제하게 해줍니다. 빌립보서 1장 23절 말씀입니다. "내가 그 둘 사이에 끼었으니 차라리 세상을 떠나서 그리스도와 함께 있는 것이 훨씬 더 좋은 일이라 그렇게 하고 싶으나." 사망은 "몸을 떠나 주와 함께 있는 것"(고후 5:8)을 의미합니다. 사망은 분리가 아니라 집으로 돌아가는 것입니다.

사망은 가족과 친구, 또는 육신과 이 땅의 모든 즐거움과의 이별입니다. 그래서 하나님의 사랑에서 끊어진 것처럼 보입니다. 그러나 바울은 그것이 하나님의 사랑이라고 말합니다. 죽기 직전까지 하나님께 사랑받다가, 죽으면서 하나님의 사랑에서 완전히 분리되고, 죽은 후에 다시 하나님께 사랑받는 그런 것이 아닙니다.

그렇지 않습니다. 사망(사망의 경험)은 하나님의 사랑에서 끊어지는 것이 아닙니다. 하나님은 사망 전에도, 사망 시에도, 사망 후에도 우리를 사랑하십니다. 그리고 여기서 모든 것을 잃는 일은 곧 하나님의 사랑을 받는 일이기도 합니다. 비록 힘들게 느껴지긴 하겠지만, 바울은 죽음(그리고 죽음으로 인해 잃게 되는 모든 것)이 하나님의 사랑에서 끊어진 상태가 아니라는 사실을 우리가 알고 경험하기를 원합니다.

그리스도가 죽으셨을 때, 그는 죽음과 삶에서 자기 백성을 안전하게 하셨습니다. 살아 있는 그 무엇도, 죽은 그 무엇도 그리스도가 십자가에서 성취한 승리와 부활을 무효로 만들 수 없습니다. 그래서 바울은 로마서 14장 9절에서 "이를 위하여 그리스도께서 죽었다가 다시 살아나셨으니 곧 죽은 자와 산 자의 주가 되려 하심이라"고 말합니다. 산 자와 죽은 자를 향한 그의 주되심은 아무도 꺾을 수 없습니다. 그러므로 생명과 사망이 우리를 하나님의 사랑에서 끊을 수 없습니다.

초자연적인 권세도 우리를 하나님의 사랑에서 끊을 수 없다

38절에서 바울이 다음으로 언급하며 짝을 이루는 두 단어는 "천사들과 권세자들"입니다. 그리고 몇 단어 뒤에 "능력"이라는 단어를 언급합니다. 천사들이나 권세자들이나 능력들도 우리를 하나님의 사랑에서 끊을 수 없습니다. "천사들"이 제일 먼저 언급된 것으로 볼 때, 이 세 이름들은 아마 천사적 존재나 악마적 존재를 일컫는 것으로 보입니다. 여기서 바울의 요지는, 우리를 하나님의 사랑에서 끊을 수 있는 우주적이고 초자연적인 능력은 없다는 것입니다. 이러한 능력들은 십자가에서 참패당했습니다.

골로새서 2장 15절 말씀입니다. "[하나님께서] 통치자들과 권세들을 무력화하여 드러내어 구경거리로 삼으시고 십자가로[또는 '그 안에서'] 그들을 이기셨느니라."

에베소서 1장 21절에서는 그리스도가 부활하셨을 때, "모든 통치와 권세와 능력과 주권" 위로 높임을 받으셨다고 말합니다. 따라서 이러한 악당들이 활개치고 다니는 듯 보일지라도, 그들은 하나님이 택하신 자들에게 궁극적인 해를 입힐 수 없습니다. 사탄은 하나님이 하시는 다음 말씀을 듣고 아주 약 올라 할 것입니다. "너와 네 힘센 무리는 내가 사랑하는 자들을 차지하기에는 무력하다."

시공간에 있는 어떤 것도 우리를 하나님의 사랑에서 끊을 수 없다

다음에 나오는 두 쌍(38-39절)은 시공간에 있는 어떤 것도 우리를 하나님의 사랑에서 끊을 수 없다는 바울식 표현입니다. 먼저 시간입니다. "… 현재 일이나 장래 일이나 … 우리를 하나님의 사랑에서 끊을 수 없다." 그다음은 공간입니다. "높음이나 깊음이나 … 우리를 하나님의 사랑에서 끊을 수 없다." 바울은 모든 가능한 차원을 다 포괄합니다. 또 반복해서 말하고 있습니다.

현재 일이나 장래 일이나 우리를 하나님의 사랑에서 끊을 수 없다

현재와 미래를 쌍으로 엮은 것은, 현재는 참을 수 있을지 몰라도 미래는 더 끔찍할지 모르기에 과연 우리가 견딜 수 있을까 하는 모든 두려움을 포괄합니다. 또는 현재 상황이 너무 나빠서 어떤 미래도 기대할 수 없다고 두려워할 수도 있습니다. 이에 대한 바울의 답변은, 우리를 하나님의 사랑에서 끊을 만큼 그렇게 나쁜 현재나 미래는 없다는 것입니다. 상황이 어떠하든지 하나님은 늘 이 약속을 기억하십니다. 미래는 전적으로 하나님께 달려 있고 하나님이 미래를 아시고 미래를 운영하십니다. 장래 일이 우리를 하나님의 사랑에서 끊지 못한다고 그분이 말씀하셨다면, 그 말씀대로 될 것입니다.

높음이나 깊음도 우리를 하나님의 사랑에서 끊을 수 없다

높음이나 깊음이라는 쌍으로 엮인(39절) 표현은, 우리를 깜짝 놀래켜 믿음을 잃게 하고, 하나님의 사랑에서 우리를 끊으려고 저 멀리 어딘가에 숨어서 우리를 위협하는 힘이 있을지도 모른다는 두려움을 가리킵니다. 하지만 바울은 그런 일은 없다고 말합니다. 아무리 높이 올라가고 아무리 깊이 내려가도 하나님의 지키시는 힘을 무력화시키는 어떤 세력도 결코 찾을 수 없기 때문입니다. “내가 주의 영을 떠나 어디로 가며 주의 앞에서 어디로 피하리이까? 내가 하늘에 올라갈지라도 거기 계시며 스올에 내 자리를 펼지라도 거기 계시니이다”(시 139:7-8). 지극히 높은 천국이나 지극히 낮은 지옥의 그 무엇도 우리를 그리스도의 사랑에서 끊을 수 없습니다.

어떤 피조물도 우리를 하나님의 사랑에서 끊을 수 없다

그런 다음 39절 마지막 부분에서, 바울은 자신이 무엇 하나라도 빠뜨리지 않겠다는 점을 확실히 하기 위해 모든 의미를 포괄하는 격려의 말을 하나 덧붙입니다. “… 다른 어떤 피조물이라도 우리를 우리 주 그리스도 예수 안에 있는 하나님의 사랑에서 끊을 수 없으리라.” 이 말에는 하나님을 제외한 모든 것이 포함됩니다. 우주의 그 무엇도, 어떤 사람도 우리를 하나님의 사랑에서 끊을 수 없습니다.

그리고 피조물에는 우리 자신도 포함됩니다. ‘하나님이 택한 자들을 하나님의 손에서 채갈 수 있는 사람은 없지만(요 10:29) 그들 자신이 뛰쳐나갈 수는 있다’고 말하는 사람들이 있습니다. 다른 말로 하면, 하나님에 의해 선택받고, 중생하고, 의롭다 여겨졌더라도 결국엔 멸망할 수 있다는 주장입니다.

하지만 이것은 성경이 가르치는 바가 아닙니다. “의롭다 하신 그들을 또한 영화롭게 하셨느니라”는 확신은 선택받은 자들에게 주어진 근본적인 확신입니다. 믿음을 버리고 죄악 가운데 살아도 천국에

갈 수 있다는 그런 종류의 확신을 말하는 것이 아닙니다. 하나님께서 선택하신 자들을 궁극적인 변절과 불신으로부터 지키실 거라는 확신입니다. 모든 하나님의 백성에게 주신 새 언약의 약속은 다음과 같습니다. "내가 그들에게 복을 주기 위하여 그들을 떠나지 아니하리라 하는 영원한 언약을 그들에게 세우고 나를 경외함을 그들의 마음에 두어 나를 떠나지 않게 하고"(렘 32:40). 우리 앞길에 많은 걸림돌이 있어 걸려 넘어지고 방황할지라도 우리가 그분의 백성이라면, 하나님께서 우리를 다시 일으키실 것입니다. 그분을 신뢰하십시오.

그러므로 아무것도, 정말로 그 무엇도 하나님이 선택하신 자들을 그분에게서 끊을 수 없습니다. 이것은 수많은 고통 속에서도 은혜로운 예배를 드릴 수 있다는 엄청난 안전 보장이 됩니다.

소그룹 등록

오늘 말씀을, 성도 중 많은 분이 10월 13일부터 북부 지역에서 예배드리게 되는 것과 소그룹 등록 주일이라는 이번 주의 교회 상황에 적용해 보겠습니다.

로마서 8장 38-39절 말씀에서 우리 교회의 상황과 맞는 가르침을 찾는다면, 이 모든 분리는 분리가 아니라는 것입니다. 그리고 소그룹은 이러한 분리 아닌 분리(보내지 않으면서도 보내기)를 위한 하나님의 계획 중 큰 부분을 차지합니다.

"보내지 않으면서도 보내기"를 통해 분열 없이 분리되기

이제 우리 가운데 1,500명 정도가 북부 지역에서 예배를 드릴 때,

우리 중에 일어날 몇몇 분리와 일어나지 않을 몇몇 분리에 대해 말씀드리겠습니다.

북부 지역에서 예배를 드리면, 평소 주일 아침마다 만나던 사람들과 떨어지게 됩니다. 어린이, 청소년, 성인할 것 없이 모두 그렇게 느끼실 겁니다. 익숙한 장소, 찬양팀, 도시 환경에서 분리됩니다. 훨씬 먼 곳으로 떠나는(예를 들면, 로즈빌이 아니라 러시아로 떠나는) 선교사들의 마음가짐을 우리가 조금이라도 품을 의향이 있는지가 더 중요합니다. 우리 교회를 통해 하나님의 더 큰 뜻이 이루어지도록 우리가 기꺼이 모험할 준비가 되었기를 기도합니다.

하지만 이러한 모든 분리 속에서도 우리가 갈라지는 것은 아닙니다.

첫째, 예수 그리스도 안에 있는 하나님의 사랑에서 끊어지는 것이 아닙니다! 그 어떤 피조물도(마라나타 홀로 이동하는 것을 포함해서) 우리를 하나님의 사랑에서 끊을 수 없습니다.

둘째, 미네아폴리스와 로즈빌 아래에 금과 철강 광맥이 흐르는 것처럼, 하나님의 주권적인 은혜라는 신학에서 우리는 분리되지 않을 것입니다.

셋째, 모든 사람의 기쁨을 위해 모든 것 안에서 최고의 하나님을 구하는 열정을 전파하자는 교회의 비전에서 분리되지 않을 것입니다. 우리 교회의 비전 안에는 세계 선교, 하나님 중심적인 예배, 진실한 기도, 성경의 권위, 인종 간의 화합, 낙태아들을 위한 정의, 개인 복음전도, 형제 간의 사랑이 있습니다.

넷째, 우리가 "말씀을 풀어 듣는 기쁨"이라고 부르는 설교에서 분리되지 않을 것입니다.

다섯째, 떠나는 1,500명 정도의 성도들은 우리 교회를 충실히 섬기는 목회자와 장로들로부터 분리되지 않을 것입니다.

여섯째, 어린이, 청소년, 대학생들도 그들을 하나님 중심적인 비전에서 분리되지 않을 것입니다.

소그룹을 통해 분열 없이 분리되기

주일 아침 이 장소에서 분리된다 해도, 우리에게서 끊어지지 않을 것이 더 많습니다. 그중에서 특히 오늘 아침 강조하고 싶은 한 가지는 소그룹 모임입니다. 그리고 성도로서 우리가 모이는 소그룹이 삶에서 차지하는 위치는 전보다 더 중요해졌습니다. 환난이나 곤고나 박해나 위험이나 칼로 인해 소그룹을 나올 수밖에 없다 해도, 하나님은 우리를 버리지 않으십니다. 하지만 주의하십시오. 하나님은 할 수 있는 한 성도의 소그룹을 통해 서로 사랑하고, 서로 돌보고, 서로 기도하고, 권면하고, 충고하고, 격려하라고 말씀하십니다.

하나님은 히브리서 3장 12-13절에서 이렇게 말씀하십니다. "형제들아, 너희는 삼가 혹 너희 중에 누가 믿지 아니하는 악한 마음을 품고 살아 계신 하나님에게서 떨어질까 조심할 것이요 오직 오늘이라 일컫는 동안에 매일 피차 권면하여 너희 중에 누구든지 죄의 유혹으로 완고하게 되지 않도록 하라." 목사로서, 형제로서, 아버지로서 우리를 위해 기도하며 권면합니다. 우리 영혼의 잘됨을 위해 또한 하나님의 영광을 위해 꼭 소그룹에 속하십시오.